货物和劳务税操作实务与案例

（2020版）

主编　马莉

中国财经出版传媒集团
中国财政经济出版社

图书在版编目（CIP）数据

货物和劳务税操作实务与案例：2020版／马莉主编
．--北京：中国财政经济出版社，2020.5
ISBN 978-7-5095-9761-3

Ⅰ.①货… Ⅱ.①马… Ⅲ.①税收管理-中国 Ⅳ.
①F812.423

中国版本图书馆CIP数据核字（2020）第065373号

责任编辑：吕小军　　　　责任校对：徐艳丽
封面设计：思梵星尚

中国财政经济出版社 出版
URL：http：//www.cfeph.cn
E-mail：cfeph@cfeph.cn

社址：北京市海淀区阜成路甲28号 邮政编码：100142
营销中心电话：010-88191537
北京富生印刷厂印刷 各地新华书店经销
787×1092毫米 16开 26印张 605 000字
2020年5月第1版 2020年5月北京第1次印刷
定价：89.00元
ISBN 978-7-5095-9761-3
（图书出现印装问题，本社负责调换）
本社质量投诉电话：010-88190744
打击盗版举报热线：010-88191661 QQ：2242791300

货物和劳务税操作实务与案例（2020版）编委会

主　　编：马　莉

编委会成员：安履承　贺　炎　宋　艳

王　蕴　余婉滇　赵兴龙

从“有没有”“好不好”到税收高质量发展

（代　序）

2018 年我国税收收入 156 401 亿元，同比增长 8.3%。主要收入项目情况如下：

1. 国内增值税 61 529 亿元，占税收收入的 39.34%。
2. 国内消费税 10 632 亿元，占税收收入的 6.80%。
3. 企业所得税 35 323 亿元，占税收收入的 22.58%。
4. 个人所得税 13 872 亿元，占税收收入的 8.87%。
5. 进口货物增值税、消费税 16 879 亿元，占税收收入的 10.79%。
6. 车辆购置税、关税、城市维护建设税等其他税收收入占 11.62%。

从增值税在法国开征，到 1979 年在我国部分城市选择部分产品和行业试行生产型增值税，再到全面营改增及深化增值税改革，又到未来增值税法的实施，增值税作为我国第一大税种，已遍及货物、劳务、服务、无形资产、不动产、进口货物等销售领域，只要有增值销售收入，就要缴纳增值税。

消费税作为流转税的主体税种实行价内税，对生产、委托加工和进口特定应税消费品征收，最主要的功能是调节产业结构和消费方向，限制某些奢侈品、高能耗品的生产，正确引导消费。消费税的征税范围主要包括成品油、高尔夫球及球具、高档手表、游艇、一次性筷子、实木地板、电池、涂料等，每辆零售价格 130 万元以上的超豪华小汽车加征 10% 的消费税。

货物和劳务税的主体税种作为本书内容，一则主要从税收征管视角而不是从注册税务师或注册会计师考试视角看待增值税和消费税，并由长期从事增值税和消费税实际工作的税务干部编写，具有很强的实用性。二则紧紧围绕《增值税实务培训指导大纲》并有所创新。《增值税实务培训指导大纲》由国家税务总局于 2017 年组织编写，根据新增值税条例进行了修改，又结合深化增值税改革进行了修订，是一本实务性教材和工作指南。三则政策同步更新至 2019 年 7 月，呈现了深化增值税改革最“给力”的内容，也是本书的核心竞争力之所在。在此感谢为此书付出辛勤劳动、奉献知识和智慧的人们，也希望广大税务干部职工认真阅读本书，从我们亲身经历过的税收实践中得到更多的感悟、启示和提升，也请大家对本书的不足之处提出宝贵意见和建议。

党的十九大报告指出："我国经济已由高速增长阶段转向高质量发展阶段，正处在转变发展方式、优化经济结构、转换增长动力的攻关期。"中国自改革开放后历经40多年的高速发展，物质技术基础显著提升，多种产品生产能力大幅提高，产品从供不应求转变为供大于求，从普遍的短缺转变为普遍的过剩，这决定了我们是从主要解决"有没有"到着力解决"好不好"的时代。高质量发展是能够很好满足人民日益增长的美好生活需要的发展，也体现了新发展理念的发展必然是绿色的、协调的、开放的发展。增值税和消费税政策改革发展到今天，我们来看看"有没有""好不好"和"高质量发展"的货物和劳务税。

一、"有没有"

1994年，"飘着墨香"的第一张增值税专用发票开出，凭增值税专用发票抵扣进项税额的收入型增值税诞生。

2016年，中性税收的增值税全面代替营业税，经过增值税的转型和扩围，不仅机器设备和应征消费税的小汽车、摩托车、游艇全额抵扣进项税额，不动产和在建工程也于2019年4月1日起一次性全额抵扣。

实行价外税的增值税税率一直处于不断调整和降低中，由17%、13%、11%、6%调整降至目前的13%、9%、6%及零税率，这不是增值税税率的终结，"三档并两档"减税降费才是目标与追求。

增值税不征税收入、差额征收、简易征收，200多项增值税免税和即征即退优惠通过申报备案即可享受。其中，支持小微企业发展的起征点优惠惠及月销售额不超过10万元（季度30万元）的小规模纳税人。

增值税小规模纳税人标准提高并统一为年应征增值税销售额500万元及以下，降低了纳税人的税收负担。

农产品生产和委托加工实行进项税额加计扣除，生产、生活性服务业进项税额按10%加计抵减，"中国制造2025"和国家电网等部分行业的留抵税额退税政策过渡到所有行业实行增量留抵税额退税，旅客运输服务纳入抵扣范围等，增值税和消费税丰富了我们的税收实践。

二、“好不好”

增值税防伪税控系统和目前的发票管理新系统发挥了交叉稽核比对的无比威力，八大行业的小规模纳税人可以自开增值税专用发票，包括纳税信用等级为D级的一般纳税人全部可以在网上抵扣进项税额；成品油发票、二手车销售发票和稀土发票已纳入增值税发票管理新系统开具，电子发票、区块链发票发展迅速，正确使用商品和服务税收分类与编码为增值税征收管理提供了方便，“放管服”和深化增值税改革对接方便纳税人的配套措施层出不穷，60项办税证明取消，下放取消保留6项税收行政许可事项；“一照一码”税务登记信息确认、方便的发票领购措施及注销税务登记容缺机制、完善纳税信用修复管理机制等为遵从度高的纳税人提供了方便。

上述举措在方便纳税人的同时，也给不法纳税人提供了违法犯罪机会，虚开增值税专用发票、制售假发票、伪造出售假发票、危害税收征管秩序等涉税犯罪规模惊人，危害国家税收安全。

增值税征管水平有待提高。中国自1998年开始建设的“金税工程”已日臻成熟，切实解决“假票虚开”问题，但“真票虚开”问题尚无更彻底的解决办法。此外，地下经济、现金交易都将是增值税征管需要面对的难题。例如，“空壳企业”“暴力虚开”“走逃失联”及“配单配票”等特点突出，需要税务部门实行源头治理，推行实名办税，防范不法分子冒用他人身份信息领用发票；加强增值税专用发票、海关专用缴款书、农产品收购发票等可抵扣凭证的管理，防范虚开发票抵扣税款，加强风险预警，依托大数据分析，对增值税发票风险进行快速识别和应对等征管措施；需要进一步强化自然人税收管理功能，在增值税起征点优惠、个人所得税按劳务报酬所得累计预扣法和年度汇算清缴相结合的税收实践中不断检视前进。

三、“税收高质量发展”

减税降费、“放管服”和优化税收营商环境为税收高质量发展提供了支撑。深化增值税改革是减税降费的核心内容，也是供给侧结构性改革推进的制度安排。税收高质量发展是结构问题而非总量问题，是深化增值税改革而非仅仅调整几项税收政策问题，是要用匹配高质量发展的理念、思想和战略来推动税收高质量发展的问题。

我们看到，来自制造业和服务业的税收发展迅猛，其中信息技术、软件和信息技术服务业增长幅度较大。根据国家统计局 2019 年 5 月的国民经济运行情况数据，全国服务业指数同比增长 7.0%，信息传输、软件和信息技术服务业增长 22.2%，互联网软件和信息技术服务业等行业商务活动指数均位于 60% 以上的较高景气区间。

信息技术、软件和信息技术服务作为破解税收工作难题的重要手段，在税收征收管理中的作用越来越突出，“金税”三期系统、电子底账、云平台、电子税务局等信息化支持下的税收专业化管理迫切需要按照深化“放管服”改革和优化营商环境的改革要求，坚持问题导向、集成导向、目标导向，切实转变征收管理方式，以推行纳税人自主申报纳税、提供优质便捷办税服务为前提，以分类分级管理为基础，以税收风险管理为导向，以现代信息技术为依托，推进税收征管体制、机制和制度创新，努力构建集约高效的现代税收征管方式，进一步增强税收在国家治理中的基础性、支柱性、保障性作用。

同时，还要“加强税收合作，改善营商环境”，围绕构建增长友好型税收环境的举措，分享税收实践和合作体会，展望未来愿景，达成重要共识，取得丰硕成果。第一届“一带一路”税收征管合作论坛共有 85 个国家（地区）、16 个国际组织、多家学术机构和跨国企业代表参加，是中国税务部门迄今为止筹办的参与方最多、规模最大、国际关注度最高的多边活动，是全球税收合作发展的里程碑。构建国际税收征管合作机制，通过加强税收合作，促进优化营商环境，支持贸易自由化和投资便利化，更好地发挥税收促进世界经济持续、稳定、健康发展的重要作用。成立税收征管能力促进联盟，集众智、采众长，提升各成员自身税收征管能力，理思路、出样本，为机制各参与方征管实践提供参考。深化税收征管合作共识，相互给力借力，发挥互补优势，释放发展潜力，拓展合作空间，促进合作共赢；致力于开展合作、分享经验，建立透明、高效、稳定、可预期的税收合作机制，构建增长友好型税收环境。制定税收征管合作行动计划，参与各方将共同加强税收法治建设，为推进贸易自由化和投资便利化创造公平公正的税收法治环境；共同提高税收确定性，增进经贸交往中投资者信心；共同提升税收争端解决效率，在保护各自国家税基的同时，更好地维护投资者的合法权益；共同推动税收征管能力建设，增进互学互鉴，促进经济包容性增长；通过税收征管数字化促进纳税遵从，共同提升纳税服务水平，建立优质的税收营商环境。

本书编委会

2019 年 9 月

前　言

2019 年的减税降费无疑是我国税收历史上力度最大的，是空前的。2020 年的统筹推进新冠肺炎疫情防控和经济社会发展税收优惠更是力度超大。在 2019 年普惠性减税与结构性减税并举，重点降低制造业和小微企业税收负担基础上，2020 年国家出台了支持新冠肺炎防护救治、支持物资供应、鼓励公益捐赠、支持复工复产等税费优惠政策以及“便民办税春风行动”24 项措施，包括：

一是对疫情防控重点保障物资生产企业给予税费优惠。对疫情防控重点保障物资生产企业新购置设备，允许一次性税前扣除，全额退还其 2020 年 1 月 1 日后增值税增量留抵税额；对运输疫情防控重点保障物资免征增值税。

二是对受疫情影响较大的行业企业给予增值税减免。对纳税人提供公共交通运输服务、生活服务，以及为居民提供必需生活物资快递收派服务取得的收入，免征增值税；免征航空公司应缴纳的民航发展基金。

三是加大鼓励社会捐赠的税收优惠力度。对单位和个体工商户无偿捐赠用于应对疫情的货物，免征增值税。

四是加大个体工商户和小微企业税收优惠力度。对湖北省增值税小规模纳税人适用 3% 征收率的应税销售收入，免征增值税；其他地区增值税小规模纳税人适用 3% 征收率的应税销售收入，减按 1% 征收率征收增值税。

五是出台扩大汽车消费的税收政策。对二手车经销企业销售旧车，减按销售额 0.5% 征收增值税。

在消费税方面，国务院提出“按照健全地方税体系改革”要求，除了继续保持增值税收入划分“五五分享”比例不变、调整完善增值税留抵退税分担机制。在征管可控的前提下，将部分在生产（进口）环节征收的现行消费税品目逐步后移至批发或零售环节征收，拓展地方收入来源，引导地方改善消费环境。“先对高档手表、贵重首饰和珠宝玉石等条件成熟的品目实施改革，再结合消费税立法对其他具备条件的品目实施改革试点。”

下一步，本书将继续落实细化已出台减税降费政策措施呈现给各位读者，同时密切跟踪疫情和宏观经济形势的变化，进一步研究完善税费政策措施。

为了帮助税务人员以及企业财务人员更好地掌握和学习货物和劳务税知识及减税降费系列优惠政策，编写团队各位专家学者认真梳理、归纳整理、提炼总结了相关系列政策的知识要点，编辑成册。本书既有理论高度，又有很强的实务操作性，主要有以下特点：

一是顶层设计站位较高。本书紧紧围绕中央减税降费的宗旨，从增值税、消费税等税种入手，分脉络、分系统、分层次，将相关税种政策的变化、内容进行总结，从横向、纵向进行比对，帮助读者更广泛、深入地学习相关知识。

二是角度选择准确。本书立意帮助读者学习增值税等相关知识，编写之初，首先找准角度、方向，然后搭建框架，详略得当，抓住重点，突出重点。

三是内容精准到位。本书总结梳理增值税、消费税相关内容，辅助以案例阐述，帮助读者精准理解、掌握税收政策，真正达到学以致用的目的。

四是对象定位务实。本书既适用于税务系统工作人员，也适用于企业财务人员。通过本书学习，可提高税收政策运用能力，提升工作实操能力。

五是层次逐级递进。本书为系列图书，后续陆续编写金融、建安、房地产等行业的增值税等税种知识，帮助学员有效解决行业增值税等税种管理中存在的难点、疑点问题。

总之，在编写过程中，团队人员付出了心血和努力，相信这本书一定是一本好的工具书、启发书，相信这本书一定会给广大读者带来学习和思考的动力。通过学习，让我们一起成长，一起进步。

目　　录

第一章　增值税概述

第一节　增值税的起源

增值税是以商品、劳务和服务等在流转过程中产生的增值额作为课税对象而征收的一种流转税。

按照《中华人民共和国增值税暂行条例》（中华人民共和国国务院令第 691 号，以下简称《增值税暂行条例》），增值税是对在中华人民共和国境内销售货物或者加工、修理修配劳务（以下简称劳务），销售服务、无形资产、不动产以及进口货物的单位和个人，就其销售货物、劳务、服务、无形资产、不动产的增值额和货物进口金额为计税依据而征收的一种间接税。

美国耶鲁大学经济学教授亚当斯（T. S. Adams）于 1917 年在国家税务学会《营业税》（The Taxation of Business）报告中首先提出了对增值额征税的概念，指出对营业毛利（销售额 - 进货额）课税；此后法国、日本、德国都出现过增值税的思想，并且法国从 1919 年开始进行大量尝试，1954 年正式推行增值税。

20 世纪 70 年代以后增值税在全球迅速推广，目前全球 220 多个国家和地区中，已有 170 多个国家和地区开征增值税或类似税种，增值税（Value Added Tax）在澳大利亚被称为货物服务税（Goods and Service Tax），在日本被称为消费税（Consumption Tax），在我国台湾被称为加值型营业税，在其他一些国家还有别的名称，征税范围大多覆盖所有货物、劳务和服务，且加入开征增值税行列的国家和地区还在持续增加。自 2018 年起，沙特阿拉伯、阿拉伯联合酋长国等国开始征收税率为 5% 的增值税。2019 年 10 月 1 日，日本增值税性质的消费税税率从 8% 提高到 10%（其中国家消费税为 7.8%，地方消费税为 2.2%），但对日常必需品、非现场消费的食品和非酒精饮料仍适用 8% 税率（其中国家消费税为 6.24%，地方消费税为 1.76%）。

2019 年 3 月 20—22 日，经济合作与发展组织（OECD）第五届全球增值税论坛在澳大利亚墨尔本召开，来自 100 多个国家和地区的 300 多名税务代表参会。会议有两项主题：数字化对增值税制度的挑战与机遇；有效应对增值税的骗税与逃税。OECD 向会议提交专题报告《数字平台在线销售征收增值税的作用》（The Role of Digital Platforms in the Collection of VAT/GST on line Sales）。报告提出电子商务增值税的新措施，通过发挥数字平台的作用，促使税务机关与在线市场加强数据共享和合作。

增值税之所以能够在世界众多国家推广，是因为其实行税款抵扣制度，实行比例税率，实行价外税，具备保持税收中性、普遍征收、税收负担由最终消费者承担等特点，可以有效防止商品在流转过程中的重复征税问题，有利于社会分工与协作。

第二节　增值税的类型

按对外购固定资产处理方式的不同，增值税可划分为生产型、收入型和消费型三种类型。

一、生产型增值税

生产型增值税是指计算增值额时，不允许扣除任何外购固定资产的价款，作为课税基数的法定增值额除包括纳税人新创造价值外，还包括当期计入成本的外购固定资产的折旧部分的价值，这一类型下增值税的增值额大于理论增值额。从国民经济整体来说，这一课税基数大体相当于国内生产总值（GDP），故称为生产型增值税。

这种类型增值税的扣除范围不包括固定资产，因此，它在一定程度上仍存在重复征税的问题，资本有机构成越高的行业，重复征税越严重，不利于投资较大的制造企业的专业化分工与协作，但对资本有机构成低和劳动密集型的行业、企业有利。这种类型的增值税虽然不利于鼓励投资，但可以保证财政收入。采用这种类型增值税的国家较少，主要是一部分发展中国家。

二、收入型增值税

收入型增值税是指计算增值额时，对外购固定资产价款只允许扣除当期计入产品价值的折旧费部分，这一类型下增值税的增值额与理论增值额一致。从国民经济整体来说，计税依据相当于国民收入中的“V＋M”部分，故称为收入型增值税。因其税基较生产型增值税稍窄，故对经济增长的影响呈中性。此种类型的增值税从理论上讲是一种标准的增值税，但由于外购固定资产价款是以计提折旧的方式分期转入产品价值的，且转入部分没有逐笔对应的外购凭证，给凭发票扣税的计算方法带来困难，不利于税收征管，从而影响了广泛采用。

三、消费型增值税

消费型增值税是指计算增值额时，允许将当期购入的固定资产价款一次性全部扣除，作为课税基数的法定增值额相当于纳税人当期的全部销售额扣除外购的全部生产资料价款后的余额，这一类型下增值税的增值额小于理论增值额。从国民经济整体来说，相当于对全部生产资料不征税而只就消费资料征税，故称为消费型增值税。此种类型的增值税在购进固定资产的当期因扣除额大大增加，会减少财政收入。但这种类型的增值税有利于鼓励投资，且便于实行凭发票扣税。

第三节 增值税的计税方法

增值税按全部应税销售额中的新增价值征税，还是实行按购进税额抵扣的制度，如何在实践中准确计算增值额、利于凭票抵扣等问题，给增值税税收实践提出了挑战。

一、直接计税法

直接计税法是指直接计算出增值税应税货物、劳务、服务、无形资产、不动产及进口货物的增值额，然后用增值额乘以适用税率或征收率计算出应纳的增值税税额。直接计税法按计算增值额的不同，又可分为“加法”和“减法”。

加法，是把纳税人在增值税应纳税期限内实现的各项增值项目一一相加，求出全部增值额，然后再依率计算增值税。增值项目包括工资、租金、利息、利润以及其他增值项目。

减法，是以纳税人在增值税应纳税期限内实现的应税货物、劳务、服务、无形资产、不动产及进口货物各项增值项目的全部销售额，减去规定的外购项目金额后的余额作为增值额，然后再依率计算增值税，这种方法又叫扣额法。

二、间接计税法

间接计税法通常也称为扣税法，是将一定时期内实现的货物、劳务、服务、无形资产、不动产及进口货物的销售收入，乘以相应税率，再减去法定允许扣除的外购项目已缴纳的增值税税款，得出计算期的应纳税额。按照扣除税额的具体环节不同，间接计税法又可分为购进扣税法和实耗扣税法。

1. 购进扣税法。购进扣税法以外购项目实际购入数为依据计算扣除税额。这种方法是以外购项目的实际已纳税额为依据确定扣除额，又叫发票扣税法。购进扣税法简便易行、计算准确，既适用于单一税率，又适用于多档税率，是实行增值税的国家广泛采用的计税方法。

2. 实耗扣税法。实耗扣税法以外购扣除项目的实际消耗为依据计算扣除税额。实际扣税法根据扣除项目的具体抵扣环节不同，可划分为投入法、产出法和销售法。投入法是以计算期生产过程所领用的扣除项目为依据，计算扣除金额；产出法是以计算期完工产品所耗用的扣除项目为依据，计算扣除金额；销售法则是以计算期已经实现销售的产品所耗用的扣除项目为依据，计算扣除税额。实耗扣税法的优点是各期计算的增值额和应纳税额真实，缺点是计算手续烦琐，在计算应扣税金时，要深入产品成本核算过程中去查找依据，成本资料不好控制，难以保证计算准确。

我国增值税通常实行的是凭增值税专用发票（其他抵扣增值税进项税额的凭证及票据）注明的增值税款计算抵扣进项税额办法，对购进农产品生产销售液体乳及乳制品、酒及酒精、植物油的增值税一般纳税人实行进项税额核定扣除。

第四节　增值税的特点

一、税收中性，消除重复征税

增值税税率档次少，按比例税率征税，这不仅使绝大部分增值税应税项目的税负一致，而且同一应税项目在经历所有生产流通各环节的整体税负也是一致的。这种情况使增值税对生产经营活动以及消费行为基本不发生影响，从而使增值税具有中性税收的特征。

增值税只对货物、劳务、服务、无形资产、不动产等销售额中没有征过税的那部分价值征税，对销售额中属于转移过来的、以前环节已征过税的部分则不再征税，从而有效地排除了重复征税因素。

二、道道征税，凭票抵扣

增值税保留了传统间接税按流转额全值计税和道道征税的特点，同时还实行税款凭票抵扣制度，避免了生产流通环节的重复征税问题。由于货物、劳务、服务、无形资产、不动产及进口货物在各环节的增值额之和等于该货物、劳务、服务、无形资产、不动产及进口货物在最终销售环节的售价，不再参与生产流通的最终消费者是增值税全部税款的承担者。

三、税基广阔，普遍征收

增值税都有着广阔的税基。从生产经营的横向关系来看，发生货物、劳务、服务、无形资产、不动产、进口货物等销售行为时，只要有增值销售收入，就要纳税；从生产经营的纵向关系来看，无论经过多少生产经营流通环节，增值税都要按各道环节上发生的增值额逐次征税，在保证国家税收收入上具有普遍性和稳定性。

第五节　增值税在中国的发展

一、增值税扩围

我国从 1979 年开始在部分城市选择部分产品和行业试行生产型增值税。

1984 年国务院颁布《中华人民共和国增值税条例（草案）》，在全国范围内对机器机械、汽车、钢材等 12 类产品征收增值税。

1994 年税制改革，国务院颁布了《中华人民共和国增值税暂行条例》（以下简称《增值税暂行条例》），将增值税征税范围扩大到所有货物和加工修理修配劳务，在生产和流通领域全面实行生产型增值税。

2011 年年底国家决定在上海市试点营业税改征增值税工作，2012 年 1 月 1 日开始扩大征税范围并逐步将试点地区扩展到全国，2013 年 8 月 1 日开始陆续在全国“7＋3”个行业试点营业税改征增值税，即研发技术、信息技术、文化创意、物流辅助、有形动产租赁、鉴证咨询、广播影视 7 个现代服务业，交通运输业、邮政业、电信业 3 个大类行业。

2016 年 3 月 23 日经国务院批准，财政部和国家税务总局发布了《关于全面推开营业税改征增值税试点的通知》（财税〔2016〕36 号），决定自 2016 年 5 月 1 日起，在全国范围内全面推开营业税改征增值税（以下简称营改增）试点，将建筑业、房地产业、金融业、生活服务业等全部营业税纳税人纳入试点范围，由缴纳营业税改为缴纳增值税。

2017 年 11 月 19 日国务院发布了《关于废止中华人民共和国营业税暂行条例》和修改《增值税暂行条例的决定》（国务院令第 691 号），正式结束了营业税的历史使命。

二、增值税转型

2004 年，财政部、国家税务总局印发了《东北地区扩大增值税抵扣范围若干问题的规定》（财税〔2004〕156 号），从 2004 年 7 月 1 日起，装备制造业、石油化工业、冶金业、船舶制造业、汽车制造业、农产品加工业等八大行业的增值税一般纳税人发生固定资产和为固定资产所支付的运输费用允许抵扣进项税额，生产型增值税开始往消费型增值税发展。

2008 年国务院决定全面实施增值税改革。2009 年 1 月 1 日进行增值税转型，将除了应征消费税的小汽车、摩托车、游艇之外的固定资产纳入进项税额的抵扣范围，允许纳税人购进固定资产中的动产按规定抵扣其所含的增值税，开始将生产型增值税逐步向消费型增值税过渡。

2013 年 8 月 1 日，应征消费税的小汽车、摩托车、游艇纳入进项税额的抵扣范围，生产型增值税转为消费型增值税。

2016 年 5 月 1 日，全面营改增改革将取得的不动产或者不动产在建工程进项税额自取得之日起分两年从销项税额中抵扣，第一年抵扣比例为 60%，第二年抵扣比例为 40%。

2019 年 3 月 21 日，财政部、国家税务总局、海关总署发布《关于深化增值税改革有关政策的公告》，自 2019 年 4 月 1 日起，将纳税人取得不动产支付的进项税由分两年抵扣，改为一次性全额抵扣。

三、深化增值税改革

调整降低增值税税率。纳税人销售货物、劳务、有形动产租赁服务或者进口货物，2018 年 5 月 1 日起，税率由 17% 降低为 16%；2019 年 4 月 1 日起，税率由 16% 调整为 13%。纳税人销售交通运输、邮政、基础电信、建筑、不动产租赁服务，销售不动产，转让土地使用权，销售或者进口（粮食等农产品等）货物，2018 年 5 月 1 日起，税率由 11% 调整为 10%，2019 年 4 月 1 日起，税率由 10% 调整为 9%。

2019 年 4 月 1 日起，纳税人购进国内旅客运输服务，其进项税额允许从销项税额中抵扣。

自 2019 年 4 月 1 日至 2021 年 12 月 31 日，允许生产、生活性服务业纳税人按照当期可抵扣进项税额加计 10%，抵减应纳税额（以下称加计抵减政策）。

自 2019 年 4 月 1 日起，试行全面增值税期末增量留抵税额退税制度。

四、新型冠状病毒疫情防控税收支持

自 2020 年 3 月 1 日至 5 月 31 日，对湖北省增值税小规模纳税人，适用 3% 征收率的应税销售收入，免征增值税；适用 3% 预征率的预缴增值税项目，暂停预缴增值税。除湖北省外，其他省、自治区、直辖市的增值税小规模纳税人，适用 3% 征收率的应税销售收入，减按 1% 征收率征收增值税；适用 3% 预征率的预缴增值税项目，减按 1% 预征率预缴增值税。

自 2020 年 1 月 1 日至 3 月 31 日，境外捐赠人无偿向受赠人捐赠的用于防控新型冠状病毒感染的肺炎疫情进口物资，免征进口环节增值税。

自 2020 年 1 月 1 日起（截止日期视疫情情况另行公告），疫情防控重点保障物资生产企业可以按月向主管税务机关申请全额退还增值税增量留抵税额。

自 2020 年 1 月 1 日起（截止日期视疫情情况另行公告），对纳税人提供公共交通运输服务、生活服务，以及为居民提供必需生活物资快递收派服务取得的收入，免征增值税。

自 2020 年 1 月 1 日起（截止日期视疫情情况另行公告），单位和个体工商户将自产、委托加工或购买的货物，通过公益性社会组织和县级以上人民政府及其部门等，或者直接向承担疫情防治任务的医院，无偿捐赠用于应对新型冠状病毒感染的肺炎疫情的，免征增值税。

五、增值税法规、规章及规范性文件

2020年2月29日，《国家税务总局关于支持个体工商户复工复业等税收征收管理事项的公告》（国家税务总局公告2020年第5号）。

2020年2月28号，《财政部　税务总局关于支持个体工商户复工复业增值税政策的公告》（财政部　税务总局公告2020年第13号）。

2020年2月10日，《国家税务总局关于支持新型冠状病毒感染的肺炎疫情防控有关税收征收管理事项的公告》（国家税务总局公告2020年第4号）。

2020年2月6日，《财政部　税务总局关于支持新型冠状病毒感染的肺炎疫情防控有关捐赠税收政策的公告财政部》（税务总局公告2020年第9号）。

2020年2月6日，《财政部　税务总局关于支持新型冠状病毒感染的肺炎疫情防控有关税收政策的公告》（财政部　税务总局公告2020年第8号）。

2020年2月1日，《财政部　海关总署　税务总局关于防控新型冠状病毒感染的肺炎疫情进口物资免税政策的公告》（财政部公告2020年第6号）。

2019年3月21日，财政部　税务总局　海关总署发布《关于深化增值税改革有关政策的公告》（财政部　税务总局　海关总署公告2019年第39号）

2017年11月19日《中华人民共和国增值税暂行条例》（国务院令第691号）。

2016年3月《财政部和国家税务总局关于全面推开营业税改征增值税试点的通知》（财税〔2016〕36号）。

2008年12月《中华人民共和国增值税暂行条例实施细则》（财政部　国家税务总局令2008年第50号，以下简称《增值税暂行条例实施细则》）。

本章习题

一、单项选择题

1. 最早征收增值税的国家是（　　）。

A. 美国　　B. 日本

C. 法国　　D. 德国

［参考答案］ C

［答案解析］ 美国耶鲁大学经济学教授亚当斯于1917年在国家税务学会《营业税》(The Taxation of Business) 报告中首先提出了对增值额征税的概念，指出对营业毛利（销售额－进货额）课税；此后法国、日本、德国都出现过增值税的思想，并且法国从1919年开始进行大量尝试，1954年正式推行增值税。

2. 20世纪70年代以后增值税在全球迅速推广的最主要原因是（　　）。

A. 普遍征收　　B. 税收中性

C. 比例税率　　D. 量能负担

［参考答案］ B

［答案解析］增值税之所以能够在世界上众多国家推广，是因为其实行税款抵扣制度，实行比例税率，实行价外税，具备保持税收中性，普遍征收，税收负担由最终消费者承担等特点，可以有效防止商品在流转过程中的重复征税问题，有利于社会分工与协作。

3. 以下增值税专用发票可以全额抵扣进项税额的是（　　）。

A. 不动产　　　　B. 国内旅客运输服务

C. 贷款利息　　　　D. 农产品

［参考答案］A

［答案解析］不动产一次性抵扣不再分两年抵扣；国内旅客运输服务中的航空运输服务代收民航发展基金为不征税收入，不能抵扣进项税额；贷款利息收入不能抵扣进项税额；小规模纳税人 3% 的农产品专用发票可以按 9% 抵扣进项税额。

二、多项选择题

1. 我国增值税的计税方法包括（　　）。

A. 直接计税法　　　　B. 间接计税法

C. 购进扣税法　　　　D. 实耗扣税法

E. 加法和减法

［参考答案］BCD

［答案解析］加法和减法属于直接计税法。直接计税法是指直接计算出增值税应税货物、劳务、服务、无形资产、不动产及进口货物的增值额，然后用增值额乘以适用税率或征收率计算出应纳的增值税税额。直接计税法按计算增值额的不同，又可分为“加法”和“减法”。

间接计税法通常也称为扣税法，是将一定时期内实现的货物、劳务、服务、无形资产、不动产及进口货物的销售收入，乘以相应税率，再减去法定允许扣除的外购项目已缴纳的增值税税款，得出计算期的应纳税额。按照扣除税额的具体环节不同，间接计税法又可分为购进扣税法和实耗扣税法两种。

2. 以下有关我国增值税类型的说法正确的有（　　）。

A. 1994 年税制改革实行生产型增值税

B. 2009 年实行部分收入型增值税改革

C. 2013 年营改增是消费型增值税改革

D. 2016 年营改增是消费型增值税改革

E. 2019 年减税降费全面消费型增值税

［参考答案］AD

［答案解析］1994 年税制改革实行生产型增值税改革。2009 年生产用外购机器设备允许抵扣进项税额，但由于外购固定资产价款是以计提折旧的方式分期转入产品价值的，且转入部分没有逐笔对应的外购凭证，给凭发票扣税的计算方法带来困难，不利于税收征管，从而影响了这种方法的广泛采用，我国也未采用。2013 年营改增将应征消费税的汽车、游艇、摩托车纳入抵扣范围。2016 年全面营改增允许房屋建筑物分两期抵扣进项税额。2019 年减税降费全面消费型增值税，购置固定资产一次性抵扣进项税额，并且实行留抵退税制度，彻底完成了消费型增值税的改革。

三、判断题

自 2020 年 1 月 1 日起，疫情防控重点保障物资生产企业可以按月向主管税务机关申请全额退还增值税增量留抵税额。（　）

［参考答案］错误

［答案解析］自 2020 年 1 月 1 日起（截止日期视疫情情况另行公告），疫情防控重点保障物资生产企业可以按月向主管税务机关申请全额退还增值税增量留抵税额。

第二章　纳税人和扣缴义务人

第一节　纳税人和扣缴义务人的基本规定

一、增值税的纳税人和扣缴义务人

（一）纳税人

1. 基本概念。在中华人民共和国境内销售货物或者加工、修理修配劳务（以下简称劳务），销售服务、无形资产或者不动产，以及进口货物的单位和个人，为增值税的纳税人。

2. 相关名词解释。

（1）境内：

①销售货物：起运地或所在地在境内；

②提供应税劳务：发生地在境内；

③销售服务、无形资产或者不动产：服务（租赁不动产除外）或者无形资产（自然资源使用权除外）的销售方或者购买方在境内；所销售或者租赁的不动产在境内；所销售自然资源使用权的自然资源在境内；财政部和国家税务总局规定的其他情形。

[提示] 如表2－1所示情形不属于在境内销售服务或无形资产（接受方为境内单位或个人，提供方为境外单位或个人）。

表2－1　　不属于在境内销售服务或无形资产情形

序号	具体描述
1	境外单位或者个人向境内单位或者个人销售完全在境外发生的服务
2	境外单位或者个人向境内单位或者个人销售完全在境外使用的无形资产
3	境外单位或者个人向境内单位或者个人出租完全在境外使用的有形动产
4	境外单位或者个人为出境的函件、包裹在境外提供的邮政服务、收派服务
5	境外单位或者个人向境内单位或者个人提供的工程施工地点在境外的建筑服务、工程监理服务
6	境外单位或者个人向境内单位或者个人提供的工程、矿产资源在境外的工程勘察勘探服务
7	境外单位或者个人向境内单位或者个人提供的会议展览地点在境外的会议展览服务
8	财政部和国家税务总局规定的其他情形

(2) 货物是指有形动产，包括电力、热力、气体在内；销售货物是指有偿转让货物的所有权，有偿是指从购买方取得货币、货物或者其他经济利益。

(3) 修理修配是指受托对损伤和丧失功能的货物进行修复，使其恢复原状和功能的业务；提供加工、修理修配劳务，是指有偿提供加工、修理修配劳务。

［提示］单位或者个体工商户聘用的员工为本单位或者雇主提供加工、修理修配劳务，不包括在内。

(4) 单位：包括企业、行政单位、事业单位、军事单位、社会团体及其他单位。

(5) 个人：包括个体工商户和其他个人。

3. 特殊规定。

(1) 单位租赁或承包给其他单位或者个人经营的，以承租人或承包人为纳税人。

(2) 对报关进口的货物，以进口货物的收货人或者办理报关手续的单位和个人为进口货物的纳税人；对代理进口货物，以海关开具的完税凭证上的纳税人为增值税纳税人。

［提示］对报关进口货物，凡是海关的完税凭证开具给委托方的，对代理方不征增值税；凡是海关的完税凭证开具给代理方的，对代理方应按规定征收增值税。

(3) 资管产品运营过程中发生的增值税应税行为，以资管产品管理人为增值税纳税人。

［提示］资管产品管理人，包括银行、信托公司、公募基金管理公司及其子公司、证券公司及其子公司、期货公司及其子公司、私募基金管理人、保险资产管理公司、专业保险资产管理机构、养老保险公司。

(4) 建筑企业与发包方签订建筑合同后，以内部授权或者三方协议等方式，授权集团内其他纳税人（第三方）为发包方提供建筑服务，并由第三方直接与发包方结算工程款的，由第三方缴纳增值税并向发包方开具增值税发票，与发包方签订建筑合同的建筑企业不缴纳增值税。发包方可凭实际提供建筑服务的纳税人开具的增值税专用发票抵扣进项税额。

(二) 增值税的扣缴义务人

中华人民共和国境外（以下简称境外）的单位或个人在境内销售劳务，在境内未设有经营机构的，以其境内代理人为扣缴义务人；在境内没有代理人的，以购买方为增值税扣缴义务人。

境外单位或个人在境内销售服务、无形资产或者不动产，在境内未设有经营机构的，以购买方为增值税扣缴义务人。财政部和国家税务总局另有规定的除外。

［典型案例］

北京 ZLTS 文化传媒有限公司与北京市 HD 区国家税务局
第九税务所其他二审行政判决书

一中行终字第 4345 号

ZLTS 公司于 2013 年 8 月 21 日在 HD 国税局税务登记窗口办理税务登记，经核定税种为增值税。同时，HD 国税局向 ZLTS 公司办税人员送达了《北京市 HD 区国家税务局告知事项》，告知其“自 2013 年 9 月起，1 日至 15 日内申报流转税（增值税、消费税等）（按月申报）”。同年 8 月 29 日，ZLTS 公司到第九税务所办理新户报到手续。2013 年 9 月 27 日，第九税务所向 ZLTS 公司作出 1014 号处罚决定，认定 ZLTS 公司 2013 年 8 月增值税逾期未申报，依据《中华人民共和国税收征收管理法》第六十二条的规定，罚款人民币 100 元。ZLTS 公司于 9 月 30 日进行了所属期为 2013 年 8 月的增值税纳税申报补报，并缴纳了罚款。

ZLTS 公司对 1014 号处罚决定不服，于 2013 年 10 月 15 日向 HD 国税局申请行政复议，该局于同年 12 月 6 日作出 H 国税复决字〔2013〕1 号税务行政复议决定书，维持了 1014 号处罚决定。ZLTS 公司亦不服，遂向一审法院提起要求撤销 1014 号处罚决定的诉讼，一并提起本案行政赔偿诉讼，请求人民法院依法判决第九税务所退还罚款 100 元，向 ZLTS 公司道歉，并赔偿 ZLTS 公司误工损失 1 000 元。

2014 年 3 月 6 日，一审法院作出〔2014〕H 行初字第 58 号行政判决，驳回 ZLTS 公司要求撤销 1014 号处罚决定的诉讼请求。ZLTS 公司不服该判决，向本院提起上诉，2014 年 5 月 26 日，本院作出〔2014〕一中行终字第 4344 号行政判决，驳回 ZLTS 公司的上诉请求，维持一审判决。

二院法院认为，ZLTS 公司的行政赔偿请求缺乏事实及法律依据，一审判决驳回其赔偿诉讼请求正确，本院应予维持，ZLTS 公司的上诉请求本院不予支持。

[案例分析] 核定税种为增值税并办理税务登记后，无论是否发生增值税应税项目都已成为增值税纳税人，负有在规定期限内办理纳税申报的义务。

《中华人民共和国税收征收管理法》第四条规定，法律、行政法规规定负有纳税义务的单位和个人为纳税人。第二十五条规定，纳税人必须依照法律、行政法规规定或者税务机关依照法律、行政法规的规定确定的申报期限、申报内容如实办理纳税申报，报送纳税申报表、财务会计报表以及税务机关根据实际需要要求纳税人报送的其他纳税资料。《增值税暂行条例》第二十三条规定，纳税人的具体纳税期限，由主管税务机关根据纳税人应纳税额的大小分别核定。依据上述规定，HD 国税局根据原告的情况核定税种为增值税并办理税务登记后，无论是否发生增值税应税项目，原告即已成为增值税纳税人，负有在规定期限内办理纳税申报的义务。同时，HD 国税局告知了原告纳税申报的期限，履行了相应的告知义务。虽然，原告在办理税务登记的当月没有发生增值税应税项目，但根据《税收征收管理法细则》第三十二条的规定，纳税人在纳税期内没有应纳税款的，也应当按照规定办理纳税申报，并在税务机关告知的期限内予以申报。

第二节 纳税人的分类

一、增值税纳税人的分类依据

根据《增值税暂行条例》及其实施细则的规定，增值税纳税人的基本分类依据是纳税人的会计核算是否健全，以及企业规模的大小。衡量企业规模的大小一般以年应税销售额为依据；会计核算健全是指能够按照国家统一的会计制度规定设置账簿，根据合法、有效凭证进行核算。

二、增值税纳税人的分类目的

对增值税纳税人进行分类，主要是为了适应纳税人经营管理规模差异大、财务核算水平不一的实际情况。分类管理有利于税务机关加强重点税源管理，简化小型企业的计算缴纳程序，也有利于落实专用发票正确使用与安全管理的要求。

三、增值税纳税人的分类

根据纳税人年应税销售额的大小和会计核算水平，可以将增值税纳税人分为一般纳税人和小规模纳税人。这两类纳税人在税款计算方法、适用税率以及管理办法上都有所不同。对一般纳税人实行凭发票扣税的计税方法，对小规模纳税人规定简便易行的计税方法和征收管理办法。

四、一般纳税人和小规模纳税人的区别

我们将一般纳税人和小规模纳税人的区别归纳整理如表 2－2 所示。

表 2－2 一般纳税人与小规模纳税人的主要区别

区别	一般纳税人	小规模纳税人
发票	可自行开具增值税专用发票	可申请代开增值税专用发票，部分行业可以自行开具增值税专用发票 ［政策更新］税总函〔2019〕243 号文件规定：全面推行小规模纳税人自行开具增值税专用发票。税务总局进一步扩大小规模纳税人自行开具增值税专用发票范围，小规模纳税人（其他个人除外）发生增值税应税行为、需要开具增值税专用发票的，可以自愿使用增值税发票管理系统自行开具
核算	购进扣税法 应纳税额 ＝销项税额 －进项税额 （特殊情况下简易征收）	简易征收法 应纳税额 ＝销售额×征收率
进项	符合条件可以抵扣进项	不能抵扣进项

第三节 小规模纳税人的管理

一、小规模纳税人的定义

小规模纳税人是指年应税销售额在规定标准以下，并且会计核算不健全，不能按规定报送有关税务资料的增值税纳税人。会计核算不健全是指不能正确核算增值税的销项税额、进项税额和应纳税额。

二、小规模纳税人的规定

（一）一般规定

1.《财政部 国家税务总局关于统一增值税小规模纳税人标准的通知》（财税〔2018〕33 号）规定，自 2018 年 5 月 1 日起，增值税小规模纳税人标准为年应征增值税销售额 500 万元及以下。

2.《中华人民共和国增值税暂行条例实施细则》第二十八条规定，已登记为增值税一般纳税人的单位和个人，在 2018 年 12 月 31 日前，可转登记为小规模纳税人，其未抵扣的进项税额作转出处理。

［提示］2018 年 4 月 30 日以前，工业一般纳税人的标准只有 50 万元，商业一般纳税人的标准只有 80 万元；2018 年 5 月 1 日起，财税〔2018〕33 号文件规定将所有行业一般纳税人的标准统一为年销售额超过 500 万元，工商业一般纳税销售额标准大幅提升。2018 年 4 月 30 日前按照原来的 50 万元或 80 万元标准登记的一般纳税人，若年应税销售额在 500 万元以下的，在 2018 年 5 月 1 日后达不到一般纳税人标准了。因此，财税〔2018〕33 号文件给予过渡政策：这部分纳税人可以在 2018 年 12 月 31 日前转为小规模纳税人，但是未抵扣的进项税额不给予退税，作进项税额转出处理。

3.《国家税务总局关于小规模纳税人免征增值税政策有关征管问题的公告》（国家税务总局公告 2019 年第 4 号）第五条规定，转登记日前连续 12 个月（以 1 个月为 1 个纳税期）或者连续 4 个季度（以 1 个季度为 1 个纳税期）累计销售额未超过 500 万元的一般纳税人，在 2019 年 12 月 31 日前，可选择转登记为小规模纳税人。

［提示］《财政部 税务总局关于实施小微企业普惠性税收减免政策的通知》（财税〔2019〕13 号）将小微企业免征增值税的标准从月销售额 3 万元提高到月销售额 10 万元。部分年应税销售额不超过 120 万元的一般纳税人，如果转登记小规模纳税人可以享受小微企业免税优惠。因此，国家税务总局公告 2019 年第 4 号明确的可转登记纳税人不再限于根据《增值税暂行条例》及其细则有关规定登记为一般纳税人的原增值税纳税人，营改增试点纳税人、甚至是 2018 年已经办理转登记的纳税人又登记为一般纳税人的，满足销售

额不超过500万元标准的，仍然可以办理转登记手续。满足条件的纳税人是否由一般纳税人转为小规模纳税人，由其自主选择，符合条件的纳税人，仍可继续作为一般纳税人。

（二）特殊规定

1. 年应税销售额超过小规模纳税人标准的其他个人按小规模纳税人纳税。

2. 年应税销售额超过规定标准但不经常发生应税行为的单位和个体工商户，以及非企业性单位、不经常发生应税行为的企业，可选择按照小规模纳税人纳税。

[提示]“其他个人”是指自然人。

兼有销售货物、提供加工修理修配劳务以及应税服务，且不经常发生应税行为的单位和个体工商户可选择按小规模纳税人纳税。

3. 年应税销售额未超过标准，但是会计核算健全，能够提供准确税务资料的，可以向主管税务机关办理一般纳税人登记。

三、小规模纳税人的管理

小规模纳税人实行简易计税方法征收增值税，不得抵扣进项税额。

四、一般纳税人转为小规模纳税人的程序及后续管理

（一）一般纳税人转为小规模纳税人的程序

符合条件的纳税人，向主管税务机关填报《一般纳税人转为小规模纳税人登记表》，并提供税务登记证件；已实行实名办税的纳税人，无须提供税务登记证件。主管税务机关根据下列情况分别做出处理：

1. 纳税人填报内容与税务登记、纳税申报信息一致的，主管税务机关当场办理。

2. 纳税人填报内容与税务登记、纳税申报信息不一致，或者不符合填列要求的，主管税务机关应当场告知纳税人需要补正的内容。

一般纳税人转登记为小规模纳税人后，自转登记日的下期起，按照简易计税方法计算缴纳增值税；转登记日当期仍按照一般纳税人的有关规定计算缴纳增值税。

[知识问答]

问：一般纳税人按月申报税款，转登记为小规模纳税人后按季申报税款，转登记的首个季度怎么申报纳税？

答：原来按月申报纳税的一般纳税人，转登记为小规模纳税人后改为按季申报纳税的，转登记日的当月，仍应该按照一般纳税人的规定纳税，从转登记日的次月起，改为小规模纳税人简易计税，按季缴纳。比如，转登记日在1月份，纳税人所属期1月仍按照一般纳税人的规定纳税，从2月起，改为简易计税，按季缴纳，则2—3月的税款，应在4月申报期申报缴纳。

（二）一般纳税人转小规模纳税人的后续管理

1. 转登记纳税人尚未申报抵扣的进项税额以及转登记日当期的期末留抵税额，计入“应交税费——待抵扣进项税额”核算。尚未申报抵扣的进项税额计入“应交税费——待抵扣进项税额”时：

（1）转登记日当期已经取得的增值税专用发票、机动车销售统一发票、收费公路通行费增值税电子普通发票，应当已经通过增值税发票选择确认平台进行选择确认或认证后稽核比对相符；经稽核比对异常的，应当按照现行规定进行核查处理。已经取得的海关进口增值税专用缴款书，经稽核比对相符的，应当自行下载《海关进口增值税专用缴款书稽核结果通知书》；经稽核比对异常的，应当按照现行规定进行核查处理。

（2）转登记日当期尚未取得的增值税专用发票、机动车销售统一发票、收费公路通行费增值税电子普通发票，转登记纳税人在取得上述发票以后，应当持税控设备，由主管税务机关通过增值税发票选择确认平台（税务局端）为其办理选择确认。尚未取得的海关进口增值税专用缴款书，转登记纳税人在取得以后，经稽核比对相符的，应当由主管税务机关通过稽核系统为其下载《海关进口增值税专用缴款书稽核结果通知书》；经稽核比对异常的，应当按照现行规定进行核查处理。

2. 转登记纳税人在一般纳税人期间销售或者购进的货物、劳务、服务、无形资产、不动产，自转登记日的下期起发生销售折让、中止或者退回的，调整转登记日当期的销项税额、进项税额和应纳税额。

（1）调整后的应纳税额小于转登记日当期申报的应纳税额形成的多缴税款，从发生销售折让、中止或者退回当期的应纳税额中抵减；不足抵减的，结转下期继续抵减。

（2）调整后的应纳税额大于转登记日当期申报的应纳税额形成的少缴税款，从“应交税费——待抵扣进项税额”中抵减；抵减后仍有余额的，计入发生销售折让、中止或者退回当期的应纳税额一并申报缴纳。

3. 转登记纳税人因税务稽查、补充申报等原因，需要对一般纳税人期间的销项税额、进项税额和应纳税额进行调整的，按照上述规定处理。转登记纳税人应准确核算“应交税费——待抵扣进项税额”的变动情况。

4. 转登记纳税人可以继续使用现有税控设备开具增值税发票，不需要缴销税控设备和增值税发票。

转登记纳税人自转登记日的下期起，发生增值税应税销售行为，应当按照征收率开具增值税发票；转登记日前已作增值税专用发票票种核定的，继续通过增值税发票管理系统自行开具增值税专用发票；销售其取得的不动产，需要开具增值税专用发票的，应当按照有关规定向税务机关申请代开。

5. 转登记纳税人在一般纳税人期间发生的增值税应税销售行为，未开具增值税发票需要补开的，应当按照原适用税率或者征收率补开增值税发票；发生销售折让、中止或者退回等情形，需要开具红字发票的，按照原蓝字发票记载的内容开具红字发票；开票有误需要重新开具的，先按照原蓝字发票记载的内容开具红字发票后，再重新开具正确的蓝字发票。

6. 自转登记日的下期起连续不超过12个月或者连续不超过4个季度的经营期内，转登记纳税人应税销售额超过财政部、国家税务总局规定的小规模纳税人标准的，应当按照《国家税务总局关于增值税一般纳税人登记管理办法》（国家税务总局令第43号）的有关规定，向主管税务机关办理一般纳税人登记。

转登记纳税人按规定再次登记为一般纳税人后，不得再转登记为小规模纳税人。

第四节 一般纳税人的管理

一、一般纳税人的规定

（一）一般规定

根据《国家税务总局关于增值税一般纳税人登记管理办法》（国家税务总局令第43号）规定，增值税纳税人年应税销售额超过财政部、国家税务总局规定的小规模纳税人标准的，除特殊情形外，应当向主管税务机关办理一般纳税人登记。年应税销售额是指纳税人在连续不超过12个月或4个季度的经营期内累计应征增值税销售额，包括纳税申报销售额、稽查查补销售额、纳税评估调整销售额。

［提示1］经营期是指在纳税人存续期内的连续经营期间，含未取得销售收入的月份或季度。

［提示2］纳税申报销售额是指纳税人自行申报的全部应征增值税销售额，其中包括免税销售额和税务机关代开发票销售额。

［提示3］稽查查补销售额和纳税评估调整销售额计入查补税款申报当月（或当季）的销售额，不计入税款所属期销售额。

销售服务、无形资产或者不动产（以下简称应税行为）有扣除项目的纳税人，其应税行为年应税销售额按未扣除之前的销售额计算。纳税人偶然发生的销售无形资产、转让不动产的销售额，不计入应税行为年应税销售额。

纳税人兼有销售货物、提供加工修理修配劳务和销售服务、无形资产、不动产的，应税货物及劳务销售额与应税行为销售额分别计算，分别适用增值税一般纳税人登记标准，其中一项销售额超过规定标准，就应当按照规定办理增值税一般纳税人登记相关手续。

［知识问答］

问：小规模纳税人提供劳务派遣服务，选择差额纳税的，怎么确定是否需要转为一般纳税人？

答：销售服务、无形资产或者不动产有扣除项目的纳税人，其应税行为年应税销售额按未扣除之前的销售额计算。小规模纳税人劳务派遣公司，按季度申报选择差额纳税，不考虑其他情况，假设2018年第一季度至2018年第四季度收到用工方支付的劳务派遣费用共计630万元，其中需要代发劳务派遣工资400万元，支付“五险一金”125万元，共计525万元，该纳税人2018年第一季度至2018年第四季度应纳增值税销售额为100万元［(630-525)÷(1+5%)］，但是未扣除之前的销售额为600万元［630÷(1+5%)］，超过500万元的标准，应当向主管税务机关办理一般纳税人登记。

（二）特殊规定

1. 年应税销售额未超过规定标准的纳税人，会计核算健全，能够提供准确税务资料的，可以向主管税务机关办理一般纳税人登记。

会计核算健全是指能够按照国家统一的会计制度规定设置账簿，根据合法、有效凭证进行核算。

2. 下列纳税人不办理一般纳税人登记：

（1）按照政策规定，选择按照小规模纳税人纳税的。年应税销售额超过规定标准的纳税人，应当向主管税务机关提交书面说明。

（2）年应税销售额超过规定标准的其他个人（指自然人）。

二、一般纳税人登记的管理

（一）办理一般纳税人登记的程序

纳税人办理一般纳税人登记的程序如下：

1. 纳税人向主管税务机关填报《增值税一般纳税人登记表》，如实填写固定生产经营场所等信息，并提供税务登记证件。

［提示1］ 固定生产经营场所信息是指填写在《增值税一般纳税人登记表》“生产经营地址”栏次中的内容。

［提示2］ 税务登记证件，包括纳税人领取的由工商行政管理部门或者其他主管部门核发的加载法人和其他组织统一社会信用代码的相关证件。

2. 纳税人填报内容与税务登记信息一致的，主管税务机关当场登记。

3. 纳税人填报内容与税务登记信息不一致，或者不符合填列要求的，税务机关应当场告知纳税人需要补正的内容。

（二）办理一般纳税人登记的机关

纳税人应当向其机构所在地主管税务机关办理一般纳税人登记手续。

（三）办理一般纳税人登记的时限

1. 纳税人在年应税销售额超过规定标准的月份（或季度）的所属申报期结束后15日内按照《国家税务总局关于增值税一般纳税人登记管理办法》（国家税务总局令第43号）第六条或者第七条的规定办理相关手续；未按规定时限办理的，主管税务机关应当在规定时限结束后5日内制作《税务事项通知书》，告知纳税人应当在5日内向主管税务机关办理相关手续；逾期仍不办理的，次月起按销售额依照增值税税率计算应纳税额，不得抵扣进项税额，直至纳税人办理相关手续为止。

[提示] 上述期限的最后一日是法定休假日的，以休假日期满的次日为期限的最后一日；在期限内有连续3日以上（含3日）法定休假日的，按休假日天数顺延。

2. 纳税人自一般纳税人生效之日起，按照增值税一般计税方法计算应纳税额，并可以按照规定领用增值税专用发票，财政部、国家税务总局另有规定的除外。一般纳税人生效之日，是指纳税人办理登记的当月1日或者次月1日，由纳税人在办理登记手续时自行选择。

3. 纳税人登记为一般纳税人后，不得转为小规模纳税人，国家税务总局另有规定的除外。

4. 经税务机关核对后退还纳税人留存的《增值税一般纳税人登记表》，可以作为证明纳税人成为增值税一般纳税人的凭据。

5. 主管税务机关应当加强对税收风险的管理。对税收遵从度低的一般纳税人，主管税务机关可以实行纳税辅导期管理，具体办法由国家税务总局另行制定。

[提示] 根据现行有关规定，主管税务机关可以在一定期限内如表2-3所示列出的新登记为一般纳税人的情行实行纳税辅导期管理。

表2-3　可实行纳税辅导期管理的情形

序号	具体情形	辅导期
1	未超过规定标准的小型商贸批发企业	3个月
2	在登记为一般纳税人后发生增值税偷税 （偷税数额占应纳税额的10%以上并且偷税数额在10万元以上的）	6个月
3	骗取出口退税和虚开增值税扣税凭证的企业	6个月
4	国家税务总局规定的其他情形	6个月

本章习题

一、单项选择题

1. 下列不属于我国增值税纳税义务人的是（　　）。

A. 个人　　B. 外商投资企业

C. 会计制度不健全的企业　　D. 在境外提供修理修配劳务的企业

[参考答案] D

[答案解析] 依据《中华人民共和国增值税暂行条例》第一条规定，在中华人民共和国境内销售货物或者加工、修理修配劳务，销售服务、无形资产、不动产以及进口货物的单位和个人，为增值税的纳税人。单位包括企业、行政单位、事业单位、军事单位、社会团体及其他单位。个人包括个体工商户和其他个人。所以选项D不属于我国增值税纳税义务人。

2. 自 2018 年 5 月 1 日起，增值税小规模纳税人标准为年应征增值税销售额（　　）万元及以下。

A. 500　　B. 180　　C. 80　　D. 50

［参考答案］A

［答案解析］根据《财政部　国家税务总局关于统一增值税小规模纳税人标准的通知》（财税〔2018〕33 号）第一条规定，2018 年 5 月 1 日起，增值税小规模纳税人标准为年应征增值税销售额 500 万元及以下。

3. 甲进出口公司代理乙工业企业进口设备，同时委托丙货运代理人办理托运手续，海关进口增值税专用缴款书上的缴款单位是甲进出口公司。该进口设备的增值税纳税人是（　　）。

A. 甲进出口公司　　B. 乙工业企业

C. 丙货运代理人　　D. 国外销售商

［参考答案］A

［答案解析］根据《中华人民共和国增值税暂行条例》（国务院令第 691 号）第十八条规定，对报关进口的货物，以进口货物的收货人或办理报关手续的单位和个人为进口货物的纳税人。

4. 下列各项中，不属于资管产品管理人的是（　　）。

A. 信托公司　　B. 保险资产管理公司

C. 养老保险公司　　D. 税务机关

［参考答案］D

［答案解析］资管产品管理人包括银行、信托公司、公募基金管理公司及其子公司、证券公司及其子公司、期货公司及其子公司、私募基金管理人、保险资产管理公司、专业保险资产管理机构、养老保险公司。

5. 按照现行规定，下列各项中必须登记为小规模纳税人的是（　　）。

A. 年应税销售额为 600 万元的从事货物生产的纳税人

B. 某从事货物批发的个体工商户年纳税申报销售额为 380 万元，纳税评估调整销售额为 200 万元

C. 年不含税销售额为 500 万元且会计核算制度不健全的纳税人

D. 不经常发生应税行为的企业

［参考答案］C

［答案解析］增值税小规模纳税人标准为年应征增值税销售额 500 万元及以下，且会计核算制度不健全，必须登记为小规模纳税人。

6. 根据国家税务总局制定公布《增值税一般纳税人登记管理办法》的规定，纳税人在年应税销售额超过规定标准的月份（或季度）的所属申报期结束后（　　）日内按照规定办理相关登记手续。

A. 5　　B. 10　　C. 15　　D. 20

［参考答案］C

［答案解析］根据《增值税一般纳税人登记管理办法》（国家税务总局令第 43 号）规

定，纳税人在年应税销售额超过规定标准的月份（或季度）的所属申报期结束后 15 日内按照规定办理相关登记手续。

7. 下列选项中，关于增值税一般纳税人的登记管理表述正确的是（　　）。

A. 个体工商户不得办理一般纳税人资格登记

B. 未按规定时限办理一般纳税人登记手续的，主管税务机关应当在规定时限结束后 5 日内制作《税务事项通知书》，告知纳税人应当在 15 日内向主管税务机关办理相关手续

C. 登记一般纳税人的经营期是指在纳税人存续期内的连续经营期间，不含未取得销售收入的月份

D. 纳税人登记为一般纳税人后，不得转为小规模纳税人，国家税务总局另有规定的除外

［参考答案］D

［答案解析］根据《增值税一般纳税人登记管理办法》（国家税务总局令第 43 号）规定，选项 A，年应税销售额超过规定标准的其他个人，不得办理一般纳税人登记，个体工商户可以办理一般纳税人登记；选项 B，未按规定时限办理一般纳税人登记手续的，主管税务机关应当在规定时限结束后 5 日内制作《税务事项通知书》，告知纳税人应当在 5 日内向主管税务机关办理相关手续；选项 C，本办法所称年应税销售额，是指纳税人在连续不超过 12 个月或 4 个季度的经营期内累计应征增值税销售额，包括纳税申报销售额、稽查查补销售额、纳税评估调整销售额。经营期是指在纳税人存续期内的连续经营期间，含未取得销售收入的月份或季度。

8. 转登记日前经营期不满 12 个月或者 4 个季度的，判断应税销售额是否超过 500 万元的标准是（　　）。

A. 实际经营月份累计销售额

B. 等到经营超过 12 个月后

C. 申请之日前累计销售额

D. 月（季度）平均应税销售额估算累计应税销售额

［参考答案］D

［答案解析］根据《财政部　国家税务总局关于统一增值税小规模纳税人标准的通知》（财税〔2018〕33 号）规定，转登记日前经营期不满 12 个月或者 4 个季度的，按照月度或季度平均应税销售额估算累计应税销售额。

9. 年应税销售额是指纳税人在连续不超过 12 个月或 4 个季度的经营期内累计应征增值税的销售额。下列选项中表述正确的是（　　）。

A. 年应税销售额包括纳税申报销售额、稽查查补销售额、纳税评估调整销售额

B. 有扣除项目的纳税人，其应税行为年应税销售额按扣除之后的销售额计算

C. 经营期是指在纳税人存续期内的连续经营期间，但不包括未取得销售收入的月份

D. 年应税销售额是指含增值税的销售额

［参考答案］A

［答案解析］增值税纳税人年应税销售额超过小规模纳税人标准的，除另有规定外，应申请一般纳税人登记。其中，年应税销售额是指纳税人在连续不超过 12 个月或 4 个季

度的经营期内累计应征增值税的销售额，包括纳税申报销售额、稽查查补销售额、纳税评估调整销售额。有扣除项目的纳税人，其应税行为年应税销售额按未扣除之前的销售额计算。

10. 下列情形中，应征收增值税的是（　　）。

A. 法国公司向我国公司销售位于我国境内的办公楼

B. 德国公司向我国公司出租完全在德国境内使用的客车

C. 英国公司向我国公司销售完全在英国境内使用的无形资产

D. 美国公司向我国公司提供在美国境内的会议展览服务

［参考答案］A

［答案解析］下列情形不属于在境内销售服务或无形资产——接受方为境内单位或个人，提供方为境外单位或个人：

①境外单位或者个人向境内单位或者个人销售完全在境外发生的服务。

②境外单位或者个人向境内单位或者个人销售完全在境外使用的无形资产，故选项 C 错误。

③境外单位或者个人向境内单位或者个人出租完全在境外使用的有形动产，故选项 B 错误。

④境外单位或者个人为出境的函件、包裹在境外提供的邮政服务、收派服务。

⑤境外单位或者个人向境内单位或者个人提供的工程施工地点在境外的建筑服务、工程监理服务。

⑥境外单位或者个人向境内单位或者个人提供的工程、矿产资源在境外的工程勘察勘探服务。

⑦境外单位或者个人向境内单位或者个人提供的会议展览地点在境外的会议展览服务，故选项 D 错误。

⑧财政部和国家税务总局规定的其他情形。

11. 下列关于增值税一般纳税人和小规模纳税人表述不正确的是（　　）。

A. 年应税销售额超过小规模纳税人标准的其他个人按小规模纳税人纳税

B. 自 2018 年 5 月 1 日起，增值税小规模纳税人标准为年应征增值税销售额 500 万元及以下

C. 纳税人偶然发生的销售无形资产、转让不动产的销售额，不计入应税行为年应税销售额

D. 小规模纳税人转一般纳税人自办理登记的当月 1 日起按照增值税一般计税方法计算应纳税额；一般纳税人转小规模纳税人自转登记日的下期起，按照简易计税方法计算缴纳增值税

［参考答案］D

［答案解析］小规模纳税人转一般纳税人生效之日，是指纳税人办理登记的当月 1 日或者次月 1 日，由纳税人在办理登记手续时自行选择。

二、多项选择题

1. 下列纳税人，年应税销售额超过规定标准但可以选择按照小规模纳税人纳税的有

(　　)。

A. 会计核算健全的单位

B. 非企业性单位

C. 不经常发生应税行为的企业和个体工商户

D. 自然人

［参考答案］**BC**

［答案解析］年应税销售额超过规定标准但不经常发生应税行为的单位和个体工商户，以及非企业性单位、不经常发生应税行为的企业，可选择按照小规模纳税人纳税，故选项B、C正确。增值税纳税人年应税销售额超过财政部、国家税务总局规定的小规模纳税人标准的，除符合不需要办理一般纳税人登记的情形外，应当向主管税务机关办理一般纳税人登记，故选项A错误。自然人只能登记为小规模纳税人，故选项D错误。

2. 下列销售额应计入增值税纳税人判断标准的有(　　)。

A. 纳税评估调整的销售额

B. 稽查查补的销售额

C. 税务机关代开发票销售额、免税销售额

D. 偶尔发生的销售无形资产销售额

［参考答案］**ABC**

［答案解析］年应税销售额是指纳税人在连续不超过12个月或4个季度的经营期内累计应征增值税销售额，包括纳税申报销售额、稽查查补销售额、纳税评估调整销售额，故选项A、B正确。纳税申报销售额是指纳税人自行申报的全部应征增值税销售额，其中包括免税销售额和税务机关代开发票销售额，故选项C正确。纳税人偶然发生的销售无形资产、转让不动产的销售额，不计入应税行为年应税销售额，故选项D错误。

3. 下列关于一般纳税人转小规模纳税人的登记说法正确的有(　　)。

A. 年应税销售额，是指纳税人在连续不超过12个月或4个季度的经营期内累计应征增值税销售额，包括纳税申报销售额、稽查查补销售额、纳税评估调整销售额

B. 生效之日是指纳税人办理登记的当月1日或者次月1日，由纳税人在办理登记手续时自行选择

C. 转登记日前连续12个月(以1个月为1个纳税期)或者连续4个季度(以1个季度为1个纳税期)累计销售额未超过500万元的一般纳税人，在2019年12月31日前，可选择转登记为小规模纳税人。

D. 转登记纳税人按规定再次登记为一般纳税人后，可以再转登记为小规模纳税人

［参考答案］**ABC**

［答案解析］转登记纳税人按规定再次登记为一般纳税人后，不得再转登记为小规模纳税人，故选项D错误。

4. 境外单位或个人在境内销售劳务，在境内未设立经营机构的，增值税的扣缴义务人有(　　)。

A. 境内代理人　　B. 购买方

C. 境外单位　　D. 商业银行

［参考答案］AB

［答案解析］根据《中华人民共和国增值税暂行条例》（国务院令第 691 号）第十八条的规定，中华人民共和国境外的单位或者个人在境内销售劳务，在境内未设有经营机构的，以其境内代理人为扣缴义务人；在境内没有代理人的，以购买方为扣缴义务人。

5. 下列纳税人不需办理一般纳税人资格登记的有（　　）。

A. 个体工商户以外的其他个人

B. 选择按照小规模纳税人纳税的非企业性单位

C. 选择按照小规模纳税人纳税的个体工商户

D. 进出口贸易公司

［参考答案］ABC

［答案解析］根据《增值税一般纳税人登记管理办法》（国家税务总局令第 43 号）第四条规定，下列纳税人不办理一般纳税人登记：（1）按照政策规定，选择按照小规模纳税人纳税的；（2）年应税销售额超过规定标准的其他个人。

6. 根据增值税法律制度的规定，以下单位或者个人中，属于增值税纳税人的是（　　）。

A. 进口固定资产设备的企业　　B. 销售商品房的公司

C. 零售杂货的个体户　　D. 生产销售家用电器的公司

［参考答案］ABCD

［答案解析］根据《中华人民共和国增值税暂行条例》第一条规定，在中华人民共和国境内销售货物或者加工、修理修配劳务，销售服务、无形资产、不动产以及进口货物的单位和个人，均为增值税的纳税人。

7. 根据规定，下列纳税人中，可以被认定为一般纳税人的有（　　）。

A. 从事物流服务，应税服务年销售额为 500 万元，会计核算不健全的纳税人

B. 从事交通运输业，应税服务年销售额为 510 万元，会计核算健全的纳税人

C. 从事代理记账业务，应税服务年销售额为 300 万元，会计核算健全的纳税人

D. 新开业的试点纳税人，能够按照国家统一会计制度规定设置账簿，根据合法、有效凭证核算，能够提供准确税务资料

［参考答案］BD

［答案解析］根据《财政部　国家税务总局关于统一增值税小规模纳税人标准的通知》（财税〔2018〕33 号）规定，应税服务的年应征增值税销售额超过 500 万元的纳税人为一般纳税人。试点小规模纳税人是指年应纳增值税销售额 500 万元及以下，并且会计核算不健全，不能按规定报送有关税务资料的增值税纳税人。应税服务年销售额未超过 500 万元以及新开业的试点纳税人，可以向主管税务机关登记为一般纳税人。同时符合下列条件的试点纳税人，主管税务机关应当为其登记为一般纳税人：能够按照国家统一的会计制度规定设置账簿，根据合法、有效凭证核算，能够提供准确税务资料。

8. 对增值税小规模纳税人，下列表述正确的有（　　）。

A. 增值税实行简易征收办法

B. 不得自行开具或申请代开增值税专用发票

C. 不得抵扣进项税额

D. 一经成为小规模纳税人，不得再转为一般纳税人

［参考答案］AC

［答案解析］除另有规定外，增值税小规模纳税人不得自行开具增值税专用发票，但是可以申请税务机关代开增值税专用发票，所以B选项错误；小规模纳税人符合规定的，可登记为一般纳税人，所以D选项错误。

9. 下列关于营改增应税行为纳税人与扣缴义务人的表述中，正确的有（　　）。

A. 境外单位或者个人在境内发生应税行为，在境内未设有经营机构的，以购买方为增值税扣缴义务人

B. 年应税销售额超过规定标准但不经常发生应税行为的单位和个体工商户可选择按照小规模纳税人纳税

C. 符合一般纳税人条件的纳税人应当向主管税务机关办理一般纳税人资格登记

D. 年应税销售额超过规定标准但不经常发生应税行为的单位和个体工商户必须按照一般纳税人纳税

［参考答案］ABC

［答案解析］根据《财政部　国家税务总局关于全面推开营业税改征增值税试点的通知》（财税〔2016〕36号）第三条第二款规定，年应税销售额超过规定标准但不经常发生应税行为的单位和个体工商户可选择按照小规模纳税人纳税。

10. 根据营业税改征增值税的有关规定，在境内销售服务或无形资产，是指服务或无形资产销售方或者购买方在境内，下列情形不属于在境内销售服务和无形资产的有（　　）。

A. 境外单位或者个人向境内单位或者个人销售完全在境外消费的应税服务

B. 境外单位或者个人向境内单位或者个人出租完全在境外使用的有形动产

C. 境外单位或者个人向境内单位或者个人出租在境内使用的有形动产

D. 境内单位或者个人向境内单位或者个人提供的应税服务

［参考答案］AB

［答案解析］根据《财政部　国家税务总局关于全面推开营业税改征增值税试点的通知》（财税〔2016〕36号）第十二条、第十三规定，在境内销售服务或无形资产，是指销售服务或无形资产的销售方或者购买方在境内。下列情形不属于在境内销售税服务或无形资产：(1) 境外单位或者个人向境内单位或者个人销售完全在境外消费的应税服务。(2) 境外单位或者个人向境内单位或者个人出租完全在境外使用的有形动产。(3) 境外单位或者个人向境内单位或者个人销售完全在境外使用的无形资产。(4) 财政部和国家税务总局规定的其他情形。

11. 根据增值税现行政策规定，下列业务属于在境内销售服务、无形资产或不动产的是（　　）。

A. 境外单位为境内单位提供境外矿山勘探服务

B. 境外单位向境内单位出租境外的厂房

C. 境外单位向境内单位销售在境内的不动产

D. 境外单位向境内单位提供运输服务

［参考答案］CD

［答案解析］境外单位或者个人向境内单位或者个人销售完全在境外发生的服务、销售完全在境外使用的无形资产、出租完全在境外使用的有形动产，不属于征税范围；销售或者租赁的不动产在境内、销售自然资源使用权的自然资源在境内，才属于征税范围。

12. 下列关于增值税纳税人的表述，正确的是（　　）。

A. 单位租赁或承包给其他单位或者个人经营的，以承租人或承包人为纳税人

B. 对报关进口的货物，以进口货物的收货人或者办理报关手续的单位和个人为进口货物的纳税人

C. 对代理进口货物，以代理进口货物的单位或个人为增值税纳税人

D. 建筑企业与发包方签订建筑合同后，以内部授权或者三方协议等方式，授权集团内其他纳税人（第三方）为发包方提供建筑服务，并由第三方直接与发包方结算工程款的，由与发包方签订建筑合同的建筑企业缴纳增值税

［参考答案］AB

［答案解析］选项A正确，单位租赁或承包给其他单位或者个人经营的，以承租人或承包人为纳税人；选项B正确，对报关进口的货物，以进口货物的收货人或者办理报关手续的单位和个人为进口货物的纳税人；选项C错误，对代理进口货物，以海关开具的完税凭证上的纳税人为增值税纳税人；选项D错误，建筑企业与发包方签订建筑合同后，以内部授权或者三方协议等方式，授权集团内其他纳税人（第三方）为发包方提供建筑服务，并由第三方直接与发包方结算工程款的，由第三方缴纳增值税，与发包方签订建筑合同的建筑企业不缴纳增值税。

13. 下列纳税人，年应税销售额超过规定标准但可以选择按照小规模纳税人纳税的有（　　）。

A. 不经常发生应税行为的企业　　B. 非企业性单位

C. 不经常发生应税行为的个体工商户　　D. 会计核算健全的单位

［参考答案］ABC

［答案解析］年应税销售额超过规定标准但不经常发生应税行为的单位和个体工商户，以及非企业性单位、不经常发生应税行为的企业，可选择按照小规模纳税人纳税，选项A、B、C正确。增值税纳税人年应税销售额超过财政部、国家税务总局规定的小规模纳税人标准的，除符合不需要办理一般纳税人登记的情形外，应当向主管税务机关办理一般纳税人登记，故D选项错误。

三、判断题

1. 纳税人登记为一般纳税人后，不得转为小规模纳税人，国家税务总局另有规定的除外。（　　）

［参考答案］正确

［答案解析］根据《增值税一般纳税人登记管理办法》（国家税务总局令第43号）第十条之规定，纳税人登记为一般纳税人后，不得转为小规模纳税人，国家税务总局另有规定的除外。

2. 应税服务年销售额超过500万元的其他个人，可以向主管税务机关办理增值税一般

纳税人登记。（　）

［参考答案］错误

［答案解析］根据《财政部　国家税务总局关于全面推开营业税改征增值税试点的通知》（财税〔2016〕36号）附件1《营业税改征增值税试点实施办法》第三条第三款规定，应税服务年销售额超过规定标准的其他个人，不属于一般纳税人。

3. 自2018年5月1日起，符合条件的增值税一般纳税人转登记为小规模纳税人后，自转登记日的当期起，按照简易计税方法计算缴纳增值税。（　）

［参考答案］错误

［答案解析］根据《关于统一小规模纳税人标准等若干增值税问题的公告》（国家税务总局公告〔2018〕18号）文件第三条之规定，增值税一般纳税人转登记为小规模纳税人后，自转登记日的下期起，按照简易计税方法计算缴纳增值税；转登记日的当期仍按照一般纳税人的有关规定计算缴纳增值税。

4. 增值税纳税人的年应税销售额是指纳税人不超过12个月或4个季度的经营期内应征增值税销售额，包括纳税申报销售额，稽查查补销售额和纳税评估销售额。（　）

［参考答案］错误

［答案解析］根据《增值税一般纳税人登记管理办法》（国家税务总局令第43号）文件第二条第二款规定，本办法所称销售额，是指纳税人在连续不超过12个月或4个季度的经营期内累计应征增值税销售额，包括纳税申报销售额，稽查查补销售额、纳税评估调整销售额。

5. 转登记日前的应征增值税年销售额不超过500万元的一般纳税人，在2019年12月31日前，可转登记为小规模纳税人。（　）

［参考答案］正确

［答案解析］转登记日前的应征增值税年销售额不超过500万元的（转登记日前经营期不满12个月或者4个季度的，按照月度或季度平均应税销售额估算累计应税销售额）的一般纳税人，在2019年12月31日前，可转登记为小规模纳税人。

6. 小规模纳税人取得增值税专用发票，可以抵扣进项税额。（　）

［参考答案］错误

［答案解析］小规模纳税人实行简易计税方法征收增值税，不得抵扣进项税额。

7. 纳税人应当向其机构所在地主管税务机关办理一般纳税人登记手续。（　）

［参考答案］正确

［答案解析］按照根据《国家税务总局关于增值税一般纳税人登记管理办法》（国家税务总局令第43号）规定，纳税人应当向其机构所在地主管税务机关办理一般纳税人登记手续。

8. 自2018年5月1日起，增值税小规模纳税人标准为年应征增值税销售额300万元及以下。（　）

［参考答案］错误

［答案解析］根据《财政部　国家税务总局关于统一增值税小规模纳税人标准的通知》（财税〔2018〕33号）第一条规定，2018年5月1日起，增值税小规模纳税人标准

为年应征增值税销售额 500 万元及以下。

9. 小规模纳税人可申请代开增值税专用发票部分行业可以自行开具增值税专用发票。（　　）

［参考答案］错误

［答案解析］根据《国家税务总局关于实施第二批便民办税缴费新举措的通知》（税总函〔2019〕243 号）规定，全面推行小规模纳税人自行开具增值税专用发票。税务总局进一步扩大小规模纳税人自行开具增值税专用发票范围，小规模纳税人（其他个人除外）发生增值税应税行为、需要开具增值税专用发票的，可以自愿使用增值税发票管理系统自行开具。

10. 中华人民共和国境外的单位或个人在境内提供应税劳务，在境内未设有经营机构的，其应纳税款以购买者为增值税扣缴义务人。（　　）

［参考答案］错误

［答案解析］中华人民共和国境外（以下简称境外）的单位或个人在境内提供应税劳务，在境内未设有经营机构的，其应纳税款以境内代理人为扣缴义务人；在境内没有代理人的，以购买者为增值税扣缴义务人。

第三章　增值税的征税范围

第一节　增值税基本征税范围

一、增值税征税范围基本情况

由于经济发展特点和财政政策的不同，目前，世界各国征收增值税的征税范围也不尽相同，总结如表 3－1 所示。

表 3－1　　　　增值税征税范围国际比较

其他各国征税环节		我国征税环节
单环节	工业制造	2016 年 5 月 1 日前，对货物的生产、批发、零售和进口环节征税
两环节	工业制造＋货物批发	
三环节	工业制造＋货物批发＋货物零售	2016 年 5 月 1 日以后，对货物的生产、批发、零售和进口、销售服务、无形资产或者不动产环节征税

二、我国增值税征税范围的一般规定

（一）征税范围的基本规定

1. 销售货物。货物是指有形动产，包括电力、热力和气体在内。销售货物是指有偿转让货物的所有权。有偿，是指从购买方取得货币、货物或者其他经济利益。

2. 销售劳务。劳务是加工和修理修配劳务。销售劳务是指有偿提供加工和修理修配劳务。

3. 销售服务。销售服务是指提供交通运输服务、邮政服务、电信服务、建筑服务、金融服务、现代服务、生活服务。

4. 销售无形资产。销售无形资产是指有偿转让无形资产，是转让无形资产所有权或者使用权的业务活动。

5. 销售不动产。销售不动产是指转让不动产所有权的业务活动。

[提示] 销售服务、无形资产或者不动产，是指有偿提供服务、有偿转让无形资产或者不动产，但属于如表 3－2 所示的非经营活动的情形除外。

表 3－2　　属于非经营活动的情形一览表

1. 行政单位收取的同时满足三个条件的政府性基金或者行政事业性收费	由国务院或者财政部批准设立的政府性基金，由国务院或者省级人民政府及其财政、价格主管部门批准设立的行政事业性收费；
	收取时开具省级以上（含省级）财政部门监（印）制的财政票据
	所收款项全额上缴财政
2. 单位或者个体工商户聘用的员工为本单位或者雇主提供取得工资的服务	
3. 单位或者个体工商户为聘用的员工提供应税服务	
4. 财政部和国家税务总局规定的其他情形	

6. 进口货物。进口货物是指申报进入我国海关境内的货物，确认一项货物是否属于进口货物，必须看其是否办理了报关进口手续。通常，境外产品要输入境内，必须向我国海关申报进口，并办理有关报关手续。只要是报关进口的应税货物，均属于增值税征税范围，在进口环节缴纳增值税（享受免税政策的货物除外）。

（二）视同销售行为的征税规定

1. 单位或者个体工商户的下列行为，视同销售货物：

（1）将货物交付其他单位或者个人代销。

（2）销售代销货物。

（3）设有两个以上机构并实行统一核算的纳税人，将货物从一个机构移送其他机构用于销售，但相关机构设在同一县（市）的除外。

[提示] 用于销售是指售货机构发生以下情形之一的经营行为：

①向购货方开具发票；

②向购货方收取货款。

售货机构的货物移送行为有上述两项情形之一的，应当向所在地税务机关缴纳增值税；未发生上述两项情形的，则应由总机构统一缴纳增值税。

如果售货机构只就部分货物向购买方开具发票或收取货款，则应当区别不同情况计算并分别向总机构所在地或分支机构所在地税务机关缴纳税款。

（4）将自产或者委托加工的货物用于非增值税应税项目。

（5）将自产、委托加工的货物用于集体福利或者个人消费。

（6）将自产、委托加工或者购进的货物作为投资，提供给其他单位或者个体工商户。

（7）将自产、委托加工或者购进的货物分配给股东或者投资者。

（8）将自产、委托加工或者购进的货物无偿赠送其他单位或者个人。

2. 下列情形视同销售服务、无形资产或者不动产：

（1）单位或者个体工商户向其他单位或者个人无偿提供服务，但用于公益事业或者以社会公众为对象的除外。

（2）单位或者个人向其他单位或者个人无偿转让无形资产或者不动产，但用于公益事业或者以社会公众为对象的除外。

（3）财政部和国家税务总局规定的其他情形。

（三）对混合销售行为的征税规定

1. 混合销售的含义。一项销售行为如果既涉及货物又涉及服务，为混合销售。

2. 混合销售的税务处理。

（1）从事货物的生产、批发或者零售的单位和个体工商户的混合销售行为，按照销售货物缴纳增值税；

（2）其他单位和个体工商户的混合销售行为，按照销售服务缴纳增值税。

上述从事货物的生产、批发或者零售的单位和个体工商户，包括以从事货物的生产、批发或者零售为主，并兼营销售服务的单位和个体工商户在内。

3. 特殊情形。

（1）销售活动板房、机器设备、钢结构件等自产货物的同时提供建筑、安装服务。自2017年5月1日起，纳税人销售活动板房、机器设备、钢结构件等自产货物的同时，提供建筑、安装服务，不属于《财政部 国家税务总局关于全面推开营业税改征增值税试点的通知》（财税〔2016〕36号）附件1《营业税改征增值税试点实施办法》第四十条规定的混合销售，应分别核算销售货物和建筑服务的销售额，分别适用不同的税率或者征收率。

（2）销售机器设备的同时提供安装服务。

一般纳税人销售自产机器设备的同时提供安装服务，应分别核算机器设备和安装服务的销售额，安装服务可以按照甲供工程选择适用简易计税方法计税。

一般纳税人销售外购机器设备的同时提供安装服务，如果已经按照兼营的有关规定，分别核算机器设备和安装服务的销售额，安装服务可以按照甲供工程选择适用简易计税方法计税。纳税人对安装运行后的机器设备提供的维护保养服务，按照“其他现代服务”缴纳增值税。

一般纳税人销售电梯的同时提供安装服务，其安装服务可以按照甲供工程选择适用简易计税方法计税。纳税人对安装运行后的电梯提供的维护保养服务，按照其他现代服务缴纳增值税。

（四）对兼营行为的征税规定

1. 兼营的含义。指纳税人的经营范围既包括销售货物和加工修理修配劳务，又包括销售服务、无形资产或者不动产。但是，销售货物、加工修理修配劳务、服务、无形资产或者不动产不同时发生在同一项销售行为中。

2. 兼营的税务处理。纳税人销售货物、加工修理修配劳务、服务、无形资产或者不动产适用不同税率或者征收率的，应当分别核算适用不同税率或者征收率的销售额，未分别核算销售额的，按照以下方法适用税率或者征收率：

（1）兼有不同税率的销售货物、加工修理修配劳务、服务、无形资产或者不动产，从高适用税率。

（2）兼有不同征收率的销售货物、加工修理修配劳务、服务、无形资产或者不动产，从高适用征收率。

（3）兼有不同税率和征收率的销售货物、加工修理修配劳务、服务、无形资产或者不动产，从高适用税率。

［提示］比较混合、兼营行为的税务处理如表3－3所示。

表3－3 混合、兼营行为的税务处理比较表

行为	区别	税务处理
混合销售	强调在同一项销售行为中，存在着两类经营项目的混合，销售货款及劳务价款是同时从一个购买方取得的	纳税原则按“经营主业”划分，分别选择按销售货物或销售服务征收增值税
兼营	强调在同一纳税人的经营活动中存在两类经营项目，但这两类经营项目不是在同一销售行为中发生	纳税原则是分别核算，分别按照适用税率征收增值税；对兼营行为不分别核算的，从高适用税率征收增值税

［典型案例］房地产开发企业兼营适用不同税率的经营项目，如何计算增值税？

［案例介绍］M房地产开发企业（一般纳税人）将自有房屋出租，其中一个商场出租给多个独立经营的商户，房地产开发企业向各商户提供物业管理服务，收取商户的租金及物业管理费。

［案例分析］M房地产开发企业出租商铺，另外还为商铺提供物业管理服务，属于兼营行为。根据《财政部 国家税务总局关于全面推开营业税改征增值税试点的通知》（财税〔2016〕36号）第三十九条规定，纳税人兼营销售货物、服务、无形资产或者不动产，适用不同税率或者征收率，应当分别核算适用不同税率或征收率的销售额；未分别核算的，从高适用税率。因此M房地产开发企业应当分别核算出租商铺的租金收入和物业管理的销售收入，并且租金收入按照9%的税率计算销项税额，物业管理费的销售额按6%的税率计算销项税额。如果不能分别核算，租金收入、物业管理费的销售收入均按9%的税率纳税。

第二节 提供加工、修理修配劳务

加工，是指接收来料承做货物，加工后的货物所有权仍属于委托者的业务，即通常所说的委托加工业务。委托加工业务是指由委托方提供原料及主要材料，受托方按照委托方的要求，制造货物并收取加工费的业务。

修理修配，是指受托对损伤和丧失功能的货物进行修复，使其恢复原状和功能的业务。

提供加工、修理修配劳务，是指有偿提供加工、修理修配劳务。单位或者个体工商户聘用的员工为本单位或者雇主提供加工、修理修配劳务，不包括在内。

有偿，是指从购买方取得货币、货物或者其他经济利益。

第三节 提供应税服务、无形资产、不动产

一、提供应税服务

提供应税服务，是指提供交通运输服务、邮政服务、电信服务、建筑服务、金融服务、现代服务、生活服务。

（一）交通运输服务

交通运输服务，是指利用运输工具将货物或者旅客送达目的地，使其空间位置得到转移的业务活动，包括陆路运输服务、水路运输服务、航空运输服务和管道运输服务。

1. 陆路运输服务。陆路运输服务是指通过陆路（地上或者地下）运送货物或者旅客的运输业务活动，包括铁路运输服务和其他陆路运输服务。

（1）铁路运输服务，是指通过铁路运送货物或者旅客的运输业务活动。

（2）其他陆路运输服务，是指铁路运输以外的陆路运输业务活动，包括公路运输、缆车运输、索道运输、地铁运输、城市轻轨运输等。

[提示] 出租车公司向使用本公司自有出租车的出租车司机收取的管理费用，按照陆路运输服务缴纳增值税。

2. 水路运输服务。水路运输服务是指通过江、河、湖、川等天然、人工水道或者海洋航道运送货物或者旅客的运输业务活动。

[提示] 水路运输的程租、期租业务，属于水路运输服务。

程租业务，是指运输企业为租船人完成某一特定航次的运输任务并收取租赁费的业务。

期租业务，是指运输企业将配备有操作人员的船舶承租给他人使用一定期限，承租期内听候承租方调遣，不论是否经营，均按天向承租方收取租赁费，发生的固定费用均由船东负担的业务。

3. 航空运输服务。航空运输服务是指通过空中航线运送货物或者旅客的运输业务活动。

[提示] 航空运输的湿租业务，属于航空运输服务。

湿租业务，是指航空运输企业将配备有机组人员的飞机承租给他人使用一定期限，承租期内听候承租方调遣，不论是否经营，均按一定标准向承租方收取租赁费，发生的固定费用均由承租方承担的业务。

[提示] 航天运输服务，按照航空运输服务缴纳增值税。

航天运输服务，是指利用火箭等载体将卫星、空间探测器等空间飞行器发射到空间轨道的业务活动。

4. 管道运输服务。管道运输服务是指通过管道设施输送气体、液体、固体物质的运输业务活动。

［提示］无运输工具承运业务，按照交通运输服务缴纳增值税。

无运输工具承运业务，是指经营者以承运人身份与托运人签订运输服务合同，收取运费并承担承运人责任，然后委托实际承运人完成运输服务的经营活动。

［提示］自 2018 年 1 月 1 日起，纳税人已售票但客户逾期未消费取得的运输逾期票证收入，按照“交通运输服务”缴纳增值税。

（二）邮政服务

邮政服务，是指中国邮政集团公司及其所属邮政企业提供邮件寄递、邮政汇兑和机要通信等邮政基本服务的业务活动。包括邮政普遍服务、邮政特殊服务和其他邮政服务。

1. 邮政普遍服务。邮政普遍服务是指函件、包裹等邮件寄递，以及邮票发行、报刊发行和邮政汇兑等业务活动。

函件是指信函、印刷品、邮资封片卡、无名址函件和邮政小包等。

包裹是指按照封装上的名址递送给特定个人或者单位的独立封装的物品，其重量不超过 50 千克，任何一边的尺寸不超过 150 厘米，长、宽、高合计不超过 300 厘米。

2. 邮政特殊服务。邮政特殊服务是指义务兵平常信函、机要通信、盲人读物和革命烈士遗物的寄递等业务活动。

3. 其他邮政服务。其他邮政服务是指邮册等邮品销售、邮政代理等业务活动。

［提示］中国邮政速递物流股份有限公司及其子公司（含各级分支机构），不属于中国邮政集团公司所属邮政企业。

（三）电信服务

电信服务，是指利用有线、无线的电磁系统或者光电系统等各种通信网络资源，提供语音通话服务，传送、发射、接收或者应用图像、短信等电子数据和信息的业务活动。包括基础电信服务和增值电信服务。

1. 基础电信服务。基础电信服务是指利用固网、移动网、卫星、互联网，提供语音通话服务的业务活动，以及出租或者出售带宽、波长等网络元素的业务活动。

2. 增值电信服务。增值电信服务是指利用固网、移动网、卫星、互联网、有线电视网络，提供短信和彩信服务、电子数据和信息的传输及应用服务、互联网接入服务等业务活动。

［提示 1］卫星电视信号落地转接服务，按照增值电信服务缴纳增值税。

［提示 2］自 2016 年 2 月 1 日起，纳税人通过楼宇、隧道等室内通信分布系统，为电信企业提供的语音通话和移动互联网等无线信号室分系统传输服务，分别按照基础电信服务和增值电信服务缴纳增值税。

（四）建筑服务

建筑服务，是指各类建筑物、构筑物及其附属设施的建造、修缮、装饰，线路、管道、设备、设施等的安装以及其他工程作业的业务活动。包括工程服务、安装服务、修缮服务、装饰服务和其他建筑服务。

1. 工程服务。工程服务是指新建、改建各种建筑物、构筑物的工程作业，包括与建筑物相连的各种设备或者支柱、操作平台的安装或者装设工程作业，以及各种窑炉和金属结构工程作业。

2. 安装服务。安装服务是指生产设备、动力设备、起重设备、运输设备、传动设备、医疗实验设备以及其他各种设备、设施的装配、安置工程作业，包括与被安装设备相连的工作台、梯子、栏杆的装设工程作业，以及被安装设备的绝缘、防腐、保温、油漆等工程作业。

固定电话、有线电视、宽带、水、电、燃气、暖气等经营者向用户收取的安装费、初装费、开户费、扩容费以及类似收费，按照安装服务缴纳增值税。

3. 修缮服务。修缮服务是指对建筑物、构筑物进行修补、加固、养护、改善，使之恢复原来的使用价值或者延长其使用期限的工程作业。

4. 装饰服务。装饰服务是指对建筑物、构筑物进行修饰装修，使之美观或者具有特定用途的工程作业。

5. 其他建筑服务。其他建筑服务是指上列工程作业之外的各种工程作业服务，如钻井（打井）、拆除建筑物或者构筑物、平整土地、园林绿化、疏浚（不包括航道疏浚）、建筑物平移、搭脚手架、爆破、矿山穿孔、表面附着物（包括岩层、土层、沙层等）剥离和清理等工程作业。

［提示 1］物业服务企业为业主提供的装修服务，按照建筑服务缴纳增值税。

［提示 2］纳税人将建筑施工设备出租给他人使用并配备操作人员，按照建筑服务缴纳增值税。

（五）金融服务

金融服务，是指经营金融保险的业务活动，包括贷款服务、直接收费金融服务、保险服务和金融商品转让。

1. 贷款服务。贷款是指将资金贷与他人使用而取得利息收入的业务活动。

各种占用、拆借资金取得的收入，包括金融商品持有期间（含到期）利息（保本收益、报酬、资金占用费、补偿金等）收入、信用卡透支利息收入、买入返售金融商品利息收入、融资融券收取的利息收入，以及融资性售后回租、押汇、罚息、票据贴现、转贷等业务取得的利息及利息性质的收入，按照贷款服务缴纳增值税。

融资性售后回租，是指承租方以融资为目的，将资产出售给从事融资性售后回租业务的企业后，从事融资性售后回租业务的企业将该资产出租给承租方的业务活动。

［提示 1］以货币资金投资收取的固定利润或者保底利润，按照贷款服务缴纳增值税。

［提示 2］“保本收益、报酬、资金占用费、补偿金”，是指合同中明确承诺到期本金可全部收回的投资收益。金融商品持有期间（含到期）取得的非保本的上述收益，不属于利息或利息性质的收入，不征收增值税。

2. 直接收费金融服务。直接收费金融服务是指为货币资金融通及其他金融业务提供相关服务并且收取费用的业务活动，包括提供货币兑换、账户管理、电子银行、信用卡、信用证、财务担保、资产管理、信托管理、基金管理、金融交易场所（平台）管理、资金结算、资金清算、金融支付等服务。

3. 保险服务。保险服务是指投保人根据合同约定，向保险人支付保险费，保险人对于合同约定的可能发生的事故因其发生所造成的财产损失承担赔偿保险金责任，或者当被保险人死亡、伤残、疾病或者达到合同约定的年龄、期限等条件时承担给付保险金责任的商业保险行为。包括人身保险服务和财产保险服务。

人身保险服务，是指以人的寿命和身体为保险标的的保险业务活动。

财产保险服务，是指以财产及其有关利益为保险标的的保险业务活动。

4. 金融商品转让。金融商品转让是指转让外汇、有价证券、非货物期货和其他金融商品所有权的业务活动。

其他金融商品转让包括基金、信托、理财产品等各类资产管理产品和各种金融衍生品的转让。

[提示] 纳税人购入基金、信托、理财产品等各类资产管理产品持有至到期，不属于金融商品转让。

（六）现代服务

现代服务，是指围绕制造业、文化产业、现代物流产业等提供技术性、知识性服务的业务活动，包括研发和技术服务、信息技术服务、文化创意服务、物流辅助服务、租赁服务、鉴证咨询服务、广播影视服务、商务辅助服务和其他现代服务。

1. 研发和技术服务。研发和技术服务包括研发服务、合同能源管理服务、工程勘察勘探服务、专业技术服务。

（1）研发服务，也称技术开发服务，是指就新技术、新产品、新工艺或者新材料及其系统进行研究与试验开发的业务活动。

（2）合同能源管理服务，是指节能服务公司与用能单位以契约形式约定节能目标，节能服务公司提供必要的服务，用能单位以节能效果支付节能服务公司投入及其合理报酬的业务活动。

（3）工程勘察勘探服务，是指在采矿、工程施工前后，对地形、地质构造、地下资源蕴藏情况进行实地调查的业务活动。

（4）专业技术服务，是指气象服务、地震服务、海洋服务、测绘服务、城市规划、环境与生态监测服务等专项技术服务。

2. 信息技术服务。信息技术服务是指利用计算机、通信网络等技术对信息进行生产、收集、处理、加工、存储、运输、检索和利用，并提供信息服务的业务活动，包括软件服务、电路设计及测试服务、信息系统服务、业务流程管理服务和信息系统增值服务。

（1）软件服务，是指提供软件开发服务、软件维护服务、软件测试服务的业务活动。

（2）电路设计及测试服务，是指提供集成电路和电子电路产品设计、测试及相关技术支持服务的业务活动。

（3）信息系统服务，是指提供信息系统集成、网络管理、网站内容维护、桌面管理与维护、信息系统应用、基础信息技术管理平台整合、信息技术基础设施管理、数据中心、托管中心、信息安全服务、在线杀毒、虚拟主机等业务活动。包括网站对非自有的网络游戏提供的网络运营服务。

［提示］自 2016 年 2 月 1 日起，纳税人通过蜂窝数字移动通信用塔（杆）及配套设施，为电信企业提供的基站天线、馈线及设备环境控制、动环监控、防雷消防、运行维护等塔类站址管理业务，按照“信息技术基础设施管理服务”缴纳增值税。

（4）业务流程管理服务，是指依托信息技术提供的人力资源管理、财务经济管理、审计管理、税务管理、物流信息管理、经营信息管理和呼叫中心等服务的活动。

（5）信息系统增值服务，是指利用信息系统资源为用户附加提供的信息技术服务，包括数据处理、分析和整合、数据库管理、数据备份、数据存储、容灾服务、电子商务平台等。

3. 文化创意服务。文化创意服务包括设计服务、知识产权服务、广告服务和会议展览服务。

（1）设计服务，是指把计划、规划、设想通过文字、语言、图画、声音、视觉等形式传递出来的业务活动，包括工业设计、内部管理设计、业务运作设计、供应链设计、造型设计、服装设计、环境设计、平面设计、包装设计、动漫设计、网游设计、展示设计、网站设计、机械设计、工程设计、广告设计、创意策划、文印晒图等。

（2）知识产权服务，是指处理知识产权事务的业务活动，包括对专利、商标、著作权、软件、集成电路布图设计的登记、鉴定、评估、认证、检索服务。

（3）广告服务，是指利用图书、报纸、杂志、广播、电视、电影、幻灯、路牌、招贴、橱窗、霓虹灯、灯箱、互联网等各种形式为客户的商品、经营服务项目、文体节目或者通告、声明等委托事项进行宣传和提供相关服务的业务活动，包括广告代理和广告的发布、播映、宣传、展示等。

（4）会议展览服务，是指为商品流通、促销、展示、经贸洽谈、民间交流、企业沟通、国际往来等举办或者组织安排的各类展览和会议的业务活动。

［提示］宾馆、旅馆、旅社、度假村和其他经营性住宿场所提供会议场地及配套服务的活动，按照会议展览服务缴纳增值税。

4. 物流辅助服务。物流辅助服务包括航空服务、港口码头服务、货运客运场站服务、打捞救助服务、装卸搬运服务、仓储服务和收派服务。

（1）航空服务包括航空地面服务和通用航空服务。

航空地面服务，是指航空公司、飞机场、民航管理局、航站等向在境内航行或者在境内机场停留的境内外飞机或者其他飞行器提供的导航等劳务性地面服务的业务活动。包括旅客安全检查服务、停机坪管理服务、机场候机厅管理服务、飞机清洗消毒服务、空中飞行管理服务、飞机起降服务、飞行通信服务、地面信号服务、飞机安全服务、飞机跑道管理服务、空中交通管理服务等。

通用航空服务，是指为专业工作提供飞行服务的业务活动，包括航空摄影、航空培训、航空测量、航空勘探、航空护林、航空吊挂播撒、航空降雨、航空气象探测、航空海洋监测、航空科学实验等。

（2）港口码头服务，是指港务船舶调度服务、船舶通信服务、航道管理服务、航道疏浚服务、灯塔管理服务、航标管理服务、船舶引航服务、理货服务、系解缆服务、停泊和移泊服务、海上船舶溢油清除服务、水上交通管理服务、船只专业清洗消毒检测服务和防止船只漏油服务等为船只提供服务的业务活动。

［提示］港口设施经营人收取的港口设施保安费按照港口码头服务缴纳增值税。

（3）货运客运场站服务，是指货运客运场站提供货物配载服务、运输组织服务、中转换乘服务、车辆调度服务、票务服务、货物打包整理、铁路线路使用服务、加挂铁路客车服务、铁路行包专列发送服务、铁路到达和中转服务、铁路车辆编解服务、车辆挂运服务、铁路接触网服务、铁路机车牵引服务等业务活动。

（4）打捞救助服务，是指提供船舶人员救助、船舶财产救助、水上救助和沉船沉物打捞服务的业务活动。

（5）装卸搬运服务，是指使用装卸搬运工具或者人力、畜力将货物在运输工具之间、装卸现场之间或者运输工具与装卸现场之间进行装卸和搬运的业务活动。

（6）仓储服务，是指利用仓库、货场或者其他场所代客贮放、保管货物的业务活动。

（7）收派服务，是指接受寄件人委托，在承诺的时限内完成函件和包裹的收件、分拣、派送服务的业务活动。

收件服务，是指从寄件人收取函件和包裹，并运送到服务提供方同城的集散中心的业务活动。

分拣服务，是指服务提供方在其集散中心对函件和包裹进行归类、分发的业务活动。

派送服务，是指服务提供方从其集散中心将函件和包裹送达同城的收件人的业务活动。

5. 租赁服务。租赁服务包括融资租赁服务和经营租赁服务。

（1）融资租赁服务，是指具有融资性质和所有权转移特点的租赁活动，即出租人根据承租人所要求的规格、型号、性能等条件购入有形动产或者不动产租赁给承租人，合同期内租赁物所有权属于出租人，承租人只拥有使用权，合同期满付清租金后，承租人有权按照残值购入租赁物，以拥有其所有权。不论出租人是否将租赁物销售给承租人，均属于融资租赁。

按照标的物的不同，融资租赁服务可分为有形动产融资租赁服务和不动产融资租赁服务。

［提示］融资性售后回租不按照本税目缴纳增值税。

（2）经营租赁服务，是指在约定时间内将有形动产或者不动产转让他人使用且租赁物所有权不变更的业务活动。

按照标的物的不同，经营租赁服务可分为有形动产经营租赁服务和不动产经营租赁服务。

将建筑物、构筑物等不动产或者飞机、车辆等有形动产的广告位出租给其他单位或者个人用于发布广告，按照经营租赁服务缴纳增值税。

车辆停放服务、道路通行服务（包括过路费、过桥费、过闸费等）等按照不动产经营租赁服务缴纳增值税。

［提示1］水路运输的光租业务、航空运输的干租业务，属于经营租赁。

光租业务，是指运输企业将船舶在约定的时间内出租给他人使用，不配备操作人员，不承担运输过程中发生的各项费用，只收取固定租赁费的业务活动。

干租业务，是指航空运输企业将飞机在约定的时间内出租给他人使用，不配备机组人员，不承担运输过程中发生的各项费用，只收取固定租赁费的业务活动。

［提示2］交通运输服务与租赁服务对比如表3－4所示。

表3－4 航空运输服务与租赁服务不同业务类型比对

行业类型	业务	内容	应税服务类型
航空运输服务	干租	只出租“飞机”	租赁服务
	湿租	连飞机带机组人员一同出租“一段时间”	交通运输服务
水路运输服务	光租	只出租“船舶”	租赁服务
	程租	连船舶带操作人员一同出租“一段航程”	交通运输服务
	期租	连船舶带操作人员一同出租“一段期间”	交通运输服务

6. 鉴证咨询服务。鉴证咨询服务包括认证服务、鉴证服务和咨询服务。

（1）认证服务，是指具有专业资质的单位利用检测、检验、计量等技术，证明产品、服务、管理体系符合相关技术规范、相关技术规范的强制性要求或者标准的业务活动。

（2）鉴证服务，是指具有专业资质的单位受托对相关事项进行鉴证，发表具有证明力的意见的业务活动，包括会计鉴证、税务鉴证、法律鉴证、职业技能鉴定、工程造价鉴证、工程监理、资产评估、环境评估、房地产土地评估、建筑图纸审核、医疗事故鉴定等。

（3）咨询服务，是指提供信息、建议、策划、顾问等服务的活动，包括金融、软件、技术、财务、税收、法律、内部管理、业务运作、流程管理、健康等方面的咨询。

［提示］翻译服务和市场调查服务按照咨询服务缴纳增值税。

7. 广播影视服务。广播影视服务包括广播影视节目（作品）的制作服务、发行服务和播映（含放映，下同）服务。

（1）广播影视节目（作品）制作服务，是指进行专题（特别节目）、专栏、综艺、体育、动画片、广播剧、电视剧、电影等广播影视节目和作品制作的服务，具体包括与广播影视节目和作品相关的策划、采编、拍摄、录音、音视频文字图片素材制作、场景布置、后期的剪辑、翻译（编译）、字幕制作、片头、片尾、片花制作、特效制作、影片修复、编目和确权等业务活动。

（2）广播影视节目（作品）发行服务，是指以分账、买断、委托等方式，向影院、电台、电视台、网站等单位和个人发行广播影视节目（作品）以及转让体育赛事等活动的报道及播映权的业务活动。

（3）广播影视节目（作品）播映服务，是指在影院、剧院、录像厅及其他场所播映广播影视节目（作品），以及通过电台、电视台、卫星通信、互联网、有线电视等无线或者有线装置播映广播影视节目（作品）的业务活动。

8. 商务辅助服务。商务辅助服务包括企业管理服务、经纪代理服务、人力资源服务、安全保护服务。

（1）企业管理服务，是指提供总部管理、投资与资产管理、市场管理、物业管理、日常综合管理等服务的业务活动。

（2）经纪代理服务，是指各类经纪、中介、代理服务，包括金融代理、知识产权代理、货物运输代理、代理报关、法律代理、房地产中介、职业中介、婚姻中介、代理记账、拍卖等。

货物运输代理服务，是指接受货物收货人、发货人、船舶所有人、船舶承租人或者船舶经营人的委托，以委托人的名义，为委托人办理货物运输、装卸、仓储和船舶进出港口、引航、靠泊等相关手续的业务活动。

代理报关服务，是指接受进出口货物的收、发货人委托，代为办理报关手续的业务活动。

［提示］ 拍卖行受托拍卖取得的手续费或佣金收入，按照经济代理服务缴纳增值税。

（3）人力资源服务，是指提供公共就业、劳务派遣、人才委托招聘、劳动力外包等服务的业务活动。

（4）安全保护服务，是指提供保护人身安全和财产安全，维护社会治安等的业务活动，包括场所住宅保安、特种保安、安全系统监控以及其他安保服务。

［提示］ 纳税人提供武装守护押运服务，按照安全保护服务缴纳增值税。

9. 其他现代服务。其他现代服务是指除研发和技术服务、信息技术服务、文化创意服务、物流辅助服务、租赁服务、鉴证咨询服务、广播影视服务和商务辅助服务以外的现代服务。

［提示1］ 纳税人对安装运行后的电梯提供的维护保养服务，按照其他现代服务缴纳增值税。

［提示2］ 自2018年1月1日起，纳税人为客户办理退票而向客户收取的退票费、手续费等收入，按照其他现代服务缴纳增值税。

（七）生活服务

生活服务，是指为满足城乡居民日常生活需求提供的各类服务活动，包括文化体育服务、教育医疗服务、旅游娱乐服务、餐饮住宿服务、居民日常服务和其他生活服务。

1. 文化体育服务。文化体育服务包括文化服务和体育服务。

（1）文化服务，是指为满足社会公众文化生活需求提供的各种服务，包括文艺创作、文艺表演、文化比赛，图书馆的图书和资料借阅，档案馆的档案管理，文物及非物质遗产保护，组织举办宗教活动、科技活动、文化活动，提供游览场所。

（2）体育服务，是指组织举办体育比赛、体育表演、体育活动，以及提供体育训练、体育指导、体育管理的业务活动。

［提示］ 纳税人在游览场所经营索道、摆渡车、电瓶车、游船等取得的收入，按照文化体育服务缴纳增值税。

2. 教育医疗服务。教育医疗服务包括教育服务和医疗服务。

（1）教育服务，是指提供学历教育服务、非学历教育服务、教育辅助服务的业务活动。

学历教育服务，是指根据教育行政管理部门确定或者认可的招生和教学计划组织教学，并颁发相应学历证书的业务活动，包括初等教育、初级中等教育、高级中等教育、高等教育等。

非学历教育服务，包括学前教育、各类培训、演讲、讲座、报告会等。

教育辅助服务，包括教育测评、考试、招生等服务。

（2）医疗服务，是指提供医学检查、诊断、治疗、康复、预防、保健、接生、计划生育、防疫服务等方面的服务，以及与这些服务有关的提供药品、医用材料器具、救护车、病房住宿和伙食的业务。

3. 旅游娱乐服务。旅游娱乐服务包括旅游服务和娱乐服务。

（1）旅游服务，是指根据旅游者的要求，组织安排交通、游览、住宿、餐饮、购物、文娱、商务等服务的业务活动。

（2）娱乐服务，是指为娱乐活动同时提供场所和服务的业务，具体包括：歌厅、舞厅、夜总会、酒吧、台球、高尔夫球、保龄球、游艺（包括射击、狩猎、跑马、游戏机、蹦极、卡丁车、热气球、动力伞、射箭、飞镖）。

4. 餐饮住宿服务。餐饮住宿服务包括餐饮服务和住宿服务。

（1）餐饮服务，是指通过同时提供饮食和饮食场所的方式为消费者提供饮食消费服务的业务活动。

［提示］提供餐饮服务的纳税人销售的外卖食品，按照餐饮服务缴纳增值税。

（2）住宿服务，是指提供住宿场所及配套服务等的活动，包括宾馆、旅馆、旅社、度假村和其他经营性住宿场所提供的住宿服务。

［提示］纳税人以长（短）租形式出租酒店式公寓并提供配套服务的，按照住宿服务缴纳增值税。

5. 居民日常服务。居民日常服务是指主要为满足居民个人及其家庭日常生活需求提供的服务，包括市容市政管理、家政、婚庆、养老、殡葬、照料和护理、救助救济、美容美发、按摩、桑拿、氧吧、足疗、沐浴、洗染、摄影扩印等服务。

6. 其他生活服务。其他生活服务是指除文化体育服务、教育医疗服务、旅游娱乐服务、餐饮住宿服务和居民日常服务之外的生活服务。

二、销售无形资产

销售无形资产，是指转让无形资产所有权或者使用权的业务活动。

无形资产，是指不具实物形态，但能带来经济利益的资产，包括技术、商标、著作权、商誉、自然资源使用权和其他权益性无形资产。

技术，包括专利技术和非专利技术。

自然资源使用权，包括土地使用权、海域使用权、探矿权、采矿权、取水权和其他自然资源使用权。

［提示］纳税人通过省级土地行政主管部门设立的交易平台转让补充耕地指标，按照销售无形资产缴纳增值税，税率为6%。补充耕地指标是指根据《中华人民共和国土地管理法》及国务院土地行政主管部门《耕地占补平衡考核办法》的有关要求，经省级土地

行政主管部门确认，用于耕地占补平衡的指标。

其他权益性无形资产，包括基础设施资产经营权、公共事业特许权、配额、经营权（包括特许经营权、连锁经营权、其他经营权）、经销权、分销权、代理权、会员权、席位权、网络游戏虚拟道具、域名、名称权、肖像权、冠名权、转会费等。

三、销售不动产

销售不动产，是指转让不动产所有权的业务活动。

不动产，是指不能移动或者移动后会引起性质、形状改变的财产，包括建筑物、构筑物等。建筑物，包括住宅、商业营业用房、办公楼等可供居住、工作或者进行其他活动的建造物。构筑物，包括道路、桥梁、隧道、水坝等建造物。

转让建筑物有限产权或者永久使用权的，转让在建的建筑物或者构筑物所有权的，以及在转让建筑物或者构筑物时一并转让其所占土地的使用权的，按照销售不动产缴纳增值税。

第四节　征税范围具体规定项目

一、货物性期货

货物性期货（包括商品期货和贵金属期货）在期货的实物交割环节纳税。

（一）以期货交易所为纳税人

交割时由期货交易所开具发票，按次计算增值税，其进项税额为该货物交割时供货会员单位开具的增值税专用发票上注明的销项税额，期货交易所发生的各种进项不得（按货物）抵扣。

（二）以供货会员单位为纳税人

交割时由供货会员单位直接将发票开给购货会员单位。

二、执罚部门和单位查处的商品

1. 属于一般商业部门经营的商品，具备拍卖条件的，由执罚部门或单位商同级财政部门同意后，公开拍卖。其拍卖收入作为罚没收入由执罚部门和单位如数上缴财政，不予征税。对经营单位购入拍卖物品再销售的，应照章征收增值税。

2. 属于一般商业部门经营的商品，不具备拍卖条件的，由执罚部门、财政部门、国家指定销售单位会同有关部门按质论价，并由国家指定销售单位纳入正常销售渠道变价处理。执罚部门按商定价格所取得的变价收入作为罚没收入如数上缴财政，不予征税。国家指定销售单位将罚没物品纳入正常销售渠道销售的，应照章征税增值税。

3. 属于专管机关管理或专管企业经营的财物，如金银（不包括金银首饰）、外币、有价证券、非禁止出口文物，应交由专管机关或专营企业收兑或收购。执罚部门和单位按收兑或收购价所取得的收入作为罚没收入如数上缴财政，不予征税。专管机关或专营企业经营上述物品中属于应征增值税的货物，应照章征收增值税。

三、电力系统的有关收费

1. 电力公司向发电企业收取的过网费，应当征收增值税。

2. 供电企业利用自身输变电设备对并入电网的企业自备电厂生产的电力产品进行电压调节并按照电量向电厂收取的并网服务费，应当征收增值税。

四、印刷企业增值税规定

印刷企业接受出版单位委托，自行购买纸张，印刷有统一刊号（CN）以及采用国际标准书号编序的图书、报纸和杂志，按货物（低税率）销售征收增值税。

五、纳税人转让土地使用权或者销售不动产的同时一并销售附着于土地或者不动产上的固定资产

自 2011 年 9 月 1 日起，纳税人转让土地使用权或者销售不动产的同时一并销售的附着于土地或者不动产上的固定资产中，凡属于增值税应税货物的，应按照《财政部　国家税务总局关于部分货物适用增值税低税率和简易办法征收增值税政策的通知》（财税〔2009〕9 号）第二条有关规定，计算缴纳增值税；凡属于不动产的，应按照“销售不动产”税目计算缴纳增值税。

纳税人应分别核算增值税应税货物和不动产的销售额，未分别核算或核算不清的，由主管税务机关核定其增值税应税货物的销售额和不动产的销售额。

六、单用途商业预付卡的增值税规定

单用途商业预付卡（以下简称单用途卡），是指发卡企业按照国家有关规定发行的，仅限于在本企业、本企业所属集团或同一品牌特许经营体系内兑付货物或者服务的预付凭证。

发卡企业，是指按照国家有关规定发行单用途卡的企业。

售卡企业，是指集团发卡企业或者品牌发卡企业指定的，承担单用途卡销售、充值、挂失、换卡、退卡等相关业务的本集团或同一品牌特许经营体系内的企业。

单用途卡业务按照以下规定执行：

1. 单用途卡发卡企业或售卡企业（以下简称售卡方）销售单用途卡，或者接受单用途卡持卡人充值取得的预收资金，不缴纳增值税。售卡方可按照规定，向购卡人、充值人开具增值税普通发票，不得开具增值税专用发票。

2. 售卡方因发行或者销售单用途卡并办理相关资金收付结算业务取得的手续费、结算费、服务费、管理费等收入，应按照现行规定缴纳增值税。

3. 持卡人使用单用途卡购买货物或服务时，货物或者服务的销售方应按照现行规定缴纳增值税，且不得向持卡人开具增值税发票。

［提示］销售方≠售卡方时，销售方在收到售卡方结算的销售款时，应向售卡方开具增值税普通发票，并在备注栏注明“收到预付卡结算款”，不得开具增值税专用发票。售卡方从销售方取得的增值税普通发票，作为其销售单用途卡或接受单用途卡充值取得预收资金不缴纳增值税的凭证，留存备查。

七、支付机构预付卡（多用途卡）的增值税规定

支付机构，是指取得中国人民银行核发的支付业务许可证，获准办理“预付卡发行与受理”业务的发卡机构和获准办理“预付卡受理”业务的受理机构。

支付机构预付卡（以下简称多用途卡），是指发卡机构以特定载体和形式发行的，可在发卡机构之外购买货物或服务的预付价值。

该业务按照以下规定执行：

1. 支付机构销售多用途卡取得的等值人民币资金，或者接受多用途卡持卡人充值取得的充值资金，不缴纳增值税，支付机构可按照规定，向购卡人、充值人开具增值税普通发票，不得开具增值税专用发票。

2. 支付机构因发行或者受理多用途卡并办理相关资金收付结算业务取得的手续费、结算费、服务费、管理费等收入，应按照现行规定缴纳增值税。

3. 持卡人使用多用途卡，向与支付机构签署合作协议的特约商户购买货物或服务，特约商户应按照现行规定缴纳增值税，且不得向持卡人开具增值税发票。

4. 特约商户收到支付机构结算的销售款时，应向支付机构开具增值税普通发票，并在备注栏注明“收到预付卡结算款”，不得开具增值税专用发票。

支付机构从特约商户取得的增值税普通发票，作为其销售多用途卡或接受多用途卡充值取得预收资金不缴纳增值税的凭证，留存备查。

第五节 不征增值税行为

1. 基本建设单位和从事建筑安装业务的企业附设工厂、车间在建筑现场制造的预制构件，凡直接用于本单位或本企业建筑工程的，不征收增值税。

2. 供应或开采未经加工的天然水（如水库供应农业灌溉用水，工厂自采地下水用于生产），不征收增值税。

3. 对国家管理部门行使其管理职能，发放的执照、牌照和有关证书等取得的工本费收入，不征收增值税。

4. 计算机软件产品征收增值税问题

纳税人销售软件产品并随同销售一并收取的软件安装费、维护费、培训费等收入，应按照增值税混合销售的有关规定征收增值税，并可享受软件产品增值税即征即退政策（超3%即征即退）。

5. 纳税人资产重组有关增值税问题。自2011年3月1日起，纳税人在资产重组过程中，通过合并、分立、出售、置换等方式，将全部或部分实物资产以及与其相关的债权，经多次转让后，最终的受让方与劳动力接收方为同一单位和个人的不属于增值税的征税范围，其中货物的多次转让，不征收增值税。资产的出让方需将资产重组方案以文件资料形式报其主管税务机关。

自2016年5月1日起，按照《财政部　国家税务总局关于全面推开营业税改征增值税试点的通知》（财税〔2016〕36号）及有关规定，在资产重组过程中，通过合并、分立、出售、置换等方式，将全部或者部分实物资产以及与其相关的债权、负债和劳动力一并转让给其他单位和个人，其中涉及的不动产、土地使用权转让行为，不征收增值税。

6. 纳税人取得中央财政补贴有关增值税问题。自2013年2月1日起，纳税人取得的中央财政补贴，不属于增值税应税收入，不征收增值税。

燃油电厂从政府财政专户取得的发电补贴不属于增值税规定的价外费用，不计入应税销售额，不征收增值税。

7. 试点纳税人根据国家指令无偿提供的铁路运输服务、航空运输服务，属于《财政部　国家税务总局关于全面推开营业税改征增值税试点的通知》（财税〔2016〕36号）附件1《营业税改征增值税试点实施办法》第十四条规定的以公益活动为目的的服务，不征收增值税。

8. 存款利息，不征收增值税。

9. 被保险人获得的保险赔付，不征收增值税。

10. 房地产主管部门或者其指定机构、公积金管理中心、开发企业以及物业管理单位代收的住宅专项维修资金，不征收增值税。

本章习题

一、单项选择题

1. 企业下列行为，不属于增值税混合销售行为的是（　　）。

A. 建筑公司为承建的某项工程既提供建筑材料又承担建筑、安装业务

B. 照相馆在提供照相业务的同时销售相框

C. 饭店提供餐饮服务的同时销售酒水饮料

D. 饭店开设客房、餐厅从事服务业务并附设商场销售货物

［参考答案］ D

［答案解析］ 根据《财政部　国家税务总局关于全面推开营业税改征增值税试点的通知》（财税〔2016〕36 号）规定，选项 A、B、D 属于增值税混合销售行为，选项 D 属于兼营行为。

2. 纳税人销售活动板房、机器设备、钢结构件等自产货物的同时提供建筑、安装服务，增值税应（　　）处理。

A. 适用货物税率

B. 适用建筑服务税率

C. 适用建筑服务征收率

D. 应分别核算货物和建筑服务的销售额，分别适用不同的税率或者征收率

［参考答案］ D

［答案解析］ 纳税人销售活动板房、机器设备、钢结构件等自产货物的同时提供建筑、安装服务，不属于混合销售，应分别核算货物和建筑服务的销售额，分别适用不同的税率或者征收率。

3. 纳税人销售货物、加工修理修配劳务、服务、无形资产或者不动产适用不同税率或者征收率的，应当分别核算适用不同税率或者征收率的销售额，未分别核算销售额的，下列说法不正确的是（　　）。

A. 兼有不同税率的销售货物、加工修理修配劳务、服务、无形资产或者不动产，从高适用税率

B. 兼有不同征收率的销售货物、加工修理修配劳务、服务、无形资产或者不动产，从高适用征收率

C. 兼有不同税率和征收率的销售货物、加工修理修配劳务、服务、无形资产或者不动产，从高适用税率

D. 兼有不同税率和征收率的销售货物、加工修理修配劳务、服务、无形资产或者不动产，由主管税务机关核定销售额

［参考答案］ D

［答案解析］ 纳税人销售货物、加工修理修配劳务、服务、无形资产或者不动产适用不同税率或者征收率的，应当分别核算适用不同税率或者征收率的销售额，未分别核算销售额的，按照以下方法适用税率或者征收率：（1）兼有不同税率的销售货物、加工修理修配劳务、服务、无形资产或者不动产，从高适用税率。（2）兼有不同征收率的销售货物、加工修理修配劳务、服务、无形资产或者不动产，从高适用征收率。（3）兼有不同税率和征收率的销售货物、加工修理修配劳务、服务、无形资产或者不动产，从高适用税率。

4. 下列行为应视同销售货物征收增值税的是（　　）。

A. 将自产的办公桌用于财务部门办公使用

B. 将外购的服装作为春节福利发给企业员工

C. 将委托加工收回的卷烟用于赠送客户

D. 将外购的水泥用于本企业职工食堂的修建

［参考答案］ C

［答案解析］选项 A 属于间接用于生产经营，所以不缴纳增值税；选项 B 和选项 D 属于将外购的货物用于集体福利，不得抵扣进项税，不属于视同销售的情况。

5. 出租车公司向使用本公司自有出租车的出租车司机收取的管理费用，征收增值税的项目是（　　）。

A. 有形动产租赁服务　　B. 陆路运输服务

C. 物流辅助服务　　D. 管道运输服务

［参考答案］B

［答案解析］出租车公司向使用本公司自有出租车的出租车司机收取的管理费用，按陆路运输服务征收增值税。

6. 下列属于提供增值税应税服务的是（　　）。

A. 某动漫设计公司为其他单位提供动漫设计服务

B. 某广告公司聘用广告制作人才为本公司设计广告

C. 某事业单位收取的政府性基金

D. 某单位聘用的员工为本单位负责人提供专车驾驶服务

［参考答案］A

［答案解析］根据规定，单位或者个体工商户聘用的员工为本单位或者雇主提供应税服务以及非企业性单位按照法律和行政法规的规定，为履行国家行政管理和公共服务职能收取政府性基金和行政事业性收费的活动，属于非营业活动，不属于提供应税服务，因此选项 B、C、D 不属于提供应税服务；选项 A 属于现代服务应税范围中的文化创意服务中设计服务。

7. 纳税人在游览场所经营游船取得的收入，按照（　　）缴纳增值税。

A. 文化体育服务　　B. 租赁业

C. 交通运输业　　D. 旅游娱乐服务

［参考答案］A

［答案解析］纳税人在游览场所经营索道、摆渡车、电瓶车、游船等取得的收入，按照“文化体育服务”缴纳增值税。

8. 自 2018 年 1 月 1 日起，纳税人已售票但客户逾期未消费取得的运输逾期票证收入，缴纳增值税时应按照（　　）。

A. 交通运输服务　　B. 服务业

C. 现代服务　　D. 代理服务

［参考答案］A

［答案解析］根据《财政部　国家税务总局关于租入固定资产进项税额抵扣等增值税政策的通知》（财税〔2017〕90 号）第二条规定，自 2018 年 1 月 1 日起，纳税人已售票但客户逾期未消费取得的运输逾期票证收入，按照“交通运输服务”缴纳增值税。

9. 根据增值税法律制度的规定，下列各项中，应征收增值税的是（　　）。

A. 非经营活动

B. 单位聘用的员工为本单位提供取得工资的服务

C. 个体工商户为聘用的员工提供服务

D. 甲运输公司无偿向乙企业提供交通运输服务

［参考答案］D

［答案解析］选项 A、B、C，不属于增值税的征税范围，不缴纳增值税；根据《财政部　国家税务总局关于全面推开营业税改征增值税试点的通知》（财税〔2016〕36 号），选项 D 属于视同销售服务的行为，应征收增值税。

10. 根据增值税法律制度的规定，下列各项中，应征收增值税的是（　　）。

A. 被保险人获得的保险赔付

B. 航空公司根据国家指令无偿提供用于公益事业的航空运输服务

C. 居民存款利息

D. 母公司向子公司出售不动产

［参考答案］D

［答案解析］根据《财政部　国家税务总局关于全面推开营业税改征增值税试点的通知》（财税〔2016〕36 号）规定，选项 A，被保险人获得的保险赔付，不征收增值税。选项 B，根据国家指令无偿提供的铁路运输服务、航空运输服务，属于用于公益事业的服务，不视同销售服务，不征收增值税。选项 C，居民存款利息，不征收增值税。

11. 根据增值税的相关规定，下列说法不正确的是（　　）。

A. 物业服务企业为业主提供的装修服务，按照“建筑服务”缴纳增值税

B. 纳税人提供武装守护押运服务，按照“安全保护服务”缴纳增值税

C. 提供餐饮服务的纳税人销售的外卖食品，按照“餐饮服务”缴纳增值税

D. 纳税人在游览场所经营索道、摆渡车、电瓶车、游船等取得的收入，按照“交通运输服务”缴纳增值税

［参考答案］D

［答案解析］根据《财政部　国家税务总局关于明确金融 房地产开发 教育辅助服务等增值税政策的通知》（财税〔2016〕140 号）第十一条规定，在游览场所经营索道、摆渡车、电瓶车、游船等取得的收入，按照“文化体育服务”缴纳增值税。

12. 单位或个体经营者的下列业务，应视同销售征收增值税的是（　　）。

A. 将委托加工收回的货物用于个人消费

B. 将外购的小汽车用于抵偿债务

C. 将购买的商品作为福利发给职工

D. 将购进的建材用于职工宿舍的建设

［参考答案］A

［答案解析］根据《中华人民共和国增值税暂行条例实施细则》（财政部　国家税务总局 2008 年第 50 号令）第四条第五款规定，选项 A，将自产、委托加工的货物用于集体福利或者个人消费，应视同销售征收增值税；选项 B，属于增值税的特殊销售行为，不是视同销售行为；选项 C、D，属于将外购的货物用于个人消费和集体福利，属于不得抵扣进项税行为，而不是视同销售行为。

13. 下列服务中，属于增值税生活服务的是（　　）。

A. 物业管理　　　　B. 市场调查服务

C. 互联网接入服务　　　　D. 网络教育服务

［参考答案］D

［答案解析］根据《财政部　国家税务总局关于全面推开营业税改征增值税试点的通知》（财税〔2016〕36 号）附件 1 规定，选项 A 属于商务辅助服务；选项 B 属于咨询服务；选项 C 属于增值电信服务。

14. 下列各项中，应当征收增值税的是（　　）。

A. 投保人获得的保险赔付

B. 纳税人在资产重组过程中涉及的货物转让

C. 纳税人对外出租厂房

D. 纳税人取得的中央财政补贴

［参考答案］C

［答案解析］根据《财政部　国家税务总局关于全面推开营业税改征增值税试点的通知》（财税〔2016〕36 号）附件 2 规定，选项 A，投保人获得的保险赔付不属于经营性收入，不是增值税的征税范围；选项 B，纳税人在资产重组过程中涉及的货物转让不是产品的销售行为，只是资源的重新组合行为，所以不缴纳增值税；选项 D，纳税人取得的中央财政补贴不属于经营性收入，是不缴纳增值税的。

15. 企业取得的下列收入，不征收增值税的是（　　）。

A. 供电企业收取的并网费

B. 房屋租赁费

C. 电力公司向发电企业收取的过网费

D. 存款利息

［参考答案］D

［答案解析］根据《财政部　国家税务总局关于全面推开营业税改征增值税试点的通知》（财税〔2016〕36 号）规定，存款利息不征收增值税，选项 A、B、C 均征收增值税。

16. 根据增值税现行政策规定，下列业务属于在境内销售服务、无形资产、不动产的是（　　）。

A. 境外单位为境内单位提供境外矿山勘探服务

B. 境外单位向境内单位出租境外的厂房

C. 境外单位向境内单位销售在境外的不动产

D. 境外单位向境内单位提供运输服务

［参考答案］D

［答案解析］根据《财政部　国家税务总局关于全面推开营业税改征增值税试点的通知》（财税〔2016〕36 号）规定，选项 A、B、C 不属于在境内销售服务、无形资产或不动产。

17. 快递行业的收派件服务在营改增应税服务中为（　　）。

A. 交通运输　　　　B. 邮政普通服务

C. 物流辅助服务　　　　D. 其他邮政服务

［参考答案］C

[答案解析] 根据《财政部　国家税务总局关于全面推开营业税改征增值税试点的通知》（财税〔2016〕36 号）规定，快递行业的收派服务属于部分现代服务中的物流辅助服务的收派服务。

18. 下列关于营改增应税服务的表述错误的是（　　）。

A. 将建筑物、构筑物等不动产或者飞机、车辆等有形动产的广告位出租给其他单位或者个人用于发布广告，按照经营租赁服务缴纳增值税

B. 纳税人为客户办理退票而向客户收取的退票费、手续费等收入，按照其他现代服务缴纳增值税

C. 水路运输的光租业务、航空运输的干租业务，属于经营租赁

D. 车辆停放服务，按物流辅助服务缴纳增值税

[参考答案] D

[答案解析] 根据《财政部　国家税务总局关于全面推开营业税改征增值税试点的通知》（财税〔2016〕36 号）规定，车辆停放服务，按不动产经营租赁服务缴纳增值税。

19. 企业下列行为，属于增值税兼营行为的是（　　）。

A. 建筑公司为承建的某项工程既提供建筑材料又承担建筑、安装业务

B. 照相馆在提供照相业务的同时销售相框

C. 饭店开设客房、餐厅从事服务业务并附设商场销售货物

D. 饭店提供餐饮服务的同时销售酒水饮料

[参考答案] C

[答案解析] 根据《财政部　国家税务总局关于全面推开营业税改征增值税试点的通知》（财税〔2016〕36 号）规定，选项 A、B、D 属于增值税混合销售行为。

20. 下列不属于"营改增"现代服务中的文化创意服务的是（　　）。

A. 设计服务

B. 宾馆提供会议场地及配套服务的活动

C. 信息系统服务

D. 广告服务

[参考答案] C

[答案解析] 文化创意服务，包括设计服务、知识产权服务、广告服务和会议展览服务。选项 C 属于信息技术服务。

21. 根据增值税法律制度的规定，增值税一般纳税人的下列行为不属于视同销售的是（　　）。

A. 电脑生产企业将自产的电脑分配给投资者

B. 商场将购进的服装发给职工用于运动会入场式

C. 食品厂将自产的粽子发给职工作为端午节的福利

D. 纺织厂将自产的窗帘用于职工活动中心

[参考答案] B

[答案解析] 根据《增值税暂行条例》和《中华人民共和国增值税暂行条例实施细则》规定，选项 A 属于将自产的货物用于集体福利和个人消费的情形；选项 C 属于将自产的货物

分配给股东或投资者；选项 D 属于将自产的货物用于集体福利，它们都视同销售货物。选项 B 属于将外购的货物用于集体福利，不属于视同销售。

22. 根据营业税改征增值税的有关规定，下列关于兼营的说法中，不正确的是（　　）。

A. 兼营是指纳税人的经营范围既包括销售货物和提供加工修理修配劳务，又包括销售服务、无形资产或者不动产，并且上述行为不同时发生在同一项销售行为中

B. 兼有不同税率的销售货物、加工修理修配劳务、服务、无形资产或者不动产，未分别核算的，从高适用税率

C. 兼有不同征收率的销售货物、加工修理修配劳务、服务、无形资产或者不动产，未分别核算的，从高适用征收率

D. 兼有不同税率和征收率的销售货物、提供加工修理修配劳务或者应税服务的，从低适用征收率

［参考答案］**D**

［答案解析］根据《财政部　国家税务总局关于全面推开营业税改征增值税试点的通知》规定，选项 D 正确。纳税人兼营销售货物、劳务、服务、无形资产或者不动产，适用不同税率或者征收率的，应当分别核算适用不同税率或者征收率的销售额；未分别核算的，从高适用税率。

23. 自 2018 年 1 月 1 日起，纳税人已售票但客户逾期未消费取得的运输逾期票证收入，缴纳增值税时应按照（　　）。

A. 交通运输服务　　B. 服务业

C. 现代服务　　D. 代理服务

［参考答案］**A**

［答案解析］根据《财政部　税务总局关于租入固定资产进项税额抵扣等增值税政策的通知》（财税〔2017〕90 号）第二条规定，自 2018 年 1 月 1 日起，纳税人已售票但客户逾期未消费取得的运输逾期票证收入，按照“交通运输服务”缴纳增值税。

24. 下列关于建筑服务征收增值税的表述中，错误的是（　　）。

A. 一般纳税人以清包工方式提供的建筑服务，可以选择适用简易计税方法计税

B. 一般纳税人为建筑工程老项目提供的建筑服务，可以选择适用简易计税方法计税

C. 一般纳税人跨市提供建筑服务，适用一般计税方法计税的，应以取得的全部价款和价外费用为销售额计算应预缴税额

D. 一般纳税人跨市提供建筑服务，选择适用简易计税方法计税的，应以取得的全部价款和价外费用按照 5% 的征收率计算应预缴税额

［参考答案］**D**

［答案解析］根据《关于发布〈纳税人跨县（市、区）提供建筑服务增值税征收管理暂行办法〉的公告》（国家税务总局公告 2016 年第 17 号）第四条第二款规定，一般纳税人跨县（市、区）提供建筑服务，选择适用简易计税方法计税的，应以取得的全部价款和价外费用扣除支付的分包款后的余额，按照 3% 的征收率计算应预缴税款。

25. 根据营业税改征增值税的有关规定，下列关于代理记账的说法错误的是（　　）。

A. 应征收增值税
B. 属于鉴证咨询服务
C. 属于商务辅助服务
D. 适用的增值税税率为 6%

［参考答案］B

［答案解析］根据《财政部 国家税务总局关于全面推开营业税改征增值税试点的通知》（财税〔2016〕36 号）附件一规定，代理记账按照“商务辅助服务”征收增值税。

26. 根据增值税的相关规定，下列说法不正确的是（　　）。

A. 物业服务企业为业主提供的装修服务，按照“建筑服务”缴纳增值税

B. 纳税人提供武装守护押运服务，按照“安全保护服务”缴纳增值税

C. 提供餐饮服务的纳税人销售的外卖食品，按照“餐饮服务”缴纳增值税

D. 纳税人在游览场所经营索道、摆渡车、电瓶车、游船等取得的收入，按照“交通运输服务”缴纳增值税

［参考答案］D

［答案解析］根据《财政部 国家税务总局关于明确金融 房地产开发 教育辅助服务等增值税政策的通知》（财税〔2016〕140 号）第十一条规定，在游览场所经营索道、摆渡车、电瓶车、游船等取得的收入，按照“文化体育服务”缴纳增值税。

27. 下列服务中，属于增值税生活服务的是（　　）。

A. 物业管理
B. 市场调查服务
C. 互联网接入服务
D. 网络教育服务

［参考答案］D

［答案解析］根据《财政部 国家税务总局关于全面推开营业税改征增值税试点的通知》（财税〔2016〕36 号）附件一规定，选项 A 属于商务辅助服务；选项 B 属于咨询服务；选项 C 属于增值电信服务。

28. 某软件企业为增值税一般纳税人，2019 年 5 月销售自行开发生产的软件，取得不含税销售额 68 000 元；从国外进口软件进行本地化改造后对外销售，取得不含税销售额 200 000 元。本月购进一批电脑用于软件设计，取得的增值税专用发票注明金额 100 000 元。该企业当月应退增值税（　　）元。

A. 8 040
B. 13 800
C. 18 840
D. 21 840

［参考答案］B

［答案解析］根据《财政部 国家税务总局关于软件产品增值税政策的通知》（财税〔2011〕100 号）第一条第一款规定，增值税一般纳税人销售其自行开发生产的软件产品，按适用税率征收增值税后，对其增值税实际税负超过 3% 的部分实行即征即退政策。将进口软件产品进行本地化改造后对外销售，其销售的软件产品可享受即征即退政策。当期软件产品增值税应纳税额为 21 840 元（68 000 × 13% + 200 000 × 13% − 100 000 × 13%），税负为 8.15%［21 840 ÷（68 000 + 200 000）× 100%］，即征即退增值税税额为 13 800 元［21 840 −（68 000 + 200 000）× 3%］。

二、多项选择题

1. 下列应按照“有形动产租赁服务”缴纳增值税的有（　　）。

A. 航空运输的干租业务　　B. 有形动产经营性租赁

C. 远洋运输的期租业务　　D. 水路运输的程租业务

E. 有形动产的融资租赁

［参考答案］ABE

［答案解析］水路运输的程租、期租业务属于水路运输服务，故选项 C、D 错误。租赁服务，包括融资租赁服务和经营性租赁服务，故选项 B、E 正确。水路运输的光租业务、航空运输的干租业务，属于经营性租赁。故选项 A 正确。

2. 根据增值税规定，下列行为属于视同销售的有（　　）。

A. 将自产、委托加工或者购进的货物用于非增值税应税项目

B. 将自产、委托加工或者购进的货物分配给股东或者投资者

C. 将自产、委托加工或者购进的货物作为投资，提供给其他单位

D. 将自产、委托加工或者购进的货物用于集体福利或者个人消费

E. 将自产、委托加工或者购进的货物无偿赠送其他单位或者个人

［参考答案］BCE

［答案解析］将自产或者委托加工的货物用于非增值税应税项目属于视同销售，购进的货物用于非增值税应税项目不属于视同销售，故选项 A 错误；将自产、委托加工的货物用于集体福利或者个人消费属于视同销售，购进的货物用于集体福利或者个人消费不属于视同销售，故选项 D 错误；将自产、委托加工或者购进的货物作为投资，提供给其他单位或者个体工商户属于视同销售，故选项 C 正确；将自产、委托加工或者购进的货物分配给股东或者投资者属于视同销售，故选项 B 正确；将自产、委托加工或者购进的货物无偿赠送其他单位或者个人属于视同销售，故选项 E 正确。

3. 下列符合增值税应税服务规定的有（　　）。

A. 装卸搬运服务属于物流辅助服务

B. 代理报关服务属于鉴证咨询服务

C. 代理记账按照经纪代理服务征收增值税

D. 光租和湿租业务，均属于有形动产租赁服务

［参考答案］AC

［答案解析］选项 B，代理报关服务属于商务辅助服务中的经纪代理服务；选项 D，光租和干租属于有形动产租赁服务，程租、期租和湿租属于交通运输服务。

4. 根据我国营业税改征增值税试点方案，下列关于营改增试点的应税范围的描述，正确的有（　　）。

A. 交通运输业的业务包括陆路运输服务、水路运输服务和航空运输服务

B. 以货币资金投资收取的固定利润或者保底利润，按照“贷款服务”缴纳增值税

C. 只要是单位或者个体工商户向其他单位或者个人无偿提供服务，就应当缴纳增值税

D. 境外单位或者个人向境内单位或者个人销售完全在境外使用的无形资产，不属于增值税应税范围

［参考答案］BD

［答案解析］根据《财政部 国家税务总局关于全面推开营业税改征增值税试点的通知》（财税〔2016〕36 号）规定，选项 A 错误，交通运输业的业务包括陆路运输服务、水路运输服务、航空运输服务和管道运输服务；选项 C 错误，单位或者个体工商户向其他单位或者个人无偿提供服务，应当视同销售服务缴纳增值税，但是用于公益事业或者以社会公众为对象的除外。

5. 下列属于现代服务业中的“研发和技术服务”项目的有（　　）。

A. 研发服务　　B. 技术转让服务

C. 工程勘察勘探服务　　D. 检测产品是否符合相关技术规范服务

［参考答案］ABC

［答案解析］根据《财政部 国家税务总局关于全面推开营业税改征增值税试点的通知》（财税〔2016〕36 号）规定，研发和技术服务包括研发服务、合同能源管理服务、工程勘察勘探服务、专业技术服务。选项 D 属于鉴证咨询服务。

6. 下列业务在计算增值税时，属于“销售服务、无形资产或者不动产”的有（　　）。

A. 建筑安装　　B. 零售商品

C. 提供加工修理修配　　D. 提供管道运输

［参考答案］AD

［答案解析］依据《财政部 国家税务总局关于全面推开营业税改征增值税试点的通知》（财税〔2016〕36 号）的附件《销售服务、无形资产或者不动产注释》的规定，选项 B 属于销售货物，选项 C 属于提供应税劳务。

7. 增值税一般纳税人的下列行为中，应视同销售货物，征收增值税的有（　　）。

A. 食品厂将自产的月饼发给职工作为中秋节的福利

B. 商场将购进的服装发给职工用于运动会入场式

C. 电脑生产企业将自产的电脑分配给投资者

D. 纺织厂将自产的窗帘用于职工活动中心

［参考答案］ACD

［答案解析］根据《增值税暂行条例实施细则》第四条规定，只有将自产、委托加工的货物用于职工福利才属于增值税视同销售货物。

8. 下列行为中，应当一并按销售货物征收增值税的有（　　）。

A. 贸易公司销售电视同时负责运输

B. 百货商店销售商品同时负责运输

C. 建材商店销售建材，并从事装修、装饰业务

D. 餐饮公司提供餐饮服务的同时销售酒水

［参考答案］AB

［答案解析］根据《财政部 国家税务总局关于全面推开营业税改征增值税试点的通知》（财税〔2016〕36 号）规定，一项销售行为如果既涉及服务又涉及货物，即为混合销售。从事货物的生产、批发或者零售的单位和个体工商户的混合销售行为，按照销售货物缴纳增值税；其他单位和个体工商户的混合销售行为，按照销售服务缴纳增值税。因此，

选项 A、B 是正确的。

9. 下列各项中，应当按照“销售货物”征收增值税的有（　　）。

A. 缝纫业务　　B. 银行销售金银业务

C. 货物期货　　D. 饮食业纳税人销售非现场消费的食品

［参考答案］**BC**

［答案解析］根据《财政部　国家税务总局关于全面推开营业税改征增值税试点的通知》（财税〔2016〕36 号）规定，选项 A 属于提供应税劳务，选项 D 属于销售餐饮服务。

10. 下列各项中，属于增值税“金融服务”的有（　　）。

A. 融资性售后回租　　B. 动产融资租赁

C. 人身保险服务　　D. 邮政储蓄服务

［参考答案］**ACD**

［答案解析］根据《财政部　国家税务总局关于全面推开营业税改征增值税试点的通知》（财税〔2016〕36 号）规定，融资租赁业务属于现代服务业中的“租赁服务”。

11. 根据增值税法律制度的规定，下列各项中，不征收增值税的有（　　）。

A. 根据国家指令无偿提供的铁路运输服务

B. 存款利息

C. 被保险人获得的保险赔付

D. 公积金管理中心代收的住宅专项维修资金

［参考答案］**ABCD**

［答案解析］根据《财政部　国家税务总局关于全面推开营业税改征增值税试点的通知》（财税〔2016〕36 号）规定，上述选项均符合不征收增值税的规定。

12. 下列各项中，属于交通运输服务的有（　　）。

A. 索道运输　　B. 程租

C. 期租　　D. 光租

［参考答案］**ABC**

［答案解析］根据《财政部　国家税务总局关于全面推开营业税改征增值税试点的通知》（财税〔2016〕36 号）规定，选项 D 的光租业务，是指运输企业将船舶在约定的时间内出租给他人使用，不配备操作人员，不承担运输过程中发生的各项费用，只收取固定租赁费的业务活动。它属于有形动产经营租赁服务。

13. 下列相关单位提供的服务中，属于征收增值税的应税服务的有（　　）。

A. 某单位聘用的员工为本单位提供班车驾驶服务

B. 某个体工商户为地震灾区无偿提供汽车运输服务

C. 某设计院为甲公司提供设计服务

D. 某会展公司为商业合作伙伴提供会展服务

［参考答案］**CD**

［答案解析］选项 A，单位聘用的员工为本单位提供班车驾驶服务属于非经营活动，不属于应税服务；选项 B，某个体工商户为地震灾区无偿提供汽车运输服务，属于以公益活动为目的的无偿提供，不属于应税服务。

14. 下列各项中，属于增值税视同销售行为的有（　　）。

A. 将货物交付其他单位或者个人代销

B. 销售代销货物

C. 实行统一核算的，位于同一县的两个机构，将货物从一个机构移送其他机构用于销售

D. 单位向社会公众无偿提供的服务

［参考答案］**AB**

［答案解析］根据《增值税暂行条例实施细则》第四条规定，选项 C，设有两个以上机构并实行统一核算的纳税人，将货物从一个机构移送其他机构用于销售，但相关机构设在同一县（市）的除外，此时属于增值税视同销售货物行为。选项 D，单位或者个体工商户向其他单位或个人无偿提供服务，视同销售服务，但用于公益事业或者以社会公众为对象的除外。

15. 下列项目中，应按照建筑服务缴纳增值税的有（　　）。

A. 拆除建筑物　　B. 园林绿化

C. 单独将建筑施工设备出租给他人使用　　D. 矿山穿孔

［参考答案］**ABD**

［答案解析］将建筑施工设备出租给他人使用并配备操作人员的，按照建筑服务缴纳增值税。不配备操作人员的，按照动产租赁缴纳增值税。

16. 企业下列行为，属于增值税混合销售行为的是（　　）。

A. 建筑公司为承建的某项工程既提供建筑材料又承担建筑、安装业务

B. 照相馆在提供照相业务的同时销售相框

C. 饭店提供餐饮服务的同时销售酒水饮料

D. 饭店开设客房、餐厅从事服务业务并附设商场销售货物

［参考答案］**ABC**

［答案解析］根据《财政部　国家税务总局关于全面推开营业税改征增值税试点的通知》（财税〔2016〕36 号）规定，选项 A、B、D 属于增值税混合销售行为；选项 D 属于兼营行为。

17. 根据我国现行增值税政策的相关规定，下列属于加工修理劳务应当缴纳增值税的有（　　）。

A. 设备维修　　B. 房屋修缮

C. 汽车租赁　　D. 管道安装

E. 服装加工

［参考答案］**AE**

［答案解析］选项 B、C、D 属于销售增值税服务。

18. 下列服务项目中，属现代服务应当缴纳增值税的有（　　）。

A. 外文翻译　　B. 施工设备租赁（配备人员）

C. 快递服务　　D. 互联网接入

E. 网络教育服务

［参考答案］AC

［答案解析］选项B，属于建筑服务；选项D，属于增值电信业务；选项E，属于生活服务。

19. 根据增值税相关规定，下列各项中不征收增值税的是（　　）。

A. 被保险人获得的保险赔付

B. 航空公司根据国家指令无偿提供用于公益事业的航空运输服务

C. 居民存款利息

D. 母公司向子公司出售不动产

［参考答案］ABC

［答案解析］根据《财政部　国家税务总局关于全面推开营业税改征增值税试点的通知》（财税〔2016〕36号）规定，选项A，被保险人获得的保险赔付，不征收增值税；选项B，根据国家指令无偿提供的铁路运输服务、航空运输服务，属于用于公益事业的服务，不视同销售服务，不征收增值税；选项C，居民存款利息，不征收增值税。

三、判断题

1. 增值税一般纳税人将自产的货物无偿赠送他人，不征收增值税。（　　）

［参考答案］错误

［答案解析］根据《增值税暂行条例实施细则》第四条第一款第（八）项规定将自产、委托加工或者购进的货物无偿赠送其他单位或者个人要视同销售货物，征收增值税。

2. 纳税人兼营不同销售货物、劳务、服务、无形资产或者不动产，适用不同税率或者征收率的，应当分别核算适用不同税率或者征收率的销售额，未分别核算的，从高适用征收率。（　　）

［参考答案］错误

［答案解析］根据《财政部　国家税务总局关于全面推开营业税改征增值税试点的通知》（财税〔2016〕36号）附件1《营业税改征增值税试点实施办法》第三十九条的规定，纳税人兼营不同销售货物、劳务、服务、无形资产或者不动产，适用不同税率或者征收率的，应当分别核算适用不同税率或者征收率的销售额，未分别核算的，从高适用税率。

3. 设有两个以上机构并实行统一核算的纳税人，将货物从一个机构移送其他机构用于销售，均应视同销售处理。（　　）

［参考答案］错误

［答案解析］根据《增值税暂行条例实施细则》第四条第一款第（三）项规定，设有两个以上机构并实行统一核算的纳税人，将货物从一个机构移送其他机构用于销售，应视同销售处理，但相关机构设在同一县（市）的除外。

4. 卫星电视信号落地转接服务，按照基础电信服务缴纳增值税。（　　）

［参考答案］错误

［答案解析］根据《财政部　国家税务总局关于全面推开营业税改征增值税试点的通知》（财税〔2016〕36号）附件《营业税改征增值税销售服务、无形资产、不动产注释》

销售服务（三）电信服务 2 增值电信服务第二款规定，卫星电视信号落地转接服务，按照增值电信服务缴纳增值税。

5. 固定电话、有线电视、宽带、水、电、燃气、暖气等经营者向用户收取的安装费、初装费、开户费、扩容费以及类似收费，按照安装服务缴纳增值税。（　）

［参考答案］正确

［答案解析］根据《财政部　国家税务总局关于全面推开营业税改征增值税试点的通知》（财税〔2016〕36 号）附件《营业税改征增值税销售服务、无形资产、不动产注释》销售服务（四）建筑服务 2 安装服务第二款规定，固定电话、有线电视、宽带、水、电、燃气、暖气等经营者向用户收取的安装费、初装费、开户费、扩容费以及类似收费，按照安装服务缴纳增值税。

6. 单位或者个体工商户聘用的员工为本单位或雇主提供取得工资的服务，不征收增值税。（　）

［参考答案］正确

［答案解析］根据《财政部　国家税务总局关于全面推开营业税改征增值税试点的通知》（财税〔2016〕36 号）附件 1《营改增试点实施办法》第十条第一款第（二）项规定，单位或者个体工商户聘用的员工为本单位或雇主提供取得工资的服务，不征收增值税。

7. 代理记账、翻译服务按照“咨询服务”征收增值税。（　）

［参考答案］正确

［答案解析］根据《财政部　国家税务总局关于全面推开营业税改征增值税试点的通知》（财税〔2016〕36 号）附件《营业税改征增值税销售服务、无形资产、不动产注释》销售服务第（六）项第 3 小项咨询服务规定，代理记账、翻译服务按照“咨询服务”征收增值税。

8. 纳税人销售活动板房、机器设备、钢结构件等自产货物的同时提供建筑、安装服务，属于增值税混合销售行为，应按销售货物缴纳增值税。（　）

［参考答案］错误

［答案解析］根据《关于进一步明确营改增有关征管问题的公告》（国家税务总局公告 2017 年第 11 号）第一条规定，纳税人销售活动板房、机器设备、钢结构件等自产货物的同时提供建筑、安装服务，不属于财税〔2016〕36 号文附件《营业税改征增值税试点实施办法》第四十条规定的混合销售，应分别核算货物和建筑服务的销售额，分别适用不同的税率或者征收率。

9. 纳税人提供植物养护服务，按照“居民服务业”缴纳增值税。（　）

［参考答案］错误

［答案解析］根据《关于进一步明确营改增有关征管问题的公告》（国家税务总局公告 2017 年第 11 号）第五条规定，纳税人提供植物养护服务，按照“其他生活服务业”缴纳增值税。

10. 在资产重组过程中，通过合并、分立、出售、置换等方式，将全部或者部分实物资产以及与其相关联的债权、负债和劳动力一并转让给其他单位和个人，其中涉及的不动

产、土地使用权转让行为，不征收增值税。（　　）

［参考答案］正确

［答案解析］《财政部　国家税务总局关于全面推开营业税改征增值税试点的通知》（财税〔2016〕36号）附件2《营业税改征增值税有关事项的规定》第一条第（二）项不征增值税项目第五小项规定：在资产重组过程中，通过合并、分立、出售、置换等方式，将全部或者部分实物资产以及与其相关联的债权、负债和劳动力一并转让给其他单位和个人，其中涉及的不动产、土地使用权转让行为，不征收增值税。

第四章　增值税的税率和征收率

增值税税率体现着货物的整体税负。增值税税率是按照货物的整体税负设计的，用应税货物的销售额乘以增值税税率，即该货物在这一环节所负担的全部增值税税额（包括本环节的应纳税额及以前环节的已纳税额）。这种设计税率的方法用公式表示如下：

$$增值税税率=\frac{货物在本环节的应纳税额+以前环节的已纳税额}{货物在本环节的销售额}\times 100\%$$

根据应税货物的销售额和增值税税率，即可计算出该货物到本环节为止所应承担的全部税额。从全部税额中扣除以前环节已纳的税额就是该货物在本环节新增价值部分所应承担的税额。这种设计税率的方法以及从全部应纳税额中扣除以前环节已纳税额的计税方式，使增值税成为一种全新的流转税。这种流转税既能保证财政收入，又彻底排除了重复征税。

确定增值税税率的基本原则，应是尽可能减少税率档次，或者说不宜采取过多档次的税率。这是由增值税实行税款抵扣的计税方法及其中性税收的特征所决定的。

实行增值税的国家一般都采用两档至三档税率，最少的只有一档。从世界各国设置增值税税率的情况看，一般有如表 4－1 所示的几种类型。

表 4－1　增值税类别及其适用情形

类别	适用情形
基本税率	适用于绝大多数货物和应税劳务的税率
低税率	对基本生活用品和劳务确定的适用税率
高税率	对奢侈品、非生活必需品或劳务确定的适用税率
零税率	一般来说，各国增值税都规定有零税率，其实施范围主要是出口货物

第一节　税率的基本规定

为贯彻落实党中央、国务院决策部署，推进增值税实质性减税，我国增值税一般纳税人适用税率不断降低。

一、基本规定

（一）基本税率

纳税人销售货物、劳务 、有形动产租赁服务或者进口货物，适用基本税率。2018 年 4 月 30 日之前，我国增值税基本税率为 17%；2018 年 5 月 1 日至 2019 年 3 月 31 日，我国增值税基本税率为 16%；自 2019 年 4 月 1 日起，我国增值税基本税率为 13%。

（二）较低税率

纳税人销售交通运输、邮政、基础电信、建筑、不动产租赁服务，销售不动产，转让土地使用权，销售或者进口下列货物适用较低税率：

（1）粮食等农产品、食用植物油、食用盐。

（2）自来水、暖气、冷气、热水、煤气、石油液化气、天然气、二甲醚、沼气、居民用煤炭制品。

（3）图书、报纸、杂志、音像制品、电子出版物。

（4）饲料、化肥、农药、农机、农膜。

（5）国务院规定的其他货物。

2017 年 7 月 1 日之前，我国增值税较低税率为 13%；2017 年 7 月 1 日至 2018 年 4 月 30 日，我国增值税较低税率为 11%；2018 年 5 月 1 日至 2019 年 3 月 31 日，我国增值税较低税率为 10%；自 2019 年 4 月 1 日起，我国增值税较低税率为 9%。

（三）低税率

纳税人销售服务、无形资产以及增值电信服务，除另有规定外适用低税率，税率为 6%。

（四）零税率

出口货物、劳务或者境内单位和个人发生的跨境应税行为，税率为零。具体范围由财政部和国家税务总局另行规定。

现将最新增值税税率表情况列示如表 4－2。

表 4－2　　增值税税率表

序号	税目	税率（%）
1	销售或者进口货物（除 9—12 项外）	13
2	加工、修理修配劳务	13
3	有形动产租赁服务	13
4	不动产租赁服务	9
5	销售不动产	9
6	建筑服务	9

续表

序号	税目	税率（%）
7	运输服务	9
8	转让土地使用权	9
9	饲料、化肥、农药、农机、农膜	9
10	粮食等农产品、食用植物油、食用盐	9
11	自来水、暖气、冷气、热水、煤气、石油液化气、天然气、二甲醚、沼气、居民用煤炭制品	9
12	图书、报纸、杂志、音像制品、电子出版物	9
13	邮政服务	9
14	基础电信服务	9
15	增值电信服务	6
16	金融服务	6
17	现代服务	6
18	生活服务	6
19	销售无形资产（除土地使用权外）	6
20	出口货物	0
21	跨境销售国务院规定范围内的服务、无形资产	0

（五）其他规定

1. 纳税人提供适用不同税率或者征收率的货物、应税劳务和应税行为，应当分别核算适用不同税率或者征收率的销售额；未分别核算的，从高适用税率。

2. 试点纳税人销售电信服务时，附带赠送用户识别卡、电信终端等货物或者电信服务的，应将其取得的全部价款和价位费用分别核算，按各自适用的税率计算缴纳增值税。

3. 油气田企业发生应税行为，适用财税〔2016〕36 号）文件规定的增值税税率，不再适用《财政部 国家税务总局关于印发〈油气田企业增值税管理办法〉的通知》（财税〔2009〕8 号）规定的增值税税率。

［知识问答］

问：2019 年 4 月 1 日之后取得的 4 月 1 日之前开具的税率为 16%、10% 的增值税专用发票还可以认证吗？

答：可以。取得的符合法律、行政法规或者国家税务总局有关规定的增值税专用发票，在规定的认证期限内（开具之日起 360 日内）认证即可。

问：2019 年 4 月 1 日后对原税率发票红冲后重新开具，适用什么税率？

答：根据《国家税务总局关于深化增值税改革有关事项的公告》（国家税务总局公告 2019 年第 14 号）规定：增值税一般纳税人（以下称纳税人）在增值税税率调整前已按原 16%、10% 适用税率开具的增值税发票，发生销售折让、中止或者退回等情形需要开具红字发票的，按照原适用税率开具红字发票；开票有误需要重新开具的，先按照原适用税率开具红字发票后，再重新开具正确的蓝字发票。因此，2019 年 4 月 1 日后对原税率发票红冲后重新开具，适用原税率开具。

问：2019 年 4 月 1 日前未开具发票，调整税率后再开具发票，适用什么税率？

答：应当按照纳税义务发生时间适用税率。纳税义务发生在 4 月 1 日前的，适用 16%、10% 的税率；纳税义务发生在 4 月 1 日后的，适用 13%、9% 的税率。如 B 公司于 2019 年 3 月 3 日向 C 公司（一般纳税人）采购一批货物（原适用税率为 16%）并预付了货款，C 公司于 2019 年 4 月 13 日发货。则 C 公司应当在货物发出的当天，开具 13% 税率的增值税发票给 B 公司。若 C 公司采取的是直接收款的方式并于 3 月 3 日收讫销售款项，则 C 公司即使是 4 月 1 日之后补开发票，也应当按 16% 税率开具。

二、适用较低税率货物的具体范围

（一）农业产品

农业产品是指种植业、养殖业、林业、牧业、水产业生产的各种植物、动物的初级产品。

1. 植物类。植物类包括人工种植和天然生长的各种植物的初级产品。具体征税范围为：

（1）粮食。粮食包括小麦、稻谷、玉米、高粱、谷子和其他杂粮，以及面粉、米、玉米面、玉米渣等。切面、饺子皮、馄饨皮、面皮、米粉等粮食复制品、玉米胚芽，也属于本货物的征收范围。

[提示 1] 玉米浆、玉米皮、玉米纤维（又称喷浆玉米皮）和玉米蛋白粉不属于初级农产品，也不属于《财政部 国家税务总局关于饲料产品免征增值税问题的通知》（财税〔2001〕121 号）中免税饲料的范围，适用 13% 的增值税税率。

[提示 2] 以粮食为原料加工的速冻食品、方便面、副食品和各种熟食品及淀粉，不属于本货物的征收范围。

（2）蔬菜。蔬菜包括各种蔬菜、菌类植物和少数可作副食的木科植物。经晾晒、冷藏、冷冻、包装、脱水等工序加工的蔬菜、腌菜、咸菜、酱菜和盐渍蔬菜等，也属于本货物的征税范围。

各种蔬菜罐头不属于本货物的征税范围。

（3）烟叶。烟叶包括晒烟叶、晾烟叶和初烤烟叶。

（4）茶叶。茶叶包括各种毛茶（如红毛茶、绿毛茶、乌龙毛茶、白毛茶、黑毛茶等）。

精制茶、边销茶及掺兑各种药物的茶和茶饮料，不属于本货物的征税范围。

（5）园艺植物。园艺植物是指可供食用的果实，如水果、果干（如荔枝干、桂圆干、葡萄干等）、干果、果仁、果用瓜（如甜瓜、西瓜、哈密瓜等），以及胡椒、花椒、大料、咖啡豆等。经冷冻、冷藏、包装等工序加工的园艺植物，也属于本货物的征税范围。

各种水果罐头、果脯、蜜饯、炒制的果仁、坚果、碾磨后的园艺植物（如胡椒粉、花椒粉等），不属于本货物的征税范围。

（6）药用植物。药用植物是指用作中药原药的各种植物的根、茎、皮、叶、花、果实等。利于上述药用植物加工制成的片、丝、块、段等中药饮片，也属于本货物的征税范围。

中成药不属于本货物的征税范围。

（7）油料植物。油料植物是指主要用作榨取油脂的各种植物的根、茎、叶、果实、花或者胚芽组织等初级产品，如菜籽（包括芥菜籽）、花生、大豆、葵花子、蓖麻子、芝麻子、胡麻子、茶子、桐子、橄榄仁、棕榈仁、棉籽等。

提取芳香油的芳香油料植物，也属于本货物的征税范围。

（8）纤维植物。纤维植物是指利用其纤维作纺织、造纸原料或者绳索的植物，如棉（包括籽棉、皮棉、絮棉）、大麻、黄麻、槿麻、苎麻、苘麻、亚麻、罗布麻、蕉麻、剑麻等。

棉短绒和麻纤维经脱胶后的精干（洗）麻，也属于本货物的征税范围。

（9）糖料植物。糖料植物是指主要用作制糖的各种植物，如甘蔗、甜菜等。

（10）林业产品。林业产品是指乔木、灌木和竹类植物，以及天然树脂、天然橡胶。林业产品的征税范围包括原木、原竹、天然树脂和其他林业产品。盐水竹笋也属于本货物的征税范围。锯材、竹笋罐头不属于本货物的征税范围。

（11）其他植物。其他植物是指除上述列举植物以外的其他各种人工种植和野生的植物，如树苗、花卉、植物种子、植物叶子、草、麦秸、豆类、薯类、藻类植物等。

干花、干草、薯干、干制的藻类植物、农业产品的下脚料等，也属于本货物的征税范围。

2. 动物类。动物类包括人工养殖和天然生长的各种动物的初级产品。具体征税范围为：

（1）水产品。水产品是指人工放养和人工捕捞的鱼、虾、蟹、鳖、贝类、棘皮类、软体类、腔肠类、海兽类动物。本货物的征税范围包括鱼、虾、蟹、鳖、贝类、棘皮类、软体类、腔肠类、海兽类、鱼苗（卵）、虾苗、蟹苗、贝苗（秧），以及经冷冻、冷藏、盐渍等防腐处理和包装的水产品。

干制的鱼、虾、蟹、贝类、棘皮类、软体类、腔肠类，如干鱼、干虾、干虾仁、干贝等，以及未加工成工艺品的贝壳、珍珠，也属于本货物的征税范围。

熟制的水产品和各类水产品的罐头，不属于本货物的征税范围。

（2）畜牧产品。畜牧产品是指人工饲养、繁殖取得和捕获的各种畜禽。本货物的征税范围包括：

兽类、禽类和爬行类动物，如牛、马、猪、羊、鸡、鸭等。

兽类、禽类和爬行类动物的肉产品。

各种兽类、禽类和爬行类动物的肉类生制品，如腊肉、腌肉、熏肉等，也属于本货物的征税范围。

各种肉类罐头、肉类熟制品不属于本货物的征税范围。

蛋类产品是指各种禽类动物和爬行类动物的卵，包括鲜蛋、冷藏蛋。

经加工的咸蛋、松花蛋、腌制的蛋等，也属于本货物的征税范围。

各种蛋类的罐头，不属于本货物的征税范围。

鲜奶是指各种哺乳类动物的乳汁和经净化、杀菌等加工工序生产的乳汁。按照《食品安全国家标准——巴氏杀菌乳》（GB 19645－2010）生产的巴氏杀菌乳和按照《食品安全国家标准——灭菌乳》（GB 25190－2010）生产的灭菌乳，均属于初级农业产品，可依照《农业产品征税范围注释》中的鲜奶按9%的税率征税增值税。

按照《食品安全国家标准——调制乳》（GB 25191－2010）生产的调制乳，不属于初级农业产品，应按照13%的税率征收增值税。

用鲜奶加工的各种奶制品，如酸奶、奶酪、奶油等，不属于本货物的征税范围。

（3）动物皮张。动物皮张是指从各种动物（兽类、禽类和爬行类动物）身上直接剥取的，未经鞣制的生皮、生皮张。

将生皮、生皮张用清水、盐水或者防腐药水浸泡、刮里、脱毛、晒干或者熏干，未经鞣制的，也属于本货物的征税范围。

（4）动物毛绒。动物毛绒是指未经洗净的各种动物的毛发、绒发和羽毛。洗净毛、洗净绒等不属于本货物的征税范围。

（5）其他动物组织。其他动物组织是指上述列举以外的兽类、禽类、爬行类动物的其他组织，以及昆虫类动物。

蚕茧包括鲜茧和干茧，以及蚕蛹。

天然蜂蜜是指采集的未经加工的天然蜂蜜、鲜蜂王浆等。

动物树脂，如虫胶等。

其他动物组织，如动物骨、动物骨粒、壳、兽角、动物血液、动物分泌物、蚕种、人工合成牛胚胎等。

（二）食用植物油

植物油是从植物根、茎、叶、果实、花或胚芽组织中加工提取的油脂。食用植物油仅指芝麻油、花生油、豆油、菜籽油、米糠油、葵花子油、棉籽油、玉米胚油、茶油、胡麻油以及以上述油为原料生产的混合油。棕榈油、核桃油、橄榄油、花椒油、杏仁油、葡萄籽油、牡丹籽油，也属于本货物的征税范围。

皂角是碱炼动植物油脂时的副产品，不能食用，主要用作化学工业原料。因此，皂角不属于食用植物油，应按照基本税率征税增值税。

肉桂油、桉油、香茅油不属于农业产品的范围，适用增值税基本税率。

环氧大豆油、氢化植物油不属于食用植物油的范围，应适用增值税基本税率。

（三）自来水

自来水是指自来水公司及工矿企业经抽取、过滤、沉淀、消毒等工序加工后，通过供水系统向用户供应的水。

农业灌溉用水、引水工程输送的水等，不属于本货物的范围，但是属于不征收增值税的范围。

（四）暖气、热水

暖气、热水是指利用各种燃料（如煤、石油、其他各种气体或固体、液体燃料）和电能将水加热，使之生成的气体和热水，以及开发自然热能，如开发地热资源或用太阳能生成的暖气、热气、热水。

利用工业余热生产、回收的暖气、热气和热水也属于本货物的征税范围。

（五）冷气

冷气是指为了调节室内温度，利用制冷设备生产的，并通过供风系统向用户提供的低温气体。

（六）煤气（含液化煤气）

煤气是指由煤、焦炭、半焦和重油等经干馏或汽化等生产过程所得气体产物的总称。煤气的范围包括：

1. 焦炉煤气，是指煤在炼焦炉中进行干馏所产生的煤气。

2. 发生炉煤气，是指用空气（或氧气）和少量的蒸汽将煤或焦炭、半焦，在煤气发生炉中进行汽化所产生的煤气、混合煤气、水煤气、单水煤气、双水煤气等。

3. 液化煤气，是指压缩成液体的煤气。

（七）石油液化气

石油液化气是指由石油加工过程中所产生低分子量的烃类炼厂气经压缩而成的液体。主要成分是丙烷、丁烷、丁烯等。

（八）天然气

天然气是蕴藏在地层内的碳氢化合物可燃气体，主要含有甲烷、丁烷等低分子烷烃和丙烷、丁烷、戊烷及其他重质气态烃类。

天然气包括气田天然气、油田天然气、煤矿天然气和其他天然气。

（九）沼气

沼气，主要成分为甲烷，由植物残体在与空气隔绝的条件下经自然分解而成。沼气主要作燃料。本货物的范围包括天然沼气和人工生产的沼气。

（十）居民用煤炭制品

居民用煤炭制品是指煤球、煤饼、蜂窝煤和引火炭。

（十一）图书、报纸、杂志

图书、报纸、杂志是采用印刷工艺，按照文字、图画和线条原稿印刷成的纸制品。本货物的范围是：

1. 图书，是指由国家新闻出版广电总局批准的单位出版、采用国际标准书号编序的书籍以及图片。国内印刷企业承印的经新闻出版主管部门批准印刷且采用国际标准书号编序的境外图书。

2. 报纸，是指经国家新闻出版广电总局批准，在各省、自治区、直辖市新闻出版管理部门登记，具有国内统一刊号（CN）的报纸。

3. 杂志，是指经国家新闻出版广电总局批准，在各省、自治区、直辖市新闻出版管理部门登记，具有国内统一刊号（CN）的刊物。

4. 中小学课本配套产品（包括各种纸制品或图片）。

（十二）饲料

饲料是指用于动物饲养的产品或其加工品。本货物的范围包括单一大宗饲料、混合饲料、配合饲料、复合预混料、浓缩饲料。

［提示］直接用于动物饲养的粮食、饲料添加剂不属于本货物的征税范围。

骨粉、鱼粉按“饲料”征收增值税。

豆粕、宠物饲料、饲用鱼油、矿物质微量元素舔砖、饲料级磷酸二氢钙产品按“饲料”征收增值税。

（十三）化肥

化肥是指经化学和机械加工制成的各种化学肥料。化肥的范围包括：

1. 化学氮肥。主要品种有尿素和硫酸铵、碳酸氢铵、氯化铵、石灰氨、氨水、氨化硝酸钙等。

2. 磷肥。主要品种有磷矿粉、过磷酸钙（包括普通过磷酸钙和重过磷酸钙两种）、钙镁磷肥、钢渣磷肥等。

3. 钾肥。主要品种有硫酸钾、氯化钾等。

4. 复合肥料，是用化学方法合成或混合配制成含有氮、磷、钾中的两种或两种以上的营养元素的肥料。含有两种的称二元复合肥，含有三种的称三元复合肥料，也有含三种元素和某些其他元素的叫多元复合肥料。主要产品有硝酸磷肥、磷酸铵、磷酸二氢钾肥、钙镁磷钾肥、磷酸一铵、磷粉二铵、氮磷钾复合肥等。

5. 微量元素肥，指含有一种或多种植物生长所必需的，但需要量又极少的营养元素的肥料，如硼肥、锰肥、锌肥、铜肥、钼肥等。

6. 其他肥，指上述列举以外的其他化学肥料。

（十四）农药

农药是指用于农林业防治病虫害、除草及调节植物生长的药剂。农药包括农药原药和农药制剂。如杀虫剂、杀菌剂、除草剂、植物生长调节剂、植物性农药、微生物农药、卫生用药、其他农药原药、制剂等。

［提示］用于人类日常生活的各种类型包装的日用卫生用药（如卫生杀虫剂、驱虫

剂、驱蚊剂、蚊香、消毒剂等），不属于农药范围。

（十五）农膜

农膜是指用于农业生产的各种地膜、大棚膜。

（十六）农机

农机是指用于农业生产（包括林业、牧业、副业、渔业）的各种机器、机械化和半机械化农具，以及小农具。农机的范围包括：

1. 拖拉机，是以内燃机为驱动牵引机具，从事作业和运载物资的机械，包括轮拖拉机、履带拖拉机、手扶拖拉机、机耕船。

2. 土壤耕整机械，是对土壤进行耕翻整理的机械，包括机引犁、机引耙、旋耕机、镇压器、联合整地器、合壤器、其他土壤耕整机械。

3. 农田基本建设机械，是指从事农田基本建设的专用机械，包括开沟筑埂机、开沟铺管机、铲抛机、平地机、其他农田基本建设机械。

4. 种植机械，是指将农作物种子或秧苗移植到适于作物生长的苗床机械，包括播作机、水稻插秧机、栽植机、地膜覆盖机、复式播种机、秧苗准备机械。

5. 植物保护和管理机械，是指农作物在生长过程中的管理、施肥、防治病虫害的机械，包括机动喷粉机、喷雾机（器）、弥雾喷粉机、修剪机、中耕除草机、播种中耕机、培土机具、施肥机。

6. 收获机械，是指收获各种农作物的机械，包括粮谷、棉花、薯类、甜菜、甘蔗、茶叶、油料等收获机。

7. 场上作业机械，是指对粮食作物进行脱粒、清选、烘干的机械设备，包括各种脱粒机、清选机、粮谷干燥机、种子精选机。

8. 排灌机械，是指用于农牧业排水、灌溉的各种机械设备，包括喷灌机、半机械化提水机具、打井机。

9. 农副产品加工机械，是指对农副产品进行初加工，加工后的产品仍属农副产品的机械，包括茶叶机械、剥壳机械、棉花加工机械（包括棉花打包机）、食用菌机械（培养木耳、蘑菇等）、小型粮谷机械。

以农副产品为原料加工工业产品的机械，不属于本货物的范围。

10. 农业运输机械，是指农业生产过程中所需的各种运输机械，包括人力车（不包括三轮运货车）、畜力车和拖拉机挂车。

密集型烤房设备、频振式杀虫灯、自动虫情测报灯、黏虫板。

卷帘机。卷帘机是指用于农业温室、大棚，以电机驱动，对保温被或草帘进行自动卷放的机械设备，一般由电机、变速箱、联轴器、卷轴、悬臂、控制装备等部分组成。

农用汽车不属于本货物的范围。

11. 畜牧业机械，是指畜牧业生产中所用的各种机械，包括草原建设机械、牧业收获机械、饲料加工机械、畜禽饲养机械、畜产品采集机械。

12. 渔业机械，是指捕捞、养殖水产品所用的机械，包括捕捞机械、增氧机、饵料机。

机动渔船不属于本货物的范围。

13. 林业机械，是指用于林业的种植、育林的机械，包括清理机械、育林机械、树苗栽植机械。

森林砍伐机械、集材机械不属于本货物征收范围。

14. 小农具，包括畜力犁、畜力耙、锄头和镰刀等农具。

农机零部件不属于本货物的征收范围。不带动力的手扶拖拉机（也称“手扶拖拉机底盘”）和三轮农用运输车（指以单缸柴油机为动力装置的三个车轮的农用运输车辆）属于本货物的征收范围。

农用水泵、农用柴油机。农用水泵是指主要用于农业生产的水泵，包括农村水井用泵、农用轻便离心泵、与喷灌机配套的吸道自吸泵。其他水泵不属于农机产品征收范围。

农用柴油机是指主要配套与农用拖拉机、田间作业机具、农副产品加工机械及排灌机械，以柴油为燃料的油缸数在3缸以下（含3缸）的往复式内燃动力机械。4缸以上（含4缸）柴油机不属于农机产品征税范围。

15. 农用挖掘机、养鸡设备系列、养猪设备系列产品。

农用挖掘机是指型式和相关参数符合《农用挖掘机质量评价技术规范》（NY/T1774－2009）要求，用于农田水利建设和小型土方工程作业的挖掘机械，包括拖拉机挖掘机组和专用动力挖掘机。拖拉机挖掘机组是指挖掘装置安装在轮式拖拉机三点悬挂架上，且以轮式拖拉机为动力的挖掘机械；专用动力挖掘机指挖掘装置回转角度小于270°，以专用动力和行走装置组成的挖掘机械。

养鸡设备系列包括喂料设备（系统）、送料设备（系统）、刮粪清粪设备、集蛋分蛋装置（系统）、鸡只生产性能测定设备（系统）、产品标示鸡脚环、孵化机、小鸡保温装置、环境控制设备（鸡只）等。

养猪设备系列包括猪只群养管理设备（系统）、猪只生产性能测定设备（系统）、自动喂养系统、刮粪清粪设备、定位栏、分娩栏、保育栏（含仔猪保温装置）、环境控制设备（猪）等。

16. 动物尸体降解处理机、蔬菜清洗机。

动物尸体降解处理机是指采用生物降解技术将病死畜禽尸体处理成粉状有机肥原料，实现无害化处理的设备。

蔬菜清洗机是指用于农副产品加工生产的采用喷淋清洗、毛刷清洗、气泡清洗、淹没水射流清洗技术对完整或鲜切蔬菜进行清洗，以去除蔬菜表面污物、微生物及农药残留的设备。

（十七）食用盐

食用盐是指符合《食用盐》（GB/T 5461－2016）和《食用盐卫生标准》（GB 2721－2003）两项国家标准的食用盐。

（十八）音像制品

音像制品，是指正式出版的录有内容的录音带、录像带、唱片、激光唱盘和激光视盘。

（十九）电子出版物

电子出版物，是指以数字代码方式，使用计算机应用程序，将图文声像等内容信息编辑加工后存储在具有确定的物理形态的磁、光、电等介质上，通过内嵌在计算机、手机、电子阅读设备、电子显示设备、数字音（视）频播放设备、电子游戏机、导航仪以及其他具有类似功能的设备上读取使用，具有交互功能，用以表达思想、普及知识和积累文化的大众传播媒体。载体形态和格式主要包括只读光盘（CD只读光盘CD-ROM、交互式光盘CD-I、照片光盘Photo-CD、高密度只读光盘DVD-ROM、蓝光只读光盘HD-DVD ROM和BD ROM）、一次写入式光盘（一次写入CD光盘CD-R、一次写入高密度光盘DVD-R、一次写入蓝光光盘HD-DVD/R，BD-R）、可擦写光盘（可擦写CD光盘CD-RW、可擦写高密度光盘DVD-RW、可擦写蓝光光盘HDDVD-RW和BD-RW、磁光盘MO）、软磁盘（FD）、硬磁盘（HD）、集成电路卡（CF卡、MD卡、SM卡、MMC卡、RS-MMC卡、MS卡、SD卡、XD卡、T-Flash卡、记忆棒）和各种存储芯片。

（二十）二甲醚

二甲醚，是指化学分子式为CH_3OCH_3，常温常压下为具有轻微醚香味，易燃、无毒、无腐蚀性的气体。

三、增值税零税率的适用范围及征收管理

（一）零税率的适用范围

根据《增值税暂行条例》和财税〔2016〕36号文件，将适用增值税零税率的主要范围概况如下：

1. 纳税人出口货物，税率为零。但是，国务院另有规定的除外。

2. 境内的单位和个人销售下列服务和无形资产，适用增值税零税率：

（1）国际运输服务。国际运输服务是指在境内载运旅客或者货物出境、在境外载运旅客或者货物入境和在境外载运旅客或者货物。

（2）航天运输服务。

（3）向境外单位提供的完全在境外消费的下列服务：

①研发服务。

②合同能源管理服务。

③设计服务。

④广播影视节目（作品）的制作和发行服务。

⑤软件服务。

⑥电路设计及测试服务。

⑦信息系统服务。

⑧业务流程管理服务。

⑨离岸服务外包业务。离岸服务外包业务，包括信息技术外包服务（ITO）、技术性业务流程外包服务（BPO）、技术性知识流程外包服务（KPO），其所涉及的具体业务活动，按照《销售服务、无形资产、不动产注释》相对应的业务活动执行。

⑩转让技术。完全在境外消费：

一是服务的实际接受方在境外，且与境内的货物和不动产无关。

二是无形资产完全在境外使用，且与境内的货物和不动产无关。

三是财政部和国家税务总局规定的其他情形。

（4）财政部和国家税务总局规定的其他服务。

3. 按照国家有关规定应取得相关资质的国际运输服务项目，纳税人取得相关资质的，适用增值税零税率政策，未取得的，适用增值税免税政策。

（1）境内的单位或个人提供程租服务，如果租赁的交通工具用于国际运输服务和港澳台运输服务，由出租方按规定申请适用增值税零税率。

（2）境内的单位和个人向境内单位或个人提供期租、湿租服务，如果承租方利用租赁的交通工具向其他单位或个人提供国际运输服务和港澳台运输服务，由承租方适用增值税零税率。境内的单位或个人向境外单位或个人提供期租、湿租服务，由出租方适用增值税零税率。

（3）境内单位和个人以无运输工具承运方式提供的国际运输服务，由境内实际承运人适用增值税零税率；无运输工具承运业务的经营者适用增值税免税政策。

4. 境内单位和个人发生的与中国香港特区、澳门特区、台湾地区有关的应税行为，除另有规定外，参照上述规定执行。

5. 2016 年 4 月 30 日前签订的合同，符合《财政部　国家税务总局关于将铁路运输和邮政业纳入营业税改征增值税试点的通知》（财税〔2013〕106 号）附件 4 和《财政部　国家税务总局关于影视等出口服务适用增值税零税率政策的通知》（财税〔2015〕118 号）规定的零税率或者免税政策条件的，在合同到期前可以继续享受零税率或者免税政策。

（二）放弃零税率的规定

境内的单位和个人销售适用增值税零税率的服务或无形资产的，可以放弃适用增值税零税率，选择免税或按规定缴纳增值税。放弃适用增值税零税率后，36 个月内不得再申请适用增值税零税率。

（三）销售适用零税率的服务或者无形资产的征收管理

1. 境内的单位和个人提供适用增值税零税率的服务或者无形资产，如果属于适用简易计税方法的，实行免征增值税办法。

2. 境内的单位和个人提供适用增值税零税率的服务或者无形资产，如果属于适用增值税一般计税方法的，生产企业实行免抵退税办法，外贸企业外购服务或者无形资产出口实行免退税办法，外贸企业直接将服务或自行研发的无形资产出口，视同生产企业连同其出口货物统一实行免抵退税办法。

服务和无形资产的退税率为其适用的增值税税率。

实行退（免）税办法的服务和无形资产，如果主管税务机关认定出口价格偏高的，有权按照核定的出口价格计算退（免）税，核定的出口价格低于外贸企业购进价格的，低于部分对应的进项税额不予退税，转入成本。

境内的单位和个人销售适用增值税零税率的服务或无形资产，按月向主管退税的税务机关申报办理增值税退（免）税手续。具体管理办法由国家税务总局商财政部另行制定。

第二节　征收率的基本规定

增值税的征收率分 3% 征收率和 5% 征收率，一般纳税人发生财政部和国家税务总局规定的特定应税行为，可以选择适用简易计税方法计税，但一经选择，36 个月内不得变更。

一、适用 3%征收率的适用范围

（一）一般纳税人适用 3%征收率的情形（见表 4－3）

表 4－3　　一般纳税人适用 3%征收率的主要情形

主要项目	政策规定
清包工方式提供的建筑服务	一般纳税人以清包工方式提供的建筑服务，可以选择适用简易计税方法计税。 以清包工方式提供建筑服务，是指施工方不采购建筑工程所需的材料或只采购辅助材料，并收取人工费、管理费或者其他费用的建筑服务
为甲供工程提供的建筑服务	一般纳税人为甲供工程提供的建筑服务，可以选择适用简易计税方法计税。 甲供工程，是指全部或部分设备、材料、动力由工程发包方自行采购的建筑工程
特定甲供工程	建筑工程总承包单位为房屋建筑的地基与基础、主体结构提供工程服务，建设单位自行采购全部或部分钢材、混凝土、砌体材料、预制构件的，适用简易计税方法计税。 地基与基础、主体结构的范围，按照《建筑工程施工质量验收统一标准》（GB50300－2013）附录 B“建筑工程的分部工程、分项工程划分”中的“地基与基础”“主体结构”分部工程的范围执行
建筑工程老项目	一般纳税人为建筑工程老项目提供的建筑服务，可以选择适用简易计税方法计税。 建筑工程老项目，是指：（1）建筑工程施工许可证注明的合同开工日期在 2016 年 4 月 30 日前的建筑工程项目；（2）未取得建筑工程施工许可证的，建筑工程承包合同注明的开工日期在 2016 年 4 月 30 日前的建筑工程项目
跨县（市）提供建筑服务	一般纳税人跨县（市）提供建筑服务，选择适用简易计税方法计税的，应以取得的全部价款和价外费用扣除支付的分包款后的余额为销售额，按照 3% 的征收率计算应纳税额。 纳税人应按照上述计税方法在建筑服务发生地预缴税款后，向机构所在地主管税务机关进行纳税申报

续表

主要项目	政策规定
试点前开工的高速公路通行费	公路经营企业中的一般纳税人收取试点前开工的高速公路的车辆通行费，可以选择适用简易计税方法，减按3%的征收率计算应纳税额。 试点前开工的高速公路，是指相关施工许可证明上注明的合同开工日期在2016年4月30日前的高速公路
销售电梯的同时提供安装服务	一般纳税人销售电梯的同时提供安装服务，其安装服务可以按照甲供工程选择适用简易计税方法计税
非学历教育服务	一般纳税人提供非学历教育服务，可以选择适用简易计税方法按照3%征收率计算应纳税额
公共交通运输服务	公共交通运输服务，包括轮客渡、公交客运、地铁、城市轻轨、出租车、长途客运、班车。 班车，是指按固定路线、固定时间运营并在固定站点停靠的运送旅客的陆路运输服务。 ［提示］公共交通不包括铁路（高铁）、航空、游轮、邮轮
动漫企业	经认定的动漫企业为开发动漫产品提供的动漫脚本编撰、形象设计、背景设计、动画设计、分镜、动画制作、摄制、描线、上色、画面合成、配音、配乐、音效合成、剪辑、字幕制作、压缩转码（面向网络动漫、手机动漫格式适配）服务，以及在境内转让动漫版权（包括动漫品牌、形象或者内容的授权及再授权）。 动漫企业和自主开发、生产动漫产品的认定标准和认定程序，按照《文化部 财政部 国家税务总局关于印发〈动漫企业认定管理办法（试行）〉的通知》（文市发〔2008〕51号）的规定执行
电影放映服务、仓储服务、装卸搬运服务、收派服务和文化体育服务	电影放映服务、仓储服务、装卸搬运服务、收派服务和文化体育服务
以纳入营改增试点之日前取得的有形动产为标的物提供的经营租赁服务	以纳入营改增试点之日前取得的有形动产为标的物提供的经营租赁服务
在纳入营改增试点之日前签订的尚未执行完毕的有形动产租赁合同	在纳入营改增试点之日前签订的尚未执行完毕的有形动产租赁合同
药品经营企业销售生物制品	属于增值税一般纳税人的药品经营企业销售生物制品，可以选择简易办法按照生物制品销售额和3%的征收率计算缴纳增值税。 药品经营企业，是指取得（食品）药品监督管理部门颁发的药品经营许可证，获准从事生物制品经营的药品批发企业和药品零售企业
兽用药品经营企业销售兽用生物制品	属于增值税一般纳税人的兽用药品经营企业销售兽用生物制品，可以选择简易办法按照兽用生物制品销售额和3%的征收率计算缴纳增值税。 兽用药品经营企业，是指取得兽医行政管理部门颁发的兽药经营许可证，获准从事兽用生物制品经营的兽用药品批发和零售企业
光伏发电项目发电户销售电力产品	光伏发电项目发电户销售电力产品，按照税法规定应缴纳增值税的，可由国家电网公司所属企业按照增值税简易计税办法计算并代征增值税税款，同时开具普通发票；按照税法规定可享受免征增值税政策的，可由国家电网公司所属企业直接开具普通发票

续表

主要项目	政策规定
抗癌药品	自2018年5月1日起，增值税一般纳税人生产销售和批发、零售抗癌药品，可选择按照简易办法依照3%征收率计算缴纳增值税
由原6%征收率改为可选择按3%征收率计税行为	1. 县级及县级以下小型水力发电单位生产的电力。小型水力发电单位，是指各类投资主体建设的装机容量为5万千瓦以下（含5万千瓦）的小型水力发电单位。 2. 建筑用和生产建筑材料所用的砂、土、石料。 3. 以自己采掘的沙、土、石料或其他矿物连续生产的砖、瓦、石灰（不含黏土实心砖、瓦）。 4. 用微生物、微生物代谢产物、动物毒素、人或动物的血液或组织制成的生物制品。 5. 自来水。 6. 商品混凝土（仅限于以水泥为原料生产的水泥混凝土）。 7. 属于增值税一般纳税人的单采血浆站销售非临床用人体血液，可以按照简易办法计算应纳税额，但不得对外开具增值税专用发票；也可以按照销项税额抵扣进项税额的办法依照增值税适用税率计算应纳税额
由原4%征收率改为按3%征收率计税行为	1. 寄售商店代销寄售物品（包括居民个人寄售的物品在内）； 2. 典当业销售死当物品

（二）小规模纳税人适用3%征收率的情形

1. 小规模纳税人在中华人民共和国境内销售货物、销售服务、无形资产或不动产，适用简易方法计税，增值税征收率为3%（适用5%征收率的除外），征收率的调整由国务院决定。

2. 小规模纳税人（除其他个人外）销售自己使用过的除固定资产以外的物品，应按3%的征收率征收增值税。

3. 小规模纳税人跨县（市）提供建筑服务，应以取得的全部价款和价外费用扣除支付的分包款后的余额为销售额，按照3%的征收率计算应纳税额。纳税人应按照上述计税方法在建筑服务发生地预缴税款后，向机构所在地主管税务机关进行纳税申报。

二、适用5%征收率的适用范围

（一）一般纳税人适用5%征收率的情形（见表4-4）

表4-4　　一般纳税人适用5%征收率的主要情形

主要项目	政策规定
销售不动产	1. 一般纳税人销售其2016年4月30日前取得（不含自建）的不动产，可以选择适用简易计税方法，以取得的全部价款和价外费用减去该项不动产购置原价或者取得不动产时的作价后的余额为销售额，按照5%的征收率计算应纳税额。纳税人应按照上述计税方法在不动产所在地预缴税款后，向机构所在地主管税务机关进行纳税申报。 2. 一般纳税人销售其2016年4月30日前自建的不动产，可以选择适用简易计税方法，以取得的全部价款和价外费用为销售额，按照5%的征收率计算应纳税额。纳税人应按照上述计税方法在不动产所在地预缴税款后，向机构所在地主管税务机关进行纳税申报

续表

主要项目	政策规定
出租不动产及土地	1. 一般纳税人出租其 2016 年 4 月 30 日前取得的不动产，可以选择适用简易计税方法，按照 5% 的征收率计算应纳税额。纳税人出租其 2016 年 4 月 30 日前取得的与机构所在地不在同一县（市）的不动产，应按照上述计税方法在不动产所在地预缴税款后，向机构所在地主管税务机关进行纳税申报。 2. 纳税人以经营租赁方式将土地出租给他人使用，按照不动产经营租赁服务缴纳增值税
转让土地使用权	纳税人转让 2016 年 4 月 30 日前取得的土地使用权，可以选择适用简易计税方法，以取得的全部价款和价外费用减去取得该土地使用权的原价后的余额为销售额，按照 5% 的征收率计算缴纳增值税
不动产融资租赁	一般纳税人 2016 年 4 月 30 日前签订的不动产融资租赁合同，或以 2016 年 4 月 30 日前取得的不动产提供的融资租赁服务，可以选择适用简易计税方法，按照 5% 的征收率计算缴纳增值税
劳务派遣服务及安全保护服务	一般纳税人提供劳务派遣服务可以选择差额纳税，以取得的全部价款和价外费用，扣除代用工单位支付给劳务派遣员工的工资、福利和为其办理社会保险及住房公积金后的余额为销售额，按照简易计税方法依 5% 的征收率计算缴纳增值税。 纳税人提供安全保护服务，比照劳务派遣服务政策执行
人力资源外包服务	一般纳税人提供人力资源外包服务，可以选择适用简易计税方法，按照 5% 的征收率计算缴纳增值税
通行费	一般纳税人收取试点前开工的一级公路、二级公路、桥、闸通行费，可以选择适用简易计税方法，按照 5% 的征收率计算缴纳增值税。 试点前开工，是指相关施工许可证注明的合同开工日期在 2016 年 4 月 30 日前
房地产企业销售自行开发的房地产老项目	一般纳税人销售自行开发的房地产老项目，可以选择适用简易计税方法按照 5% 的征收率计税。一经选择简易计税方法计税的，36 个月内不得变更为一般计税方法计税。 房地产老项目，是指： （1）建筑工程施工许可证注明的合同开工日期在 2016 年 4 月 30 日前的房地产项目； （2）建筑工程施工许可证未注明合同开工日期，或者未取得建筑工程施工许可证，但建筑工程承包合同注明的开工日期在 2016 年 4 月 30 日前的建筑工程项目。 一般纳税人销售自行开发的房地产老项目适用简易计税方法计税的，以取得的全部价款和价外费用为销售额，不得扣除对应的土地价款
房地产企业出租自行开发的房地产老项目	房地产开发企业中的一般纳税人，出租自行开发的房地产老项目，可以选择适用简易计税方法，按照 5% 的征收率计算应纳税额。纳税人出租自行开发的房地产老项目与其机构所在地不在同一县（市）的，应按照上述计税方法在不动产所在地预缴税款后，向机构所在地主管税务机关进行纳税申报

（二）小规模纳税人适用5%征收率的情形（见表4-5）

表4-5　　小规模纳税人适用5%征收率的主要情形

主要项目	政策规定
销售不动产	1. 小规模纳税人销售其取得（不含自建）的不动产（不含个体工商户销售购买的住房和其他个人销售不动产），应以取得的全部价款和价外费用减去该项不动产购置原价或者取得不动产时的作价后的余额为销售额，按照5%的征收率计算应纳税额。纳税人应按照上述计税方法在不动产所在地预缴税款后，向机构所在地主管税务机关进行纳税申报。 2. 小规模纳税人销售其自建的不动产，应以取得的全部价款和价外费用为销售额，按照5%的征收率计算应纳税额。纳税人应按照上述计税方法在不动产所在地预缴税款后，向机构所在地主管税务机关进行纳税申报
出租不动产	小规模纳税人出租其取得的不动产（不含个人出租住房），应按照5%的征收率计算应纳税额。纳税人出租与机构所在地不在同一县（市）的不动产，应按照上述计税方法在不动产所在地预缴税款后，向机构所在地主管税务机关进行纳税申报
房地产开发企业销售自行开发房地产项目	房地产开发企业中的小规模纳税人，销售自行开发的房地产项目，按照5%的征收率计税
劳务派遣服务及安全保护服务	小规模纳税人提供劳务派遣服务，选择差额纳税的，以取得的全部价款和价外费用，扣除代用工单位支付给劳务派遣员工的工资、福利和为其办理社会保险及住房公积金后的余额为销售额，按照简易计税方法依5%的征收率计算缴纳增值税。 纳税人提供安全保护服务，比照劳务派遣服务政策执行

（三）个体工商户和个人适用5%征收率的情形（见表4-6）

表4-6　　个体工商户和个人适用5%征收率的主要情形

主要项目	政策规定
个人销售其购买的住房	个人将购买不足2年的住房对外销售的，按照5%的征收率全额缴纳增值税；个人将购买2年以上（含2年）的非普通住房对外销售的，以销售收入减去购买住房价款后的差额按照5%的征收率缴纳增值税；个人将购买2年以上（含2年）的普通住房对外销售的，免征增值税。上述政策仅适用于北京市、上海市、广州市和深圳市。 个人将购买不足2年的住房对外销售的，按照5%的征收率全额缴纳增值税；个人将购买2年以上（含2年）的住房对外销售的，免征增值税。上述政策适用于北京市、上海市、广州市和深圳市之外的地区
个人销售其取得的不动产	其他个人销售其取得（不含自建）的不动产（不含其购买的住房），应以取得的全部价款和价外费用减去该项不动产购置原价或者取得不动产时的作价后的余额为销售额，按照5%的征收率计算应纳税额
个人出租不动产（不含住房）	其他个人出租其取得的不动产（不含住房），应按照5%的征收率计算应纳税额
个体工商户销售购买的住房	个体工商户销售购买的住房，应按照财税〔2016〕36号文件附件3《营业税改征增值税试点过渡政策的规定》第五条的规定征免增值税。纳税人应按照上述计税方法在不动产所在地预缴税款后，向机构所在地主管税务机关进行纳税申报

第三节　税率与征收率的特殊规定

一、一般纳税人适用3%征收率减按2%征收的情形（见表4－7）

表4－7　一般纳税人适用3%征收率减按2%征收的主要情形

主要项目	政策规定
纳税人销售自己使用过的固定资产	1. 一般纳税人销售自己使用过的属于《增值税暂行条例》第十条规定不得抵扣且未抵扣进项税额的固定资产，按照简易办法依照3%征收率减按2%征收增值税
	2. 2008年12月31日以前未纳入扩大增值税抵扣范围试点的纳税人，销售自己使用过的2008年12月31日以前购进或者自制的固定资产，按照简易办法依照3%征收率减按2%征收增值税
	3. 2008年12月31日以前已纳入扩大增值税抵扣范围试点的纳税人，销售自己使用过的在本地区扩大增值税抵扣范围试点以前购进或者自制的固定资产，按照简易办法依照3%征收率减按2%征收增值税；销售自己使用过的在本地区扩大增值税抵扣范围试点以后购进或者自制的固定资产，按照适用税率征收增值税
	4. 纳税人购进或者自制固定资产时为小规模纳税人，认定为一般纳税人后销售该固定资产
	5. 增值税一般纳税人发生按简易办法征收增值税应税行为，销售其按照规定不得抵扣且未抵扣进项税额的固定资产
	6. 一般纳税人销售自己使用过的、纳入营改增试点之日前取得的固定资产，按照现行旧货相关增值税政策执行。 使用过的固定资产，是指纳税人符合财税〔2016〕36号文件附件1《营业税改征增值税试点实施办法》第二十八条规定并根据财务会计制度已经计提折旧的固定资产
销售旧货	销售旧货，按照简易办法依照3%征收率减半征收增值税。所称旧货，是指进入二次流通的具有部分使用价值的货物（含旧汽车、旧摩托车和旧游艇），但不包括自己使用过的物品

二、小规模纳税人适用3%征收率减按2%征收的情形

纳税人销售自己使用过的固定资产，适用简易办法依照3%征收率减按2%征收增值税政策。可以放弃减税，按照简易办法依照3%征收率缴纳增值税，并可以开具增值税专用发票。

[**提示1**] 纳税人可以自行选择按2%或按3%征税；

[**提示2**] 不管纳税人选择按2%还是3%，其进项都是不能抵扣的；

[**提示3**] 本条规定只适用于符合简易征收的转让使用过的固定资产行为；

[**提示4**] 本条规定不管是一般纳税人还是小规定纳税人均适用。

三、小规模纳税人适用 3%征收率减按 1%征收的情形

根据《关于支持个体工商户复工复业增值税优惠政策的公告》（财政部　税务总局公告 2020 年第 13 号，以下简称 13 号公告），疫情期间增值税小规模纳税人适用征收率情况如下：

1. 自 2020 年 3 月 1 日至 5 月 31 日，对湖北省增值税小规模纳税人，适用 3% 征收率的应税销售收入，免征增值税；适用 3% 预征率的预缴增值税项目，暂停预缴增值税。

2. 除湖北省以外，其他省、自治区、直辖市的增值税小规模纳税人，适用 3% 征收率的应税销售收入，减按 1% 征收率征收增值税；适用 3% 预征率的预缴增值税项目，减按 1% 预征率预缴增值税。

［**提示 1**］调整征收率政策对象为增值税小规模纳税人，而不是仅“个体工商户”。

按照 13 号公告规定：“自 2020 年 3 月 1 日至 5 月 31 日，对湖北省增值税小规模纳税人，适用 3% 征收率的应税销售收入，免征增值税；适用 3% 预征率的预缴增值税项目，暂停预缴增值税。除湖北省外，其他省、自治区、直辖市的增值税小规模纳税人；适用 3% 征收率的应税销售收入，减按 1% 征收率征收增值税；适用 3% 预征率的预缴增值税项目，减按 1% 预征率预缴增值税。”因此，虽然文件标题的表述是“关于支持个体工商户复工复业增值税政策的公告”，但 13 号公告的政策适用对象是增值税小规模纳税人，而不仅仅是个体工商户。

［**提示 2**］不是全部收入都按 1% 征收率。

对于增值税小规模纳税人适用 3% 征收率的应税销售收入，分别调整为免征增值税（湖北省内）和减按 1% 征收率，而不是对于增值税小规模纳税人的全部销售收入。按照增值税政策的规定，除了 3% 征收率以外，增值税小规模纳税人的销售不动产、出租不动产、提供劳务派遣和安全保护服务选择简易计税方法、2016 年 4 月 30 日前取得的土地使用权选择简易计税方法等应税项目应该适用 5% 征收率征税。这些适用 5% 征收率的应税项目的销售收入，并不属于 13 号公告的政策范围。

［**提示 3**］发票要区分情况开具。

按照《关于支持个体工商户复工复业等税收征收管理事项的公告》（国家税务总局公告 2020 年第 5 号，以下简称 5 号公告）的规定：“增值税小规模纳税人取得应税销售收入，纳税义务发生时间在 2020 年 2 月底以前，适用 3% 征收率征收增值税的，按照 3% 征收率开具增值税发票；纳税义务发生时间在 2020 年 3 月 1 日至 5 月 31 日，适用减按 1% 征收率征收增值税的，按照 1% 征收率开具增值税发票。”因此，3 月 1 日以后，纳税人选择按照 3% 征收率还是 1% 征收率开具发票，是需要看对应销售收入的具体纳税义务发生时间的。纳税义务发生时间在 2020 年 2 月底之前，不论在什么时候开具发票，都应该选择适用 3% 征收率。而纳税义务发生时间在 2020 年 3 月 1 日至 5 月 31 日时，因为按照 13 号公告规定，此时对应项目的征收率已经调整为 1%，因此应该选择 1% 的征收率开具发票。同时，对于原已经按照 3% 征收率开具发票的应税收入，在发生销售折让、中止或者退回等情形需要开具红字发票的，仍然按照 3% 征收率开具红字发票，如果因为开票有误

需要重新开具的，应按照3%征收率开具红字发票，再重新开具正确的蓝字发票。

[提示4] 开具专票也可以享受1%征收率。

按照5号公告的规定："增值税小规模纳税人取得应税销售收入，纳税义务发生时间在2020年2月底以前，适用3%征收率征收增值税的，按照3%征收率开具增值税发票；纳税义务发生时间在2020年3月1日至5月31日，适用减按1%征收率征收增值税的，按照1%征收率开具增值税发票。"因此，纳税人应税销售收入的纳税义务发生时间在2020年3月1日至5月31日的，不论开具增值税普通发票还是增值税专用发票，都应该选择1%的征收率开具。

四、个人出租住房适用5%的征收率减按1.5%征收的情形

个人出租住房，应按照5%的征收率减按1.5%计算应纳税额。

依据《财政部　税务总局关于实施小微企业普惠性税收减免政策的通知》（财税〔2019〕13号）规定，自2019年4月1日起，对月销售额10万元以下（含本数）的增值税小规模纳税人，免征增值税。根据《国家税务总局关于小规模纳税人免征增值税政策有关征管问题的公告》（国家税务总局公告2019年第4号）第四条规定：《中华人民共和国增值税暂行条例实施细则》第九条所称的其他个人，采取一次性收取租金形式出租不动产取得的租金收入，可在对应的租赁期内平均分摊，分摊后的月租金收入未超过10万元的，免征增值税。对于个人出租住房月租金小于10万元的，免征增值税，对月租金超过10万元的，应按照5%的征收率减按1.5%计算应纳税额。

本章习题

一、单项选择题

1. 根据增值税规定，下列产品适用9%低税率的是（　　）。

A. 酸奶　　B. 鱼罐头

C. 茶饮料　　D. 玉米胚芽

[参考答案] D

[答案解析] 选项A、B、C不属于适用9%低税率的范围，是适用13%税率。

2. 一般纳税人跨县（市、区）提供建筑服务，适用一般计税方法计税的，计算应预缴税款适用的预征率为（　　）。

A. 5%　　B. 3%

C. 2%　　D. 9%

[参考答案] C

[答案解析] 根据《国家税务总局关于发布〈纳税人跨县（市、区）提供建筑服务增值税征收管理暂行办法〉的公告》（国家税务总局公告2016年第17号）第四条第一款规定，一般纳税人跨县（市、区）提供建筑服务，适用一般计税方法计税的，以取得的全部价款和价外费用扣除支付的分包款后的余额，按照2%的预征率计算应预缴税款。

3. 某服装厂为增值税小规模纳税人，2019 年 7 月销售自己使用过 5 年的固定资产，取得含税销售额 100 000 元；销售自己使用过的包装物，取得含税销售额 40 000 元。2019 年 7 月该服装厂上述业务应纳增值税为（　　）。

A. 3 141.75 元　　B. 3 106.80 元

C. 2 718.44 元　　D. 4 077.67 元

［参考答案］B

［答案解析］小规模纳税人销售自己使用过的固定资产，减按 2% 征收增值税。销售自己使用过的包装物，属于销售自己使用过的除固定资产以外的物品，应按 3% 的征收率征收增值税。应纳增值税税额 = 100 000 ÷（1 + 3%）× 2% + 40 000 ÷（1 + 3%）× 3% = 3 106.80（元）

4. 2019 年 5 月李某销售自有的位于上海的一套别墅，含税销售价格为 1 200 万元，该别墅购置于 2016 年 11 月份，购置价格为 800 万元（含税），购置时支付相关税费 5 万元。李某销售别墅应缴纳增值税为（　　）。

A. 0　　B. 19.05 万元

C. 57.14 万元　　D. 18.81 万元

［参考答案］B

［答案解析］个人将购买 2 年以上（含 2 年）的非普通住房对外销售的，以销售收入减去购买住房价款后的差额按照 5% 的征收率缴纳增值税，上述政策仅适用于北京市、上海市、广州市和深圳市。李某销售别墅应缴纳增值税 =（1 200 − 800）÷（1 + 5%）× 5% = 19.05（万元）

5. 一般纳税人销售自行开发的房地产老项目，若选择简易计税方法则适用的征收率是（　　）。

A. 2%　　B. 3%

C. 5%　　D. 9%

［参考答案］C

［答案解析］根据《国家税务总局关于发布〈房地产开发企业销售自行开发的房地产项目增值税征收管理暂行办法〉的公告》（国家税务总局公告 2016 年第 18 号）第八条规定，一般纳税人销售自行开发的房地产老项目，可以选择适用简易计税方法按照 5% 的征收率计税。一经选择简易计税方法计税的，36 个月内不得变更为一般计税方法计税。

6. 一般纳税人跨县（市、区）提供建筑服务，选择适用简易计税方法计税的，以取得的全部价款和价外费用扣除支付的分包款后的余额，计算应预缴税款的征收率是（　　）。

A. 2%　　B. 3%

C. 5%　　D. 9%

［参考答案］B

［答案解析］根据《国家税务总局关于发布〈纳税人跨县（市、区）提供建筑服务增值税征收管理暂行办法〉的公告》（国家税务总局公告 2016 年第 17 号）第四条第二款规定，一般纳税人跨县（市、区）提供建筑服务，选择适用简易计税方法计税的，以取得的

全部价款和价外费用扣除支付的分包款后的余额，按照3%的征收率计算应预缴税款。

7. 下列关于一般计税方法下预缴增值税的说法中，错误的是（ ）。

A. 出租2016年5月1日后取得的、与机构所在地不在同一县（市）的不动产，应按照3%的预征率在不动产所在地预缴税款

B. 销售2016年5月1日后取得的不动产，应以取得的全部价款和价外费用减除该项不动产购置原价后的余额，按照5%的预征率在不动产所在地预缴税款

C. 房地产开发企业销售其2016年4月30日前开工的老项目，应以取得的全部价款和价外费用按照5%的预征率在不动产所在地预缴税款

D. 跨县（市）提供建筑服务，应以取得的全部价款和价外费用扣除支付的分包款后的余额，按照2%的预征率在建筑劳务发生地预缴税款

［参考答案］C

［答案解析］根据《财政部 国家税务总局关于全面推开营业税改征增值税试点的通知》（财税〔2016〕36号）第一条第十款规定，房地产开发企业中的一般纳税人销售房地产老项目，以及一般纳税人出租其2016年4月30日前取得的不动产，适用一般计税方法计税的，应以取得的全部价款和价外费用，按照3%的预征率在不动产所在地预缴税款后，向机构所在地主管税务机关进行纳税申报。

8. 一般纳税人提供非学历教育服务，可以选择适用简易计税方法计算应纳税额，其适用的征收率为（ ）。

A. 5%　　B. 6%

C. 3%　　D. 4%

［参考答案］C

［答案解析］根据《财政部 国家税务总局关于进一步明确全面推开营改增试点有关再保险 不动产租赁和非学历教育等政策的通知》（财税〔2016〕68号）第三条规定，一般纳税人提供非学历教育服务，可以选择适用简易计税方法按照3%征收率计算应纳税额。

9. 建筑工程总承包单位为房屋建筑的地基与基础、主体结构提供工程服务，建设单位自行采购全部或部分钢材、混凝土、砌体材料、预制构件的，适用的计税方法是（ ）。

A. 简易计税　　B. 简易计税或一般计税

C. 一般计税　　D. 以上都不是

［参考答案］A

［答案解析］根据《财政部 国家税务总局关于建筑服务等营改增试点政策的通知》（财税〔2017〕58号）第一条规定，建筑工程总承包单位为房屋建筑的地基与基础、主体结构提供工程服务，建设单位自行采购全部或部分钢材、混凝土、砌体材料、预制构件的，适用简易计税方法计税。

10. 一般纳税人发生财政部和国家税务总局规定的特定应税行为，可以选择适用简易计税方法计税，但一经选择，不得变更的时间至少是（ ）。

A. 12个月　　B. 24个月

C. 36个月　　D. 18个月

［参考答案］C

［答案解析］根据《财政部　国家税务总局关于全面推开营业税改征增值税试点的通知》（财税〔2016〕36 号）第十八条规定，一般纳税人发生财政部和国家税务总局规定的特定应税行为，可以选择适用简易计税方法计税，但一经选择，36 个月内不得变更。

11. 一般纳税人发生下列应税行为可以选择适用简易计税方法计税（　　）。

A. 房地产业、有形动产租赁业

B. 现代服务、建筑业

C. 电影放映服务、仓储服务、装卸搬运服务、收派服务和文化体育服务

D. 电信业、邮政业

［参考答案］C

［答案解析］根据《财政部　国家税务总局关于全面推开营业税改征增值税试点的通知》（财税〔2016〕36 号）第一条第六款规定，一般纳税人发生应税行为可以选择适用简易计税方法计税包括电影放映服务、仓储服务、装卸搬运服务、收派服务和文化体育服务。

12. 下列各项业务所取得的收入中，应按 6% 的税率征收增值税的是（　　）。

A. 搬家公司从事的搬家业务　　B. 无运输工具承运业务

C. 建筑服务　　D. 出租建筑施工设备并配备操作人员

［参考答案］A

［答案解析］根据《财政部　国家税务总局关于全面推开营业税改征增值税试点的通知》（财税〔2016〕36 号）规定，选项 A，搬家公司从事的搬家业务按照物流辅助服务计算缴纳增值税，适用税率 6%；选项 B，无运输工具承运业务按照交通运输服务计算缴纳增值税，适用税率 9%；选项 C、D，按照建筑服务计算缴纳增值税，适用税率 9%。

13. 下列货物中，适用 13% 增值税税率的是（　　）。

A. 自来水　　B. 人发

C. 农用挖掘机　　D. 动物骨粒

［参考答案］B

［答案解析］选项 A、C、D 适用 9% 的低税率。

14. 境内的单位和个人提供的下列服务，不属于零税率的是（　　）。

A. 对境内不动产提供的设计服务

B. 提供国际运输劳务

C. 向境外单位提供的研发服务

D. 往返香港特区、澳门特区、台湾地区的交通运输服务

［参考答案］A

［答案解析］根据《财政部　国家税务总局关于全面推开营业税改征增值税试点的通知》（财税〔2016〕36 号）规定，境内单位和个人提供的下列服务，适用零税率：国际运输服务；航天运输服务；向境外单位提供完全在境外消费的列举服务，如研发服务、设计服务、广播影视节目（作品）的制作和发行服务等。

15. 某劳务派遣公司（一般纳税人），每个月向用工单位收 1 000 万元的员工工资等支

出转付，同时收 60 万元的手续费（含增值税），共计 1 060 万元，如果该公司选择按照简易计税方法计税，则该公司每月应纳的增值税是（　　）。

A. 3 万元　　　　B. 2.86 万元

C. 31.8 万元　　　　D. 60 万元

［参考答案］B

［答案解析］选择简易计税方法计税销售额 = 1 060 − 1 000 = 60（万元）

每月应缴纳的增值税 = 60 ÷ (1 + 5%) × 5% = 2.86（万元）

16. 自 2019 年 4 月 1 日起，纳税人发生增值税应税销售行为或者进口货物，原适用 16% 和 10% 税率的，税率分别调整为（　　）。

A. 13%、9%　　　　B. 15%、9%

C. 13%、8%　　　　D. 16%、9%

［参考答案］A

［答案解析］根据《财政部　税务总局　海关总署关于深化增值税改革有关政策的公告》（2019 年第 39 号）第一条规定，增值税一般纳税人（以下称纳税人）发生增值税应税销售行为或者进口货物，原适用 16% 税率的，税率调整为 13%；原适用 10% 税率的，税率调整为 9%。

17. 下列各项业务所取得的收入中，应按 6% 的税率征收增值税的是（　　）。

A. 搬家公司从事的搬家业务　　　　B. 无运输工具承运业务

C. 建筑服务　　　　D. 出租建筑施工设备并配备操作人员

［参考答案］A

［答案解析］根据《财政部　国家税务总局关于全面推开营业税改征增值税试点的通知》（财税〔2016〕36 号）规定，选项 A，搬家公司从事的搬家业务按照物流辅助服务计算缴纳增值税，适用税率 6%；选项 B，无运输工具承运业务按照交通运输服务计算缴纳增值税，2019 年 4 月 1 日起适用税率 9%；选项 C 与 D，按照建筑服务计算缴纳增值税，自 2019 年 4 月 1 日起适用税率 9%。

18. 境内的单位和个人提供的下列服务，不属于零税率的是（　　）。

A. 对境内不动产提供的设计服务

B. 提供国际运输劳务

C. 向境外单位提供的研发服务

D. 往返中国香港特区、澳门特区、台湾地区的交通运输服务

［参考答案］A

［答案解析］根据财税〔2016〕36 号文件规定，境内单位和个人提供的下列服务，适用零税率：国际运输服务；航天运输服务；向境外单位提供完全在境外消费的列举服务，如研发服务、设计服务、广播影视节目（作品）的制作和发行服务等。

19. 根据增值税现行政策规定，一般纳税人的下列应税行为中，不能选择简易计税方法的是（　　）。

A. 货运客运场站服务　　　　B. 以清包工方式提供的建筑服务

C. 为建筑工程老项目提供的建筑服务　　　　D. 销售其 2015 年购买的不动产

［参考答案］A

［答案解析］根据财税〔2016〕36号文件规定，选项B、C、D均可以选择简易计税办法。

20. 2018年11月11日，赵某将2017年11月11日购买，位于天津市南六环外的一套250平方米的房屋出售，该房屋购入价格为600万元，出售价格为800万元，已知个人出售住房适用的增值税征收率为5%，则赵某出售该房屋应纳增值税（　　）。

A. 0万元　　B. 10万元

C. 38.1万元　　D. 40万元

［参考答案］C

［答案解析］财税〔2016〕36号文件附件三《营业税改征增值税试点过渡政策的规定》第五条规定，个人将购买不足2年的住房对外销售的，按照5%的征收率全额缴纳增值税；赵某出售住房应缴纳增值税：800÷(1+5%)×5%=38.10（万元）

21. 某副食品商店为增值税小规模纳税人，2018年8月销售副食品取得含税销售额66 950元，销售自己使用过的固定资产取得含税销售额17 098元（未放弃相关减税优惠）。该商店应缴纳的增值税为（　　）。

A. 2 282元　　B. 2 291.96元

C. 2 448元　　D. 2 477.88元

［参考答案］A

［答案解析］小规模纳税人适用征收率为3%，销售自己使用过的固定资产，按照3%征收率减按2%征收增值税。

应缴纳的增值税=66 950÷(1+3%)×3%+17 098÷(1+3%)×2%

=1 950+332=2 282（元）

22. 山西某地按月申报的零售业小规模纳税人2020年3月销售商品收入12万元，则当月应纳税额为（　　）。

A. 3 495.15元　　B. 1 165.05元

C. 1 188.12元　　D. 0

［参考答案］C

［答案解析］根据5号公告第二条规定，减按1%征收率征收增值税的，销售额=含税销售额÷(1+1%)。该企业当月应纳税额=120 000÷(1+1%)×1%=1 188.12（元）。

23. 2018年7月，王某出租一处住房，预收半年租金48000元。王某收取租金应缴纳增值税为（　　）。

A. 685.71元　　B. 720.00元

C. 2 285.71元　　D. 0

［参考答案］A

［答案解析］根据《财政部　国家税务总局关于全面推开营业税改征增值税试点的通知》（财税〔2016〕36号）规定，王某出租住房按照5%的征收率减按1.5%计算应纳增值税税额，应纳增值税=48 000÷(1+5%)×1.5%=685.71（元）

二、多项选择题

1. 自 2019 年 4 月 1 日起，纳税人发生增值税应税销售行为或者进口货物，原适用 16% 和 10% 税率的，税率分别调整为（　　）。

A. 15%　　B. 13%

C. 11%　　D. 9%

［参考答案］**BD**

［答案解析］根据《财政部　税务总局　海关总署关于深化增值税改革有关政策的公告》（2019 年第 39 号）第一条规定，增值税一般纳税人（以下简称纳税人）发生增值税应税销售行为或者进口货物，原适用 16% 税率的，税率调整为 13%；原适用 10% 税率的，税率调整为 9%。

2. 一般纳税人发生的下列应税行为中，可以选择适用简易计税方法计征增值税的有（　　）。

A. 新宝电影城从事电影放映服务　　B. 演艺公司提供的文化体育服务

C. 通达快递公司的收派服务　　D. 客运站提供的公交客运服务

［参考答案］**ABCD**

［答案解析］依据《关于全面推开营业税改征增值税试点的通知》（财税〔2016〕36 号）附件 2《营业税改征增值税试点有关事项的通知》，一般纳税人发生下列应税行为可以选择适用简易计税方法计税：公共交通运输服务、电影放映服务、仓储服务、装卸搬运服务、收派服务和文化体育服务等。

3. 一般纳税人发生下列应税行为，可以选择适用简易计税方法计税的有（　　）。

A. 提供的电影放映服务　　B. 以清包工方式提供的建筑服务

C. 提供的学历教育服务　　D. 提供的人力资源外包服务

［参考答案］**ABD**

［答案解析］根据《财政部　国家税务总局关于进一步明确全面推开营改增试点有关再保险、不动产租赁和非学历教育等政策的通知》（财税〔2016〕68 号）第三条规定：一般纳税人提供非学历教育服务，可以选择适用简易计税方法按照 3% 征收率计算应纳税额。故选项 C 错误。

4. 下列各项业务所取得的收入中，如果选择简易计税，适用 5% 征收率的有（　　）。

A. 以清包工方式提供的建筑服务

B. 为甲供工程提供的建筑服务

C. 销售其 2016 年 4 月 30 日前取得的不动产

D. 收取试点前开工的一级公路、二级公路、桥、闸通行费

［参考答案］**CD**

［答案解析］根据《财政部　国家税务总局关于全面推开营业税改征增值税试点的通知》（财税〔2016〕36 号）规定，以清包工方式提供的建筑服务、为甲供工程提供的建筑服务、收取试点前开工的高速公路的车辆通行费，如果选择简易计税，适用 3% 的税率。

5. 根据增值税法律制度的规定，一般纳税人销售的下列货物中，适用 9% 增值税税率的有（　　）。

A. 图书　　B. 粮食

C. 电子出版物　　D. 暖气

［参考答案］ABCD

［答案解析］根据《财政部　税务总局关于调整增值税税率的通知》（财税〔2018〕32 号）规定，选项 A、B、C、D 均符合适用 9% 税率征税的货物范围。

6. 下列适用 3% 征收率计算增值税的行为有（　　）。

A. 寄售商店代销寄售物品　　B. 工程项目在境外的工程监理服务

C. 典当业销售死当物品　　D. 销售自己使用过的固定资产

［参考答案］AC

［答案解析］根据《财政部　国家税务总局关于全面推开营业税改征增值税试点的通知》（财税〔2016〕36 号）规定，工程项目在境外的工程监理服务免征增值税；根据《国家税务总局关于简并增值税征收率有关问题的公告》（国家税务总局公告 2014 年第 36 号）规定，纳税人销售自己使用过的固定资产，可按税率或按简易办法依照 3% 征收率减按 2% 征收增值税。

7. 下列有关营改增试点的税率，表述正确的有（　　）。

A. 提供邮政服务适用的税率为 6%

B. 提供有形动产租赁服务适用的税率为 13%

C. 境内单位和个人发生的跨境应税行为，适用的税率为 6%

D. 提供不动产租赁服务适用的税率为 9%

［参考答案］BD

［答案解析］根据《财政部　税务总局关于调整增值税税率的通知》（财税〔2018〕32 号）规定，提供邮政服务适用的税率为 9%，境内单位和个人发生的跨境应税行为，适用的税率为零。

8. 下列关于增值税零税率的相关规定，说法错误的有（　　）。

A. 按照国家有关规定应取得相关资质的国际运输服务项目，纳税人取得相关资质的，适用零税率，未取得的，适用免税政策

B. 境内的单位提供程租服务，租赁的交通工具用于国际运输服务，承租方可申请适用零税率

C. 境内的单位向境外单位提供期租、湿租服务，由承租方适用零税率

D. 境内单位以无运输工具承运方式提供的国际运输服务，由境内的实际承运人适用零税率

［参考答案］BC

［答案解析］选项 B，境内的单位提供程租服务，租赁的交通工具用于国际运输服务，出租方可申请适用零税率。选项 C，境内的单位或个人向境外单位或个人提供期租、湿租服务，由出租方适用零税率。

9. 某船运公司为增值税一般纳税人并具有国际运输经营资质，2019 年 6 月取得的含

税收入包括货物保管收入 32.88 万元、装卸搬运收入 108.56 万元、国际运输收入 412.98 万元、国内运输收入 754.8 万元。该公司计算的下列增值税销项税额，正确的有（　　）。

A. 货物保管收入的销项税额 1.86 万元

B. 装卸搬运收入的销项税额 8.96 万元

C. 国际运输收入的销项税额 34.1 万元

D. 国内运输收入的销项税额 62.32 万元

［参考答案］**AD**

［答案解析］货物保管服务、装卸搬运范围属于物流辅助服务，税率为 6%；国际运输服务，适用增值税零税率；国内运输范围属于交通运输业服务，税率为 9%。

货物保管收入的销项税额 = 32.88 ÷（1 + 6%）× 6% = 1.86（万元）

装卸搬运收入的销项税额 = 108.56 ÷（1 + 6%）× 6% = 6.14（万元）

国际运输收入的销项税额 = 0

国内运输收入的销项税额 = 754.8 ÷（1 + 9%）× 9% = 62.32（万元）

10. 一般纳税人生产销售下列货物，可选择按照简易计税办法依照 3% 征收率计算缴纳增值税的有（　　）。

A. 抗癌药品　　B. 罕见病药品

C. 常用药品　　D. 临床用的人体血液

［参考答案］**AB**

［答案解析］选项 C，适用一般计税方法；选项 D，单采血浆站销售非临床用的人体血液可以选择简易计税方法。

11. 大连某物流增值税小规模纳税人 2020 年 2 月应税销售收入，并于当月开具发票，但在 3 月发现开票金额有误需要重新开具，该纳税人正确的做法包括（　　）。

A. 应按照 3% 征收率开具红字发票　　B. 应按照 1% 征收率开具红字发票

C. 重新开具税率 3% 的蓝字发票　　D. 重新开具税率 1% 的蓝字发票

［参考答案］**AC**

［答案解析］根据《关于支持个体工商户复工复业等税收征收管理事项的公告》（国家税务总局公告 2020 年第 5 号）第四条规定，增值税小规模纳税人取得应税销售收入，纳税义务发生时间在 2020 年 2 月底以前，开票有误需要重新开具的，应按照 3% 征收率开具红字发票，再重新开具正确的蓝字发票。

三、判断题

1. 增值税一般纳税人提供公共交通运输服务，可以选择适用简易计税方法计算缴纳增值税。（　　）

［参考答案］**正确**

［答案解析］根据《财政部　国家税务总局关于全面推开营业税改征增值税试点的通知》（财税〔2016〕36 号）附件 2《营业税改征增值税试点有关事项的通知》第一条第（六）项之规定：一般纳税人发生应税行为可以选择适用简易计税方法计税包括公共交通

运输服务。

2. 其他个人出租住房，应纳5%的征收率计算应纳税额。（ ）

[参考答案] 错误

[答案解析] 根据《纳税人提供不动产经营租赁服务增值税征收管理暂行办法》（国家税务总局公告〔2016〕16号）第四条第（二）项之规定，其他个人出租住房，按照5%的征收率减按1.5%计算应纳税额，向不动产所在地主管税务机关申报纳税。

3. 小规模纳税人转让其取得的不动产，以取得的全部价款和价外费用，按照3%的征收率计算应纳税额。（ ）

[参考答案] 错误

[答案解析] 根据《纳税人转让不动产增值税征收管理办法》（国家税务总局公告2016年第14号）第四条第一款第（一）项规定，小规模纳税人转让其取得（不含自建）的不动产，以取得的全部价款和价外费用扣除不动产原价或者取得不动产时的作价后的余额为销售额，按照5%的征收率计算应纳税额。

4. 境内的单位和个人销售适用增值税零税率的服务或无形资产，选择放弃适用增值税零税率后，12个月内不得再申请适用增值税零税率。（ ）

[参考答案] 错误

[答案解析] 境内的单位和个人销售适用增值税零税率的服务或无形资产的，可以放弃适用增值税零税率，选择免税或按规定缴纳增值税。放弃适用增值税零税率后，36个月内不得再申请适用增值税零税率。

5. 只有小规模纳税人销售自己使用过的固定资产，适用简易办法依照3%征收率减按2%征收增值税。（ ）

[参考答案] 错误

[答案解析] 纳税人销售自己使用过的固定资产，适用简易办法依照3%征收率减按2%征收增值税政策。可以放弃减税，按照简易办法依照3%征收率缴纳增值税，并可以开具增值税专用发票。一般纳税人也适用。

6. 一般纳税人提供劳务派遣服务可以选择差额纳税，以取得的全部价款和价外费用，扣除代用工单位支付给劳务派遣员工的工资、福利和为其办理社会保险及住房公积金后的余额为销售额，按照简易计税方法依5%的征收率计算缴纳增值税。（ ）

[参考答案] 正确

[答案解析] 根据《财政部 国家税务总局关于进一步明确全面推开营改增试点有关劳务派遣服务、收费公路通行费抵扣等政策的通知》（财税〔2016〕47号）第一条第一款的规定，一般纳税人提供劳务派遣服务，可以按照《财政部 国家税务总局关于全面推开营业税改征增值税试点的通知》（财税〔2016〕36号）的有关规定，以取得的全部价款和价外费用为销售额，按照一般计税方法计算缴纳增值税；也可以选择差额纳税，以取得的全部价款和价外费用，扣除代用工单位支付给劳务派遣员工的工资、福利和为其办理社会保险及住房公积金后的余额为销售额，按照简易计税方法依5%的征收率计算缴纳增值税。

7. 一般纳税人以清包工方式提供的建筑服务，可以选择适用简易计税方法计税，征收率是5%。（ ）

［参考答案］错误

［答案解析］依据《财政部　国家税务总局关于全面推开营业税改征增值税试点的通知》（财税〔2016〕36号）附件2规定，一般纳税人以清包工方式提供的建筑服务，可以选择适用简易计税方法计税。如果选择简易计税，适用3%的税率。

8. 农用汽车属于农业运输机械，适用9%低税率。　　（　　）

［参考答案］错误

［答案解析］农业运输机械是指农业生产过程中所需的各种运输机械。包括人力车（不包括三轮运货车）、畜力车和拖拉机挂车。农用汽车不属于本货物的范围。

9. 纳税人兼营不同销售货物、劳务、服务、无形资产或者不动产，适用不同税率或者征收率的，应当分别核算适用不同税率或者征收率的销售额，未分别核算的，从高适用税率。　　（　　）

［参考答案］正确

［答案解析］依据《财政部　国家税务总局关于全面推开营业税改征增值税试点的通知》（财税〔2016〕36号）附件1《营业税改征增值税试点实施办法》第三十九条之规定，纳税人兼营不同销售货物、劳务、服务、无形资产或者不动产，适用不同税率或者征收率的，应当分别核算适用不同税率或者征收率的销售额，未分别核算的，从高适用税率。

10. 自2019年5月1日至2020年12月31日，对动漫企业增值税一般纳税人销售其自主开发生产的动漫软件，按13%的税率征收增值税后，对其增值税实际税负超过6%的部分，实行即征即退政策。　　（　　）

［参考答案］错误

［答案解析］根据《财政部　国家税务总局关于延续动漫产业增值税政策的通知》（财税〔2018〕38号）第二条规定，自2019年5月1日至2020年12月31日，对动漫企业增值税一般纳税人销售其自主开发生产的动漫软件，按13%的税率征收增值税后，对其增值税实际税负超过3%的部分，实行即征即退政策。

第五章　增值税销售额和销项税额

在中华人民共和国境内销售货物或者加工、修理修配劳务，销售服务、无形资产、不动产以及进口货物的单位和个人，为增值税的纳税人，应当缴纳增值税，即在中华人民共和国境内发生增值税应税交易，以及进口货物，应当缴纳增值税。

增值税计税原理以增值额为计税依据，但我国采用间接计税法计算增值税，即以销售额乘以税收法律法规规定的税率计算销项税额，然后将当期准予抵扣的进项税额进行抵扣，从而间接计算出当期增值税部分的应纳税额。这种计税方法也称为一般计税方法。但是，由于一些纳税人因经营规模、会计核算以及经营特殊性等原因，无法按照上述方法计算应纳税额，就对这部分纳税人以销售额乘以征收率计算应纳税额，不得抵扣购进环节所负担的税金，这种计税方法称为简易计税方法。无论采用哪种方法计算应纳税额，销售额是计算增值税应纳税额必不可少的要素。

另外，进口货物的增值税由海关代征，个人携带或者邮寄进境自用物品的增值税，连同关税一并计征，境外单位或者个人在境内销售劳务采用扣缴计税方法。

为了解决税款在时间或空间上分配不平衡的问题，全面推开营改增后，增值税预缴税款涉猎的范围越来越广，一部分业务由税务机关委托代征。

综上所述，增值税应纳税额的计算方法，主要包括一般计税方法、简易计税方法、进口和进境自用物品海关代征增值税、境外单位或者个人在境内销售劳务的扣缴计税方法，还包括增值税预缴税款方法。

第一节　增值税应纳税额的计算方法

一、一般计税方法

纳税人销售货物、劳务、服务、无形资产、不动产，应纳税额为当期销项税额抵扣当期进项税额后的余额。应纳税额计算公式：

应纳税额 = 当期销项税额 - 当期进项税额

纳税人发生增值税应税销售行为，按照销售额和规定税率计算收取的增值税额，为销项税额。销项税额计算公式：

销项税额 = 销售额 × 税率

纳税人发生应税销售行为时向购买方收取的全部价款和价外费用包括两大部分内容：销售额和销项税额，但是由于增值税采用价外计税方式，用不含增值税（简称不含税）价作为计税依据，销售方向购买方收取的销项税额，是通过购买方从销售方取得增值税专用发票等进项税额抵扣方式实现的，因而销售额中不包括向购买方收取的销项税额。

二、简易计税方法

简易计税方法是指增值税一般纳税人发生财政部和国家税务总局规定的特定应税行为，按照当期销售额和征收率计算增值税额，不得抵扣进项税额的一种计税方法。

小规模纳税人发生应税销售行为，实行按照销售额和征收率计算应纳税额的简易办法，并不得抵扣进项税额。因此，小规模纳税人及实行简易征收办法的一般纳税人，其销项税额等于应纳税额。小规模纳税人的标准由国务院财政、税务主管部门规定。

应纳税额计算公式：

应纳税额 = 销售额 × 征收率

一般纳税人可选择或适用简易征收办法计算缴纳增值税。简易计税方法在下一节专门介绍。

三、海关代征方法

（一）进口货物

纳税人进口货物，按照组成计税价格和税收法律法规规定的税率计算应纳税额。组成计税价格和应纳税额计算公式：

组成计税价格 = 关税完税（计税）价格 + 关税 + 消费税

关税计税价格中不包括服务贸易相关的对价。

应纳税额 = 组成计税价格 × 税率

进口货物的增值税由海关代征。

个人携带或者邮寄进境自用物品的增值税，连同关税一并计征。

（二）跨境电子商务零售进口商品

跨境电子商务零售进口商品按照货物征收关税和进口环节增值税、消费税。购买跨境电子商务零售进口商品的个人作为纳税义务人。实际交易价格（包括货物零售价格、运费和保险费）作为完税价格，电子商务企业、电子商务交易平台企业或物流企业可作为代收代缴义务人。

跨境电子商务零售进口商品的单次交易限值为人民币 2 000 元（自 2019 年 1 月 1 日起，提高至 5 000 元），个人年度交易限值为人民币 20 000 元（自 2019 年 1 月 1 日起，提高至 26 000 元）。在限值以内进口的跨境电子商务零售进口商品，关税税率暂设为 0；进口环节增值税、消费税取消免征税额，暂按法定应纳税额的 70% 征收。

完税价格超过 5 000 元单次交易限值但低于 26 000 元年度交易限值，且订单下仅一件商品时，可以自跨境电商零售渠道进口，按照货物税率全额征收关税和进口环节增值税、消费税，交易额计入年度交易总额，但年度交易总额超过年度交易限值的，应按一般贸易管理。

跨境电子商务零售进口商品自海关放行之日起30日内退货的，可申请退还个人年度交易总额。

四、扣缴计税方法

中华人民共和国境外的单位或者个人在境内销售劳务，在境内未设有经营机构的，以其境内代理人为扣缴义务人；在境内没有代理人的，以购买方为扣缴义务人。扣缴义务人按照下列公式计算应扣缴的税额：

应扣缴税额 = 购买方支付的价款 ÷（1 + 税率）× 税率

五、预缴税款方法

（一）房地产开发企业销售自行开发的房地产项目

1．一般纳税人采取预收款方式销售自行开发的房地产项目，应在收到预收款时按照3%的预征率预缴增值税。计算公式如下：

应预缴税款 = 预收款 ÷（1 + 适用税率或征收率）× 3%

适用一般计税方法计税的，按照9%的适用税率计算；适用简易计税方法计税的，按照5%的征收率计算。

一般纳税人应在取得预收款的次月纳税申报期向主管税务机关预缴税款。

2．小规模纳税人采取预收款方式销售自行开发的房地产项目，应在收到预收款时按照3%的预征率预缴增值税。计算公式如下：

应预缴税款 = 预收款 ÷（1 + 5%）× 3%

小规模纳税人应在取得预收款的次月纳税申报期或主管税务机关核定的纳税期限向主管税务机关预缴税款。

（二）纳税人提供建筑服务

1．纳税人提供建筑服务。

纳税人在同一地级行政区范围内跨县（市、区）提供建筑服务，不适用《纳税人跨县（市、区）提供建筑服务增值税征收管理暂行办法》，同一地级行政区内跨县（市、区）提供建筑服务不需要在项目地预缴税款。

纳税人在同一直辖市、计划单列市范围内发生跨县（市、区）提供建筑服务的，由直辖市、计划单列市税务局决定是否适用本办法。例如，自2017年5月1日起，青岛市所辖纳税人在青岛市行政区内提供建筑服务，不需要预缴税款，在机构所在地申报缴纳税款。

除上述规定区域之外的其他省、自治区提供跨地级行政区的建筑服务以及跨省、市、自治区提供的建筑服务，需要在发生地预缴增值税。

其他个人提供建筑服务应向建筑服务发生地主管税务机关申报纳税。

(1) 一般纳税人跨县（市、区）提供建筑服务，适用一般计税方法计税的，以取得的全部价款和价外费用扣除支付的分包款后的余额，按照2%的预征率计算应预缴税款。

应预缴税款 =（全部价款和价外费用 - 支付的分包款）÷(1 +9%) ×2%

(2) 一般纳税人跨县（市、区）提供建筑服务，选择适用简易计税方法计税的，以取得的全部价款和价外费用扣除支付的分包款后的余额，按照3%的征收率计算应预缴税款。

应预缴税款 =（全部价款和价外费用 - 支付的分包款）÷(1 +3%) ×3%

(3) 小规模纳税人跨县（市、区）提供建筑服务，以取得的全部价款和价外费用扣除支付的分包款后的余额，按照3%的征收率计算应预缴税款。

2. 预缴增值税。

纳税人提供建筑服务取得预收款，应在收到预收款时，以取得的预收款扣除支付的分包款后的余额，按下列规定预缴增值税。

按照现行规定应在建筑服务发生地预缴增值税的项目，纳税人收到预收款时在建筑服务发生地预缴增值税。按照现行规定无须在建筑服务发生地预缴增值税的项目，纳税人收到预收款时在机构所在地预缴增值税。

适用一般计税方法计税的项目预征率为2%，适用简易计税方法计税的项目预征率为3%。

（三）纳税人提供不动产经营租赁服务

除其他个人外，纳税人出租其取得的不动产，不动产所在地与机构所在地不在同一县（市、区）的，应按照规定的计税方法向不动产所在地主管税务机关预缴税款，向机构所在地主管税务机关申报纳税。

1. 纳税人出租不动产适用一般计税方法计税的，按照以下公式计算应预缴税款：

应预缴税款 = 含税销售额 ÷(1 +9%) ×3%

2. 纳税人出租不动产适用简易计税方法计税的，除个人（个体工商户和其他个人）出租住房外，按照以下公式计算应预缴税款：

应预缴税款 = 含税销售额 ÷(1 +5%) ×5%

3. 个体工商户出租住房，按照以下公式计算应预缴税款：

应预缴税款 = 含税销售额 ÷(1 +5%) ×1.5%

4. 其他个人出租住房，按照以下公式计算应预缴税款：

应预缴税款 = 含税销售额 ÷(1 +5%) ×1.5%

其他个人采取一次性收取租金形式出租不动产取得的租金收入，可在对应的租赁期内平均分摊，分摊后的月租金收入未超过10万元的，免征增值税。

（四）纳税人转让取得的不动产

除其他个人外，纳税人转让取得的不动产，向不动产所在地主管税务机关预缴税款，向机构所在地主管税务机关申报纳税。

1. 一般纳税人转让其取得的不动产。

（1）一般纳税人转让其取得的（不含自建）不动产，以取得的全部价款和价外费用扣除不动产购置原价或者取得不动产时的作价后的余额，按照 5% 的预征率计算应预缴税款。计算公式为：

$$\text{应预缴税款}=\left(\text{全部价款和价外费用}-\text{不动产购置原价或者取得不动产时的作价}\right)\div(1+5\%)\times5\%$$

（2）一般纳税人转让其自建的不动产，以取得的全部价款和价外费用，按照 5% 的预征率计算应预缴税款。计算公式为：

应预缴税款 = 全部价款和价外费用 ÷（1 +5%）×5%

2. 小规模纳税人转让其取得的不动产，除个人转让其购买的住房外，应按照应纳税额的计税方法向不动产所在地主管税务机关预缴税款，向机构所在地主管税务机关申报纳税；其他个人应按照应纳税额的计税方法向不动产所在地主管税务机关申报纳税。

3. 个人转让其购买的住房。

个体工商户应按照应纳税额的计税方法向住房所在地主管税务机关预缴税款，向机构所在地主管税务机关申报纳税；其他个人应按照应纳税额的计税方法向住房所在地主管税务机关申报纳税。

（五）支持小规模纳税人复工复业

根据《关于支持个体工商户复工复业增值税政策的公告》（财政部　税务总局公告 2020 年第 13 号），自 2020 年 3 月 1 日至 5 月 31 日，对湖北省增值税小规模纳税人，适用 3% 征收率的应税销售收入，免征增值税；适用 3% 预征率的预缴增值税项目，暂停预缴增值税。除湖北省外，其他省、自治区、直辖市的增值税小规模纳税人，适用 3% 征收率的应税销售收入，减按 1% 征收率征收增值税；适用 3% 预征率的预缴增值税项目，减按 1% 预征率预缴增值税。

第二节　增值税销售额的一般性规定

销售额为纳税人发生应税销售行为收取的全部价款和价外费用，但是不包括收取的销项税额。也就是说，销售额是纳税人发生应税交易取得的与之相关的对价，包括全部货币或者非货币形式的经济利益，不包括按照一般计税方法计算的销项税额和按照简易计税方法计算的应纳税额。

一、差额计算销售额

国务院规定可以差额计算销售额的，从其规定。

二、市场公允价格确定销售额

视同发生应税交易以及销售额为非货币形式的，按照市场公允价格确定销售额。

根据《关于支持新型冠状病毒感染的肺炎疫情防控有关捐赠税收政策的公告》（财政部　税务总局公告2020年第9号），单位和个体工商户将自产、委托加工或购买的货物，通过公益性社会组织和县级以上人民政府及其部门等国家机关，或者直接向承担疫情防治任务的医院，无偿捐赠用于应对新型冠状病毒感染的肺炎疫情的，免征增值税。

三、人民币计算销售额

销售额以人民币计算。纳税人以人民币以外的货币结算销售额的，应当折算成人民币计算。

纳税人按照人民币以外的货币结算销售额的，应当折合成人民币计算，折合率可以选择销售额发生的当天或者当月1日的人民币汇率中间价。纳税人应当在事先确定采用何种折合率，确定后12个月内不得变更。

四、税务机关核定销售额

纳税人发生应税销售行为的价格（销售额）明显偏低（或者偏高）并无正当理由的（且不具有合理商业目的的），由主管税务机关核定其销售额（税务机关有权按照合理的方法核定其销售额）。

纳税人发生应税行为价格（销售额）明显偏低或者偏高且不具有合理商业目的的，或者发生视同销售货物行为而无销售额者，按下列顺序确定销售额：

（1）按纳税人最近时期同类货物、劳务、服务、无形资产或者不动产的平均价格确定；

（2）按其他纳税人最近时期销售同类货物、劳务、服务、无形资产或者不动产的平均价格确定；

（3）按组成计税价格确定。组成计税价格的公式为：

组成计税价格 = 成本 ×（1 + 成本利润率）

属于应征消费税的货物，其组成计税价格中应加计消费税额。

公式中的成本是指：销售自产货物的为实际生产成本，销售外购货物的为实际采购成本。公式中的成本利润率由国家税务总局确定。目前，除应征消费税的货物外，一般货物的成本利润率按10%确定。

不具有合理商业目的，是指以谋取税收利益为主要目的，通过人为安排，减少、免除、推迟缴纳增值税税款，或者增加退还增值税税款。

纳税人发生应税行为价格明显偏低或者偏高且不具有合理商业目的的，或者发生视同销售货物行为而无销售额者，按下列顺序确定销售额：

（1）按纳税人最近时期同类货物、劳务、服务、无形资产或者不动产的平均价格确定；

（2）按其他纳税人最近时期销售同类货物、劳务、服务、无形资产或者不动产的平均价格确定；

（3）按组成计税价格确定。组成计税价格的公式为：

组成计税价格 = 成本 ×（1 + 成本利润率）

属于应征消费税的货物，其组成计税价格中应加计消费税额。

不具有合理商业目的，是指以谋取税收利益为主要目的，通过人为安排，减少、免除、推迟缴纳增值税税款，或者增加退还增值税税款。

五、含税销售额换算

增值税的计税销售额是不含增值税的，纳税人取得的含税销售额需换算为不含税销售额。

1. 一般计税方法下含税销售额的换算。

一般计税方法的销售额不包括收取的销项税额，纳税人采用销售额和销项税额合并定价方法的，按照下列公式计算销售额：

销售额 = 含税销售额 ÷（1 + 税率）

2. 简易计税方法下含税销售额的换算。

简易计税方法的销售额不包括其应纳税额，纳税人采用销售额和应纳税额合并定价方法的，按照下列公式计算销售额：

销售额 = 含税销售额 ÷（1 + 征收率）

第三节　增值税销售额的确定

一、一般销售方式下的销售额确定

一般销售方式下的销售额，指纳税人发生在中华人民共和国境内销售货物或者加工、修理修配劳务（简称劳务），销售服务、无形资产、不动产以及进口货物应税销售行为收取的全部价款和价外费用，但是不包括收取的销项税额。

价外费用，包括价外向购买方收取的手续费、补贴、基金、集资费、返还利润、奖励费、违约金、滞纳金、延期付款利息、赔偿金、代收款项、代垫款项、包装费、包装物租金、储备费、优质费、运输装卸费以及其他各种性质的价外收费。但下列项目不包括在内：

1. 受托加工应征消费税的消费品所代收代缴的消费税；

2. 同时符合以下条件的代垫运输费用：

（1）承运部门的运输费用发票开具给购买方的；

（2）纳税人将该项发票转交给购买方的。

3. 同时符合以下条件代为收取的政府性基金或者行政事业性收费：

（1）由国务院或者财政部批准设立的政府性基金，由国务院或者省级人民政府及其财政、价格主管部门批准设立的行政事业性收费；

（2）收取时开具省级以上财政部门印制的财政票据；

（3）所收款项全额上缴财政。

4. 销售货物的同时代办保险等而向购买方收取的保险费，以及向购买方收取的代购买方缴纳的车辆购置税、车辆牌照费。

二、兼营销售额确定

纳税人兼营销售货物、劳务、服务、无形资产或者不动产，适用不同税率或者征收率的，应当分别核算适用不同税率或者征收率的销售额；未分别核算的，从高适用税率。

纳税人兼营免税、减税项目的，应当分别核算免税、减税项目的销售额；未分别核算的，不得免税、减税。

三、混合销售销售额确定

一项销售行为如果既涉及服务又涉及货物，为混合销售。从事货物的生产、批发或者零售的单位和个体工商户的混合销售行为，按照销售货物缴纳增值税；其他单位和个体工商户的混合销售行为，按照销售服务缴纳增值税。

本条所称从事货物的生产、批发或者零售的单位和个体工商户，包括以从事货物的生产、批发或者零售为主，并兼营销售服务的单位和个体工商户在内。

一般情形下，混合销售行为销售额为货物销售额与应税服务销售额的合计。

混合销售的特殊情形：

1. 纳税人销售活动板房、机器设备、钢结构件等自产货物的同时提供建筑、安装服务，不属于混合销售，应分别核算货物和建筑服务的销售额，分别适用不同的税率或者征收率。

2. 纳税人的下列混合销售行为，应当分别核算货物的销售额和非增值税应税劳务的营业额，并根据其销售货物的销售额计算缴纳增值税，非增值税应税劳务的营业额不缴纳增值税；未分别核算的，由主管税务机关核定其货物的销售额：

（1）销售自产货物并同时提供建筑业劳务的行为；

（2）财政部、国家税务总局规定的其他情形。

3. 一般纳税人销售电梯的同时提供安装服务，其安装服务可以按照甲供工程选择适用简易计税方法计税。

4. 纳税人对安装运行后的电梯提供的维护保养服务，按照“其他现代服务”缴纳增值税。

四、视同销售销售额确定

（一）视同销售货物

《增值税暂行条例实施细则》（财政部　国家税务总局令2008年第50号），单位或者个体工商户的下列行为，视同销售货物：

（1）将货物交付他人代销；

（2）销售代销货物；

（3）非同一县（市），将货物从一个机构移送其他机构用于销售；

（4）将自产或委托加工的货物用于非应税项目；

（5）将自产、委托加工或购买货物作为投资，提供给其他单位或个体经营者；

（6）将自产、委托加工或购买的货物分配给股东或投资者；

（7）将自产或委托加工的货物用于集体福利或个人消费；

（8）将自产、委托加工或购买的货物无偿赠送他人。

（二）视同销售服务、无形资产或者不动产

《财政部　国家税务总局关于全面推开营业税改征增值税试点的通知》（财税〔2016〕36号）第十四条规定，下列情形视同销售服务、无形资产或者不动产：

1. 单位或者个体工商户向其他单位或者个人无偿提供服务，但用于公益事业或者以社会公众为对象的除外。

2. 单位或者个人向其他单位或者个人无偿转让无形资产或者不动产，但用于公益事业或者以社会公众为对象的除外。

3. 财政部和国家税务总局规定的其他情形。

（三）租赁合同免租期不视同销售

《关于土地价款扣除时间等增值税征管问题的公告》（国家税务总局公告2016年第86号），纳税人出租不动产，租赁合同中约定免租期的，不属于《营业税改征增值税试点实施办法》（财税〔2016〕36号附件1）第十四条规定的视同销售服务。

五、按差额计算销售额

全面营改增后，由于营改增行业经营的特殊性等原因，在销售额的确认上允许部分纳税人差额确定销售额，避免某些无法通过增值税链条抵扣进项税额而形成重复征税的问题，减轻纳税人税收负担。国务院规定可以差额计算销售额的，从其规定。

（一）按差额计算销售额项目

1. 一般纳税人销售自行开发的房地产项目差额计算销售额。

一般纳税人销售自行开发的房地产项目，适用一般计税方法计税的，按照取得的全部价款和价外费用，扣除受让土地时向政府部门支付的土地价款后的余额为销售额。

销售额的计算公式如下：

销售额 =（全部价款和价外费用 - 当期允许扣除的土地价款）÷(1 +9%)

向政府部门支付的土地价款，是指向政府、土地管理部门或受政府委托收取土地价款的单位直接支付的土地价款。包括土地受让人向政府部门支付的征地和拆迁补偿费用、土地前期开发费用和土地出让收益等。目前，纳税人向其他单位或个人支付的拆迁补偿费用也允许在销售额中扣减。

纳税人按上述规定扣除土地价款时，应当取得省级以上（含省级）财政部门监（印）制的财政票据；扣除拆迁补偿费用时，应提供拆迁协议、拆迁双方支付和取得拆迁补偿费用凭证等能够证明拆迁补偿费用真实性的材料。

上述规定，只适用于一般纳税人一般计税方法下销售额的确定，小规模纳税人以及适用简易计税的一般纳税人销售自行开发的房地产项目不得扣减任何费用，按取得的全部价款和价外费用确定销售额。

2．一般纳税人提供客运场站服务差额计算销售额。

一般纳税人提供客运场站服务，以其取得的全部价款和价外费用，扣除支付给承运方运费后的余额为销售额。

上述规定，只适用于一般纳税人，小规模纳税人提供客运场站服务要全额确定销售额。

3．金融商品转让差额计算销售额。

（1）金融商品转让，按照卖出价扣除买入价后的余额为销售额。

（2）转让金融商品出现的正负差，按盈亏相抵后的余额为销售额。若相抵后出现负差，可结转下一纳税期与下期转让金融商品销售额相抵，但年末时仍出现负差的，不得转入下一个会计年度。

（3）金融商品的买入价，可以选择按照加权平均法或者移动加权平均法进行核算，选择后 36 个月内不得变更。

上述规定，无论是一般纳税人还是小规模纳税人，无论采用一般计税方法还是采用简易计税方法，按差额确定销售额。金融商品转让不得开具增值税专用发票。

4．经纪代理服务差额计算销售额。

（1）经纪代理服务，以取得的全部价款和价外费用，扣除向委托方收取并代为支付的政府性基金或者行政事业性收费后的余额为销售额。向委托方收取的政府性基金或者行政事业性收费，不得开具增值税专用发票。

（2）纳税人提供签证代理服务，以取得的全部价款和价外费用，扣除向服务接受方收取并代为支付给外交部和外国驻华使（领）馆的签证费、认证费后的余额为销售额。向服务接受方收取并代为支付的签证费、认证费，不得开具增值税专用发票，可以开具增值税普通发票。

（3）纳税人代理进口按规定免征进口增值税的货物，其销售额不包括向委托方收取并代为支付的货款。向委托方收取并代为支付的款项，不得开具增值税专用发票，可以开具增值税普通发票。

（4）自 2018 年 1 月 1 日起，航空运输销售代理企业提供境外航段机票代理服务，以取得的全部价款和价外费用，扣除向客户收取并支付给其他单位或者个人的境外航段机票结算款和相关费用后的余额为销售额。其中，支付给境内单位或者个人的款项，以发票或行程单为合法有效凭证；支付给境外单位或者个人的款项，以签收单据为合法有效凭证，税务机关对签收单据有疑义的，可以要求其提供境外公证机构的确认证明。

（5）自 2018 年 7 月 25 日起，航空运输销售代理企业提供境内机票代理服务，以取得的全部价款和价外费用，扣除向客户收取并支付给航空运输企业或其他航空运输销售代理企业的境内机票净结算款和相关费用后的余额为销售额。其中，支付给航空运输企业的款项，以国际航空运输协会（IATA）开账与结算计划（BSP）对账单或航空运输企业的签收单据为合法有效凭证；支付给其他航空运输销售代理企业的款项，以代理企业间的签收单据为合法有效凭证。航空运输销售代理企业就取得的全部价款和价外费用，向购买方开具行程单，或开具增值税普通发票。

5．纳税人提供旅游服务差额计算销售额。

纳税人提供旅游服务，可以选择以取得的全部价款和价外费用，扣除向旅游服务购买方收取并支付给其他单位或者个人的住宿费、餐饮费、交通费、签证费、门票费和支付给其他接团旅游企业的旅游费用后的余额为销售额。

上述规定，无论是一般纳税人还是小规模纳税人，无论采用一般计税方法还是采用简易计税方法，均可以选择差额确定销售额，其向旅游服务购买方收取并支付的上述费用，不得开具增值税专用发票，可以开具普通发票。如果纳税人不选择差额确定销售额，要按取得的全部价款和价外费用确定销售额。

6．纳税人提供融资租赁和融资性售后回租服务差额计算销售额。

（1）经中国人民银行、银保监会或者商务部批准从事融资租赁业务的试点纳税人，提供融资租赁服务，以收取的全部价款和价外费用，扣除支付的借款利息、发行债券利息和车辆购置税后的余额为销售额。

（2）经中国人民银行、银保监会或者商务部批准从事融资租赁业务的试点纳税人，提供融资性售后回租服务，以取得的全部价款和价外费用（不含本金），扣除对外支付的借款利息、发行债券利息后的余额作为销售额。

提供有形动产融资性售后回租服务，向承租方收取的有形动产价款本金，不得开具增值税专用发票，可以开具普通发票。

7．纳税人提供劳务派遣服务差额计算销售额。

一般纳税人提供劳务派遣服务，按规定以取得的全部价款和价外费用为销售额，按照一般计税方法计算缴纳增值税；也可以选择差额纳税，以取得的全部价款和价外费用，扣除代用工单位支付给劳务派遣员工的工资、福利和为其办理社会保险及住房公积金后的余额为销售额，按照简易计税方法依 5% 的征收率计算缴纳增值税。

小规模纳税人提供劳务派遣服务，以取得的全部价款和价外费用为销售额，按照简易计税方法依 3% 的征收率计算缴纳增值税；也可以选择差额纳税，以取得的全部价款和价外费用，扣除代用工单位支付给劳务派遣员工的工资、福利和为其办理社会保险及住房公积金后的余额为销售额，按照简易计税方法依5%的征收率计算缴纳增值税。

纳税人一经选择差额确定销售额，则必须按照简易计税方法依5%的征收率计算缴纳增值税。

8. 纳税人提供安全保护服务差额计算销售额。

一般纳税人提供安全保护服务，可以选择差额纳税，以取得的全部价款和价外费用，扣除代用工单位支付给外派员工的工资、福利和为其办理社会保险及住房公积金后的余额为销售额，按照简易计税方法依5%的征收率计算缴纳增值税。

小规模纳税人提供安全保护服务，也可以选择差额纳税，以取得的全部价款和价外费用，扣除代用工单位支付给外派员工的工资、福利和为其办理社会保险及住房公积金后的余额为销售额，按照简易计税方法依5%的征收率计算缴纳增值税。

比照劳务派遣服务，纳税人一经选择差额确定销售额，则必须按照简易计税方法依5%的征收率计算缴纳增值税。

9. 纳税人提供人力资源外包服务差额计算销售额。

纳税人（一般纳税人/小规模纳税人）提供人力资源外包服务，按照经纪代理服务缴纳增值税，其销售额不包括受客户单位委托代为向客户单位员工发放的工资和代理缴纳的社会保险、住房公积金。向委托方收取并代为发放的工资和代理缴纳的社会保险、住房公积金，不得开具增值税专用发票，可以开具普通发票。

10. 航空运输服务差额计算销售额。

航空运输企业的销售额，不包括代收的机场建设费和代售其他航空运输企业客票而代收转付的价款。

11. 纳税人提供建筑服务差额计算销售额。

一般纳税人提供建筑服务，选择适用简易计税方法计税的，应以取得的全部价款和价外费用扣除支付的分包款后的余额为销售额，按照3%的征收率计算应纳税额。

小规模纳税人提供建筑服务，应以取得的全部价款和价外费用扣除支付的分包款后的余额为销售额，按照3%的征收率计算应纳税额。

国家税务总局《关于国内旅客运输服务进项税抵扣等增值税征管问题的公告》（国家税务总局公告2019年第31号）。规定了关于建筑服务分包款差额扣除问题，即纳税人提供建筑服务，按照规定允许从其取得的全部价款和价外费用中扣除的分包款，是指支付给分包方的全部价款和价外费用。

上述规定只适用于纳税人简易计税方法下销售额的确定。一般纳税人提供建筑服务，适用一般计税方法计税的，应以取得的全部价款和价外费用为销售额计算应纳税额。不得差额确定销售额。

12. 物业管理服务中收取的自来水水费差额计算销售额。

提供物业管理服务的纳税人，向服务接受方收取的自来水水费，以扣除其对外支付的自来水水费后的余额为销售额，按照简易计税方法依3%的征收率计算缴纳增值税。

13. 教育中心等考试费收入差额计算销售额。

境外单位通过教育部考试中心及其直属单位在境内开展考试，教育部考试中心及其直属单位应以取得的考试费收入扣除支付给境外单位考试费后的余额为销售额，按提供“教育辅助服务”缴纳增值税；就代为收取并支付给境外单位的考试费统一扣缴增值税。教育部考试中心及其直属单位代为收取并支付给境外单位的考试费，不得开具增值税专用发票，可以开具增值税普通发票。

14. 手机短信公益特服号为公益性机构接受捐款差额计算销售额。

中国移动通信集团公司、中国联合网络通信集团有限公司、中国电信集团公司及其成员单位通过手机短信公益特服号为公益性机构接受捐款，以其取得的全部价款和价外费用，扣除支付给公益性机构捐款后的余额为销售额。其接受的捐款，不得开具增值税专用发票。

15. 中国证券登记结算公司差额计算销售额。

中国证券登记结算公司的销售额，不包括以下资金项目：按规定提取的证券结算风险基金；代收代付的证券公司资金交收违约垫付资金利息；结算过程中代收代付的资金交收违约罚息。

16. 电信企业为公益性机构接受捐款差额计算销售额。

中国移动通信集团公司、中国联合通信集团有限公司、中国电信集团公司及其成员单位通过手机短信公益特服号为公益机构接受捐款提供服务，如果捐款人索取增值税专用发票的，应按捐款人支付的全部价款和价外费用，扣除支付给公益性机构捐款后的余额开具增值税专用发票。

17. 纳税人销售不动产（不含自建）差额计算销售额。

（1）一般纳税人销售其 2016 年 4 月 30 日前取得（不含自建）的不动产，可以选择适用简易计税方法，以取得的全部价款和价外费用减去该项不动产购置原价或者取得不动产时的作价后的余额为销售额，按照 5% 的征收率计算应纳税额。纳税人应按照上述计税方法在不动产所在地预缴税款后，向机构所在地主管税务机关进行纳税申报。

（2）一般纳税人销售其 2016 年 4 月 30 日前取得的不动产（不含自建），适用一般计税方法计税的，以取得的全部价款和价外费用为销售额计算应纳税额。上述纳税人应以取得的全部价款和价外费用减去该项不动产购置原价或者取得不动产时的作价后的余额，按照 5% 的预征率向不动产所在地的主管税务机关预缴增值税，向机构所在地的主管税务机关进行纳税申报。

（3）一般纳税人销售其 2016 年 5 月 1 日后取得（不含自建）的不动产，应适用一般计税方法，以取得的全部价款和价外费用为销售额计算应纳税额。纳税人应以取得的全部价款和价外费用减去该项不动产购置原价或者取得不动产时的作价后的余额，按照 5% 的预征率向不动产所在地的主管税务机关预缴税款，向机构所在地的主管税务机关进行纳税申报。

（4）小规模纳税人销售其取得（不含自建）的不动产（不含个体工商户销售购买的住房和其他个人销售不动产），应以取得的全部价款和价外费用减去该项不动产购置原价或者取得不动产时的作价后的余额为销售额，按照 5% 的征收率计算应纳税额。纳税人应按照上述计税方法在不动产所在地预缴税款后，向机构所在地主管税务机关进行纳税申报。

（5）其他个人销售其取得（不含自建）的不动产（不含其购买的住房），应以取得的全部价款和价外费用减去该项不动产购置原价或者取得不动产时的作价后的余额为销售额，按照5%的征收率缴纳增值税。

（6）北京市、上海市、广州市和深圳市，个人将购买2年以上（含2年）的非普通住房对外销售的，以销售收入减去购买住房价款后的差额按照5%的征收率缴纳增值税。

18. 转让2016年4月30日前取得的土地使用权差额确定销售额。

纳税人转让2016年4月30日前取得的土地使用权，可以选择适用简易计税方法，以取得的全部价款和价外费用减去取得该土地使用权的原价后的余额为销售额，按照5%的征收率计算缴纳增值税。

（二）差额计算销售额的有效凭证

纳税人按照规定可以从全部价款和价外费用中扣除的价款，应当取得符合法律、行政法规和国家税务总局规定的有效凭证。否则，不得扣除。

上述凭证是指：

1. 支付给境内单位或者个人的款项，以发票为合法有效凭证。

2. 支付给境外单位或者个人的款项，以该单位或者个人的签收单据为合法有效凭证，税务机关对签收单据有疑议的，可以要求其提供境外公正机构的确认证明。

3. 缴纳的税款，以完税凭证为合法有效凭证。

4. 扣缴的政府性基金、行政事业性收费或者向政府支付的土地价款，以省级以上（含省级）财政部门监（印）制的财政票据为合法有效凭证。

5. 国家税务总局规定的其他凭证。

纳税人取得的上述凭证属于增值税扣税凭证的，其进项税额不得从销项税额中抵扣。

第四节 特殊销售方式的销售额

一、商业折扣方式的销售额确定

折扣方式销售是指纳税人在发生销售货物或者劳务、服务、无形资产、不动产等应税行为时，因购货方购货数量较大等原因而给予购货方的价格优惠，是交易行为发生前的价格让渡。这种销售方式一般称为商业折扣。

纳税人采取商业折扣方式销售货物或者劳务、服务、无形资产、不动产等应，如果销售额和折扣额在同一张发票上分别注明的，可按折扣后的销售额征收增值税。销售额和折扣额在同一张发票上分别注明，是指销售额和折扣额在同一张发票上的“金额”栏分别注明的。纳税人未在同一张发票“金额”栏注明折扣额，而仅在发票的“备注”栏注明折扣额的，折扣额不得从销售额中减除。

二、以旧换新方式销售额确定

以旧换新是指纳税人在销售自己的货物时，有偿收回旧货物的行为。纳税人采取以旧换新方式销售货物的，应按新货物的同期销售价格确定计税销售额，不得扣减旧货物的收购价格。

考虑到金银首饰以旧换新业务的特殊情况，对金银首饰以旧换新业务，按销售方实际收取的不含增值税的全部价款征收增值税。

纳税人采取折扣方式销售货物，如果销售额和折扣额在同一张发票上分别注明的，可按折扣后的销售额征收增值税；如果将折扣额另开发票，不论其在财务上如何处理，均不得从销售额中减除折扣额。

试点纳税人销售电信服务时，附带赠送用户识别卡、电信终端等货物或者电信服务的，应将其取得的全部价款和价外费用分别核算，按各自适用的税率计算缴纳增值税。销售一种电信服务附赠另外一种电信服务，需要将总价款分解成基础电信与增值电信销售额，分别按照各自税率计税。销售电信服务附赠货物，需要将总价款分解成电信服务销售额与货物销售额，分别按照各自税率计税。

三、还本销售方式销售额确定

（一）还本销售

还本销售是指纳税人在销售货物后，到一定期限由销售方一次或分次退还给购货方全部或部分价款。这种方式实际上是一种融资行为，是以货物换取资金的使用价值，到期还本不付息的方法。纳税人采取还本销售方式销售货物，其计税销售额就是货物的销售价格，不得从销售额中减除还本支出。

（二）融资性售后回租

融资性售后回租，是指承租方以融资为目的，将资产出售给从事融资性售后回租业务的企业后，从事融资性售后回租业务的企业将该资产出租给承租方的业务活动。

1. 2016 年 4 月 30 日前签订合同

（1）经中国人民银行、银保监会或者商务部批准从事融资租赁业务的试点纳税人，提供融资租赁服务，以取得的全部价款和价外费用，扣除支付的借款利息（包括外汇借款和人民币借款利息）、发行债券利息和车辆购置税后的余额为销售额。

（2）经中国人民银行、银保监会或者商务部批准从事融资租赁业务的试点纳税人，提供融资性售后回租服务，以取得的全部价款和价外费用（不含本金），扣除对外支付的借款利息（包括外汇借款和人民币借款利息）、发行债券利息后的余额作为销售额。

（3）试点纳税人根据 2016 年 4 月 30 日前签订的有形动产融资性售后回租合同，在合同到期前提供的有形动产融资性售后回租服务，可继续按照有形动产融资租赁服务缴纳增值税。

继续按照有形动产融资租赁服务缴纳增值税的试点纳税人，经中国人民银行、银保监会或者商务部批准从事融资租赁业务的，根据2016年4月30日前签订的有形动产融资性售后回租合同，在合同到期前提供的有形动产融资性售后回租服务，可以选择以下方法之一计算销售额：

以向承租方收取的全部价款和价外费用，扣除向承租方收取的价款本金，以及对外支付的借款利息（包括外汇借款和人民币借款利息）、发行债券利息后的余额为销售额。

纳税人提供有形动产融资性售后回租服务，计算当期销售额时可以扣除的价款本金，为书面合同约定的当期应当收取的本金。无书面合同或者书面合同没有约定的，为当期实际收取的本金。

试点纳税人提供有形动产融资性售后回租服务，向承租方收取的有形动产价款本金，不得开具增值税专用发票，可以开具普通发票。

以向承租方收取的全部价款和价外费用，扣除支付的借款利息（包括外汇借款和人民币借款利息）、发行债券利息后的余额为销售额。

（4）经商务部授权的省级商务主管部门和国家级经济技术开发区批准的从事融资租赁业务的试点纳税人，2016年5月1日后实收资本达到1.7亿元的，从达到标准的当月起按照上述第（1）（2）（3）点规定执行；2016年5月1日后实收资本未达到1.7亿元但注册资本达到1.7亿元的，在2016年7月31日前仍可按照上述第（1）（2）（3）点规定执行，2016年8月1日后开展的融资租赁业务和融资性售后回租业务不得按照上述第（1）（2）（3）点规定执行。

2. 2016年4月30日后签订合同的融资性售后回租按“现代服务”中“金融服务”的“贷款服务”确认销售额。

四、以物易物方式销售额确定

以物易物是一种较为特殊的购销活动，是指购销双方不是以货币结算，而是以同等价款的货物相互结算，实现货物购销的一种方式。以物易物双方都应作购销处理，以各自发出的货物核算销售额，以各自收到的货物按规定核算购货额。

五、包装物押金销售额确定

纳税人为销售货物出租出借包装物而收取的押金，单独记账核算的，不并入销售额征税。但对因逾期未收回包装物不再退还的押金，应按所包装货物的适用税率征收增值税。

纳税人为销售货物出租出借包装物而收取的押金，无论包装物周转使用期限长短，超过一年（含一年）以上仍不退还的均并入销售额征税。

自1995年6月1日起，对销售除啤酒、黄酒外的其他酒类产品而收取的包装物押金，无论是否返还以及会计上如何核算，均应并入当期销售额征税。

六、直销企业销售额确定

直销企业先将货物销售给直销员，直销员再将货物销售给消费者的，直销企业的销售额为其向直销员收取的全部价款和价外费用。直销员将货物销售给消费者时，应按照现行规定缴纳增值税。

直销企业通过直销员向消费者销售货物，直接向消费者收取货款，直销企业的销售额为其向消费者收取的全部价款和价外费用。

七、贷款服务销售额确定

贷款服务，以提供贷款服务取得的全部利息及利息性质的收入为销售额。银行提供贷款服务按期计收利息的，结息日当日计收的全部利息收入，均应计入结息日所属期的销售额，按照现行规定计算缴纳增值税。

八、发卡清算收单服务销售额确定

发卡机构、清算机构和收单机构提供银行卡跨机构资金清算服务，按照以下规定执行：

1. 发卡机构以其向收单机构收取的发卡行服务费为销售额，并按照此销售额向清算机构开具增值税发票。

2. 清算机构以其向发卡机构、收单机构收取的网络服务费为销售额，并按照发卡机构支付的网络服务费向发卡机构开具增值税发票，按照收单机构支付的网络服务费向收单机构开具增值税发票。

清算机构从发卡机构取得的增值税发票上记载的发卡行服务费，一并计入清算机构的销售额，并由清算机构按照此销售额向收单机构开具增值税发票。

3. 收单机构以其向商户收取的收单服务费为销售额，并按照此销售额向商户开具增值税发票。

第五节　一般计税方法

一般纳税人发生应税行为适用一般计税方法计税。一般计税方法的应纳税额，是指当期销项税额抵扣当期进项税额后的余额。应纳税额计算公式为：

应纳税额 = 当期销项税额 - 当期进项税额

当期销项税额小于当期进项税额不足抵扣时（当期进项税额大于当期销项税额的），其不足部分（差额部分）可以结转下期继续抵扣；或者予以退还，具体办法由国务院财政、税务主管部门制定。进项税额应当凭合法有效凭证抵扣。

销项税额，是指纳税人销售货物或者应税劳务，按照销售额乘以增值税税率计算的增值税额，以及纳税人发生应税行为按照销售额乘以增值税税率计算的增值税额。销项税额计算公式为：

销项税额 = 销售额 × 税率

纳税人在货物购销活动中，因货物、劳务或服务质量、规格等原因发生销货退回、销售折让、劳务或服务中止等情况而退还给购买方的增值税额，应当从当期的销项税额中扣减。

一般纳税人销售货物、应税劳务或者发生应税行为，开具增值税专用发票后，发生销售货物退回或者折让、开票有误等情形，应按国家税务总局的规定开具红字增值税专用发票。未按规定开具红字增值税专用发票的，增值税额不得从销项税额中扣减。

一、应纳税额确定时间

“当期”是指税务机关依照税法规定对纳税人确定的纳税所属期。只有在所属纳税期限内实际发生的销项税额、进项税额，才是法定的当期销项税额或当期进项税额。

（一）当期销项税额时间限定

与《增值税暂行条例》《增值税暂行条例实施细则》及营改增相关法律法规规定的增值税纳税义务发生时间一致，即增值税应税销售额的确认时间为收讫销售款项或者取得索取销售款项凭据的当天；先开具发票的，为开具发票的当天；进口货物，为报关进口的当天；扣缴增值税应税销售额的时间为纳税人增值税纳税义务发生的当天。

（二）当期进项税额时间限定

一般纳税人取得增值税发票（包括增值税专用发票、机动车销售统一发票、收费公路通行费增值税电子普通发票）后，可以自愿使用增值税发票选择确认平台查询、选择用于申报抵扣、出口退税或者代办退税的增值税发票信息。这种方法从 2019 年 3 月 1 日起取消增值税发票认证的纳税人范围（包括 D 级纳税人）扩大至全部一般纳税人。

海关进口增值税专用缴款书进项税额抵扣的时间限定自开具之日起 360 日内向主管税务机关报送《海关完税凭证抵扣清单》，申请稽核比对相符后，填写进《增值税纳税申报表》附表二相关栏次中。

因自然灾害、社会突发事件等不可抗力等原因未按期申报抵扣增值税扣税凭证抵扣的，经税务机关审核，允许纳税人继续申报抵扣进项税额。

二、销售折扣、折让、中止或者退回

纳税人发生应税行为，将价款和折扣额在同一张发票上分别注明的，以折扣后的价款为销售额；未在同一张发票上分别注明的，以价款为销售额，不得扣减折扣额。

纳税人适用一般计税方法计税的，因销售折让、中止或者退回而退还给购买方的增值税额，应当从当期的销项税额中扣减；因销售折让、中止或者退回而收回的增值税额应当从当期的进项税额中扣减。

纳税人发生应税行为，开具增值税专用发票后，发生开票有误或者销售折让、中止、退回等情形的，应当按照国家税务总局的规定开具红字增值税专用发票；未按照规定开具红字增值税专用发票的，不得扣减销项税额或者销售额。

三、留抵税额与扣减进项税额

（一）销项税额不足抵扣进项税额

一般计税方法的应纳税额是指当期销项税额抵扣当期进项税额后的余额。当期购进货物或者劳务、服务、无形资产、不动产以及进口货物较多，尚未全部售出，或销售项税额不足以抵减完进项税额时，就形成留抵税额。留抵税额是企业在购入环节先缴税形成的进项税额，等有了销项税额再抵扣的结果，因此根据税法规定，当期销项税额不足抵扣进项税额的部分可以结转下期继续抵扣，或符合一定条件给予留抵税额退税。比如连续 6 个月增量留抵税额大于零不低于 50 万元常态化存在留抵税额给予退税，提高行政效率，减轻纳税人的办税负担。

一般纳税人注销或取消辅导期一般纳税人资格，转为小规模纳税人时，其存货不作进项税额转出处理，其留抵税额也不予退税。

（二）扣减进项税额

已抵扣进项税额的购进货物或者劳务、服务、无形资产、不动产和在建工程及进口货物等，如果事后改变用途，用于简易计税方法计税项目、免征增值税项目、集体福利或者个人消费的购进货物、劳务、服务、无形资产和不动产；非正常损失的购进货物，以及相关的劳务和交通运输服务；非正常损失的在产品、产成品所耗用的购进货物（不包括固定资产）、劳务和交通运输服务；国务院规定的其他项目，应当将该项购进货物、劳务、服务、无形资产、不动产和在建工程及进口货物的进项税额从当期的进项税额中扣减；无法确定该进项税额的，按当期实际成本计算应扣减的进项税额。

四、平销返利

自 2004 年 7 月 1 日起，对商业企业向供货方收取的与商品销售量、销售额挂钩（如以一定比例、金额、数量计算）的各种返还收入，均应按照平销返利行为的有关规定冲减当期增值税进项税金。应冲减进项税金的计算公式调整为：

当期应冲减进项税金 = 当期取得的返还资金 ÷（1 + 所购货物适用增值税税率）× 所购货物适用增值税税率

商业企业向供货方收取的各种返还收入，一律不得开具增值税专用发票。

对商业企业向供货方收取的与商品销售量、销售额无必然联系，且商业企业向供货方提供一定劳务的收入，例如进场费、广告促销费、上架费、展示费、管理费等，不属于平销返利，不冲减当期增值税进项税金，应按适用税目税率征税。

五、转让不动产一般计税方法

纳税人转让其取得的不动产，包括以直接购买、接受捐赠、接受投资入股、自建以及抵债等各种形式取得的不动产。

（一）一般纳税人转让其取得的不动产缴纳增值税

1. 一般纳税人转让其2016年4月30日前取得（不含自建）的不动产，选择适用一般计税方法计税的，以取得的全部价款和价外费用为销售额计算应纳税额。纳税人应以取得的全部价款和价外费用扣除不动产购置原价或者取得不动产时作价后的余额，按照5%的预征率向不动产所在地主管税务机关预缴税款，向机构所在地主管税务机关申报纳税。

2. 一般纳税人转让其2016年4月30日前自建的不动产，选择适用一般计税方法计税的，以取得的全部价款和价外费用为销售额计算应纳税额。纳税人应以取得的全部价款和价外费用，按照5%的预征率向不动产所在地主管税务机关预缴税款，向机构所在地主管税务机关申报纳税。

3. 一般纳税人转让其2016年5月1日后取得（不含自建）的不动产，适用一般计税方法，以取得的全部价款和价外费用为销售额计算应纳税额。纳税人应以取得的全部价款和价外费用扣除不动产购置原价或者取得不动产时作价后的余额，按照5%的预征率向不动产所在地主管税务机关预缴税款，向机构所在地主管税务机关申报纳税。

4. 一般纳税人转让其2016年5月1日后自建的不动产，适用一般计税方法，以取得的全部价款和价外费用为销售额计算应纳税额。纳税人应以取得的全部价款和价外费用，按照5%的预征率向不动产所在地主管税务机关预缴税款，向机构所在地主管税务机关申报纳税。

（二）小规模纳税人转让其取得的不动产（除个人转让其购买的住房外）缴纳增值税

1. 小规模纳税人转让其取得（不含自建）的不动产，以取得的全部价款和价外费用扣除不动产购置原价或者取得不动产时的作价后的余额为销售额，按照5%的征收率计算应纳税额。

2. 小规模纳税人转让其自建的不动产，以取得的全部价款和价外费用为销售额，按照5%的征收率计算应纳税额。

除其他个人之外的小规模纳税人，应按照规定的计税方法向不动产所在地主管税务机关预缴税款，向机构所在地主管税务机关申报纳税；其他个人按照规定的计税方法向不动产所在地主管税务机关申报纳税。

（三）个人转让其购买的住房缴纳增值税

个人转让其购买的住房，按照有关规定全额缴纳增值税的，以取得的全部价款和价外费用为销售额，按照5%的征收率计算应纳税额。

个人转让其购买的住房，按照有关规定差额缴纳增值税的，以取得的全部价款和价外费用扣除购买住房价款后的余额为销售额，按照5%的征收率计算应纳税额。

个体工商户应按照规定的计税方法向住房所在地主管税务机关预缴税款，向机构所在地主管税务机关申报纳税；其他个人应按照规定的计税方法向住房所在地主管税务机关申报纳税。

1. 其他个人以外的纳税人转让其取得的不动产，区分以下情形计算应向不动产所在地主管税务机关预缴的税款：

（1）以转让不动产取得的全部价款和价外费用作为预缴税款计算依据的，计算公式为：

应预缴税款 = 全部价款和价外费用 ÷（1 + 5%）× 5%

（2）以转让不动产取得的全部价款和价外费用扣除不动产购置原价或者取得不动产时作价后的余额作为预缴税款计算依据的，计算公式为：

应预缴税款 =（全部价款和价外费用 − 不动产购置原价或者取得不动产时的作价）÷（1 + 5%）× 5%

2. 其他个人转让其取得的不动产，按照规定的计算方法计算应纳税额并向不动产所在地主管税务机关申报纳税。

3. 纳税人按规定从取得的全部价款和价外费用中扣除不动产购置原价或者取得不动产时作价的，应当取得符合法律、行政法规和国家税务总局规定的合法有效凭证。否则，不得扣除。

上述凭证是指：

（1）税务部门监制的发票。

（2）法院判决书、裁定书、调解书，以及仲裁裁决书、公证债权文书。

（3）国家税务总局规定的其他凭证。

4. 纳税人转让其取得的不动产，向不动产所在地主管税务机关预缴的增值税税款，可以在当期增值税应纳税额中抵减，抵减不完的，结转下期继续抵减。

纳税人以预缴税款抵减应纳税额，应以完税凭证作为合法有效凭证。小规模纳税人转让其取得的不动产，不能自行开具增值税发票的，可向不动产所在地主管税务机关申请代开。

纳税人向其他个人转让其取得的不动产，不得开具或申请代开增值税专用发票。

六、销售自行开发的房地产项目一般计税

自行开发，是指在依法取得土地使用权的土地上进行基础设施和房屋建设。房地产开发企业以接盘等形式购入未完工的房地产项目继续开发后，以自己的名义立项销售的，属于销售自行开发的房地产项目。

（一）销售额的确定

房地产开发企业中的一般纳税人（以下简称一般纳税人）销售自行开发的房地产项

目，适用一般计税方法计税，按照取得的全部价款和价外费用，扣除当期销售房地产项目对应的土地价款后的余额计算销售额。销售额的计算公式如下：

销售额 =（全部价款和价外费用 - 当期允许扣除的土地价款）÷(1 +9%)

当期允许扣除的土地价款按照以下公式计算：

当期允许扣除的土地价款 =（当期销售房地产项目建筑面积 ÷ 房地产项目可供销售建筑面积）× 支付的土地价款

当期销售房地产项目建筑面积，是指当期进行纳税申报的增值税销售额对应的建筑面积。

房地产项目可供销售建筑面积，是指房地产项目可以出售的总建筑面积，不包括销售房地产项目时未单独作价结算的配套公共设施的建筑面积。

支付的土地价款，是指向政府、土地管理部门或受政府委托收取土地价款的单位直接支付的土地价款。

在计算销售额时从全部价款和价外费用中扣除土地价款，应当取得省级以上（含省级）财政部门监（印）制的财政票据。

一般纳税人应建立台账登记土地价款的扣除情况，扣除的土地价款不得超过纳税人实际支付的土地价款。

（二）预缴税款

房地产开发企业的一般纳税人采取预收款方式销售自行开发的房地产项目，应在收到预收款时按照3%的预征率预缴增值税。

应预缴税款按照以下公式计算：

应预缴税款 = 预收款 ÷(1 + 适用税率或征收率）×3%

房地产开发企业的一般纳税人销售自行开发的房地产项目适用一般计税方法计税的，应按照规定的纳税义务发生时间，以当期销售额和9%的适用税率计算当期应纳税额，抵减已预缴税款后，向主管税务机关申报纳税。未抵减完的预缴税款可以结转下期继续抵减。

七、建筑服务一般计税

纳税人跨县（市、区）提供建筑服务，按照以下规定预缴税款：

一般纳税人跨县（市、区）提供建筑服务，适用一般计税方法计税的，以取得的全部价款和价外费用扣除支付的分包款后的余额，按照2%的预征率计算应预缴税款。

1. 纳税人跨县（市、区）提供建筑服务，按照以下公式计算应预缴税款：

（1）适用一般计税方法计税的：

应预缴税款 =（全部价款和价外费用 - 支付的分包款）÷(1 +9%)×2%

（2）纳税人跨县（市、区）提供建筑服务，在向建筑服务发生地主管税务机关预缴税款时，需填报《增值税预缴税款表》，并出示以下资料：

①与发包方签订的建筑合同复印件（加盖纳税人公章）；

②与分包方签订的分包合同复印件（加盖纳税人公章）；

③从分包方取得的发票复印件（加盖纳税人公章）。

（3）纳税人跨县（市、区）提供建筑服务，向建筑服务发生地主管税务机关预缴的增值税税款，可以在当期增值税应纳税额中抵减，抵减不完的，结转下期继续抵减。

纳税人以预缴税款抵减应纳税额，应以完税凭证作为合法有效凭证。

纳税人取得的全部价款和价外费用扣除支付的分包款后的余额为负数的，可结转下次预缴税款时继续扣除。

纳税人应按照工程项目分别计算应预缴税款，分别预缴。

（4）小规模纳税人跨县（市、区）提供建筑服务，不能自行开具增值税发票的，可向建筑服务发生地主管税务机关按照其取得的全部价款和价外费用申请代开增值税发票。

（5）建筑企业与发包方签订建筑合同后，以内部授权或者三方协议等方式，授权集团内其他纳税人（以下简称第三方）为发包方提供建筑服务，并由第三方直接与发包方结算工程款的，由第三方缴纳增值税并向发包方开具增值税发票，与发包方签订建筑合同的建筑企业不缴纳增值税。发包方可凭实际提供建筑服务的纳税人开具的增值税专用发票抵扣进项税额。

第六节　简易计税方法

简易计税方法是指增值税一般纳税人发生财政部和国家税务总局规定的特定应税行为，可以按照当期销售额和征收率计算增值税额，不得抵扣进项税额的一种计税方法。

小规模纳税人发生应税销售行为，实行按照销售额和征收率计算应纳税额的简易办法，并不得抵扣进项税额。因此，小规模纳税人及实行简易征收办法的一般纳税人，其销项税额等于应纳税额。小规模纳税人的标准由国务院财政、税务主管部门规定。

应纳税额计算公式：

应纳税额 = 销售额 × 征收率

一般纳税人可选择或适用简易征收办法计算缴纳增值税。简易计税方法在下一节专门介绍。

增值税简易计税方法适用于小规模纳税人应纳税额的计算，特定情形下，一般纳税人也可以按简易计税方法计算应纳税额。简易计税方法的应纳税额，是指一般纳税人发生财政部和国家税务总局规定的特定应税行为，按照销售额和增值税征收率计算的增值税额，不得抵扣进项税额。应纳税额计算公式为：

应纳税额 = 销售额 × 征收率

销售额的确定在前文已做了介绍，因此这部分内容重点介绍简易计税方法的适用范围及征收率的规定。

一、小规模纳税人简易计税方法征收率

小规模纳税人法定征收率为3%，但下列项目按5%征收率计算应纳税额：

1. 小规模纳税人转让其取得（不含自建）的不动产，以取得的全部价款和价外费用扣除不动产购置原价或者取得不动产时作价后的余额为销售额，按照5%的征收率计算应纳税额。

2. 小规模纳税人转让其自建的不动产，以取得的全部价款和价外费用为销售额，按照5%的征收率计算应纳税额。

3. 单位（小规模纳税人）和个体工商户出租不动产（不含个体工商户出租住房），按照5%的征收率计算应纳税额。个体工商户出租住房，按照5%的征收率减按1.5%计算应纳税额。

4. 其他个人出租不动产（不含住房），按照5%的征收率计算应纳税额。其他个人出租住房，按照5%的征收率减按1.5%计算应纳税额。

5. 个人转让其购买的住房。个人转让持有2年以内（各地区）的住房，按照有关规定全额缴纳增值税，以取得的全部价款和价外费用为销售额，按照5%的征收率计算应纳税额。个人转让持有2年以上的住房（除北、上、广、深）外，免征增值税。

北、上、广、深地区个体工商户转让其购买2年以上的非普通住房按5%差额缴税，抵减预缴税款；北、上、广、深地区个体工商户转让其购买2年以上的普通住房免税；北、上、广、深地区个体工商户转让其购买不足2年的住房（包括非普通住房和普通住房）按5%全额缴税，抵减预缴税款；北、上、广、深地区其他个人转让其购买不足2年的住房（包括非普通住房和普通住房）按5%全额缴税；北、上、广、深地区其他个人转让其购买2年以上的普通住房免税。

6. 房地产开发企业中的小规模纳税人销售自行开发的房地产项目。小规模纳税人销售自行开发的房地产项目，以当期销售额和5%的征收率计算当期应纳税额，抵减按已3%预缴的税款后，向主管税务机关申报纳税。未抵减完的预缴税款可以结转下期继续抵减。

7. 小规模纳税人提供劳务派遣服务，以取得的全部价款和价外费用为销售额，按照简易计税方法依3%的征收率计算应纳税额；也可以选择差额纳税，以取得的全部价款和价外费用，扣除代用工单位支付给劳务派遣员工的工资、福利和为其办理社会保险及住房公积金后的余额为销售额，按照简易计税方法依5%的征收率计算应纳税额。

8. 小规模纳税人提供安全保护服务，比照提供劳务派遣服务的政策执行。

二、一般纳税人适用简易计税方法计税范围

财政部、国家税务总局对一般纳税人适用简易计税方法计税做了多项规定，有的项目必须适用简易计税方法计税，有的项目可以选择适用简易计税方法计税。一般纳税人适用简易计税方法计税，法定的征收率为3%，特定情形下，适用5%的征收率。

（一）一般纳税人可以选择简易计税方法按3%计税项目

1. 县级及县级以下小型水力发电单位生产的自产电力。小型水力发电单位，是指各类投资主体建设的装机容量为5万千瓦以下（含5万千瓦）的小型水力发电单位。

2. 自产建筑用和生产建筑材料所用的砂、土、石料。

3. 以自己采掘的砂、土、石料或其他矿物连续生产的砖、瓦、石灰（不含黏土实心砖、瓦）。

4. 自己用微生物、微生物代谢产物、动物毒素、人或动物的血液或组织制成的生物制品。

5. 自产的商品混凝土（仅限于以水泥为原料生产的水泥混凝土）。

商品混凝土，仅限于以水泥产品为原料生产的水泥混凝土，不包括以沥青等其他材料制成的混凝土。对于沥青混凝土等其他商品混凝土，应统一按照适用税率征收增值税。

6. 单采血浆站销售非临床用人体血液。

属于增值税一般纳税人的单采血浆站销售非临床用人体血液。单采血浆站采用简易计税方法计税的，不得对外开具增值税专用发票；也可以按照销项税额抵扣进项税额的办法依照增值税适用税率计算应纳税额。

7. 药品经营企业销售生物制品。

自2012年7月1日起，属于增值税一般纳税人的药品经营企业销售生物制品，可以选择简易办法按照生物制品销售额和3%的征收率计算缴纳增值税。

药品经营企业，是指取得（食品）药品监督管理部门颁发的《药品经营许可证》，获准从事生物制品经营的药品批发企业和药品零售企业。

8. 兽用药品经营企业销售兽用生物制品。

自2016年4月1日起，属于增值税一般纳税人的兽用药品经营企业销售兽用生物制品，可以选择简易办法按照兽用生物制品销售额和3%的征收率计算缴纳增值税。

兽用药品经营企业，是指取得兽医行政管理部门颁发的《兽药经营许可证》，获准从事兽用生物制品经营的兽用药品批发和零售企业。

9. 生产销售批发零售及进口罕见病药品。

自2019年3月1日起，增值税一般纳税人生产销售和批发、零售罕见病药品，可选择按照简易办法依照3%征收率计算缴纳增值税。自2019年3月1日起，对进口罕见病药品，减按3%征收进口环节增值税。

罕见病药品是指经国家药品监督管理部门批准注册的罕见病药品制剂及原料药。罕见病药品范围实行动态调整，由财政部、海关总署、税务总局、药监局根据强化情况适时明确。

10. 生产销售批发零售及进口抗癌药品。

自2018年5月1日起，增值税一般纳税人生产销售和批发、零售抗癌药品，可选择按照简易办法依照3%征收率计算缴纳增值税。自2018年5月1日起，对进口抗癌药品，减按3%征收进口环节增值税。

抗癌药品，是指经国家药品监督管理部门批准注册的抗癌制剂及原料药。抗癌药品范围实行动态调整，由财政部、海关总署、税务总局、国家药品监督管理局根据变化情况适时明确。

11. 药品经营企业销售生物制品。

2012 年 7 月 1 日起，属于增值税一般纳税人的药品经营企业销售生物制品，可以选择简易办法按照生物制品销售额和 3% 的征收率计算缴纳增值税。属于增值税一般纳税人的药品经营企业销售生物制品，可以选择简易办法按照生物制品销售额和 3% 的征收率计算缴纳增值税。

12. 卫生防疫站调拨生物制品和药械。

对卫生防疫站调拨生物制品和药械，可按照小规模纳税 3% 的征收率征收增值税。

13. 公共交通运输服务。

公共交通运输服务，包括轮客渡、公交客运、地铁、城市轻轨、出租车、长途客运、班车。班车，是指按固定线路、固定时间运营并在固定站点停靠的运送旅客的陆路运输服务。

14. 动漫企业提供服务以及在境内转让动漫版权。

经认定的动漫企业为开发动漫产品提供的动漫脚本编撰、形象设计、背景设计、动画设计、分镜、动画制作、摄制、描线、上色、画面合成、配音、配乐、音效合成、剪辑、字幕制作、压缩转码（面向网络动漫、手机动漫格式适配）服务，以及在境内转让动漫版权（包括动漫品牌、形象或者内容的授权及再授权）。

动漫企业和自主开发、生产动漫产品的认定标准和认定程序，按照《文化部　财政部　国家税务总局关于印发〈动漫企业认定管理办法（试行）〉的通知》的规定执行。

15. 电影放映服务、仓储服务、装卸搬运服务、收派服务和文化体育服务。

一般纳税人提供的城市电影放映服务，可以按现行政策规定，选择按照简易计税办法计算缴纳增值税。

16. 以纳入营改增试点之日前取得的有形动产为标的物提供的经营租赁服务。

17. 在纳入营改增试点之日前签订的尚未执行完毕的有形动产租赁合同。

18. 一般纳税人以清包工方式提供的建筑服务，可以选择适用简易计税方法计税。

以清包工方式提供建筑服务，是指施工方不采购建筑工程所需的材料或只采购辅助材料，并收取人工费、管理费或者其他费用的建筑服务。

提供建筑服务的一般纳税人按规定适用或选择适用简易计税方法计税的，不再实行备案制。以下证明材料无需向税务机关报送，改为自行留存备查：以清包工方式提供的建筑服务，留存建筑工程承包合同。

19. 一般纳税人为甲供工程提供的建筑服务，可以选择适用简易计税方法计税。

甲供工程，是指全部或部分设备、材料、动力由工程发包方自行采购的建筑工程。

提供建筑服务的一般纳税人按规定适用或选择适用简易计税方法计税的，不再实行备案制。以下证明材料无需向税务机关报送，改为自行留存备查：为甲供工程提供的建筑服务，留存建筑工程承包合同。

20. 一般纳税人销售自产机器设备同时提供的安装服务。

一般纳税人销售自产机器设备的同时提供安装服务，应分别核算机器设备和安装服务的销售额，安装服务可以按照甲供工程选择适用简易计税方法计税。

一般纳税人销售外购机器设备的同时提供安装服务，如果已经按照兼营的有关规定，分别核算机器设备和安装服务的销售额，安装服务可以按照甲供工程选择适用简易计税方法计税。

21. 一般纳税人为建筑工程老项目提供的建筑服务。

一般纳税人为建筑工程老项目提供的建筑服务，可以选择适用简易计税方法计税。

建筑工程老项目是指：

（1）《建筑工程施工许可证》注明的合同开工日期在2016年4月30日前的建筑工程项目；

（2）未取得《建筑工程施工许可证》的，建筑工程承包合同注明的开工日期在2016年4月30日前的建筑工程项目。

提供建筑服务的一般纳税人按规定适用或选择适用简易计税方法计税的，不再实行备案制。以下证明材料无需向税务机关报送，改为自行留存备查：

为建筑工程老项目提供的建筑服务，留存《建筑工程施工许可证》或建筑工程承包合同。

22. 公路经营企业收取试点前开工的高速公路通行费。

试点前开工的高速公路，是指相关施工许可证明上注明的合同开工日期在2016年4月30日前的高速公路。

23. 农村信用社等金融服务及中国邮政储蓄银行涉农贷款利息收入。

（1）农村信用社、村镇银行等提供金融服务收入。

农村信用社、村镇银行、农村资金互助社、由银行业机构全资发起设立的贷款公司、法人机构在县（县级市、区、旗）及县以下地区的农村合作银行和农村商业银行提供金融服务收入，可以选择适用简易计税方法按照3%的征收率计算缴纳增值税。

村镇银行，是指经中国银行业监督管理委员会依据有关法律、法规批准，由境内外金融机构、境内非金融机构企业法人、境内自然人出资，在农村地区设立的主要为当地农民、农业和农村经济发展提供金融服务的银行业金融机构。

农村资金互助社，是指经银行业监督管理机构批准，由乡（镇）、行政村农民和农村小企业自愿入股组成，为社员提供存款、贷款、结算等业务的社区互助性银行业金融机构。

由银行业机构全资发起设立的贷款公司，是指经中国银行业监督管理委员会依据有关法律、法规批准，由境内商业银行或农村合作银行在农村地区设立的专门为县域农民、农业和农村经济发展提供贷款服务的非银行业金融机构。

县（县级市、区、旗），不包括直辖市和地级市所辖城区。

（2）中国农业银行纳入"三农金融事业部"贷款利息收入。

中国农业银行纳入"三农金融事业部"改革试点的各省、自治区、直辖市、计划单列市分行下辖的县域支行和新疆生产建设兵团分行下辖的县域支行（也称县事业部），提供农户贷款、农村企业和农村各类组织贷款取得的利息收入。

农户贷款，是指金融机构发放给农户的贷款，但不包括按照《营业税改征增值税试点过渡政策的规定》规定的免征增值税的农户小额贷款。

（3）中国邮政储蓄银行“三农金融事业部”贷款利息收入。

自 2018 年 7 月 1 日至 2020 年 12 月 31 日，对中国邮政储蓄银行纳入“三农金融事业部”改革的各省、自治区、直辖市、计划单列市分行下辖的县域支行，提供农户贷款、农村企业和农村各类组织贷款（具体贷款业务清单见附件）取得的利息收入。

农户，是指长期（一年以上）居住在乡镇（不包括城关镇）行政管理区域内的住户，还包括长期居住在城关镇所辖行政村范围内的住户和户口不在本地而在本地居住一年以上的住户，国有农场的职工和农村个体工商户。位于乡镇（不包括城关镇）行政管理区域内和在城关镇所辖行政村范围内的国有经济的机关、团体、学校、企事业单位的集体户；有本地户口，但举家外出谋生一年以上的住户，无论是否保留承包耕地均不属于农户。农户以户为统计单位，既可以从事农业生产经营，也可以从事非农业生产经营。农户贷款的判定应以贷款发放时的借款人是否属于农户为准。

农村企业和农村各类组织贷款，是指金融机构发放给注册在农村地区的企业及各类组织的贷款。

24. 提供非学历教育。

2016 年 5 月 1 日起，一般纳税人提供非学历教育服务，可以选择适用简易计税方法按照 3% 征收率计算应纳税额。

非学历教育服务，包括学前教育、各类培训、演讲、讲座、报告会等。

《财政部　商务部　税务总局关于继续执行研发机构采购设备增值税政策的公告》（财政部公告 2019 年第 91 号）规定，2019 年 1 月 1 日至 2020 年 12 月 31 日，继续对内资研发机构和外资研发中心采购国产设备全额退还增值税。

25. 提供教育辅助服务。

2016 年 5 月 1 日起，一般纳税人提供教育辅助服务，可以选择简易计税方法按照 3% 征收率计算缴纳增值税。

教育辅助服务，包括教育测评、考试、招生等服务。

26. 通过卫星提供语音通话等服务。

境内单位中的一般纳税人通过卫星提供的语音通话服务、电子数据和信息的传输服务，可以选择按照简易计税方法计算缴纳增值税。

27. 非企业性单位中的一般纳税人提供的研发和技术服务、信息技术服务、鉴证咨询服务，以及销售技术、著作权等无形资产；技术转让、技术开发和与之相关的技术咨询、技术服务。

非企业性单位中的一般纳税人提供的研发和技术服务、信息技术服务、鉴证咨询服务，以及销售技术、著作权等无形资产，可以选择简易计税方法按照 3% 征收率计算缴纳增值税。

非企业性单位中的一般纳税人提供《营业税改征增值税试点过渡政策的规定》（财税〔2016〕36 号附件）第一条第（二十六）项中的“技术转让、技术开发和与之相关的技术咨询、技术服务”，可以参照上述规定，选择简易计税方法按照 3% 征收率计算缴纳增值税。

（二）一般纳税人按照简易计税方法以 3%计税项目

1. 寄售商店代销寄售物品（包括居民个人寄售的物品在内）。

2. 典当业销售死当物品。

3. 经国务院或国务院授权机关批准的免税商店零售的免税品。

4.. 自来水公司销售自来水。

对属于一般纳税人的自来水公司销售自来水按简易办法依照 3% 征收率征收增值税，不得抵扣其购进自来水取得增值税扣税凭证上注明的增值税税款。

5. 一般纳税人销售自己使用过的不得抵扣且未抵扣进项税额的固定资产。

6. 物业管理服务收取的自来水水费。

2016 年 5 月 1 日起，提供物业管理服务的纳税人，向服务接受方收取的自来水水费，以扣除其对外支付的自来水水费后的余额为销售额计算应纳税额。

7. 光伏发电项目发电户销售电力产品。

2014 年 7 月 1 日起，光伏发电项目发电户销售电力产品，按照税法规定应缴纳增值税的，可由国家电网公司所属企业按照增值税简易计税办法计算并代征增值税税款，同时开具普通发票；按照税法规定可享受免征增值税政策的，可由国家电网公司所属企业直接开具普通发票。发电户，为《中华人民共和国增值税暂行条例》及其实施细则规定的“其他个人和不经常发生应税行为的非企业性单位”。

8. 建筑工程总承包单位房屋建筑工程服务。

自 2017 年 7 月 1 日起，建筑工程总承包单位为房屋建筑的地基与基础、主体结构提供工程服务，建设单位自行采购全部或部分钢材、混凝土、砌体材料、预制构件的，适用简易计税方法计税。

地基与基础、主体结构的范围，按照《建筑工程施工质量验收统一标准》（GB50300 - 2013）附录 B《建筑工程的分部工程、分项工程划分》中的“地基与基础”“主体结构”分部工程的范围执行。

9. 资管产品管理人运营资管产品运营业务。

自 2018 年 1 月 1 日起，资管产品管理人运营资管产品过程中发生的增值税应税行为（资管产品运营业务），暂适用简易计税方法，按照 3% 的征收率缴纳增值税。

资管产品管理人接受投资者委托或信托对受托资产提供的管理服务以及管理人发生的其他增值税应税行为（其他业务），按照现行规定缴纳增值税。

10. 外出经营跨区域涉税事项。

自 2018 年 7 月 5 日起，增值税一般纳税人固定业户临时到外省、市销售货物的，必须向经营地税务机关出示《跨区域涉税事项报告表》回原地纳税，需要向购货方开具专用发票的，亦回原地补开。对未持《跨区域涉税事项报告表》的，经营地税务机关按 3% 的征收率征税。

11. 按预征率预缴税款。

纳税人提供建筑服务取得预收款，应在收到预收款时，以取得的预收款扣除支付的分包款后的余额，按照规定的预征率预缴增值税。

按照现行规定应在建筑服务发生地预缴增值税的项目，纳税人收到预收款时在建筑服务发生地预缴增值税。按照现行规定无需在建筑服务发生地预缴增值税的项目，纳税人收到预收款时在机构所在地预缴增值税。

适用一般计税方法计税的项目预征率为 2%，适用简易计税方法计税的项目预征率为 3%。

（三）一般纳税人可以选择简易计税方法按 5% 计税项目

1. 一般纳税人收取试点前开工的一级公路、二级公路、桥、闸通行费。

一般纳税人收取试点前开工的一级公路、二级公路、桥、闸通行费，可以选择适用简易计税方法，按照 5% 的征收率计算缴纳增值税。

试点前开工，是指相关施工许可证注明的合同开工日期在 2016 年 4 月 30 日前。

2. 中外合作油（气）田销售原油、天然气。

中外合作油（气）田开采的原油、天然气按实物征收增值税，征收率为 5%。在计征增值税时，不抵扣进项税额。

3. 一般纳税人提供人力资源外包服务。

纳税人提供人力资源外包服务，按照经纪代理服务缴纳增值税，其销售额不包括受客户单位委托代为向客户单位员工发放的工资和代理缴纳的社会保险、住房公积金。向委托方收取并代为发放的工资和代理缴纳的社会保险、住房公积金，不得开具增值税专用发票，可以开具普通发票。

一般纳税人提供人力资源外包服务，可以选择适用简易计税方法，按照 5% 的征收率计算缴纳增值税。

4. 一般纳税人销售其 2016 年 4 月 30 日前取得（不含自建）的不动产。

5. 一般纳税人销售其 2016 年 4 月 30 日前自建的不动产。

6. 一般纳税人 2016 年 4 月 30 日前签订的不动产融资租赁合同，或以 2016 年 4 月 30 日前取得的不动产提供的融资租赁服务。

7. 一般纳税人出租其 2016 年 4 月 30 日前取得的不动产。

8. 一般纳税人转让 2016 年 4 月 30 日前取得的土地使用权。

纳税人以经营租赁方式将土地出租给他人使用，按照不动产经营租赁服务缴纳增值税。纳税人转让 2016 年 4 月 30 日前取得的土地使用权，可以选择适用简易计税方法，以取得的全部价款和价外费用减去取得该土地使用权的原价后的余额为销售额，按照 5% 的征收率计算缴纳增值税。

一般纳税人 2016 年 4 月 30 日前签订的不动产融资租赁合同，或以 2016 年 4 月 30 日前取得的不动产提供的融资租赁服务，可以选择适用简易计税方法，按照 5% 的征收率计算缴纳增值税。

9. 房地产开发企业中的一般纳税人，销售自行开发的房地产老项目。

房地产开发企业中的一般纳税人以围填海方式取得土地并开发的房地产项目，围填海工程《建筑工程施工许可证》或建筑工程承包合同注明的围填海开工日期在 2016 年 4 月 30 日前的，属于房地产老项目，可以选择适用简易计税方法按照 5% 的征收率计算缴纳增值税。

10．房地产开发企业中的一般纳税人出租自行开发的房地产老项目。

11．其他选择简易办法征收的事项。

（四）一般纳税人按照简易计税方法以 5%计税项目

1. 劳务派遣服务。

一般纳税人提供劳务派遣服务，可以以取得的全部价款和价外费用为销售额，按照一般计税方法计算缴纳增值税；也可以选择差额纳税，以取得的全部价款和价外费用，扣除代用工单位支付给劳务派遣员工的工资、福利和为其办理社会保险及住房公积金后的余额为销售额，按照简易计税方法依 5% 的征收率计算缴纳增值税。

2. 安全保护服务。

纳税人提供安全保护服务，比照劳务派遣服务政策执行。

（五）选择简易计税方法应注意的问题

1. 一般纳税人选择适用简易计税方法计税的，一经选择，36 个月内不得变更。

2. 纳税人兼营销售货物、劳务、服务、无形资产或者不动产，适用不同税率或者征收率的，应当分别核算适用不同税率或者征收率的销售额；未分别核算的，从高适用税率。

3. 专用于简易计税方法计税项目，免征增值税项目，集体福利或者个人消费的进项税额不得从销项税额中抵扣。

适用一般计税方法的纳税人，兼营简易计税方法计税项目、免征增值税项目而无法划分不得抵扣的进项税额，需按照公式，“不得抵扣的进项税额 = 当期无法划分的全部进项税额 ×（当期简易计税方法计税项目销售额 + 免征增值税项目销售额）÷ 当期全部销售额”，计算不得抵扣的进项税额，主管税务机关可以按照上述公式依据年度数据对不得抵扣的进项税额进行清算。

纳税人购入、租入固定资产、不动产，既用于一般计税方法计税项目，又用于简易计税方法计税项目、免征增值税项目、集体福利或者个人消费的，其进项税额准予从销项税额中全额抵扣。

4. 提供建筑服务的一般纳税人按规定适用或选择适用简易计税方法计税的，不再实行备案制。以下证明材料无需向税务机关报送，改为自行留存备查：（1）为建筑工程老项目提供的建筑服务，留存《建筑工程施工许可证》或建筑工程承包合同；（2）为甲供工程提供的建筑服务、以清包工方式提供的建筑服务，留存建筑工程承包合同。

三、销售自己使用过的物品和旧货应纳税额计算

（一）销售自己使用过的固定资产应纳税额的计算

自己使用过的固定资产是指纳税人根据财务会计制度已经计提折旧的固定资产。

1. 小规模纳税人（除其他个人外）销售自己使用过的固定资产，减按 2% 征收率征

收增值税。计算公式如下：

销售额 = 含税销售额 ÷ (1 + 3%)

应纳税额 = 销售额 × 2%

2. 一般纳税人销售自己使用过的固定资产。

(1) 依照 3% 征收率减按 2% 征收增值税。

①2008 年 12 月 31 日以前未纳入扩大增值税抵扣范围试点的纳税人，销售自己使用过的 2008 年 12 月 31 日以前购进或者自制的固定资产。

②2008 年 12 月 31 日以前已纳入扩大增值税抵扣范围试点的纳税人，销售自己使用过的在本地区扩大增值税抵扣范围试点以前购进或者自制的固定资产。

③原增值税纳税人销售自己使用过的属于《增值税暂行条例》规定不得抵扣且未抵扣进项税额的固定资产。《增值税暂行条例》规定不得抵扣且未抵扣进项税额的固定资产，主要是指：专门用于简易计税方法计税项目、非增值税应税项目、免征增值税项目、集体福利或者个人消费的固定资产不得抵扣进项税额。

④从 2013 年 8 月 1 日起，纳税人自用的应征消费税的摩托车、汽车、游艇，进项税可以从销项税额中抵扣。

⑤纳税人购进或者自制固定资产时为小规模纳税人，认定为一般纳税人后销售该固定资产。

⑥纳税人发生按简易计税方法征收增值税应税行为，销售其按照规定不得抵扣且未抵扣进项税额的固定资产。

⑦营改增纳税人销售自己使用过的营改增试点以前购进或者自制的固定资产。

自 2016 年 2 月 1 日起，纳税人销售自己使用过的固定资产，适用简易办法依照 3% 征收率减按 2% 征收增值税政策的，可以放弃减税，按照简易办法依照 3% 征收率缴纳增值税，并可以自开或代开增值税专用发票。

应纳税额计算公式如下：

销售额 = 含税销售额 ÷ (1 + 3%)

应纳税额 = 销售额 × 2%

(2) 按照适用税率征收增值税。

①销售自己使用过的 2009 年 1 月 1 日以后购进或者自制的固定资产（上述③④⑤除外）；

②2008 年 12 月 31 日以前已纳入扩大增值税抵扣范围试点的纳税人，销售自己使用过的在本地区扩大增值税抵扣范围试点以后购进或者自制的固定资产（上述③④⑤除外）。

③营改增纳税人销售试点实施以后购进允许抵扣的固定资产。

(二) 销售自己使用过的除固定资产以外的物品计算

一般纳税人销售自己使用过的除固定资产以外的物品，应当按照适用税率征收增值税。

小规模纳税人（其他个人除外）销售自己使用过的除固定资产以外的物品，应按照 3% 的征收率征收增值税。

（三）纳税人销售旧货应纳税额的计算

旧货，是指进入二次流通的具有部分使用价值的货物（含旧汽车、旧摩托车和旧游艇），但不包括自己使用过的物品。

纳税人销售旧货的，按照简易办法依照 3% 征收率减按 2% 征收增值税。

四、复工复业小规模纳税人计税

为支持广大个体工商户在做好新冠肺炎疫情防控同时加快复工复业，自 2020 年 3 月 1 日至 5 月 31 日，对湖北省增值税小规模纳税人，适用 3% 征收率的应税销售收入，免征增值税；适用 3% 预征率的预缴增值税项目，暂停预缴增值税。除湖北省外，其他省、自治区、直辖市的增值税小规模纳税人，适用 3% 征收率的应税销售收入，减按 1% 征收率征收增值税；适用 3% 预征率的预缴增值税项目，减按 1% 预征率预缴增值税。

五、纳税人转让取得的不动产简易计税

纳税人取得的不动产，包括以直接购买、接受捐赠、接受投资入股、自建以及抵债等各种形式取得的不动产。取得的不动产不包括房地产开发企业销售自行开发的房地产项目。

（一）一般纳税人转让其取得的不动产简易计税

一般纳税人转让其 2016 年 4 月 30 日前取得的不动产，可以选择适用简易计税方法计算应纳税额，转让 2016 年 5 月 1 日后取得的不动产，适用一般计税方法计算应纳税额。

1. 简易计税方法下应纳税额的计算。

（1）一般纳税人转让其 2016 年 4 月 30 日前取得（不含自建）的不动产，选择适用简易计税方法计税，以取得的全部价款和价外费用扣除不动产购置原价或者取得不动产时作价后的余额为销售额，按照 5% 的征收率计算应纳税额。

（2）一般纳税人转让其 2016 年 4 月 30 日前自建的不动产，选择适用简易计税方法计税，以取得的全部价款和价外费用为销售额，按照 5% 的征收率计算应纳税额。

2. 一般计税方法下应纳税额的计算。

（1）一般纳税人转让其 2016 年 4 月 30 日前取得（含自建）的不动产，选择适用一般计税方法计税的，以取得的全部价款和价外费用为销售额计算应纳税额。

（2）一般纳税人转让其 2016 年 5 月 1 日后取得（含自建）的不动产，适用一般计税方法，以取得的全部价款和价外费用为销售额计算应纳税额。

（二）小规模纳税人转让其取得的不动产简易计税

小规模纳税人转让其取得的不动产，除个人转让其购买的住房外，按照以下规定缴纳增值税：

1. 小规模纳税人转让其取得（不含自建）的不动产，以取得的全部价款和价外费用扣除不动产购置原价或者取得不动产时作价后的余额为销售额，按照5%的征收率计算应纳税额。

2. 小规模纳税人转让其自建的不动产，以取得的全部价款和价外费用为销售额，按照5%的征收率计算应纳税额。

（三）个人转让其购买的住房简易计税

1. 个人转让其购买的住房，按照有关规定全额缴纳增值税的，以取得的全部价款和价外费用为销售额，按照5%的征收率计算应纳税额。

2. 个人转让其购买的住房，按照有关规定差额缴纳增值税的，以取得的全部价款和价外费用扣除购买住房价款后的余额为销售额，按照5%的征收率计算应纳税额。

需要注意的是，其他个人转让其购买的住房，向其住房所在地主管税务机关申报纳税。

六、纳税人提供不动产经营租赁服务应纳税额计算

纳税人以经营租赁方式出租其取得的不动产，其应纳税额按以下方法计算：

（一）一般纳税人出租不动产简易计税

1. 一般纳税人出租其2016年4月30日前取得的不动产，可以选择适用简易计税方法，按照5%的征收率计算应纳税额。

2. 一般纳税人出租其2016年5月1日后取得的不动产，适用一般计税方法，按适用税率计算应纳税额。

3. 一般纳税人出租其2016年4月30日前取得的不动产，选择适用一般计税方法，按适用税率计算应纳税额。

（二）小规模纳税人出租不动产简易计税

1. 单位和个体工商户出租不动产（不含个体工商户出租住房），按照5%的征收率计算应纳税额。个体工商户出租住房，按照5%的征收率减按1.5%计算应纳税额。

2. 其他个人出租不动产（不含住房），按照5%的征收率计算应纳税额。其他个人出租住房，按照5%的征收率减按1.5%计算应纳税额。计算公式为：

（1）出租住房。

应纳税额 = 含税销售额 ÷ (1 + 5%) × 1.5%

（2）出租非住房。

应纳税额 = 含税销售额 ÷ (1 + 5%) × 5%

需要注意的是，其他个人出租不动产（含住房），向其不动产所在地主管税务机关申报纳税。

七、资管产品增值税处理办法

（一）资管产品简易计税

资管产品管理人运营资管产品过程中发生的增值税应税行为（以下简称资管产品运营业务），暂适用简易计税方法，按照 3% 的征收率缴纳增值税。

资管产品管理人包括银行、信托公司、公募基金管理公司及其子公司、证券公司及其子公司、期货公司及其子公司、私募基金管理人、保险资产管理公司、专业保险资产管理机构、养老保险公司。

资管产品包括银行理财产品、资金信托（包括集合资金信托、单一资金信托）、财产权信托、公开募集证券投资基金、特定客户资产管理计划、集合资产管理计划、定向资产管理计划、私募投资基金、债权投资计划、股权投资计划、股债结合型投资计划、资产支持计划、组合类保险资产管理产品、养老保障管理产品。财政部和税务总局规定的其他资管产品管理人及资管产品。

（二）资管产品的其他增值税处理规定

1. 管理人接受投资者委托或信托对受托资产提供的管理服务以及管理人发生的除本通知第一条规定的其他增值税应税行为（以下称其他业务），按照现行规定缴纳增值税。

2. 管理人应分别核算资管产品运营业务和其他业务的销售额和增值税应纳税额。未分别核算的，资管产品运营业务不得适用简易征收规定。

3. 管理人可选择分别或汇总核算资管产品运营业务销售额和增值税应纳税额。

4. 管理人应按照规定的纳税期限，汇总申报缴纳资管产品运营业务和其他业务增值税。

5. 对资管产品在 2018 年 1 月 1 日前运营过程中发生的增值税应税行为，未缴纳增值税的，不再缴纳；已缴纳增值税的，已纳税额从资管产品管理人以后月份的增值税应纳税额中抵减。

本章习题

一、单项选择题

1. 2020 年 3 月，境外 A 公司为我国甲企业提供设备安装服务，甲企业向其支付含税价款 150 万元。同月，甲企业向境外 B 公司支付特许权使用费含税价款 500 万元。境外公司 AB 均在境内未设立经营机构，则甲企业应当扣缴的增值税税额为（　　）。

A. 18.93 万元　　B. 40.69 万元

C. 32.67 万元　　D. 36.79 万元

［参考答案］B

［答案解析］根据《财政部　国家税务总局关于全面推开营业税改征增值税试点的通知》附件 1《营业税改征增值税试点实施办法》，境外单位或者个人在境内发生应税行为，

在境内未设有经营机构的，扣缴义务人按照下列公式计算应扣缴税额：

应扣缴税额 = 购买方支付的价款 ÷（1 + 税率）× 税率

应扣缴 A 公司增值税 = 150 ÷（1 + 9%）× 9% = 12.39（万元）

应扣缴 B 公司增值税 = 500 ÷（1 + 6%）× 6% = 28.30（万元）

2. 2019 年 5 月，境外公司为我国境内企业 A 公司提供信息技术服务，A 公司共支付 300 万元信息技术服务费。境外公司在境内未设立经营机构，则 A 公司应当扣缴的增值税为（　　）。

A. 0 万元　　B. 8.74 万元

C. 16.98 万元　　D. 18 万元

［参考答案］**B**

［答案解析］中华人民共和国境外的单位或者个人在境内销售劳务，在境内未设有经营机构的，以其境内代理人为扣缴义务人；在境内没有代理人的，以购买方为扣缴义务人。扣缴义务人按照下列公式计算应扣缴的税额：

应扣缴税额 = 购买方支付的价款 ÷（1 + 税率）× 税率

= 300 ÷ 1.06 × 6%

= 16.98（万元）

3. 以下有关纳税人提供建筑服务的计税方法正确的是（　　）。

A. 纳税人在同一地级行政区范围内跨县（市、区）提供建筑服务在项目地预缴税款

B. 其他个人提供建筑服务应向建筑服务发生地主管税务机关申报纳税

C. 武汉市范围内发生跨县（市、区）提供建筑服务的不需要预缴税款

D. 一般纳税人跨县（市、区）提供建筑服务按照 2% 的预征率计算应预缴税款

［参考答案］**B**

［答案解析］纳税人在同一地级行政区范围内跨县（市、区）提供建筑服务，不适用《纳税人跨县（市、区）提供建筑服务增值税征收管理暂行办法》，同一地级行政区内跨县（市、区）提供建筑服务不需要在项目地预缴税款。

纳税人在同一直辖市、计划单列市范围内发生跨县（市、区）提供建筑服务的，由直辖市、计划单列市税务局决定是否适用本办法。除上述规定区域之外的其他省、自治区提供跨地级行政区的建筑服务以及跨省、市、自治区提供的建筑服务，需要在发生地预缴增值税。其他个人提供建筑服务应向建筑服务发生地主管税务机关申报纳税。

一般纳税人跨县（市、区）提供建筑服务，适用一般计税方法计税的，以取得的全部价款和价外费用扣除支付的分包款后的余额，按照 2% 的预征率计算应预缴税款。

4. 某批发医疗用品公司购进医疗用品进价 10 万元（含税），售价是 13 万元（含税），2020 年 3 月将这批外购医疗用品捐赠给承担疫情防治任务的定点医院，则增值税视同销售额是（　　）。

A. 10 万元　　B. 13 万元

C. 12 万元　　D. 0 万元

［参考答案］**D**

［答案解析］《增值税暂行条例实施细则》第四条第八款规定，将自产、委托加工或

者购进的货物无偿赠送其他单位或者个人，也即实物捐赠应视同销售货物行为，征收增值税。视同发生应税交易以及销售额为非货币形式的，按照市场公允价格确定销售额。

换算为不含税销售额是 15÷(1+13%)×13% =13.27（万元）

5. 某电器股份有限公司（一般纳税人）2019 年 4 月销售给某商场 100 台洗衣机，不含税单价为 4 500 元/台，已开具增值税专用发票，双方议定免费赠送给商场样机 5 台（未开具发票），当月该企业可以抵扣的进项税额为 3 400 元。该计算机股份公司应纳增值税为（　　）。

A. 55 100.00 元　　B. 58 025.00 元

C. 68 600.00 元　　D. 72 200.00 元

［参考答案］**B**

［答案解析］

应纳税额 =100×4 500×13% +5×4 500×13% -3 400 =58 025（元）

6. 某汽车生产企业系增值税一般纳税人，2019 年 5 月销售一批汽车，取得不含税销售额 1 469 万元，同时收取返还利润等价外费用 16.95 万元，则汽车生产企业该笔业务需要计算增值税的销项税额（　　）。

A. 192.92 万元　　B. 193.17 万元

C. 237.38 万元　　D. 252.17 万元

［参考答案］**A**

［答案解析］

销项税额 =1 469×13% +16.95÷(1+13%)×13% =192.92（万元）

收取的价外费用属于含税销售额，需换算为不含税销售额。

7. 某企业系增值税一般纳税人，发生的下列款项应计入应征增值税销售额的是（　　）。

A. 向购买方收取的销项税额

B. 受托加工应征消费税的消费品所代收代缴的消费税

C. 销售货物的同时代办保险等而向购买方收取的保险费

D. 向购货方收取的延期付款利息

［参考答案］**D**

［答案解析］增值税所称价外费用，包括价外向购买方收取的手续费、补贴、基金、集资费、返还利润、奖励费、违约金、滞纳金、延期付款利息、赔偿金、代收款项、代垫款项、包装费、包装物租金、储备费、优质费、运输装卸费以及其他各种性质的价外收费。受托方代收代缴的消费税，不是受托方提供加工劳务获得的收入，不属于价外费用，不包括在其应征增值税的销售额中。

8. 下列关于增值税税务处理的表述中，正确的是（　　）。

A. 转让商誉不属于销售无形资产

B. 销售货物的同时代办保险而向购买方收取的保险费属于价外费用

C. 卫星电视信号落地转接服务按照增值电信服务缴纳增值税

D. 销售自产机器设备的同时提供安装服务属于混合销售

［参考答案］**C**

[答案解析] 增值税的无形资产，是指不具实物形态，但能带来经济利益的资产，包括技术、商标、著作权、商誉、自然资源使用权和其他权益性无形资产；销售货物的同时代办保险等而向购买方收取的保险费，不包括在价外费用内；卫星电视信号落地转接服务，按照增值电信服务缴纳增值税；纳税人销售活动板房、机器设备、钢结构件等自产货物的同时提供建筑、安装服务，不属于混合销售。

9. 某企业为一般纳税人，提供货物运输服务和装卸搬运服务，其中货物运输服务适用一般计税方法，装卸搬运服务选择适用简易计税方法。该纳税人2019年5月发生员工出差机票总价90万元，燃油附加费8.1万元，民航发展基金4万元，保险2万元。纳税人5月还另外租入办公用房用于货物运输与装卸服务，取得进项税额8.3万元。该纳税人当月取得货物运输收入60万元，装卸搬运服务收入40万元。纳税人因兼营简易计税项目而无法划分所取得进项税额。计算该企业销项税额、进项税额及应转出的进项税额为(　　)。

A. 5.66万元　9.84万元　3.37万元

B. 7.21万元　13.16万元　3.24万元

C. 8.26万元　9.84万元　6.56万元

D. 9.00万元　13.16万元　6.69万元

[参考答案] **B**

[答案解析] 货物运输销项税额 $=60\div(1+9\%)\times9\%=4.95$（万元）

装卸搬运服务销项税额 $=40\div(1+6\%)\times6\%=2.26$（万元）

简易征收进项税额转出比例：$40\div(60+40)=0.4$

取得注明旅客身份信息的航空运输电子客票行程单的，按照下列公式计算进项税额：航空旅客运输进项税额＝(票价＋燃油附加费)÷(1＋9%)×9%，民航发展基金不作为计算进项税额的基数。

机票进项税额 $=(90+8.1)\div(1+9\%)\times9\%=8.1$（万元）

不允许抵扣进项税额 $=8.1\times0.4=3.24$（万元）

纳税人租入固定资产、不动产，既用于一般计税方法计税项目，又用于简易计税方法计税项目、免征增值税项目、集体福利或者个人消费的，其进项税额准予从销项税额中全额抵扣8.3万元。

10. 下列属于混合销售行为的是(　　)。

A. 一般纳税人销售门窗的同时提供运输装卸搬运服务

B. 纳税人销售自产机器设备的同时提供建筑安装服务

C. 纳税人销售自产钢结构件的同时提供建筑安装服务

D. 纳税人销售自产活动板房的同时提供建筑安装服务

[参考答案] **A**

[答案解析] 混合销售的特殊情形：纳税人销售活动板房、机器设备、钢结构件等自产货物的同时提供建筑、安装服务，不属于混合销售，应分别核算货物和建筑服务的销售额，分别适用不同的税率或者征收率。

11. 单位或者个体工商户的下列行为，应视同销售货物征收增值税的是(　　)。

A. 将外购的钢材用于本企业仓库车间的修建

B. 将外购的红酒作为福利发给企业员工

C. 将委托加工收回的高档化妆品赠送客户

D. 将研发的新款手机用于同一县市门店展览

［参考答案］C

［答案解析］增值税视同销售货物的范围：将自产、委托加工或购买的货物分配给股东或投资者；将自产、委托加工或者购进的货物无偿赠送其他单位或者个人；非同一县（市），将货物从一个机构移送其他机构用于销售。将外购的钢材用于本企业车间的修建，属于用于增值税应税项目，不视同销售；将自产、委托加工的货物用于集体福利或者个人消费视同销售货物，而将外购的货物用于集体福利或者个人消费，购进时不予抵扣进项税额，处置时也不视同销售货物。

12. 下列属于增值税视同销售的是（　　）。

A. 食品厂为职工制作蛋糕作为生日礼物

B. 印刷厂将空置车间出租约定免租期

C. 啤酒厂将购买的茶叶发放给职工

D. 服装厂为法人购买小汽车

［参考答案］A

［答案解析］《国家税务总局关于土地价款扣除时间等增值税征管问题的公告》（国家税务总局公告 2016 年第 86 号），纳税人出租不动产，租赁合同中约定免租期的，不属于《营业税改征增值税试点实施办法》（财税〔2016〕36 号）附件第十四条规定的视同销售服务。

13. 下列增值税应税行为计算销项税额时，不能按差额确定销售额的是（　　）。

A. 安全保护服务　　B. 人力资源外包服务

C. 航空运输服务　　D. 直接收费金融服务

［参考答案］D

［答案解析］直接收费金融服务，以提供直接收费金融服务收取的手续费、佣金、管理费、服务费、经手开户费、过户费、结算费、转托管费等各类费用为销售额。

14. 实行差额征税的纳税人按照规定可以从全部价款和价外费用中扣除的价款，应当取得符合法律、行政法规和国家税务总局规定的有效凭证。下述凭证不得扣除的是（　　）。

A. 增值税普通发票

B. 缴纳税款的完税凭证

C. 支付给境内个人的款项的签收单据

D. 市级财政部门监（印）制的财政票据

［参考答案］C

［答案解析］支付给境外单位或者个人的款项，以该单位或者个人的签收单据为合法有效凭证，税务机关对签收单据有疑议的，可以要求其提供境外公证机构的确认证明。

15. 甲企业生产销售 A 产品，每件制造成本 1 000 元，市场上同类商品售价为 1 500 元/件。

2020 年 3 月采用还本销售方式销售甲产品 100 件，售价为 1 800 元/件，1 年后全额一次还本。假设本期未发生进项税额，应缴纳的增值税是（　　）元。

A. 19 500　　B. 23 400

C. 13 000　　D. 3 900

［参考答案］**B**

［答案解析］纳税人采取还本销售方式销售货物，其计税销售额就是货物的销售价格，不得从销售额中减除还本支出。

16. 甲企业 2020 年 3 月销售给乙企业一批蔬菜大棚用塑料布，乙企业因资金紧张，无法支付货币资金，经双方友好协商，乙企业分批用自产的蔬菜抵顶货款，蔬菜用于职工食堂和分发集体福利。已知：甲乙企业均为增值税一般纳税人。则下列表述正确的是（　　）。

A. 甲企业收到乙企业的蔬菜不做购销处理

B. 企业发出抵顶货款的蔬菜不做销售处理

C. 甲、乙双方发出货物都做销售处理但收到货物所含增值税额不能计入进项税额

D. 甲、乙双方都应做购销处理，可对开增值税专用发票分别核算销项税额和进项税额

［参考答案］**C**

［答案解析］纳税人采取以物易物方式销售的，以物易物双方都应作购销处理，以各自发出的货物核算销售额并计算销项税额，以各自收到的货物核算购货额并计算进项税额。乙企业自产蔬菜免税产品不得抵扣从甲企业购进塑料布的进项税额，甲企业取得的非自产免税蔬菜发票也不能抵扣进项税额。

17. 纳税人为销售货物出租出借包装物而收取的押金，作为价外费用计算缴纳增值税的是（　　）。

A. 销售货物出租包装物收取押金并单独记账核算

B. 因逾期 1 年未收回包装物不再退还的押金

C. 销售黄酒收取的包装物押金

D. 销售啤酒收取的包装物押金

［参考答案］**B**

［答案解析］押金首先考虑是否是因为纳税人销售货物或者应税劳务而向购买方收取的；其次要考虑押金是否逾期。纳税人为销售货物而出租出借包装物收取的押金，单独记账核算的，不并入销售额征税。但对因逾期未收回包装物不再退还的押金，应按所包装货物的适用税率征收增值税。纳税人为销售货物出租出借包装物而收取的押金，无论包装物周转使用期限长短，超过 1 年（含 1 年）以上仍不退还的均并入销售额征税。自 1995 年 6 月 1 日起，对销售除啤酒、黄酒外的其他酒类产品而收取的包装物押金，无论是否返还以及会计上如何核算，均应并入当期销售额征税。

18. 下列缴纳增值税的方法不正确的是（　　）。

A. 直销企业将货物销售给直销员收取 5 000 元，直销员再将货物销售给消费者收取 6 000元，直销企业的销售额为 5 000 元，直销员按 1 000 元居间经纪代理收入缴纳增值税

B. 直销企业将货物销售给直销员收取 5 000 元，直销员再按 1.5% 的服务费将货物销售给消费者收取 5 000 元，直销企业的销售额为 5 000 元，直销员按 1.5% 的佣金收入缴纳增值税

C. 直销企业通过直销员向消费者销售货物，直接向消费者收取货款 6 000 元，发放给直销员 500 元提成，直销企业的销售额为 6 000 元

D. 直销企业通过直销员向消费者销售货物，直接向消费者收取货款 6 000 元，发放给直销员 500 元提成，直销企业的销售额为 5 500 元

［参考答案］ D

［答案解析］ 直销企业先将货物销售给直销员，直销员再将货物销售给消费者的，直销企业的销售额为其向直销员收取的全部价款和价外费用。直销员将货物销售给消费者时，应按照现行规定缴纳增值税。

直销企业通过直销员向消费者销售货物，直接向消费者收取货款，直销企业的销售额为其向消费者收取的全部价款和价外费用。

19. 直销员张某从直销企业 A 进货销售给消费者，月底张某向直销企业 A 开具增值税发票，以下增值税处理不正确的是（　　）。

A. 直销企业将货物销售给直销员，销售额为其向直销员收取的全部价款和价外费用

B. 直销员再将货物销售给消费者应按照现行规定缴纳增值税

C. 直销企业的销售额为其向消费者收取的全部价款和价外费用

D. 直销企业直接向消费者收取货款，销售额为其向消费者收取的全部价款和价外费用

［参考答案］ C

［答案解析］ 直销企业先将货物销售给直销员，直销员再将货物销售给消费者的，直销企业的销售额为其向直销员收取的全部价款和价外费用。直销员将货物销售给消费者时，应按照现行规定缴纳增值税。

直销企业通过直销员向消费者销售货物，直接向消费者收取货款，直销企业的销售额为其向消费者收取的全部价款和价外费用。

20. 以下有关发卡清算收单机构提供银行卡跨机构资金清算服务销售额的确认，不正确的是（　　）。

A. 发卡机构以其向收单机构收取的发卡行服务费为销售额

B. 清算机构以其向发卡机构、收单机构收取的网络服务费为销售额

C. 收单机构以其向商户收取的收单服务费为销售额

D. 清算机构从收单机构取得的发卡行服务费

［参考答案］ D

［答案解析］ 发卡机构以其向收单机构收取的发卡行服务费为销售额，并按照此销售额向清算机构开具增值税发票；清算机构以其向发卡机构、收单机构收取的网络服务费为销售额，并按照发卡机构支付的网络服务费向发卡机构开具增值税发票，按照收单机构支付的网络服务费向收单机构开具增值税发票；清算机构从发卡机构取得的增值税发票上记载的发卡行服务费，一并计入清算机构的销售额，并由清算机构按照此销售额向收单机构

开具增值税发票；收单机构以其向商户收取的收单服务费为销售额，并按照此销售额向商户开具增值税发票。

21. 一般纳税人销售自行开发的房地产项目，适用一般计税方法计税，按照取得的全部价款和价外费用，扣除当期销售房地产项目对应后的余额为销售额。不能差额扣除的项目是（　　）。

A. 征地和拆迁补偿费用　　B. 土地前期开发费用

C. 土地出让收益　　D. 政府补贴收入

［参考答案］D

［答案解析］一般纳税人销售自行开发的房地产项目，适用一般计税方法计税，按照取得的全部价款和价外费用，扣除当期销售房地产项目对应的向政府部门支付的土地价款以及向其他单位或个人支付的拆迁补偿费用后的余额为销售额。支付的土地价款，是指向政府、土地管理部门或受政府委托收取土地价款的单位直接支付的土地价款。包括土地受让人向政府部门支付的征地和拆迁补偿费用、土地前期开发费用和土地出让收益等。

22. 建筑工程总承包单位为房屋建筑的地基与基础、主体结构提供工程服务，建设单位自行采购全部或部分钢材、混凝土、砌体材料、预制构件的，增值税适用的计税方法是（　　）。

A. 简易计税　　B. 简易计税或一般计税

C. 一般计税　　D. 按不同税率分别核算

［参考答案］A

［答案解析］根据《财政部　国家税务总局关于建筑服务等营改增试点政策的通知》（财税〔2017〕58号）第一条规定，建筑工程总承包单位为房屋建筑的地基与基础、主体结构提供工程服务，建设单位自行采购全部或部分钢材、混凝土、砌体材料、预制构件的，适用简易计税方法计税。

23. 某增值税一般纳税人，2019年5月发生如下经济业务：销售2009年3月购入已抵扣进项税额的设备一台，增值税普通发票上注明的金额88 495.58元；销售2008年10月购入未纳入扩大增值税抵扣范围试点的设备一台，增值税普通发票上注明的金额为20 600元。则该纳税人当月应纳增值税为（　　）元。

A. 12 550.82　　B. 11 916.43

C. 14 182.43　　D. 11 856.57

［参考答案］B

［答案解析］应纳税额＝88 495.58×13%＋20 600×2%＝11 916.43（元）

2008年12月31日以前未纳入扩大增值税抵扣范围试点的纳税人，销售自己使用过的2008年12月31日以前购进或者自制的固定资产，依照3%征收率减按2%征收增值税。销售自己使用过的2009年1月1日以后购进或者自制的已抵扣进项税额的固定资产，按适用税率征收增值税。

二、多项选择题

1. 某公司2019年10月发生如下业务，需要计算增值税应纳税额的是（　　）。

A. 销售二手整体厨房50万元　　B. 以房屋抵偿债务1 100万元

C．取得财政补贴收入 30 万元

D．进口特斯拉汽车一辆 80 万元

E．向关联企业借款获利 10 万元

[参考答案] ABDE

[答案解析] 根据《国家税务总局关于取消增值税扣税凭证认证确认期限等增值税征管问题的公告》（国家税务总局公告 2019 年第 45 号），纳税人取得的财政补贴收入，与其销售货物、劳务、服务、无形资产、不动产的收入或者数量直接挂钩的，应按规定计算缴纳增值税。纳税人取得的其他情形的财政补贴收入，不属于增值税应税收入，不征收增值税。

2. 关于增值税进口货物的计税价格，下列说法正确的是（　　）。

A．计税价格含消费税

C．计税价格不含关税

B．计税价格含增值税

D．计税价格中含关税

E．计税价格不含消费税

[参考答案] AD

[答案解析] 纳税人进口货物，按照组成计税价格和规定的税率计算应纳税额。

组成计税价格 = 关税完税价格 + 关税 + 消费税

3. 以下完善跨境电子商务零售进口税收政策有关事项正确的是（　　）。

A．跨境电子商务零售进口商品的单次交易限值 2 000 元

B．跨境电子商务零售进口商品的单次交易限值 5 000 元

C．跨境电子商务零售进口商品的年度交易限值 20 000 元

D．跨境电子商务零售进口商品的年度交易限值 26 000 元

E．跨境电子商务零售全年单次进口共一件商品 18 000 元

[参考答案] BD

[答案解析] 根据《财政部　海关总署　税务总局关于完善跨境电子商务零售进口税收政策的通知》（财关税〔2018〕49 号），将跨境电子商务零售进口商品的单次交易限值由人民币 2 000 元提高至 5 000 元，年度交易限值由人民币 20 000 元提高至 26 000 元。完税价格超过 5 000 元单次交易限值但低于 26 000 元年度交易限值，且订单下仅一件商品时，可以自跨境电商零售渠道进口，按照货物税率全额征收关税和进口环节增值税、消费税，交易额计入年度交易总额，但年度交易总额超过年度交易限值的，应按一般贸易管理。

4. 纳税人（不含其他个人）出租与机构所在地不在同一县（市）的不动产，下列选项中表述中正确的有（　　）。

A．应在取得租金的次月纳税申报期或不动产所在地税务机关核定的纳税期限预缴税款

B．纳税人提供租赁服务采取预收款方式的，其纳税义务发生时间为收到预收款的当天

C．向不动产所在地税务机关预缴的增值税款，在当期增值税应纳税额中抵减

D．自行开具增值税发票的小规模纳税人，可向不动产所在地税务机关申请代开增值税发票

E．试点纳税人销售其取得的不动产，应当按照有关规定向税务机关申请代开增值税

专用发票

［参考答案］ **AB**

［答案解析］根据《财政部 国家税务总局关于全面推开营业税改征增值税试点的通知》和《国家税务总局关于发布〈纳税人提供不动产经营租赁服务增值税征收管理暂行办法〉的公告》相关规定，向不动产所在地税务机关预缴的增值税款，在当期增值税应纳税额中抵减，抵减不完的，结转下期继续抵减。纳税人以预缴税款抵减应纳税额，应以完税凭证作为合法有效凭证。

《国家税务总局关于扩大小规模纳税人自行开具增值税专用发票试点范围等事项的公告》（国家税务总局公告2019年第8号），扩大小规模纳税人自行开具增值税专用发票试点范围。试点纳税人销售其取得的不动产，需要开具增值税专用发票的，应当按照有关规定向税务机关申请代开（2020年2月1日前）。

《国家税务总局关于增值税发票管理等有关事项的公告》（国家税务总局公告2019年第33号），自2020年2月1日起，增值税小规模纳税人（其他个人除外）发生增值税应税行为，需要开具增值税专用发票的，可以自愿使用增值税发票管理系统自行开具。选择自行开具增值税专用发票的小规模纳税人，税务机关不再为其代开增值税专用发票。

5. 下列选项中关于增值税征收率的表述中，正确的有（ ）。

A. 小规模纳税人销售自行开发的房地产按照5%的征收率计算增值税

B. 一般纳税人收取试点前开工桥闸通行费可以选择按照5%征收率计算缴纳增值税

C. 一般纳税人提供人力资源外包服务可以选择按照5%征收率计算缴纳增值税

D. 一般纳税人销售自行开发的房地产老项目可以选择按照5%征收率计税

E. 一般纳税人出租不动产应按照5%预征率在不动产所在地预缴税款

［参考答案］ **ABCD**

［答案解析］选项E，一般纳税人出租其2016年5月1日后取得的、与机构所在地不在同一县（市）的不动产，应按照3%的预征率在不动产所在地预缴税款。

6. 甲公司应税服务的价格明显偏低并申请延期缴纳税款，应按以下价格确定销售额：（ ）。

A. 按纳税人最近时期销售同类服务的平均价格确定

B. 按其他纳税人最近时期销售同类服务的平均价格确定

C. 按组成计税价格等于成本×（1+成本利润率）确定

D. 发生视同销售货物行为而无销售额者由主管税务机关核定其销售额

E. 价格明显偏低并无正当理由的由主管税务机关核定其销售额

［参考答案］ **ABCE**

［答案解析］纳税人发生应税销售行为的价格明显偏低并无正当理由的，由主管税务机关核定其销售额。

纳税人发生应税行为价格明显偏低或者偏高且不具有合理商业目的的，或者发生视同销售货物行为而无销售额者，按下列顺序确定销售额：

（1）按纳税人最近时期同类货物、劳务、服务、无形资产或者不动产的平均价格确定；

（2）按其他纳税人最近时期销售同类货物、劳务、服务、无形资产或者不动产的平均价格确定；

（3）按组成计税价格确定。组成计税价格的公式为：

组成计税价格 = 成本 ×（1 + 成本利润率）

不具有合理商业目的，是指以谋取税收利益为主要目的，通过人为安排，减少、免除、推迟缴纳增值税税款，或者增加退还增值税税款。

7. 根据现行增值税法规政策规定，销售方销售货物和应税劳务同时向购买方收取的下列款项属于价外费用的有（　　）。

A. 包装物租金

B. 运输装卸费

C. 违约金

D. 代办保险费

E. 代缴车辆牌照费

［参考答案］ABC

［答案解析］本题的考核点是增值税价外费用的界定，属于基础型知识点。

价外费用包括纳税人销售货物或者应税劳务价外向购买方收取的违约金、滞纳金、延期赔偿金、包装物租金、运输装卸费，以及其他各种性质的价外收费。但不包括销售货物的同时代办保险等而向购买方收取的保险费，以及向购买方收取的代购买方缴纳的车辆购置税、车辆牌照费。

8. 增值税的销售额为纳税人销售货物或者提供应税劳务向购买方收取的全部价款和价外费用，但下列费用不包括在价外费用之中的有（　　）。

A. 符合法定条件的代垫运费

B. 向购买方收取的延期付款利息

C. 向购买方收取的增值税销项税额

D. 受托加工应征消费税消费品代收代缴的消费税

E. 向购买方收取的关税税额

［参考答案］ACD

［答案解析］本题的考核点是增值税销售额，属于提高型知识点。销售额为纳税人销售货物或者应税劳务向购买方收取的全部价款和价外费用，但是不包括收取的销项税额。价外费用包括价外向购买方收取延期付款利息。但下列项目不包括在内：一是受托加工应征消费税的消费品所代收代缴的消费税；二是同时符合以下条件的代垫运输费用：（1）承运部门的运输费用发票开具给购买方的；（2）纳税人将该项发票转交给购买方的。

9. 某建筑公司为一般纳税人，销售电梯的同时提供安装服务，该公司销售额的确定正确的是（　　）。

A. 其安装服务可以按照清包工程选择适用简易计税方法计税

B. 其对安装运行后的电梯提供的维护保养服务按照“其他现代服务”缴纳增值税

C. 其销售电梯的同时提供安装服务可以按照甲供工程选择适用简易计税方法计税

D. 其对安装运行后的电梯提供的维护保养服务按照“居民生活服务”缴纳增值税

E. 其对安装运行后的电梯提供的维护保养服务按照“其他生活服务”缴纳增值税

［参考答案］BCE

[答案解析] (1) 纳税人销售活动板房、机器设备、钢结构件等自产货物的同时提供建筑、安装服务，不属于混合销售，应分别核算货物和建筑服务的销售额，分别适用不同的税率或者征收率。(2) 一般纳税人销售自产机器设备的同时提供安装服务，应分别核算机器设备和安装服务的销售额，安装服务可以按照甲供工程选择适用简易计税方法计税。(3) 一般纳税人销售外购机器设备的同时提供安装服务，如果已经按照兼营的有关规定，分别核算机器设备和安装服务的销售额，安装服务可以按照甲供工程选择适用简易计税方法计税。(4) 纳税人对安装运行后的机器设备提供的维护保养服务，按照“其他现代服务”缴纳增值税。

10. 一般纳税人销售电梯的同时提供安装服务缴纳增值税的方法是（　　）。

A. 可以按照甲供工程选择适用简易计税方法计税缴纳增值税

B. 对电梯安装运行后提供的维护保养服务属于“其他现代服务”

C. 可以按照电梯公司混合销售货物缴纳增值税

D. 可以按照电梯安装工程公司销售建筑服务缴纳增值税

E. 可以按照兼营不同税率货物和服务分别核算销售额

[参考答案] **ABC**

[答案解析] 一般纳税人销售电梯的同时提供安装服务，其安装服务可以按照甲供工程选择适用简易计税方法计税。纳税人对安装运行后的电梯提供的维护保养服务，按照“其他现代服务”缴纳增值税。生产销售电梯公司的同一项增值税销售行为可以按照电梯公司混合销售货物缴纳增值税。

11. 下列情形属于视同销售的有（　　）。

A. 某冰箱厂无偿向本公司技能大赛获奖员工发放冰箱

B. 某咨询公司为母公司无偿提供技术咨询服务

C. 某加油站开业无偿赠送100升汽油

D. 某医疗机构无偿提供血压测量服务

E. 不动产租赁合同中约定了免租期

[参考答案] **ABC**

[答案解析] 将自产、委托加工或购买的货物无偿赠送他人；纳税人出租不动产，租赁合同中约定免租期的，不属于《营业税改征增值税试点实施办法》(财税〔2016〕36号附件1) 第十四条规定的视同销售服务；单位或者个体工商户向其他单位或者个人无偿提供服务，但用于公益事业或者以社会公众为对象的除外。

12. 下列情形，属于视同提供增值税应税服务的有（　　）。

A. 某运输公司免费为市孤儿院提供运输服务

B. 某运输公司免费为市政府运送物品

C. 某律师事务所免费为某企业提供资产重组相关业务法律咨询服务

D. 某律师事务所在广场为市民进行免费法律咨询服务

E. 某医院为区政府公务员提供体检服务

[参考答案] **BCE**

[答案解析] 单位或者个体工商户向其他单位或者个人无偿提供服务，视同销售应税

服务。但用于公益事业或者以社会公众为对象的除外。

13. 纳税人提供旅游服务选择差额确定销售额，向旅游服务购买方收取并支付给其他单位或者个人的费用，可以从取得的全部价款和价外费用中扣除的是（　　）。

A. 住宿费　　B. 交通费

C. 电话费　　D. 门票费

E. 旅游费

［参考答案］ABD

［答案解析］本题涉及的知识点是增值税纳税人提供旅游服务差额确定销售额的规定。纳税人提供旅游服务，可以选择以取得的全部价款和价外费用，扣除向旅游服务购买方收取并支付给其他单位或者个人的住宿费、餐饮费、交通费、签证费、门票费和支付给其他接团旅游企业的旅游费用后的余额为销售额。

14. 甲企业向 A 公司销售商品的不含税销售价为 100 万元，商业折扣 10%，现金折扣是 15%。甲公司计算的增值税销项税额不正确的是（　　）。

A. 12 万元　　B. 11.7 万元

C. 13 万元　　D. 11.05 万元

E. 1.3 万元

［参考答案］ADE

［答案解析］《关于印发〈增值税若干具体问题的规定〉的通知》（国税发〔1993〕154 号）规定：纳税人采取折扣方式销售货物，如果销售额和折扣额在同一张发票上分别注明的，可按折扣后的销售额征收增值税；如果将折扣额另开发票，不论其在财务上如何处理，均不得从销售额中减除折扣额。

100×（1－10%）×13%＝11.7（万元）

100×13%＝13（万元）

15. 下列可以按折扣折让后的销售额征收增值税的有（　　）。

A. 销售折让开具的红字增值税专用发票可以冲减销售收入

B. 现金折扣销售额和折扣额在同一张发票的“金额”栏分别注明

C. 商业折扣销售额和折扣额在同一张发票的“金额”栏分别注明

D. 商业折扣销售额和折扣额在同一张发票的“备注”栏注明

E. 不动产折扣销售额和折扣额在同一张发票的“备注”栏注明

［参考答案］AC

［答案解析］折扣方式销售是指纳税人在发生销售货物或者劳务、服务、无形资产、不动产等应税行为时，因购货方购货数量较大等原因而给予购货方的价格优惠，是交易行为发生前的价格让渡。这种销售方式一般称为商业折扣。

16. 下列关于增值税的计税销售额的规定，说法正确的是（　　）。

A. 以物易物方式销售货物按购销业务处理

B. 以旧换新方式销售金银首饰为实际收取的不含增值税的价款

C. 还本销售方式销售货物不得扣除还本支出

D. 销售折扣方式销售货物可以从计税销售额中扣减折扣额

E. 销售电信服务附赠另外一种电信服务可以扣减赠送额

［参考答案］ABC

［答案解析］以旧换新业务中，只有金银首饰以旧换新，按实际收取的不含增值税的价款计税，其他货物以旧换新均以新货物不含税价计税，不得扣减旧货物的收购价格。

17. 某银行2019年10月15日应收贷款利息收入1 000万元，其中A企业的贷款因资金短缺及疫情停工停业未缴纳利息50万元。2020年1月31日，银行对账单显示除了贷款利息收入和直接收费金融服务收入1 200万元之外，还应收取A企业管理费、结算费等费用3万元。以下金融服务业销售额确认表述正确的是（ ）。

A. 2020年1月31日，A企业的50万元利息暂不征收增值税

B. 2020年1月31日，A企业的3万元管理费结算费等费用征收增值税

C. 2020年1月31日，A企业的3万元管理费结算费等费用暂不征收增值税

D. 2019年12月31日，应收未收A企业贷款利息收入暂不征收增值税

E. 2019年12月31日，应收未收A企业贷款利息收入按现行规定缴纳增值税

［参考答案］ABE

［答案解析］直接收费金融服务，以提供直接收费金融服务收取的手续费、佣金、酬金、管理费、服务费、经手费、开户费、过户费、结算费、转托管费等各类费用为销售额。

《关于明确金融 房地产开发 教育辅助服务等增值税政策的通知》（财税〔2016〕140号）规定：自结息日起90天内发生的应收未收利息按现行规定缴纳增值税，自结息日起90天后发生的应收未收利息暂不缴纳增值税，待实际收到利息时按规定缴纳增值税。

18. 某药品企业同时生产A、B、C、D多种罕见病药品，经过计算，企业对A、D药品选择简易计税较为有利，但B、C药品适用一般计税办法税负更低，则企业可以仅对A药品选择简易计税。以下说法正确的有（ ）。

A. A药品选择简易计税

B. B药品适用一般计税办法

C. C药品适用一般计税办法

D. D药品选择一般计税方法

E. 只能选择一种计税方法

［参考答案］ABC

［答案解析］《财政部 海关总署 税务总局 药监局关于罕见病药品增值税政策的通知》（财税〔2019〕24号）规定，自2019年3月1日起，增值税一般纳税人生产销售和批发、零售罕见病药品，可选择按照简易办法依照3%征收率计算缴纳增值税。为充分保障纳税人权益，使纳税人能根据自身经营情况做出最优选择，当纳税人同时经营多种罕见病药品时，可以只对其中某一个或多个产品选择简易计税。如某药品企业同时生产A、B两种罕见病药品，经过计算，企业对A药品选择简易计税较为有利，但B药品适用一般计税办法税负更低，则企业可以仅对A药品选择简易计税。

19. 电影《我不是药神》中有一种治疗慢性粒细胞白血病的药“格列卫”价格较高。为鼓励我国抗癌制药产业发展，降低患者用药成本，目前抗癌药品增值税政策正确的是（ ）。

A. 增值税一般纳税人生产销售和批发、零售抗癌药品，可选择按照简易办法依照3%

征收率计算缴纳增值税。选择简易办法计算缴纳增值税后，36个月内不得变更

B. 自2018年5月1日起，对进口抗癌药品，减按3%征收进口环节增值税

C. 抗癌药品，是指经国家药品监督管理部门批准注册的抗癌制剂及原料药。抗癌药品范围应在3年内保持稳定

D. 纳税人应单独核算抗癌药品的销售额。未单独核算的，不得适用简易征收政策

E. 纳税人购进原材料用于按照简易办法征收的抗癌药品生产，取得的进项税额允许抵扣

［参考答案］**ABD**

［答案解析］自2018年5月1日起，增值税一般纳税人生产销售和批发、零售抗癌药品，可选择按照简易办法依照3%征收率计算缴纳增值税。选择简易办法计算缴纳增值税后，36个月内不得变更。自2018年5月1日起，对进口抗癌药品，减按3%征收进口环节增值税。纳税人应单独核算抗癌药品的销售额。未单独核算的，不得适用简易征收政策。抗癌药品，是指经国家药品监督管理部门批准注册的抗癌制剂及原料药。抗癌药品范围实行动态调整，由财政部、海关总署、税务总局、国家药品监督管理局根据变化情况适时明确，无年限限制。

20. 一般纳税人从事下列项目，可以选择适用简易计税方法计税的是（ ）。

A. 公交客运服务　　B. 电影放映服务

C. 航空运输服务　　D. 文化娱乐服务

E. 销售抗癌药品

［参考答案］**ABE**

［答案解析］一般纳税人从事下列项目可以选择简易计税：公共交通运输服务，包括轮客渡、公交客运、地铁、城市轻轨、出租车、长途客运、班车；电影放映服务、仓储服务、装卸搬运服务、收派服务和文化体育服务；一般纳税人为甲供工程提供的建筑服务，可以选择适用简易计税方法计税；增值税一般纳税人生产销售和批发、零售抗癌药品。

21. 某内资研发机构为增值税一般纳税人，2019年5月发生下列业务：取得培训收入60万元；取得停车场停车费收入33万元（该机构2015年建成）；购置教学研发设备一批，取得增值税专用发票并已勾选认证增值税税额5万元。该研发机构2019年5月应缴纳的增值税税额是（ ）。

A. 取得培训收入60万元可以选择适用简易计税方法按照3%征收率计算销项税额

B. 取得停车场停车费收入33万元可以选择适用简易计税方法按照5%征收率计算销项税额

C. 购置教学研发设备一批，取得增值税专用发票并已勾选认证增值税税额5万元不得抵扣进项税额

D. 购置教学研发设备一批，取得增值税专用发票并已勾选认证增值税税额5万元可以抵扣进项税额

E. 内资研发机构采购国产设备可申请全额退还增值税5万元

［参考答案］**ABE**

［答案解析］根据政策规定，一般纳税人提供非学历教育服务，可以选择适用简易计

税方法按照3%征收率计算应纳税额；一般纳税人出租其2016年4月30日前取得的不动产，可以选择适用简易计税方法，按照5%的征收率计算应纳税额。当月无一般计税项目，购置教学电子设备不可以抵扣进项税额。

22. 下列关于固定资产处理的说法，不正确的有（　　）。

A. 小规模纳税人销售自己使用过的吊车按照3%征收率征收增值税

B. 小规模纳税人销售自己使用过的彩电按照2%征收率开具增值税专用发票

C. 一般纳税人销售2012年购进的汽车按照3%征收率减按2%征收增值税

D. 一般纳税人销售2008年购进的设备按照3%征收率开具增值税专用发票

E. 一般纳税人销售2008年购进的机器按照3%征收率减按2%征收增值税

[参考答案] AB

[答案解析] 小规模纳税人销售自己使用过的固定资产，应减按2%征收率征收增值税；小规模纳税人销售自己使用过的除固定资产以外的物品，应按3%的征收率征收增值税；增值税一般纳税人销售自己使用过的2009年1月1日以后购进的固定资产（2013年8月1日以后购入应征消费税的小汽车、摩托车、游艇），按照适用税率征收增值税。纳税人可以放弃减税按3%的征收率开具增值税专用发票。

23. 山东省某个体工商户主营化妆品批发业务，属于按月申报的增值税小规模纳税人，2020年3月销售货物取得收入20万元，以下业务处理正确的是（　　）。

A. 享受支持复工复业增值税优惠政策

B. 享受减按1%征收率征收增值税政策

C. 享受季度销售额不超过30万元免税政策

D. 可以按1%开具增值税专用发票

E. 可以按1%开具增值税普通发票

[参考答案] ABDE

[答案解析]《财政部　税务总局关于实施小微企业普惠性税收减免政策的通知》（财税〔2019〕13号）第一条规定，对月销售额10万元以下（含本数）的增值税小规模纳税人，免征增值税。《财政部　税务总局关于支持个体工商户复工复业增值税政策的公告》（国家税务总局公告2020年第13号）规定，自2020年3月1日至5月31日，除湖北省外，其他省、自治区、直辖市的增值税小规模纳税人，适用3%征收率的应税销售收入，减按1%征收率征收增值税。《关于支持个体工商户复工复业等税收征收管理事项的公告》（国家税务总局公告2020年第5号）第一条规定，增值税小规模纳税人取得应税销售收入，纳税义务发生时间在2020年3月1日至5月31日，适用减按1%征收率征收增值税的，按照1%征收率开具增值税发票。

24. 小规模纳税人出租不动产，下列关于其缴纳增值税的表述，正确的是（　　）。

A. 单位和个体工商户出租不动产（不含个体工商户出租住房），按照3%的征收率计算应纳税额

B. 个体工商户出租住房，按照5%的征收率减按1.5%计算应纳税额

C. 不动产所在地与机构所在地不在同一县（市、区）的，纳税人应向不动产所在地主管国税机关预缴税款，向机构所在地主管国税机关申报纳税，向机构所在地主管国税机

关申报纳税

D. 不动产所在地与机构所在地不在同一县（市、区）的，向机构所在地主管国税机关申报纳税并缴纳税款

E. 单位和个体工商户出租不动产（不含个体工商户出租住房），按照 5% 的征收率计算应纳税额

［参考答案］BCE

［答案解析］单位和个体工商户出租不动产（不含个体工商户出租住房），按照 5% 的征收率计算应纳税额。个体工商户出租住房，按照 5% 的征收率减按 1.5% 计算应纳税额。

不动产所在地与机构所在地不在同一县（市、区）的，纳税人应按照上述计税方法向不动产所在地主管国税机关预缴税款，向机构所在地主管国税机关申报纳税。

25. 增值税纳税人在简易计税情形下，适用 5% 的征收率计算应纳税额的行为有（　　）。

A. 销售不动产　　B. 提供建筑服务

C. 出租不动产　　D. 资管产品运营业务

E. 高速公路通行费

［参考答案］AC

［答案解析］建筑业适用简易计税方法的，适用 3% 征收率计算应纳税额。资管产品运营业务按 3% 征收率缴纳增值税。高速公路通行费按 3% 征收率缴纳增值税。

三、判断题

1. 公路经营中的高速公路车辆通行费免征增值税。（　　）

［参考答案］错误

［答案解析］根据《财政部　国家税务总局关于全面推开营业税改征增值税试点的通知》规定，公路经营企业中的一般纳税人收取试点前开工的高速公路的车辆通行费，可以选择适用简易计税方法，减按 3% 的征收率计算应纳税额。

2. 房地产开发企业采取预收款方式销售所开发的房地产项目，在收到预收款时按照 5% 的预征率预缴增值税。（　　）

［参考答案］错误

［答案解析］房地产开发企业采取预收款方式销售所开发的房地产项目，在收到预收款时按照 3% 的预征率预缴增值税。

3. 纳税人提供建筑服务取得预收款，应在收到预收款时，以取得的预收款扣除支付的分包款后的余额，按照规定的预征率预缴增值税。适用一般计税方法计税的项目预征率为 5%，适用简易计税方法计税的项目预征率为 3%。（　　）

［参考答案］错误

［答案解析］根据规定，适用一般计税方法计税的项目预征率为 2%，适用简易计税方法计税的项目预征率为 3%。

4. 某小型建筑企业属于增值税小规模纳税人，主要在湖南、湖北两地开展建筑施工业务，该公司 2020 年 3 月可以不预缴增值税。（　　）

［参考答案］错误

［答案解析］根据《关于支持个体工商户复工复业增值税政策的公告》（财政部　税务总局公告2020年第13号）规定，自2020年3月1日至2020年5月31日，该公司提供建筑服务，以取得的全部价款和价外费用扣除支付分包款后的余额为销售额，减按1%征收率征收增值税；如果发生需要预缴增值税的建筑服务项目，减按1%预征率预缴税款。

5. 纳税人发生应税行为按照人民币以外的货币结算销售额的，应当折合成人民币计算，折合率可以选择销售额发生的当天或者当月1日的人民币汇率中间价。纳税人应当在事先确定采用何种折合率，确定后12个月内不得变更。（　　）

［参考答案］正确

［答案解析］纳税人发生应税行为按照人民币以外的货币结算销售额的，应当折合成人民币计算，折合率可以选择销售额发生的当天或者当月1日的人民币汇率中间价。纳税人应当在事先确定采用何种折合率，确定后12个月内不得变更。

6. 某公司以当日人民币兑美元汇率结算货物销售额，2019年当日银行现汇（钞）卖出价位6.87元人民币，银行现汇买入价6.84元人民币，银行现钞买入价是6.78元人民币，应当按6.78元折算成人民币计算。（　　）

［参考答案］错误

［答案解析］纳税人按照人民币以外的货币结算增值税销售额的，应当折合成人民币计算，折合率可以选择销售额发生的当天或者当月1日的人民币汇率中间价。纳税人应当在事先确定采用何种折合率，确定后12个月内不得变更。

7. 增值税纳税人销售货物或者应税劳务的价格明显偏低并无正当理由的，由主管税务机关按组成计税价格确定其销售额。（　　）

［参考答案］错误

［答案解析］纳税人销售货物或者应税劳务的价格明显偏低并无正当理由或者发生视同销售货物行为而无销售额的，由主管税务机关按下列顺序核定其销售额：①按纳税人最近时期同类货物的平均销售价格确定；②按其他纳税人最近时期同类货物的平均销售价格确定；③按组成计税价格确定。

8. 销售货物的同时代办保险等而向购买方收取的保险费，以及向购买方收取的代购买方缴纳的车辆购置税、车辆牌照费，属于应征增值税的价外费用。（　　）

［参考答案］错误

［答案解析］增值税销售货物的同时代办保险等而向购买方收取的保险费，以及向购买方收取的代购买方缴纳的车辆购置税、车辆牌照费，不属于应征增值税的价外费用。

9. 一项销售行为如果既涉及货物又涉及服务，应分别核算销售额，征收增值税。（　　）

［参考答案］错误

［答案解析］一项销售行为如果既涉及货物又涉及服务，为混合销售。从事货物的生产、批发或者零售的单位和个体工商户的混合销售行为，按照销售货物缴纳增值税；其他单位和个体工商户的混合销售行为，按照销售服务缴纳增值税。一般情形下，混合销售行为销售额为货物销售额与应税服务销售额的合计。但纳税人销售活动板房、机器设备、钢结构件等自产货物的同时提供建筑、安装服务，不属于混合销售，应分别核算货物和建筑服务的销售额，分别适用不同的税率或者征收率。

10. 从事货物的生产、批发或者零售的单位和个体工商户之外的其他单位和个人，混合销售行为按照销售货物缴纳增值税。（　　）

［参考答案］错误

［答案解析］从事货物的生产、批发或者零售的单位和个体工商户的混合销售行为，按照销售货物缴纳增值税；其他单位和个体工商户的混合销售行为，按照销售服务缴纳增值税。

11. 增值税纳税人将货物从一个机构移送到另一个机构用于销售的，应视同销售货物缴纳增值税。（　　）

［参考答案］错误

［答案解析］纳税人的如下行为应视同销售货物：设有两个以上机构并实行统一核算的纳税人，将货物从一个机构移送至其他机构用于销售，但相关机构设在同一县（市）的除外。

12. F 公司将一栋废弃仓库无偿转让给定点治疗医院，用于改造成负压隔离病房，收治新冠肺炎患者。无偿转让废弃仓库需要视同销售缴纳增值税。（　　）

［参考答案］错误

［答案解析］《营业税改征增值税试点实施办法》（财税〔2016〕36 号附件 1）第十四条规定，单位或者个人向其他单位或者个人无偿转让不动产用于公益事业或者以社会公众为对象的，无需视同销售不动产，不缴纳增值税。

F 公司向医院无偿转让废弃仓库用于收治新冠肺炎患者，属于无偿转让不动产用于公益事业或者以社会公众为对象，无需视同销售，不用缴纳增值税。

13. 单位或者个体工商户向其他单位或者个人无偿提供服务，视同销售服务。（　　）

［参考答案］错误

［答案解析］视同销售服务，是指单位或者个体工商户向其他单位或者个人无偿提供服务，但用于公益事业或者以社会公众为对象的除外。

14. D 公司将一栋写字楼以及地下车库对外出租，针对新冠肺炎疫情防控形势，公司与租户签订补充协议，约定免收租户 1 个月的租金，以及长租车位 1 个月的停车费。D 公司免收的租金和停车费需要视同销售缴纳增值税。（　　）

［参考答案］错误

［答案解析］按照《关于土地价款扣除时间等增值税征管问题的公告》（国家税务总局 2016 年第 86 号）规定，纳税人出租不动产，租赁合同中约定免租期的，不属于《营业税改征增值税试点实施办法》（财税〔2016〕36 号附件 1）第十四条规定的视同销售服务，不征收增值税。

《销售服务、无形资产、不动产注释》（财税〔2016〕36 号附件）规定，车辆停放服务按照不动产经营租赁服务缴纳增值税。

D 公司通过签订租赁补充协议约定免租期，免收租户 1 个月的租金和停车费，均无需视同销售，不用缴纳增值税。

15. 小规模纳税人提供劳务派遣服务，选择差额纳税，以取得的全部价款和价外费用，扣除代用工单位支付给劳务派遣员工的工资、福利和为其办理社会保险及住房公积金

后的余额为销售额，按照简易计税方法依3%的征收率计算缴纳增值税。（　）

［参考答案］错误

［答案解析］小规模纳税人提供劳务派遣服务，选择差额纳税，以取得的全部价款和价外费用，扣除代用工单位支付给劳务派遣员工的工资、福利和为其办理社会保险及住房公积金后的余额为销售额，按照简易计税方法依5%的征收率计算缴纳增值税。

16. 纳税人提供建筑服务，按照规定允许从其取得的全部价款和价外费用中扣除的分包款，是指支付给分包方的全部价款和价外费用。（　）

［参考答案］错误

［答案解析］《关于国内旅客运输服务进项税抵扣等增值税征管问题的公告》（国家税务总局公告2019年第31号）规定了关于建筑服务分包款差额扣除问题，即纳税人提供建筑服务，按照规定允许从其取得的全部价款和价外费用中扣除的分包款，是指支付给分包方的全部价款和价外费用。

上述规定只适用于纳税人简易计税方法下销售额的确定。一般纳税人提供建筑服务，适用一般计税方法计税的，应以取得的全部价款和价外费用为销售额计算应纳税额。不得差额确定销售额。

17. 金银首饰以旧换新业务，按销售方实际收取的不含增值税的全部价款征收增值税。（　）

［参考答案］正确

［答案解析］金银首饰以旧换新业务，按销售方实际收取的不含增值税的全部价款征收增值税。

18. 其他个人出租不动产，均按照5%的征收率计算应纳税额。（　）

［参考答案］错误

［答案解析］其他个人出租不动产（不含住房），按照5%的征收率计算应纳税额，向不动产所在地主管地税机关申报纳税。其他个人出租住房，按照5%的征收率减按1.5%计算应纳税额。

19. 某增值税一般纳税人药品经营企业销售生物制品、抗艾滋病药品、抗癌症药品免征增值税。（　）

［参考答案］错误

［答案解析］根据《关于药品经营企业销售生物制品有关增值税问题的公告》规定，属于增值税一般纳税人的药品经营企业销售生物制品，可以选择简易办法按照生物制品销售额和3%的征收率计算缴纳增值税。根据《财政部　税务总局关于延续免征国产抗艾滋病病毒药品增值税政策的公告》规定，自2019年1月1日至2020年12月31日，继续对国产抗艾滋病病毒药品免征生产环节和流通环节增值税。根据《财政部　税务总局关于延续免征国产抗艾滋病病毒药品增值税政策的公告》《财政部　海关总署 税务总局　国家药品监督管理局关于抗癌药品增值税政策的通知》规定，自2018年5月1日起，增值税一般纳税人生产销售和批发、零售抗癌药品，可选择按照简易办法依照3%征收率计算缴纳增值税。

20. 某疾控中心为抗击新冠肺炎疫情正抓紧研发疫苗。高疾控中心调拨或者发放由政

府财政负担的免费防疫苗免征增值税。 （ ）

［参考答案］正确

［答案解析］《国家税务总局关于卫生防疫站调拨生物制品及药械征收增值税的批复》（国税函〔1999〕191 号）规定，对卫生防疫站调拨或发放的由政府财政负担的免费防疫苗不征收增值税。我国实行疾病控制与卫生监督体制改革后，自 2002 年起，各级卫生防疫站陆续分离出卫生监督所（局），后改称为疾病预防控制中心（CDC）。因此，疾病预防控制中心同样适用上述政策，其调拨或者发放由政府财政负担的免费防疫苗，不需要缴纳增值税。

21. 动漫软件开发企业开发销售的动漫软件免征增值税。 （ ）

［参考答案］错误

［答案解析］根据《财政部　国家税务总局关于延续动漫产业增值税政策的通知》规定，对动漫企业增值税一般纳税人销售其自主开发生产的动漫软件，按照适用税率征收增值税后，对其增值税实际税负超过 3% 的部分，实行即征即退政策。

22. 以清包工方式提供建筑服务，是指施工方不采购建筑工程所需的材料或只采购辅助材料，并收取人工费、管理费或者其他费用的建筑服务。 （ ）

［参考答案］正确

［答案解析］清包工方式提供建筑服务。是指施工方不采购建筑工程所需的材料或只采购辅助材料，并收取人工费、管理费或者其他费用的建筑服务。

23. 纳税人销售货物或者劳务，销售服务、无形资产或者不动产适用不同税率的，应当分别核算适用不同税率的销售额，未分别核算销售额的，从高适用税率。 （ ）

［参考答案］正确

［答案解析］纳税人销售货物、加工修理修配劳务、服务、无形资产或者不动产适用不同税率或者征收率的，应当分别核算适用不同税率或者征收率的销售额，未分别核算销售额的，兼有不同税率的销售货物、加工修理修配劳务、服务、无形资产或者不动产，从高适用税率。

24. 纳税人销售旧货的，按照简易办法依照 3% 征收率征收增值税。 （ ）

［参考答案］错误

［答案解析］纳税人销售旧货的，按照简易办法依照 3% 征收率减按 2% 征收增值税。

第六章　增值税进项税额

进项税额，是指纳税人购进货物、劳务、服务、无形资产、不动产支付或者负担的增值税额。进项税额与销项税额相对应，增值税一般纳税人以当期的销项税额扣除当期准予抵扣的进项税额，余额即为应纳增值税额。因此，增值税一般纳税人实际应缴纳的增值税取决于销项税额和进项税额两个因素。并不是所有购进货物、接受应税劳务、服务、无形资产或者不动产支付或者负担的增值税均可以作为进项税额进行抵扣。一般情况下，纳税人购进项目能够形成可以抵扣的进项税额，必须同时符合以下三个条件：(1) 取得合法有效的抵扣凭证；(2) 购进项目未用于不得抵扣的范围；(3) 取得的抵扣凭证在规定的抵扣期限内经过了勾选认证、申报扣除等程序。

第一节　进项税额抵扣范围

一、不得抵扣的进项税额

(一) 抵扣凭证不符合规定

纳税人取得的增值税扣税凭证不符合法律、行政法规或者国家税务总局有关规定的，其进项税额不得从销项税额中抵扣。

有下列情形之一的，应按销售额依照增值税税率计算应纳税额，不得抵扣进项税额，也不得使用增值税专用发票：

1. 一般纳税人会计核算不健全，或者不能够提供准确税务资料的。

2. 除另有规定的外，纳税人销售额超过小规模纳税人标准，未申请办理一般纳税人登记手续的。

上述所称的“不得抵扣进项税额”是指纳税人在停止抵扣进项税额期间发生的全部进项税额，包括在停止抵扣期间取得的进项税额、上期留抵税额以及经批准允许抵扣的期初存货已征税款。纳税人经税务机关核准恢复抵扣进项税额资格后，其在停止抵扣进项税额期间发生的全部进项税额不得抵扣。

关于增值税进项税额抵扣凭证具体要求见本章第二节及增值税发票管理有关规定。

(二) 用于不得抵扣进项税额的项目

用于下列项目的购进货物、加工修理修配劳务、服务、无形资产和不动产，进项税额不得抵扣：

1. 用于简易计税方法计税项目。

2. 用于免征增值税项目。

3. 用于集体福利或者个人消费。

其中涉及的固定资产、无形资产（不包括其他权益性无形资产）和不动产，仅指专用于上述项目的情形。

所谓其他权益性无形资产，包括基础设施资产经营权、公共事业特许权、配额、经营权（包括特许经营权、连锁经营权、其他经营权）、经销权、分销权、代理权、会员权、席位权、网络游戏虚拟道具、域名、名称权、肖像权、冠名权、转会费等。

纳税人的交际应酬属于个人消费。

财税〔2017〕90 号文件规定，自 2018 年 1 月 1 日起，纳税人租入固定资产、不动产，既用于一般计税方法计税项目，又用于简易计税方法计税项目、免征增值税项目、集体福利或者个人消费的，其进项税额准予从销项税额中全额抵扣。

固定资产，是指使用期限超过 12 个月的机器、机械、运输工具以及其他与生产经营有关的设备、工具、器具等有形动产。

适用一般计税方法的纳税人，兼营简易计税方法计税项目、免征增值税项目，无法划分不得抵扣的进项税额，按照下列公式计算不得抵扣的进项税额：

不得抵扣的进项税额 = 当期无法划分的全部进项税额 ×（当期简易计税方法计税项目销售额 + 免征增值税项目销售额）÷ 当期全部销售额

纳税人在计算不得抵扣进项税额时，对其取得的销售免税货物的销售收入，不得进行不含税收入的换算。

免税货物恢复征税后，其免税期间外购的货物，一律不得作为当期进项税额抵扣。恢复征税后收到的该项货物免税期间的增值税专用发票，应当从当期进项税额中剔除。

（三）非正常损失

非正常损失，是指因管理不善造成货物被盗、丢失、霉烂变质，以及因违反法律法规造成货物或者不动产被依法没收、销毁、拆除的情形，包括：

1. 非正常损失的购进货物，以及相关的加工修理修配劳务和交通运输服务。

2. 非正常损失的在产品、产成品所耗用的购进货物（不包括固定资产）、加工修理修配劳务和交通运输服务。

3. 非正常损失的不动产，以及该不动产所耗用的购进货物、设计服务和建筑服务。

4. 非正常损失的不动产在建工程所耗用的购进货物、设计服务和建筑服务。

纳税人新建、改建、扩建、修缮、装饰不动产，均属于不动产在建工程。

第 3、4 项所称货物，是指构成不动产实体的材料和设备，包括建筑装饰材料和给排水、采暖、卫生、通风、照明、通信、煤气、消防、中央空调、电梯、电气、智能化楼宇设备及配套设施。

非正常损失，是指因管理不善造成货物被盗、丢失、霉烂变质，以及因违反法律法规造成货物或者不动产被依法没收、销毁、拆除的情形。

（四）购进不得抵扣进项税额项目

1. 旅客运输服务（不含国内）。财政部 税务总局 海关总署公告2019年第39号规定，自2019年4月1日起，纳税人购进国内旅客运输服务，其进项税额允许从销项税额中抵扣。

2. 贷款服务及相关服务费用。纳税人接受贷款服务向贷款方支付的与该笔贷款直接相关的投融资顾问费、手续费、咨询费等费用，其进项税额不得从销项税额中抵扣。

3. 餐饮服务。

4. 居民日常服务。

5. 娱乐服务。

（五）免税期间外购的货物

根据《国家税务总局关于增值税若干征管问题的通知》（国税发〔1996〕155号）规定，免税货物恢复征税后，其免税期间外购的货物，一律不得作为当期进项税额抵扣。恢复征税后收到的该项货物免税期间的增值税专用发票，应当从当期进项税额中剔除。

二、固定资产、不动产进项税额

（一）固定资产进项税额

固定资产，是指使用期限超过12个月的机器、机械、运输工具以及其他与生产经营有关的设备、工具、器具等有形动产。

自2009年1月1日起，我国的增值税由生产型转为消费型，购入固定资产的进项税额准予抵扣。

增值税一般纳税人自用的应征消费税的摩托车、汽车、游艇，其进项税额准予从销项税额中抵扣。

（二）不动产进项税额

不动产是指不能移动或者移动后会引起性质、形状改变的财产，包括建筑物、构筑物和其他土地附着物。不动产进项税额在2016年5月1日至2019年3月31日期间执行分期抵扣政策，自2019年4月1日起取消，实行一次性抵扣。

1. 不动产分期抵扣政策。

（1）购置不动产进项税额抵扣。增值税一般纳税人2016年5月1日后取得在会计制度上按照固定资产核算的不动产，以及2016年5月1日后发生的不动产在建工程，其进项税额应按照有关规定分两年从销项税额中抵扣，60%的部分于取得抵扣凭证的当期从销项税额中抵扣，40%的部分为待抵扣进项税额，于取得抵扣凭证的当月起第13个月从销项税额中抵扣。

这里的取得不动产，包括以直接购买、接受捐赠、接受投资入股、自建以及抵债等各种形式取得不动产，不包括房地产开发企业自行开发的房地产项目。

房地产开发企业自行开发的房地产项目、融资租入的不动产，以及在施工现场修建的临时建筑物、构筑物，其进项税额不适用于上述分两年抵扣的规定。

（2）新建、改建、扩建、修缮、装饰不动产进项税额。纳税人 2016 年 5 月 1 日后购进货物和设计服务、建筑服务，用于新建不动产，或者用于改建、扩建、修缮、装饰不动产并增加不动产原值超过 50% 的，其进项税额执行分两年从销项税额中抵扣。

（3）购进已全额抵扣转用于不动产在建工程的进项税额。购进时已全额抵扣进项税额的货物和服务，转用于不动产在建工程的，其已抵扣进项税额的 40% 部分，应于转用的当期从进项税额中扣减，计入待抵扣进项税额，并于转用的当月起 13 个月从销项税额中抵扣。

（4）尚未抵扣完的进项税额。纳税人销售其取得的不动产或者不动产在建工程，尚未抵扣完毕的待抵扣进项税额，允许于销售的当期从销项税额中抵扣。纳税人注销税务登记时，其尚未抵扣完毕的待抵扣进项税额于注销清算的当期从销项税额中抵扣。

（5）不动产发生非正常损失或转用于不得抵扣的用途。已抵扣进项税额的不动产，发生非正常损失，或者改变用途，专用于简易计税方法计税项目、免征增值税项目、集体福利或者个人消费的，按照下列公式计算不得抵扣的进项税额：

不得抵扣的进项税额 =（已抵扣进项税额 + 待抵扣进项税额）× 不动产净值率

不动产净值率 =（不动产净值 ÷ 不动产原值）× 100%

（6）取得时用于不得抵扣用途的不动产改变用途。按规定不得抵扣进项税额的不动产，发生用途改变，用于允许抵扣进项税额项目的，按下列公式在改变用途的次月计算抵扣进项税额：

可抵扣进项税额 = 增值税扣税凭证注明或计算的进项税额 × 不动产净值率

依照上述规定计算的可抵扣进项税额，应当取得合法有效的增值税抵扣凭证，按照不动产分期抵扣规定进项抵扣。

（7）不动产在建工程发生非正常损失。其耗用的购进货物、设计服务和建筑服务已抵扣的进项税额应于当期全部转出；其待抵扣进项税额不得抵扣。

2. 全额一次性抵扣。自 2019 年 4 月 1 日起，财税〔2016〕36 号文件第一条第（四）项第 1 点、第二条第（一）项第 1 点停止执行，纳税人取得不动产或者不动产在建工程的进项税额不再分两年抵扣。

此前按照上述规定尚未抵扣完毕的待抵扣进项税额，可自 2019 年 4 月税款所属期起从销项税额中抵扣。

（1）进项税额当期扣减。已抵扣进项税额的不动产，发生非正常损失，或者改变用途，专用于简易计税方法计税项目、免征增值税项目、集体福利或者个人消费的，按照下列公式计算不得抵扣的进项税额，并从当期进项税额中扣减：

不得抵扣的进项税额 = 已抵扣进项税额 × 不动产净值率

不动产净值率 =（不动产净值 ÷ 不动产原值）× 100%

（2）进项税额次月转入。按照规定不得抵扣进项税额的不动产，发生用途改变，用于允许抵扣进项税额项目的，按照下列公式在改变用途的次月计算可抵扣进项税额。

可抵扣进项税额 = 增值税扣税凭证注明或计算的进项税额 × 不动产净值率

三、进项税额抵扣特殊规定

（一）登记为一般纳税人前进项税额

根据《关于纳税人认定或登记为一般纳税人前进项税额抵扣问题的公告》（国家税务总局公告2015年第59号）规定，纳税人自办理税务登记至登记为一般纳税人期间，未取得生产经营收入，未按照销售额和征收率简易计算应纳税额申报缴纳增值税的，其在此期间取得的增值税扣税凭证可以在登记为一般纳税人后抵扣进项税额。

如上述增值税扣税凭证，按照现行规定无法认证或稽核比对的，按照以下规定处理：

（1）购买方纳税人取得的增值税专用发票，按照《关于推行增值税发票系统升级版有关问题的公告》（国家税务总局公告2014年第73号）规定的程序，由销售方纳税人开具红字增值税专用发票后，重新开具蓝字增值税专用发票。

（2）纳税人取得的海关进口增值税专用缴款书，按照《国家税务总局关于逾期增值税扣税凭证抵扣问题的公告》（国家税务总局公告2011年第50号）规定的程序，经国家税务总局稽核比对相符后抵扣进项税额。

（二）购进不得抵扣固定资产、无形资产、不动产使用后发生用途改变

不得抵扣且未抵扣进项税额的固定资产、无形资产、不动产，发生用途改变用于允许抵扣进项税额的应税项目，可在用途改变的次月按照下列公式计算可以抵扣的进项税额。

可以抵扣的进项税额＝（固定资产、无形资产、不动产净值）÷（1＋适用税率）×适用税率

上述可以抵扣的进项税额必须取得合法有效的增值税扣税凭证。

（三）供电企业收取免税农村电网维护费

根据《国家税务总局关于供电企业收取的免税农村电网维护费有关增值税问题的通知》（国税函〔2005〕778号）规定，对供电企业收取的免征增值税的农村电网维护费，不应分摊转出外购店里产品所支付的进项税额。

（四）以物易物、以货抵债、以物投资取得的进项税额

企业采取以物易物、以货抵债、以物投资方式交易的，收货单位可以凭以物易物、以货抵债、以物投资书面合同以及与之相符的增值税专用发票抵扣进项税额。

（五）建筑业进项税额抵扣

建筑企业与发包方签订建筑合同后，以内部授权或者三方协议等方式，授权集团内其他纳税人（以下称第三方）为发包方提供建筑服务，并由第三方直接与发包方结算工程款的，由第三方向发包方开具增值税发票，发包方可凭实际提供建筑服务的纳税人开具的增值税专用发票抵扣进项税额。

（六）停止抵扣进项税额期间的进项税额

根据《增值税暂行条例实施细则》第三十四条规定，有下列情形之一者，应按销售额依照增值税税率计算应纳税额，不得抵扣进项税额，也不得使用增值税专用发票：

1. 一般纳税人会计核算不健全，或者不能够提供准确税务资料的。

2. 除其他个人、非企业性单位、不经常发生应税行为的企业可选择按小规模纳税人纳税外，纳税人销售额超过小规模纳税人标准，未申请办理一般纳税人认定手续的。

上述规定中所称的不得抵扣进项税额是指纳税人在停止抵扣进项税额期间发生的全部进项税额，包括在停止抵扣期间取得的进项税额、上期留抵税额以及经批准允许抵扣的期初存货已征税款。

纳税人经税务机关核准恢复抵扣进项税额资格后，其在停止抵扣进项税额期间发生的全部进项税额不得抵扣。

四、进项税额扣减或冲减

（一）已抵扣进项税额发生不得抵扣的情形

1. 货物、劳务或服务。已抵扣进项税额的购进货物（不含固定资产）、劳务、服务，发生不得抵扣进项税额情形（简易计税方法计税项目、免征增值税项目除外）的，应当将该进项税额从当期进项税额中扣减；无法确定该进项税额的，按照当期实际成本计算应扣减的进项税额。

2. 固定资产、无形资产或不动产。已抵扣进项税额的固定资产、无形资产或者不动产，发生不得抵扣进项税额情形的，按照下列公式计算不得抵扣的进项税额：

不得抵扣的进项税额 = 固定资产、无形资产或者不动产净值 × 适用税率

固定资产、无形资产或者不动产净值，是指纳税人根据财务会计制度计提折旧或摊销后的余额。

（二）销售折让、中止、退回

纳税人适用一般计税方法计税的，因销售折让、中止或者退回而退还给购买方的增值税额，应当从当期的销项税额中扣减；因销售折让、中止或者退回而收回的增值税额，应当从当期的进项税额中扣减。

（三）平销返利

对商业企业向供货方收取的与商品销售量、销售额挂钩（如以一定比例、金额、数量计算）的各种返还收入，均应依所购货物的增值税税率计算应冲减的进项税金，并从其取得返还资金当期的进项税金中予以冲减。应冲减的进项税金按以下公式计算：

当期应冲减进项税额 = 当期取得的返还资金 ÷（1 + 所购货物适用增值税税率）× 所购货物适用增值税税率

（四）已经抵扣进项税额的购进货物发生用途改变

已经抵扣进项税额的购进货物或应税劳务如果事后改变用途，如用于职工福利或个人消费，购进货物发生非正常损失，在产品或产成品发生非正常损失，根据规定，应将购进货物或应税劳务的进项税额从当期的进项税额中扣减；无法确定该进项税额的，按照当期实际成本计算应扣减的进项税额。

不得抵扣的进项税额 = 当期实际成本 × 税率

已抵扣进项税额的固定资产，发生进项税额转出情形的，按照下列公式计算不得抵扣的进项税额：

不得抵扣的进项税额 = 固定资产、无形资产或者不动产净值 × 适用税率

固定资产、无形资产或者不动产净值，是指纳税人根据财务会计制度计提折旧或摊销后的余额。

第二节　进项税额抵扣方式

一、凭票抵扣

（一）增值税专用发票

增值税一般纳税人购进货物、劳务、服务、无形资产或不动产，从销售方取得的增值税专用发票（含税控机动车销售统一发票）上注明的增值税额，准予从销项税额中抵扣。

自 2017 年 7 月 1 日起，增值税一般纳税人取得的 2017 年 7 月 1 日及以后开具的增值税专用发票和机动车销售统一发票，应自开具之日起 360 日内认证或登录增值税发票选择确认平台进行确认，并在规定的纳税申报期内，向主管税务机关申报抵扣进项税额。增值税一般纳税人取得的增值税专用发票、机动车销售统一发票，未在规定期限内到税务机关办理认证、申报抵扣，不得作为合法的增值税扣税凭证，不得计算进项税额抵扣。

增值税一般纳税人取得 2017 年 1 月 1 日及以后开具的增值税专用发票、海关进口增值税专用缴款书、机动车销售统一发票、收费公路通行费增值税电子普通发票，取消认证确认、稽核比对、申报抵扣的期限。纳税人在进行增值税纳税申报时，应当通过本省（自治区、直辖市和计划单列市）增值税发票综合服务平台对上述扣税凭证信息进行用途确认。

增值税一般纳税人取得 2016 年 12 月 31 日及以前开具的增值税专用发票、海关进口增值税专用缴款书、机动车销售统一发票，超过认证确认、稽核比对、申报抵扣期限，但符合规定条件的，仍可按照《国家税务总局关于逾期增值税扣税凭证抵扣问题的公告》（2011 年第 50 号，国家税务总局公告 2017 年第 36 号、2018 年第 31 号修改）、《国家税务总局关于未按期申报抵扣增值税扣税凭证有关问题的公告》（2011 年第 78 号，国家税务

总局公告 2018 年第 31 号修改）规定，继续抵扣进项税额。

（二）海关进口增值税专用缴款书

增值税一般纳税人购进货物、劳务、服务、无形资产或不动产，从海关取得的海关进口增值税专用缴款书上注明的增值税额准予从销项税额中抵扣。

增值税一般纳税人取得的 2017 年 7 月 1 日及以后的海关进口增值税专用缴款书，应自开具之日起 360 日内向主管税务机关报送海关完税凭证抵扣清单，申请稽核比对，逾期未申请的其进项税额不予抵扣。

增值税一般纳税人取得 2017 年 1 月 1 日及以后开具的增值税专用发票、海关进口增值税专用缴款书、机动车销售统一发票、收费公路通行费增值税电子普通发票，取消认证确认、稽核比对、申报抵扣的期限。纳税人在进行增值税纳税申报时，应当通过本省（自治区、直辖市和计划单列市）增值税发票综合服务平台对上述扣税凭证信息进行用途确认。

（三）完税凭证

增值税一般纳税人自境外单位或者个人购进劳务、服务、无形资产或者境内不动产，从税务机关或者扣缴义务人取得的代扣代缴税款的完税凭证上注明的增值税额，准予从销项税额中抵扣。

纳税人凭完税凭证抵扣进项税额的，应当具备书面合同、付款证明和境外单位的对账单或者发票。资料不全的，其进项税额不得从销项税额中抵扣。

（四）增值税电子普通发票

1. 道路、桥、闸通行费。自 2018 年 1 月 1 日起，纳税人支付的道路、桥、闸通行费，按照收费公路通行费增值税电子普通发票上注明的增值税额抵扣进项税额。

2. 国内旅客运输服务。纳税人购进国内旅客运输服务，未取得增值税专用发票，取得增值税电子普通发票的，为发票上注明的税额。

二、计算抵扣

（一）购进农产品

1. 农产品收购发票或销售发票。购进农产品，除取得增值税专用发票或者海关进口增值税专用缴款书外，按照农产品收购发票或者销售发票上注明的农产品买价和扣除率计算的进项税额，国务院另有规定的除外。

购进农产品进项税额计算公式为：进项税额 = 买价 × 扣除率

其中，买价，包括纳税人购进农产品在农产品收购发票或者销售发票上注明的价款和按规定缴纳的烟叶税。

由于增值税税率多次调整，关于购进农产品计算扣除进项税额的扣除率也相应随之调整，不同时间段适用不同的扣除率政策：

（1）《财政部　税务总局　海关总署关于深化增值税改革有关政策的公告》（2019 年

第39号）规定，自2019年4月1日起，纳税人购进农产品，原适用10%扣除率的，扣除率调整为9%。纳税人购进用于生产或者委托加工13%税率货物的农产品，按照10%的扣除率计算进项税额。

（2）《财政部　税务总局关于调整增值税税率的通知》（财税〔2018〕32号）规定，2018年5月1日起至2019年3月31日，纳税人购进农产品，原适用11%扣除率的，扣除率调整为10%。纳税人购进用于生产销售或委托加工16%税率货物的农产品，按照12%的扣除率计算进项税额。

（3）《财政部　税务总局关于简并增值税税率有关政策的通知》（财税〔2017〕37号）规定，自2017年7月1日起至2018年4月30日，取得（开具）农产品销售发票或收购发票的，以农产品销售发票或收购发票上注明的农产品买价和11%的扣除率计算进项税额。营业税改征增值税试点期间，纳税人购进用于生产销售或委托受托加工17%税率货物的农产品维持原扣除力度不变。

纳税人从批发、零售环节购进适用免征增值税政策的蔬菜、部分鲜活肉蛋而取得的普通发票，不得作为计算抵扣进项税额的凭证。

2. 从小规模纳税人处取得增值税专用发票。纳税人购进农产品，从按照简易计税方法依照3%征收率计算缴纳增值税的小规模纳税人处取得增值税专用发票的，以增值税专用发票上注明的金额和扣除率计算进项税额，有关扣除率与上述农产品销售发票或收购发票适用扣除率政策一致。

（二）国内旅客运输服务发票

纳税人购进国内旅客运输服务，其进项税额允许从销项税额中抵扣。除取得增值税电子普通发票按发票上注明的税额抵扣进项税额外，取得其他凭证暂按照以下规定确定进项税额：

1. 航空运输电子客票行程单。取得注明旅客身份信息的航空运输电子客票行程单的，为按照下列公式计算进项税额：

航空旅客运输进项税额＝(票价＋燃油附加费)÷(1＋9%)×9%

2. 铁路车票。取得注明旅客身份信息的铁路车票的，为按照下列公式计算的进项税额：

铁路旅客运输进项税额＝票面金额÷(1＋9%)×9%

3. 公路、水路等其他客票。取得注明旅客身份信息的公路、水路等其他客票的，按照下列公式计算进项税额：

公路、水路等其他旅客运输进项税额＝票面金额÷(1＋3%)×3%

我们将购进国内旅客运输服务进项税额抵扣方式总结如表6－1所示。

表6－1　购进国内旅客运输服务进项税额抵扣情况

抵扣凭证种类	进项税额抵扣计算
增值税专用发票	发票上注明的税额
增值税电子普通发票	发票上注明的税额
注明旅客身份信息的航空运输电子客票行程单	（票价＋燃油附加费）÷（1＋9%）×9%
注明旅客身份信息的铁路车票	票面金额÷（1＋9%）×9%
注明旅客身份信息的公路、水路等其他客票	票面金额÷（1＋3%）×3%

（三）通行费发票抵扣过渡政策

通行费，是指有关单位依法或者依规设立并收取的过路、过桥和过闸费用。

1. 自 2016 年 8 月 1 日起至 2017 年 12 月 31 日止，增值税一般纳税人支付的道路、桥、闸通行费，暂凭取得的通行费发票（不含财政票据，下同）上注明的收费金额按照下列公式计算可抵扣的进项税额：

高速公路通行费可抵扣进项税额 = 高速公路通行费发票上注明的金额 ÷（1 +3%）×3%

一级公路、二级公路、桥、闸通行费可抵扣进项税额 = 一级公路、二级公路、桥、闸通行费发票上注明的金额 ÷（1 +5%）×5%

2. 自 2018 年 1 月 1 日至 6 月 30 日，纳税人支付的高速公路通行费，如暂未能取得收费公路通行费增值税电子普通发票，可凭取得的通行费发票（不含财政票据，下同）上注明的收费金额按照下列公式计算可抵扣的进项税额：

高速公路通行费可抵扣进项税额 = 高速公路通行费发票上注明的金额 ÷（1 +3%）×3%

3. 自 2018 年 1 月 1 日至 12 月 31 日，纳税人支付的一级、二级公路通行费，如暂未能取得收费公路通行费增值税电子普通发票，可凭取得的通行费发票上注明的收费金额按照下列公式计算可抵扣进项税额：

一级、二级公路通行费可抵扣进项税额 = 一级、二级公路通行费发票上注明的金额 ÷（1 +5%）×5%

4. 纳税人支付的桥、闸通行费，暂凭取得的通行费发票上注明的收费金额按照下列公式计算可抵扣的进项税额：

桥、闸通行费可抵扣进项税额 = 桥、闸通行费发票上注明的金额 ÷（1 +5%）×5%

我们将通行费发票抵扣方式总结如表 6 -2 所示。

表 6 -2 通行费发票抵扣方式

发票类型	能否抵扣	抵扣方式	政策实施日期
通行费增值税电子普通发票	不征税发票不能抵扣		
	征税发票且有税额能抵扣	360 日内勾选或确认抵扣	2018 年 1 月 1 日起
通行费发票	高速公路通行费发票可抵扣	计算抵扣：票面金额 ÷（1 +3%）×3%	2016 年 5 月 1 日至 2018 年 6 月 30 日
	一级、二级公路通行费发票可抵扣	计算抵扣：票面金额 ÷（1 +5%）×5%	2016 年 5 月 1 日至 2018 年 12 月 31 日
	桥、闸通行费发票可抵扣	计算抵扣：票面金额 ÷（1 +5%）×5%	2016 年 5 月 1 日起
财政票据	不能抵扣		

三、核定扣除

为调整和完善农产品增值税抵扣机制，经国务院批准，自 2012 年 7 月 1 日起在部分行业开展增值税进项税额核定扣除试点。

（一）农产品核定扣除的试点范围

《财政部　国家税务总局关于在部分行业试行农产品增值税进项税额核定扣除办法的通知》（财税〔2012〕38 号）规定，以购进农产品为原料生产销售液体乳及乳制品、酒及酒精、植物油的增值税一般纳税人，纳入农产品增值税进项税额核定扣除试点范围，其购进农产品无论是否用于生产上述产品，增值税进项税额均按照《农产品增值税进项税额核定扣除试点实施办法》的规定抵扣。除规定以外的纳税人，其购进农产品仍按现行增值税的有关规定抵扣农产品进项税额。

《财政部　国家税务总局关于扩大农产品增值税进项税额核定扣除试点行业范围的通知》（财税〔2013〕57 号）规定，自 2013 年 9 月 1 日起，各省、自治区、直辖市、计划单列市税务部门可商同级财政部门，根据《农产品增值税进项税额核定扣除试点实施办法》（财税〔2012〕38 号）的有关规定，结合本省（自治区、直辖市、计划单列市）特点，选择部分行业开展核定扣除试点工作。

试点纳税人购进农产品不再凭增值税扣税凭证抵扣增值税进项税额，购进除农产品以外的货物、应税劳务和应税服务，增值税进项税额仍按现行有关规定抵扣。

（二）农产品增值税进项税额核定方法

1. 试点纳税人以购进农产品为原料生产货物的，农产品增值税进项税额可按照以下方法核定：

（1）投入产出法。参照国家标准、行业标准（包括行业公认标准和行业平均耗用值）确定销售单位数量货物耗用外购农产品的数量（以下称农产品单耗数量）。

当期允许抵扣农产品增值税进项税额依据农产品单耗数量、当期销售货物数量、农产品平均购买单价（含税，下同）和农产品增值税进项税额扣除率（以下简称扣除率）计算。公式为：

当期允许抵扣农产品增值税进项税额 = 当期农产品耗用数量 × 农产品平均购买单价 × 扣除率 ÷ (1 + 扣除率)

当期农产品耗用数量 = 当期销售货物数量（不含采购除农产品以外的半成品生产的货物数量）× 农产品单耗数量

对以单一农产品原料生产多种货物或者多种农产品原料生产多种货物的，在核算当期农产品耗用数量和平均购买单价时，应依据合理的方法归集和分配。

平均购买单价是指购买农产品期末平均买价，不包括买价之外单独支付的运费和入库前的整理费用。期末平均买价计算公式：

期末平均买价 = （期初库存农产品数量 × 期初平均买价 + 当期购进农产品数量 × 当期

买价）÷（期初库存农产品数量 + 当期购进农产品数量）

采用投入产出法核定农产品增值税进项税额时，如果期初没有库存农产品，当期也未购进农产品，农产品“期末平均买价”以该农产品上期期末平均买价计算；上期期末仍无农产品买价的依此类推。

（2）成本法。依据试点纳税人年度会计核算资料，计算确定耗用农产品的外购金额占生产成本的比例（以下称农产品耗用率）。当期允许抵扣农产品增值税进项税额依据当期主营业务成本、农产品耗用率以及扣除率计算。公式为：

当期允许抵扣农产品增值税进项税额 = 当期主营业务成本 × 农产品耗用率 × 扣除率 ÷（1 + 扣除率）

农产品耗用率 = 上年投入生产的农产品外购金额 ÷ 上年生产成本

农产品外购金额（含税）不包括不构成货物实体的农产品（包括包装物、辅助材料、燃料、低值易耗品等）和在购进农产品之外单独支付的运费、入库前的整理费用。

对以单一农产品原料生产多种货物或者多种农产品原料生产多种货物的，在核算当期主营业务成本以及核定农产品耗用率时，试点纳税人应依据合理的方法进行归集和分配。

农产品耗用率由试点纳税人向主管税务机关申请核定。

年度终了，主管税务机关应根据试点纳税人本年实际对当年已抵扣的农产品增值税进项税额进行纳税调整，重新核定当年的农产品耗用率，并作为下一年度的农产品耗用率。

按照“成本法”的有关规定核定试点纳税人农产品增值税进项税额时，“主营业务成本”“生产成本”中不包括其未耗用农产品的产品的成本。

（3）参照法。新办的试点纳税人或者试点纳税人新增产品的，试点纳税人可参照所属行业或者生产结构相近的其他试点纳税人确定农产品单耗数量或者农产品耗用率。次年，试点纳税人向主管税务机关申请核定当期的农产品单耗数量或者农产品耗用率，并据此计算确定当年允许抵扣的农产品增值税进项税额，同时对上一年增值税进项税额进行调整。核定的进项税额超过实际抵扣增值税进项税额的，其差额部分可以结转下期继续抵扣；核定的进项税额低于实际抵扣增值税进项税额的，其差额部分应按现行增值税的有关规定将进项税额做转出处理。

2. 试点纳税人购进农产品直接销售的，农产品增值税进项税额按照以下方法核定扣除：

当期允许抵扣农产品增值税进项税额 = 当期销售农产品数量 ÷（1 − 损耗率）× 农产品平均购买单价 ×9% ÷（1 +9%）

损耗率 = 损耗数量 ÷ 购进数量

3. 试点纳税人购进农产品用于生产经营且不构成货物实体的（包括包装物、辅助材料、燃料、低值易耗品等），增值税进项税额按照以下方法核定扣除：

当期允许抵扣农产品增值税进项税额 = 当期耗用农产品数量 × 农产品平均购买单价 × 9% ÷（1 +9%）

农产品单耗数量、农产品耗用率和损耗率统称为农产品增值税进项税额扣除标准（以下称扣除标准）。

试点纳税人销售货物，应合并计算当期允许抵扣农产品增值税进项税额。

试点纳税人购进农产品取得的农产品增值税专用发票和海关进口增值税专用缴款书，按照注明的金额及增值税额一并计入成本科目；自行开具的农产品收购发票和取得的农产品销售发票，按照注明的买价直接计入成本。

4. 核定扣除办法中的扣除率为销售货物的适用税率。

（三）农产品进项税额核定管理

省级（包括计划单列市，下同）税务机关应根据《农产品增值税进项税额核定扣除试点实施办法》（以下简称核定办法）第四条规定的核定方法顺序，确定试点纳税人适用的农产品增值税进项税额核定扣除方法。

试点纳税人应自执行核定办法之日起，将期初库存农产品以及库存半成品、产成品耗用的农产品增值税进项税额作转出处理。

试点纳税人应当按照核定办法第四条的规定准确计算当期允许抵扣农产品增值税进项税额，并从相关科目转入“应交税金——应交增值税（进项税额）”科目。未能准确计算的，由主管税务机关核定。

试点纳税人购进的农产品价格明显偏高或偏低，且不具有合理商业目的的，由主管税务机关核定。

试点纳税人在计算农产品增值税进项税额时，应按照下列顺序确定适用的扣除标准：

（1）财政部和国家税务总局不定期公布的全国统一的扣除标准。

（2）省级税务机关商同级财政机关根据本地区实际情况，报经财政部和国家税务总局备案后公布的适用于本地区的扣除标准。

（3）省级税务机关依据试点纳税人申请，按照核定办法第十三条规定的核定程序审定的仅适用于该试点纳税人的扣除标准。

（四）试点纳税人扣除标准核定程序

试点纳税人以农产品为原料生产货物的扣除标准核定程序：

（1）申请核定。以农产品为原料生产货物的试点纳税人应于当年 1 月 15 日前（2012 年为 7 月 15 日前）或者投产之日起 30 日内，向主管税务机关提出扣除标准核定申请并提供有关资料。申请资料的范围和要求由省级税务机关确定。

（2）审定。主管税务机关应对试点纳税人的申请资料进行审核，并逐级上报给省级税务机关。

省级税务机关应由货物和劳务税处牵头，会同政策法规处等相关部门组成扣除标准核定小组，核定结果应由省级税务机关下达，主管税务机关通过网站、报刊等多种方式及时向社会公告核定结果。未经公告的扣除标准无效。

省级税务机关尚未下达核定结果前，试点纳税人可按上年确定的核定扣除标准计算申报农产品进项税额。

试点纳税人购进农产品直接销售、购进农产品用于生产经营且不构成货物实体扣除标准的核定采取备案制，抵扣农产品增值税进项税额的试点纳税人应在申报缴纳税款时向主管税务机关备案。备案资料的范围和要求由省级税务机关确定。

第三节 进项税额留抵处理

一、留抵税额不予退税

一般纳税人注销或被取消辅导期一般纳税人资格，转为小规模纳税人时，其存货不作进项税额转出处理，其留抵税额不予退税。

纳税人破产、倒闭、解散、停业后，其期初存货中尚未抵扣的已征税款以及留抵税额，税务机关不再退税。

二、留抵税额转移

（一）经营地点迁移的一般纳税人留抵税额转移

根据《国家税务总局关于一般纳税人迁移有关增值税问题的公告》（国家税务总局公告 2011 年第 71 号）规定，自 2012 年 1 月 1 日起，增值税一般纳税人经营地点迁移后仍继续经营，其增值税一般纳税人资格予以保留，办理注销税务登记前尚未抵扣的进项税额允许继续抵扣。

（二）纳税人资产重组中增值税留抵税额转移

根据《国家税务总局关于纳税人资产重组增值税留抵税额处理有关问题的公告》（国家税务总局公告 2012 年第 55 号）规定，自 2013 年 1 月 1 日起，增值税一般纳税人（以下称原纳税人）在资产重组过程中，将全部资产、负债和劳动力一并转让给其他增值税一般纳税人（以下称新纳税人），并按程序办理注销税务登记的，其在办理注销登记前尚未抵扣的进项税额可结转至新纳税人处继续抵扣。

三、留抵税额抵减欠税和查补税款

（一）留抵税额抵减欠税

对纳税人因销项税额小于进项税额而产生期末留抵税额的，应以期末留抵税额抵减增值税欠税。

当纳税人既有增值税留抵税额，又欠缴增值税而需要抵减的，应由县（含）以上税务机关填开“增值税进项留抵税额抵减增值税欠税通知书”（以下简称通知书），一式两份，纳税人、主管税务机关各一份。抵缴欠缴税款时，应按欠税发生时间逐笔抵扣，先发生的先抵。抵缴的欠税包含呆账税金及欠税滞纳金。确定实际抵减金额时，按填开“通知书”的日期作为截止期，计算欠缴税款的应缴未缴滞纳金金额，应缴未缴滞纳金余额加欠税余额为欠缴总额。若欠缴总额大于期末留抵税额，实际抵减金额应等于期末留抵税额，并按配比方法计算抵减的欠税和滞纳金；若欠缴总额小于期末留抵税额，实际抵减金额应等于欠缴总额。

增值税欠税税额大于期末留抵税额，按期末留抵税额红字借记“应交税金——应交增值税（进项税额）”科目，贷记“应交税金——未交增值税”科目 。若增值税欠税税额小于期末留抵税额，按增值税欠税税额红字借记“应交税金——应交增值税（进项税额）”科目，贷记“应交税金——未交增值税”科目。

（二）留抵税额抵减查补税款

增值税一般纳税人拖欠纳税检查应补缴的增值税税款，如果纳税人有进项留抵税额，可按照《国家税务总局关于增值税一般纳税人用进项留抵税额抵减增值税欠税问题的通知》（国税发〔2004〕112 号）的规定，用增值税留抵税额抵减查补税款欠税。为确保税务机关和国库入库数字对账一致，抵减的查补税款不能作为稽查已入库税款统计。

四、部分行业增值税留抵税额退税

为助力经济高质量发展，国家 2018 年对部分行业增值税期末留抵税额予以退还。退还增值税期末留抵税额的行业包括装备制造等先进制造业、研发等现代服务业和电网企业。退还期末留抵税额纳税人的纳税信用等级为 A 级或 B 级。

纳税人向主管税务机关申请退还期末留抵税额，当期退还的期末留抵税额，以纳税人申请退税上期的期末留抵税额和退还比例计算，并以纳税人 2017 年年底期末留抵税额为上限。具体为：

1. 可退还的期末留抵税额 = 纳税人申请退税上期的期末留抵税额 × 退还比例

退还比例按下列方法计算：

（1）2014 年 12 月 31 日前（含）办理税务登记的纳税人，退还比例为 2015 年、2016 年和 2017 年 3 个年度已抵扣的增值税专用发票、海关进口增值税专用缴款书、解缴税款完税凭证注明的增值税额占同期全部已抵扣进项税额的比重。

（2）2015 年 1 月 1 日后（含）办理税务登记的纳税人，退还比例为实际经营期间内已抵扣的增值税专用发票、海关进口增值税专用缴款书、解缴税款完税凭证注明的增值税额占同期全部已抵扣进项税额的比重。

2. 当可退还的期末留抵税额不超过 2017 年年底期末留抵税额时，当期退还的期末留抵税额为可退还的期末留抵税额。当可退还的期末留抵税额超过 2017 年年底期末留抵税额时，当期退还的期末留抵税额为 2017 年年底期末留抵税额。

五、增量留抵税额退税

（一）政策适用

根据《关于深化增值税改革有关政策的公告》（财政部　税务总局　海关总署公告

2019 年第 39 号）规定，自 2019 年 4 月 1 日起，试行增值税期末留抵税额退税制度，对符合条件的纳税人，可申请退还增量留抵税额。《国家税务总局关于办理增值税期末留抵税额退税有关事项的公告》（国家税务总局公告 2019 年第 20 号）就具体办理有关事项进行了明确。

（二）增量留抵税额

增量留抵税额是指与 2019 年 3 月底相比新增加的期末留抵税额。

（三）增量留抵退税条件

同时符合以下条件的纳税人，可以向主管税务机关申请退还增量留抵税额：

1. 自 2019 年 4 月税款所属期起，连续 6 个月（按季纳税的，连续两个季度）增量留抵税额均大于零，且第 6 个月增量留抵税额不低于 50 万元。
2. 纳税信用等级为 A 级或者 B 级。
3. 申请退税前 36 个月未发生骗取留抵退税、出口退税或虚开增值税专用发票情形的。
4. 申请退税前 36 个月未因偷税被税务机关处罚两次及以上的。
5. 自 2019 年 4 月 1 日起未享受即征即退、先征后返（退）政策的。

（四）允许退还的增量留抵税额计算

纳税人当期允许退还的增量留抵税额，按照以下公式计算：

允许退还的增量留抵税额 = 增量留抵税额 × 进项构成比例 ×60%

进项构成比例，为 2019 年 4 月至申请退税前一税款所属期内已抵扣的增值税专用发票（含税控机动车销售统一发票）、海关进口增值税专用缴款书、解缴税款完税凭证注明的增值税额占同期全部已抵扣进项税额的比重。

（五）增量留抵退税管理

1. 退税申请与办理。纳税人申请办理留抵退税，应于符合留抵退税条件的次月起，在增值税纳税申报期内，完成本期增值税纳税申报后，通过电子税务局或办税服务厅提交“退（抵）税申请表”。

纳税人出口货物劳务、发生跨境应税行为，适用免抵退税办法的，可以在同一申报期内，既申报免抵退税又申请办理留抵退税。

申请办理留抵退税的纳税人，出口货物劳务、跨境应税行为适用免抵退税办法的，应当按期申报免抵退税。当期可申报免抵退税的出口销售额为零的，应办理免抵退税零申报。

纳税人既申报免抵退税又申请办理留抵退税的，税务机关应先办理免抵退税。办理免抵退税后，纳税人仍符合留抵退税条件的，再办理留抵退税。

纳税人出口货物劳务、发生跨境应税行为，适用免抵退税办法的，办理免抵退税后，仍符合财政部 税务总局 海关总署公告 2019 年第 39 号规定条件的，可以申请退还留抵税额；适用免退税办法的，相关进项税额不得用于退还留抵税额。

纳税人取得退还的留抵税额后，应相应调减当期留抵税额。按照规定再次满足退税条件的，可以继续向主管税务机关申请退还留抵税额，但政策规定的连续期间，不得重复计算。

2. 特殊情形下退税额确定。根据《国家税务总局关于办理增值税期末留抵税额退税有关事项的公告》（国家税务总局公告 2019 年第 20 号）的规定，纳税人在办理留抵退税期间发生下列情形的，按照以下规定确定允许退还的增量留抵税额：

（1）因纳税申报、稽查查补和评估调整等原因，造成期末留抵税额发生变化的，按最近一期“增值税纳税申报表（一般纳税人适用）”期末留抵税额确定允许退还的增量留抵税额。

（2）纳税人在同一申报期既申报免抵退税又申请办理留抵退税的，或者在纳税人申请办理留抵退税时存在尚未经税务机关核准的免抵退税应退税额的，应待税务机关核准免抵退税应退税额后，按最近一期《增值税纳税申报表（一般纳税人适用）》期末留抵税额，扣减税务机关核准的免抵退税应退税额后的余额确定允许退还的增量留抵税额。

税务机关核准的免抵退税应退税额，是指税务机关当期已核准，但纳税人尚未在“增值税纳税申报表（一般纳税人适用）”第 15 栏“免、抵、退应退税额”中填报的免抵退税应退税额。

（3）纳税人既有增值税欠税，又有期末留抵税额的，按最近一期“增值税纳税申报表（一般纳税人适用）”期末留抵税额，抵减增值税欠税后的余额确定允许退还的增量留抵税额。

（4）在纳税人办理增值税纳税申报和免抵退税申报后、税务机关核准其免抵退税应退税额前，核准其前期留抵退税的，以最近一期《增值税纳税申报表（一般纳税人适用）》期末留抵税额，扣减税务机关核准的留抵退税额后的余额，计算当期免抵退税应退税额和免抵税额。

税务机关核准的留抵退税额，是指税务机关当期已核准，但纳税人尚未在《增值税纳税申报表附列资料（二）（本期进项税额明细）》第 22 栏“上期留抵税额退税”填报的留抵退税额。

纳税人不符合留抵退税条件的，不予留抵退税。税务机关应自受理留抵退税申请之日起 10 个工作日内完成审核，并向纳税人出具不予留抵退税的“税务事项通知书”。

3. 后续管理。税务机关在办理留抵退税期间，发现符合留抵退税条件的纳税人存在以下情形，暂停为其办理留抵退税：

（1）存在增值税涉税风险疑点的。

（2）被税务稽查立案且未结案的。

（3）增值税申报比对异常未处理的。

（4）取得增值税异常扣税凭证未处理的。

（5）国家税务总局规定的其他情形。

上述增值税涉税风险疑点等情形已排除，且相关事项处理完毕后，按以下规定办理：

（1）纳税人仍符合留抵退税条件的，税务机关继续为其办理留抵退税，并自增值税涉税风险疑点等情形排除且相关事项处理完毕之日起 5 个工作日内完成审核，向纳税人出具准予留抵退税的“税务事项通知书”。

（2）纳税人不再符合留抵退税条件的，不予留抵退税。税务机关应自增值税涉税风险疑点等情形排除且相关事项处理完毕之日起 5 个工作日内完成审核，向纳税人出具不予留抵退税的“税务事项通知书”。

税务机关对增值税涉税风险疑点进行排查时，发现纳税人涉嫌骗取出口退税、虚开增值税专用发票等增值税重大税收违法行为的，终止为其办理留抵退税，并自做出终止办理留抵退税决定之日起 5 个工作日内，向纳税人出具终止办理留抵退税的“税务事项通知书”。

税务机关对纳税人涉嫌增值税重大税收违法行为核查处理完毕后，纳税人仍符合留抵退税条件的，可按照国家税务总局公告 2019 年第 20 号的规定重新申请办理留抵退税。

纳税人应在收到税务机关准予留抵退税的“税务事项通知书”当期，以税务机关核准的允许退还的增量留抵税额冲减期末留抵税额，并在办理增值税纳税申报时，相应填写《增值税纳税申报表附列资料（二）（本期进项税额明细）》第 22 栏“上期留抵税额退税”。

纳税人以虚增进项、虚假申报或其他欺骗手段骗取留抵退税的，由税务机关追缴其骗取的退税款，并按照《中华人民共和国税收征收管理法》等有关规定处理。

（六）留抵退税对城建税和教育费附加的影响

根据《关于增值税期末留抵退税有关城市维护建设税教育费附加和地方教育附加政策的通知》（财税〔2018〕80 号）规定，对实行增值税期末留抵退税的纳税人，允许其从城市维护建设税、教育费附加和地方教育附加的计税（征）依据中扣除退还的增值税税额。

六、部分先进制造业纳税人退还增量留抵税额政策

（一）部分先进制造业纳税人的范围

部分先进制造业纳税人，是指按照《国民经济行业分类》，生产并销售非金属矿物制品、通用设备、专用设备及计算机、通信和其他电子设备销售额占全部销售额的比重超过 50% 的纳税人。上述销售额比重根据纳税人申请退税前连续 12 个月的销售额计算确定；申请退税前经营期不满 12 个月但满 3 个月的，按照实际经营期的销售额计算确定。

（二）申请退还增量留抵税额的条件

自 2019 年 6 月 1 日起，同时符合以下条件的部分先进制造业纳税人，可以自 2019 年 7 月及以后纳税申报期向主管税务机关申请退还增量留抵税额：

1. 增量留抵税额大于零；
2. 纳税信用等级为 A 级或者 B 级；
3. 申请退税前 36 个月未发生骗取留抵退税、出口退税或虚开增值税专用发票情形；
4. 申请退税前 36 个月未因偷税被税务机关处罚两次及以上；
5. 自 2019 年 4 月 1 日起未享受即征即退、先征后返（退）政策。

（三）退还增量留抵税额的计算

当期允许退还的增量留抵税额，按照以下公式计算：

允许退还的增量留抵税额 = 增量留抵税额 × 进项构成比例

增量留抵税额，是指与 2019 年 3 月 31 日相比新增加的期末留抵税额。

进项构成比例，为 2019 年 4 月至申请退税前一税款所属期内已抵扣的增值税专用发票（含税控机动车销售统一发票）、海关进口增值税专用缴款书、解缴税款完税凭证注明的增值税额占同期全部已抵扣进项税额的比重。

部分先进制造业纳税人申请退还增量留抵税额的其他规定，按照《关于深化增值税改革有关政策的公告》（财政部　税务总局　海关总署公告 2019 年第 39 号）执行。

第四节　进项税额加计抵减

一、政策适用

根据《关于深化增值税改革有关政策的公告》（财政部　税务总局　海关总署公告 2019 年第 39 号）规定，自 2019 年 4 月 1 日至 2021 年 12 月 31 日，允许生产、生活性服务业纳税人按照当期可抵扣进项税额加计 10%，抵减应纳税额（以下称加计抵减政策）。

生产、生活性服务业纳税人，是指提供邮政服务、电信服务、现代服务、生活服务（以下称四项服务）取得的销售额占全部销售额的比重超过 50% 的纳税人。四项服务的具体范围按照财税〔2016〕36 号文件附件规定执行。

2019 年 3 月 31 日前设立的纳税人，自 2018 年 4 月至 2019 年 3 月期间的销售额（经营期不满 12 个月的，按照实际经营期的销售额）符合上述规定条件的，自 2019 年 4 月 1 日起适用加计抵减政策。

2019 年 4 月 1 日后设立的纳税人，自设立之日起 3 个月的销售额符合上述规定条件的，自登记为一般纳税人之日起适用加计抵减政策。

纳税人确定适用加计抵减政策后，当年内不再调整，以后年度是否适用，根据上年度销售额计算确定。

纳税人可计提但未计提的加计抵减额，可在确定适用加计抵减政策当期一并计提。

纳税人出口货物劳务、发生跨境应税行为不适用加计抵减政策，其对应的进项税额不得计提加计抵减额。

根据《关于明确生活性服务业增值税加计抵减政策的公告》（财政部　税务总局公告 2019 年第 87 号）规定，2019 年 10 月 1 日至 2021 年 12 月 31 日，允许生活性服务业纳税人按照当期可抵扣进项税额加计 15%，抵减应纳税额。生活性服务业纳税人，是指提供生活服务取得的销售额占全部销售额的比重超过 50% 的纳税人。生活服务的具体范围按照

《销售服务、无形资产、不动产注释》（财税〔2016〕36 号附件）执行。

2019 年 9 月 30 日前设立的纳税人，自 2018 年 10 月至 2019 年 9 月期间的销售额（经营期不满 12 个月的，按照实际经营期的销售额）符合上述规定条件的，自 2019 年 10 月 1 日起适用加计抵减 15% 政策。2019 年 10 月 1 日后设立的纳税人，自设立之日起 3 个月的销售额符合上述规定条件的，自登记为一般纳税人之日起适用加计抵减 15% 政策。纳税人确定适用加计抵减 15% 政策后，当年内不再调整，以后年度是否适用，根据上年度销售额计算确定。

二、加计抵减额的确定

纳税人应按照当期可抵扣进项税额的 10% 或者 15% 计提当期加计抵减额。按照现行规定不得从销项税额中抵扣的进项税额，不得计提加计抵减额；已计提加计抵减额的进项税额，按规定作进项税额转出的，应在进项税额转出当期，相应调减加计抵减额。计算公式如下：

当期计提加计抵减额 = 当期可抵扣进项税额 ×10%（或 15%）

当期可抵减加计抵减额 = 上期末加计抵减额余额 + 当期计提加计抵减额 − 当期调减加计抵减额

纳税人兼营出口货物劳务、发生跨境应税行为且无法划分不得计提加计抵减额的进项税额，按照以下公式计算：

不得计提加计抵减额的进项税额 = 当期无法划分的全部进项税额 × 当期出口货物劳务和发生跨境应税行为的销售额 ÷ 当期全部销售额

三、加计抵减额的抵减与结转

纳税人应按照现行规定计算一般计税方法下的应纳税额（以下称抵减前的应纳税额）后，区分以下情形加计抵减：

1. 抵减前的应纳税额等于零的，当期可抵减加计抵减额全部结转下期抵减；

2. 抵减前的应纳税额大于零，且大于当期可抵减加计抵减额的，当期可抵减加计抵减额全额从抵减前的应纳税额中抵减；

3. 抵减前的应纳税额大于零，且小于或等于当期可抵减加计抵减额的，以当期可抵减加计抵减额抵减应纳税额至零。未抵减完的当期可抵减加计抵减额，结转下期继续抵减。

四、加计抵减的管理

按照《关于深化增值税改革有关政策的公告》（财政部　税务总局　海关总署公告 2019 年第 39 号）规定，适用加计抵减政策的生产、生活性服务业纳税人，应在年度首次确认适用加计抵减政策时，通过电子税务局（或前往办税服务厅）提交《适用加计抵减政策的声明》。适用加计抵减政策的纳税人，同时兼营邮政服务、电信服务、现代服务、生活服务的，应按照四项服务中收入占比最高的业务在《适用加计抵减政策的声明》中勾选确定所属行业。

纳税人应单独核算加计抵减额的计提、抵减、调减、结余等变动情况。骗取适用加计抵减政策或虚增加计抵减额的，按照《中华人民共和国税收征收管理法》等有关规定处理。

本章习题

一、单项选择题

某生产企业（增值税一般纳税人）2019 年 4 月购入一台经营用设备，购进时已抵扣进项税额。2020 年 4 月将其改变用途，专门供职工宿舍使用。该设备原值为 100 万元，已计提折旧 10 万元，设备的净值为 90 万元，则该设备不得抵扣的进项税额为（　　）。

A. 13 万元　　B. 16.5 万元

C. 14.4 万元　　D. 11.7 万元

［参考答案］**D**

［答案解析］不得抵扣的进项税额 = 固定资产净值 × 适用税率 = 90 × 13% = 11.7（万元）

二、多项选择题

某商场（一般纳税人）与其供货企业达成协议，按销售量挂钩进行平销返利。2019 年 5 月向供货方购进商品取得增值税专用发票，注明价款 150 万元、进项税额 19.5 万元并通过主管税务机关认证，当月按平价全部销售，月末供货方向该商场支付返利 6.8 万元，下列该项业务的处理符合规定的有（　　）。

A. 商场应按 150 万元计算销项税额

B. 商场应按 143.2 万元计算销项税额

C. 商场当月应抵扣的进项税额为 19.5 万元

D. 商场当月应抵扣的进项税额为 18.72 万元

［参考答案］**AD**

［答案解析］本题考核的知识点是平销返利，返利收入应冲减进项税额。

当月准予抵扣的进项税 = 19.5 − 6.8 ÷（1 + 13%）× 13% = 18.72（万元）

三、计算题

1. 某电脑专卖店 B 公司（增值税一般纳税人），2019 年 7 月销售电脑 280 台，每台零售价格为 7 000 元，上月出售的同型号电脑因质量问题被顾客退回 2 台，上月该型号电脑每台零售价格为 6 800 元，商场已将这两台电脑退给厂家，取得厂家依法开具的红字增值税专用发票上注明销售额 12 000 元，增值税税额 1 560 元；本月购进电脑取得增值税专用发票上注明的增值税税额为 35 000 元，本月相关票据通过了认证并抵扣进项税额。计算商场当月上述业务应纳增值税。

［参考答案］该店当月应纳增值税 = 280 × 7 000 ÷（1 + 13%）× 13% −（35 000 − 1 560）= 192 046.63（元）

2. 2019 年 4 月，A 公司职工小王出差，注明身份的航空电子行程单上的票价和燃油附加费一共是1 090元，注明身份的高铁客票545元，注明身份的公路客票103元。报销后，本月A公司可抵扣的进项税是多少元？

［参考答案］可抵扣的进项税＝1 090÷（1＋9%）×9%＋545÷（1＋9%）×9%＋103÷（1＋3%）×3%＝138（元）

3. 某企业（一般纳税人）2019年4月经营过程中支付桥、闸通行费7 350元，取得通行费发票（非财政票据）；支付高速公路通行费，增值税电子普通发票注明税额58元，则该企业上述发票可抵扣进项税是多少？

［参考答案］可抵扣进项税额＝7350÷（1＋5%）×5%＋58＝350＋58＝408（元）

4. 某乳制品加工企业（一般纳税人）2019年5月开具农产品收购凭证购进原乳2 500吨，买价1 000万元，原乳平均购买单价为4 000元/吨；销售10 000吨巴氏杀菌乳，取得不含税销售额4 200万元。已知原乳单耗数量为1.06吨。

按照投入产出法核定农产品进项税额，该企业当期应纳税额是多少？

［参考答案］巴氏杀菌乳适用税率为9%

当期允许抵扣农产品增值税进项税额

＝当期农产品耗用数量×农产品平均购买单价×扣除率÷（1＋扣除率）

＝10 000×1.06×4 000×9%÷（1＋9%）＝3 500 917.43（元）

销项税额＝42 000 000×9%＝3 780 000（元）

应纳税额＝3 780 000－3 500 917.43＝279 082.57（元）

该企业5月应纳增值税额为279 082.57元。

5. 某乳制品加工企业2019年5月销售1 000吨酸奶，其主营业务成本为6 000万元，农产品耗用率为80%，原乳平均购买单价为4 000元/吨。请问：按照成本法核定当期可以抵扣的农产品进项税额是多少？

［参考答案］酸奶的适用税率为13%

当期允许抵扣农产品增值税进项税额

＝当期主营业务成本×农产品耗用率×扣除率÷（1＋扣除率）

＝60 000 000×80%×13%÷（1＋13%）

＝5 522 123.89（元）

按照成本法核定当月可抵扣的进项税额为5 522 123.89元。

6. 某物流公司A为增值税一般纳税人，提供货物运输服务和装卸搬运服务，其中货物运输服务适用一般计税方法，装卸搬运服务选择适用简易计税方法。该企业2019年6月缴纳当月电费11.3万元，取得增值税专用发票并于当月认证抵扣，且该进项税额无法在货物运输服务和装卸搬运服务间准确划分。该企业当月取得货物运输不含税销售额6万元，装卸搬运服务不含税销售额4万元。请计算应转出的进项税额。

［参考答案］纳税人因兼营简易计税项目而无法划分所取得进项税额的，按照下列公式计算应转出的进项税额：应转出的进项税额＝113 000÷（1＋13%）×13%×［40 000÷（40 000＋60 000）］＝5 200（元）

第七章　增值税税收优惠

第一节　增值税优惠政策概述

一、增值税优惠

增值税的税收优惠分为法定减免、特定减免和临时减免优惠。

（一）法定减免

法定减免是税法中列举的减税免税。例如，《增值税暂行条例》（国务院令 2017 年第 691 号）规定了七项法定减免：销售自产农产品；避孕药品和用具；古旧图书；直接用于科学研究、科学试验和教学的进口仪器、设备；外国政府、国际组织无偿援助的进口物资和设备；由残疾人的组织直接进口供残疾人专用的物品；销售的自己使用过的物品（动产）。

（二）特定减免

特定减免是针对特定地区（保税区和出口加工区）、特定企业（主要外商投资企业、包括外资企业、中外合资企业、中外合作企业）、特定用途（国内投资项目、利用外资项目、科教用品项目、残疾人专用品）进行的减免。例如，《财政部　发展改革委　工业和信息化部海关总署　税务总局　能源局关于调整重大技术装备进口税收政策有关目录的通知》（财关税〔2017〕39 号）规定，符合规定条件的国内企业为生产特定装备或产品而确有必要进口特定装备、产品、零部件、原材料，免征关税和进口环节增值税，自 2018 年 1 月 1 日起执行。《关于调整重大技术装备进口税收政策有关目录的通知》（财关税〔2018〕42 号）规定，对重大技术装备进口税收政策有关目录进行修订，自 2019 年 1 月 1 日起执行。

（三）临时减免

临时减免是指国家为照顾纳税人某些特殊的、临时的困难或因政治经济需要而临时批准的减税免税。如因生产经营条件发生重大变化或纳税人遭受自然灾害，蒙受巨大损失，依法纳税有困难，由税务机关或地方人民政府按照税收管理权限的规定，临时批准给予纳税人的减税免税。临时减免一般都是定期减免，期满后恢复征税。例如，《关于科技企业孵化器大学科技园和众创空间税收政策的通知》（财税〔2018〕120 号）规定，自 2019 年 1 月 1 日至 2021 年 12 月 31 日，对国家级、省级科技企业孵化器、大学科技园和国家备案众创空间自用以及无偿或通过出租等方式提供给在孵对象使用的房产、土地，免征房产税和城镇土地使用税；对其向在孵对象提供孵化服务取得的收入，免征增值税。

二、增值税减免

增值税减免是指国家对特定纳税人或征税对象，给予减轻或者免除税收负担的一种税收优惠措施，包括税基式减免、税率式减免和税额式减免三类。

（一）税基式减免

税基式减免是通过缩小计税依据的方式来实现的税收减免。具体包括起征点、免征额、项目扣除及跨期结转等。

1. 起征点是征税对象达到一定数额开始征税的起点。征税对象数额未达到起征点的不征税，达到起征点的就全部数额征税。

2. 免征额是在征税对象的全部数额中免予征税的数额，免征额的部分不征税，仅就超过免征额的部分征税。

3. 项目扣除则是指在征税对象中扣除一定项目的数额，以其余额作为依据计算税额。

例如，《财政部　国家税务总局关于部分货物适用增值税低税率和简易办法征收增值税政策的通知》（财税〔2009〕9 号）规定，已使用固定资产按照简易办法依 3% 征收率减按 2% 征收增值税。

4. 跨期结转是将以前纳税期的数额从本纳税期数额中扣除。

（二）税率式减免

税率式减免是通过降低税率的方式来实现的税收减免。归入低税率是将某一课税对象的税率由原税率改为其他课税对象所适用的较低的税率。

例如，《财政部　国家税务总局关于全面推开营业税改征增值税试点的通知》（财税〔2016〕36 号）规定，个人出租住房应按照 5% 的征收率减按 1.5% 计算应纳增值税。

《关于大型客机和新支线飞机增值税政策的通知》（财税〔2016〕141 号）规定，对纳税人生产销售新支线飞机暂减按 5% 征收增值税。

（三）税额式减免

税额式减免是税收减免的一种以税额为内容的具体形式。是通过直接减少税额的方式来实现的税收减免。具体包括全部免征、减半征收、核定减征率征收以及另定减征额等。税额式减免是目前最为普遍的增值税优惠。例如：

1. 改善民生方面的减免，包括提高居民收入、救灾及重建、住房、军转择业、社会保障、再就业扶持。例如，鲜活肉蛋和蔬菜免征增值税。

2. 鼓励高新技术方面的减免，包括技术转让、科技发展、外包服务、自主创新。例如，光伏发电增值税即征即退。

3. 促进区域发展方面的减免，包括东部发展、两岸交流、西部开发。例如，横琴、平潭企业销售货物免增值税优惠。

4. 促进小微企业发展的减免。例如，小微企业等小额贷款利息免征增值税。

5. 转制升级方面的减免。例如资产重组免征增值税。

6. 节能环保方面的减免，包括资源综合利用、电力建设。例如，合同能源管理项目免征增值税。

7. 支持金融资本市场方面的减免，包括金融市场、资本市场。例如，金融资产管理公司免征增值税；有形动产融资租赁服务增值税即征即退。

8. 支持三农方面的减免，包括肥料饲料、农村建设。例如，饲料产品免征增值税；农村电网维护费免征增值税。

9. 支持文化教育体育方面的减免，包括教育、体育、文化。例如，从事学历教育的学校提供的教育服务免征增值税；对北京冬奥组委、北京冬奥会测试赛赛事组委会取得的分成收入免征增值税；世博会免征增值税。

10. 支持其他各项事业方面的减免，包括飞机制造、国防建设、交通运输、商品储备、医疗卫生、无偿援助。抗艾滋病药品免征增值税；无偿援助项目免征增值税。

本章主要介绍《增值税暂行条例》规定的免税项目以及《营改增试点实施办法》规定的主要免税项目，以及税收规章文件等规定的即征即退、其他免税和留抵税额退税优惠。

第二节　增值税优惠方式及项目

增值税优惠主要分为即征即退优惠项目和免征增值税优惠项目。即征即退核准类优惠项目是指应向税务机关备案的减免税项目；免征增值税备案类优惠项目是指通过申报即可享受免征增值税优惠。

一、增值税留抵税额退税

增值税留抵税额退税是指对符合条件的增值税一般纳税人特定事项产生的留抵税额，按照一定的计算公式予以计算退还。增值税留抵税额退税虽不是税收优惠，但对单靠自身生产经营难以在短期内消化的留抵税额给予退还，能够鼓励企业扩大再生产，因此许多纳税人把留抵税额退税看作一项很重要的税收优惠。特别是受财政收入及管理效率等客观因素制约，自引入增值税制度以来我国一直没有建立广泛的增值税留抵税额退税制度，除了对符合条件的集成电路重大项目增值税留抵税额退税、对外购用于生产乙烯、芳烃类化工产品的石脑油、燃料油价格中消费税部分对应的增值税额退税、对“中国制造 2025”明确的新一代信息技术等 10 个重点领域、高新技术企业、技术先进型服务企业和科技型中小企业、电网企业退还增值税留抵税额以外，2019 年 4 月开始实行全行业的增量留抵税额退税，考虑财政可承受能力、退税效率和成本效益，对连续 6 个月增量留抵税额大于零的增值税一般纳税人常态化存在的留抵税额，设置不低于 50 万元的退税数额门槛，高于这个标准给予退税；2019 年 6 月开始部分先进制造业可提前进行留抵税额退税，取消 50 万元数额门槛和 60% 的比例限制，减少纳税人的办税负担，提高行政效率。

（一）符合条件的集成电路重大项目增值税留抵税额退税

自 2011 年 11 月 1 日起，对集成电路重大项目企业因采购设备形成的增值税期末留抵税额予以退还。

（二）对外购用于生产乙烯、芳烃类化工产品的石脑油、燃料油价格中消费税部分对应的增值税额退税

自 2014 年 3 月 1 日起，对外购用于生产乙烯、芳烃类化工产品（以下称特定化工产品）的石脑油、燃料油（以下称 2 类油品），且使用 2 类油品生产特定化工产品的产量占本企业用石脑油、燃料油生产各类产品总量的 50%（含）以上的企业，其外购 2 类油品的价格中消费税部分对应的增值税额，予以退还。

予以退还的增值税额 = 已缴纳消费税的 2 类油品数量 ×2 类油品消费税单位税额 × 增值税适用税率

对符合上述条件的企业，在 2014 年 2 月 28 日前形成的增值税期末留抵税额，可在不超过其购进 2 类油品的价格中消费税部分对应的增值税的规模下，申请一次性退还。

2 类油品的价格中消费税部分对应的增值税，根据国家对 2 类油品开征消费税以来企业购进的已缴纳消费税的 2 类油品数量和消费税单位税额计算。

（三）符合条件的大型客机和新支线飞机增值税留抵税额退税

1. 自 2018 年 1 月 1 日起至 2023 年 12 月 31 日止，对纳税人从事大型民用客机发动机、中大功率民用涡轴涡桨发动机研制项目而形成的增值税期末留抵税额予以退还。

2. 自 2019 年 1 月 1 日起至 2020 年 12 月 31 日止，对纳税人生产销售新支线飞机暂减按 5% 征收增值税，并对其因生产销售新支线飞机而形成的增值税期末留抵税额予以退还。

3. 自 2019 年 1 月 1 日起至 2020 年 12 月 31 日止，对纳税人从事大型客机研制项目而形成的增值税期末留抵税额予以退还。

纳税人适用增值税留抵退税政策，有纳税信用级别条件要求的，以纳税人向主管税务机关申请办理增值税留抵退税提交《退（抵）税申请表》时的纳税信用级别确定。

（四）自2018年7月27日起，对实行增值税期末留抵退税的纳税人，允许其从城市维护建设税、教育费附加和地方教育附加的计税（征）依据中扣除退还的增值税税额。

（五）自2019年4月1日起，全面试行增值税期末留抵税额退税制度，不再区分行业

符合以下条件的纳税人，可以向主管税务机关申请退还增量留抵税额：自2019年4月税款所属期起，连续6个月（按季纳税的，连续两个季度）增量留抵税额均大于零，且第6个月增量留抵税额不低于50万元；纳税信用等级为A级或者B级；申请退税前36个月未发生骗取留抵退税、出口退税或虚开增值税专用发票情形的；申请退税前36个月未因偷税被税务机关处罚两次及以上的；自2019年4月1日起未享受即征即退、先征后返（退）政策的。

（六）自2019年6月1日起，同时符合条件的部分先进制造业如非金属矿物制品、通用设备、专用设备及计算机、通信和其他电子设备纳税人，可以自2019年7月及以后纳税申报期向主管税务机关申请退还增量留抵税额。取消50万元数额的退税门槛和60%的比例限制，除部分先进制造业纳税人以外的其他纳税人申请退还增量留抵税额的规定，继续按照39号公告执行。

（七）疫情防控重点保障物资生产企业

自2020年1月1日起，疫情防控重点保障物资生产企业可以按月向主管税务机关申请全额退还增值税增量留抵税额。

上述所称增量留抵税额，是指与2019年12月底相比新增加的期末留抵税额。

疫情防控重点保障物资生产企业名单，由省级及以上发展改革部门、工业和信息化部门确定。政策执行截止日期视疫情情况另行决定。

二、增值税免税

增值税免税是国家对特定纳税人或征税对象，给予减轻或者免除税收负担的税收优惠措施。

（一）《增值税暂行条例》规定的免税项目

1．农业生产者销售的自产农产品。

农业，是指种植业、养殖业、林业、牧业、水产业。农业生产者，包括从事农业生产的单位和个人。

农产品，是指直接从事植物的种植、收割和动物的饲养、捕捞的单位和个人销售的自产农产品，具体范围由财政部、国家税务总局确定。

对上述单位和个人销售的外购农产品，以及单位和个人外购农产品生产、加工后销售的仍然属于规定范围的农业产品，但不属于免税的范围，应当按照规定的税率征收增值税。

2．避孕药品和用具。

3．古旧图书。古旧图书，是指向社会收购的古书和旧书。

4．直接用于科学研究、科学试验和教学的进口仪器、设备。

5．外国政府、国际组织无偿援助的进口物资和设备。

6．由残疾人的组织直接进口供残疾人专用的物品。

7．销售的自己使用过的物品。自己使用过的物品，是指其他个人自己使用过的物品。

（二）营改增试点实施办法规定的免税项目

营业税改征增值税以后，对原营业税的税收优惠进行了过渡，本书主要介绍下列免税优惠规定：

1．托儿所、幼儿园提供的保育和教育服务。

2．养老机构提供的养老服务。

3．残疾人福利机构提供的育养服务。

4．婚姻介绍服务。

5．殡葬服务。

6．残疾人员本人为社会提供的服务。

7．医疗机构提供的医疗服务。

8．从事学历教育的学校提供的教育服务。

9．学生勤工俭学提供的服务。

10．农业机耕、排灌、病虫害防治、植物保护、农牧保险以及相关技术培训业务，家禽、牲畜、水生动物的配种和疾病防治。

动物诊疗机构提供的动物疾病预防、诊断、治疗和动物绝育手术等动物诊疗服务，属于《营业税改征增值税试点过渡政策的规定》（财税〔2016〕36 号附件 3）第一条第十项所称“家禽、牲畜、水生动物的配种和疾病防治”。

11．纪念馆、博物馆、文化馆、文物保护单位管理机构、美术馆、展览馆、书画院、图书馆在自己的场所提供文化体育服务取得的第一道门票收入。

《关于延续宣传文化增值税优惠政策的通知》（财税〔2018〕53 号）规定：自 2018 年 1 月 1 日起至 2020 年 12 月 31 日，对科普单位的门票收入，以及县级及以上党政部门和科协开展科普活动的门票收入免征增值税。

12．寺院、宫观、清真寺和教堂举办文化、宗教活动的门票收入。

（三）其他减免税优惠项目

1．支持“三农”方面的减免税优惠项目

（1）金融机构农户小额贷款取得的利息收入免征增值税优惠。

（2）小额贷款公司取得的农户小额贷款利息收入免征增值税优惠。

自 2017 年 1 月 1 日至 2019 年 12 月 31 日，对经省级金融管理部门（金融办、局等）批准成立的小额贷款公司取得的农户小额贷款利息收入，免征增值税。

（3）饲料产品（不包括豆粕）免征增值税优惠。

《财政部　国家税务总局关于简并增值税税率有关政策的通知》中明确：饲料，是指用于动物饲养的产品或其加工品。具体征税范围按照《国家税务总局关于修订“饲料”注释及加强饲料征免增值税管理问题的通知》执行，包括豆粕、宠物饲料、饲用鱼油、矿物质微量元素舔砖、饲料级磷酸二氢钙产品。宠物饲料产品不属于免征增值税的饲料。

《国家税务总局关于粕类产品免征增值税问题的通知》规定，豆粕属于征收增值税的饲料产品，除豆粕以外的其他粕类饲料产品，均免征增值税。

免税饲料产品范围包括：

① 单一大宗饲料。指以一种动物、植物、微生物或矿物质为来源的产品或其副产品。其范围仅限于糠麸、酒糟、鱼粉、草饲料、饲料级磷酸氢钙及除豆粕以外的菜子粕、棉子粕、向日葵粕、花生粕等粕类产品。

② 混合饲料。指由两种以上单一大宗饲料、粮食、粮食副产品及饲料添加剂按照一定比例配置，其中单一大宗饲料、粮食及粮食副产品的参兑比例不低于95%的饲料。

③ 配合饲料。指根据不同的饲养对象，饲养对象的不同生长发育阶段的营养需要，将多种饲料原料按饲料配方经工业生产后，形成的能满足饲养动物全部营养需要（除水分外）的饲料。

④ 复合预混料。指能够按照国家有关饲料产品的标准要求量，全面提供动物饲养相应阶段所需微量元素（4种或以上）、维生素（8种或以上），由微量元素、维生素、氨基酸和非营养性添加剂中任何两类或两类以上的组分与载体或稀释剂按一定比例配置的均匀混合物。

⑤ 浓缩饲料。指由蛋白质、复合预混料及矿物质等按一定比例配制的均匀混合物。

用于动物饲养的粮食、饲料添加剂不属于本货物的范围。

自2000年6月1日起，饲料产品分为征收增值税和免征增值税两类。进口和国内生产的饲料，一律执行同样的征税或免税政策。自2000年6月1日起，豆粕属于征收增值税的饲料产品，进口或国内生产豆粕，均按适用税率征收增值税。其他粕类属于免税饲料产品，免征增值税。为保护纳税人的经济利益，对纳税人2000年6月1日至9月30日期间销售的国内生产的豆粕以及在此期间定货并进口的豆粕，凭有效凭证，仍免征增值税，已征收入库的增值税给予退还。

（4）有机肥免征增值税优惠。

自2008年6月1日起，纳税人生产销售和批发、零售有机肥产品免征增值税。享受上述免税政策的有机肥产品是指有机肥料、有机—无机复混肥料和生物有机肥。

① 有机肥料。指来源于植物或动物，施于土壤以提供植物营养为主要功能的含碳物料。

② 有机—无机复混肥料。指由有机和无机肥料混合或化合制成的含有一定量有机肥料的复混肥料。

③ 生物有机肥。指特定功能微生物与主要以动植物残体（如禽畜粪便、农作物秸秆等）为来源并经无害化处理、腐熟的有机物料复合而成的一类兼具微生物肥料和有机肥效应的肥料。

（5）农业生产资料免征增值税优惠。

① 农膜。

② 生产销售的除尿素以外的氮肥、除磷酸二铵以外的磷肥、钾肥以及免税化肥为主要原料的复混肥（企业生产复混肥产品所用的免税化肥成本占原料中全部化肥成本的比重高于 70%）。"复混肥"是指用化学方法或物理方法加工制成的氮、磷、钾三种养分中至少有两种养分标明量的肥料，包括仅用化学方法制成的复合肥和仅用物理方法制成的混配肥（也称掺合肥）。

③ 批发和零售的种子、种苗、化肥、农药、农机。

④ 自 2010 年 12 月 1 日起，制种企业在下列生产经营模式下生产销售种子，属于农业生产者销售自产农业产品，应根据《增值税暂行条例》有关规定免征增值税。

• 制种企业利用自有土地或承租土地，雇用农户或雇工进行种子繁育，再经烘干、脱粒、风筛等深加工后销售种子。

• 制种企业提供亲本种子委托农户繁育并从农户手中收回，再经烘干、脱粒、风筛等深加工后销售种子。

⑤ 2016 年 1 月 1 日至 2020 年 12 月 31 日，对进口种子（苗）、种畜（禽）、鱼种（苗）和种用野生动植物种源免征进口环节增值税。

（6）农村电网维护费免征增值税优惠。

从 1998 年 1 月 1 日起，对农村电管站在收取电价时一并向用户收取的农村电网维护费（包括低压线路损耗和维护费以及电工经费）给予免征增值税的照顾。

（7）农村饮水安全工程免征增值税优惠。

对饮水工程运营管理单位向农村居民提供生活用水取得的自来水销售收入，免征增值税。对于既向城镇居民供水，又向农村居民供水的饮水工程运营管理单位，依据向农村居民供水收入占总供水收入的比例免征增值税。

饮水工程，是指为农村居民提供生活用水而建设的供水工程设施。饮水工程运营管理单位，是指负责饮水工程运营管理的自来水公司、供水公司、供水（总）站（厂、中心）、村集体、农民用水合作组织等单位。

（8）承包地流转给农业生产者用于农业生产免征增值税优惠。

纳税人采取转包、出租、互换、转让、入股等方式将承包地流转给农业生产者用于农业生产，免征增值税。

（9）农民专业合作社免征增值税优惠。

对农民专业合作社销售本社成员生产的农业产品，视同农业生产者销售自产农业产品免征增值税。

对农民专业合作社向本社成员销售的农膜、种子、种苗、化肥、农药、农机，免征增值税。

（10）将土地使用权转让给农业生产者用于农业生产免征增值税优惠。

（11）滴灌带和滴灌管产品免征增值税优惠。

自 2007 年 7 月 1 日起，纳税人生产销售和批发、零售滴灌带和滴灌管产品免征增值税。

滴灌带和滴灌管产品是指农业节水滴灌系统专用的、具有制造过程中加工的孔口或其他出流装置、能够以滴状或连续流状出水的水带和水管产品。滴灌带和滴灌管产品按照国家有关质量技术标准要求进行生产，并与 PVC 管（主管）、PE 管（辅管）、承插管件、过滤器等部件组成为滴灌系统。

2. 改善民生方面的减免税优惠项目

（1）鲜活肉蛋产品免征增值税优惠。对从事农产品批发、零售的纳税人销售的部分鲜活肉蛋产品免征增值税。免征增值税的鲜活肉产品，是指猪、牛、羊、鸡、鸭、鹅及其整块或者分割的鲜肉、冷藏或者冷冻肉，内脏、头、尾、骨、蹄、翅、爪等组织。免征增值税的鲜活蛋产品，是指鸡蛋、鸭蛋、鹅蛋，包括鲜蛋、冷藏蛋以及对其进行破壳分离的蛋液、蛋黄和蛋壳。上述产品中不包括《中华人民共和国野生动物保护法》所规定的国家珍贵、濒危野生动物及其鲜活肉类、蛋类产品。

（2）蔬菜免征增值税优惠。对从事蔬菜批发、零售的纳税人销售的蔬菜免征增值税。蔬菜是指可作副食的草本、木本植物，包括各种蔬菜、菌类植物和少数可作副食的木本植物。蔬菜的主要品种参照《蔬菜主要品种目录》执行。经挑选、清洗、切分、晾晒、包装、脱水、冷藏、冷冻等工序加工的蔬菜，属于蔬菜的范围。各种蔬菜罐头不属于蔬菜的范围。蔬菜罐头是指蔬菜经处理、装罐、密封、杀菌或无菌包装而制成的食品。

（3）救灾救济粮免征增值税。救灾救济粮指经县（含）以上人民政府批准，凭救灾救济粮食（证）按规定的销售价格向需救助的灾民供应的粮食，免征增值税。

（4）个人销售自建自用住房免征增值税。

（5）为了配合国家住房制度改革，企业、行政事业单位按房改成本价、标准价出售住房取得的收入免征增值税。

（6）个人将购买两年以上（含两年）的住房对外销售免征增值税优惠（适用于北京市、上海市、广州市和深圳市之外的地区）。

（7）公共租赁住房经营管理单位出租公共租赁住房免征增值税。

公共租赁住房，是指纳入省、自治区、直辖市、计划单列市人民政府及新疆生产建设兵团批准的公共租赁住房发展规划和年度计划，并按照《关于加快发展公共租赁住房的指导意见》（建保〔2010〕87 号）和市、县人民政府制定的具体管理办法进行管理的公共租赁住房。

2019 年 1 月 1 日至 2020 年 12 月 31 日，对经营公共住房所取得的租金收入，免征增值税。

（8）个人出租住房应按照 5% 的征收率减按 1.5% 计算应纳增值税。

（9）随军家属从事个体经营免征增值税。

从事个体经营的随军家属，自办理税务登记事项之日起，其提供的应税服务 3 年内免征增值税。

随军家属必须有师以上政治机关出具的可以表明其身份的证明。

按照上述规定，每一名随军家属可以享受一次免税政策。

（10）军转干部从事个体经营免征增值税优惠。从事个体经营的军队转业干部，自领取税务登记证之日起，其提供的应税服务 3 年内免征增值税。

（11）企业安置随军家属免征增值税优惠。为安置随军家属就业而新开办的企业，自领取税务登记证之日起，其提供的应税服务 3 年内免征增值税。

享受税收优惠政策的企业，随军家属必须占企业总人数的 60%（含）以上，并有军（含）以上政治和后勤机关出具的证明。

（12）企业安置军转干部免征增值税优惠。为安置自主择业的军队转业干部就业而新开办的企业，凡安置自主择业的军队转业干部占企业总人数 60%（含）以上的，自领取税务登记证之日起，其提供的应税服务 3 年内免征增值税。

（13）退役士兵从事个体经营扣减增值税优惠。

自 2019 年 1 月 1 日至 2021 年 12 月 31 日，自主就业退役士兵从事个体经营的，自办理个体工商户登记当月起，在 3 年（36 个月）内按每户每年 12 000 元为限额依次扣减其当年实际应缴纳的增值税、城市维护建设税、教育费附加、地方教育附加和个人所得税。限额标准最高可上浮 20%，各省、自治区、直辖市人民政府可根据本地区实际情况在此幅度内确定具体限额标准。

纳税人年度应缴纳税款小于上述扣减限额的，减免税额以其实际缴纳的税款为限；大于上述扣减限额的，以上述扣减限额为限。纳税人的实际经营期不足 1 年的，应当按月换算其减免税限额。换算公式为：减免税限额 = 年度减免税限额 ÷ 12 × 实际经营月数

（14）企业招用退役士兵扣减增值税优惠。自 2019 年 1 月 1 日至 2021 年 12 月 31 日，企业招用自主就业退役士兵，与其签订 1 年以上期限劳动合同并依法缴纳社会保险费的，自签订劳动合同并缴纳社会保险当月起，在 3 年内按实际招用人数予以定额依次扣减增值税、城市维护建设税、教育费附加、地方教育附加和企业所得税优惠。定额标准为每人每年 6 000 元，最高可上浮 50%，各省、自治区、直辖市人民政府可根据本地区实际情况在此幅度内确定具体定额标准。

企业按招用人数和签订的劳动合同时间核算企业减免税总额，在核算减免税总额内每月依次扣减增值税、城市维护建设税、教育费附加和地方教育附加。企业实际应缴纳的增值税、城市维护建设税、教育费附加和地方教育附加小于核算减免税总额的，以实际应缴纳的增值税、城市维护建设税、教育费附加和地方教育附加为限；实际应缴纳的增值税、城市维护建设税、教育费附加和地方教育附加大于核算减免税总额的，以核算减免税总额为限。

（15）残疾人个人提供劳务免征增值税优惠。残疾人个人提供的加工、修理修配劳务，免征增值税。

（16）住房公积金管理中心用住房公积金在指定的委托银行发放的个人住房贷款取得的利息收入免征增值税。

（17）家政服务企业由员工制家政服务员提供家政服务取得的收入免征增值税。

家政服务企业，是指在企业营业执照的规定经营范围中包括家政服务内容的企业。员工制家政服务员，是指同时符合下列 3 个条件的家政服务员：

① 依法与家政服务企业签订半年及半年以上的劳动合同或者服务协议，且在该企业实际上岗工作。

② 家政服务企业为其按月足额缴纳了企业所在地人民政府根据国家政策规定的基本养老保险、基本医疗保险、工伤保险、失业保险等社会保险。对已享受新型农村养老保险

和新型农村合作医疗等社会保险或者下岗职工原单位继续为其缴纳社会保险的家政服务员，如果本人书面提出不再缴纳企业所在地人民政府根据国家政策规定的相应的社会保险，并出具其所在乡镇或者原单位开具的已缴纳相关保险的证明，可视同家政服务企业已为其按月足额缴纳了相应的社会保险。

③ 家政服务企业通过金融机构向其实际支付不低于企业所在地适用的经省级人民政府批准的最低工资标准的工资。

（18）符合条件的非员工制家政服务免征增值税优惠。

符合下列条件的家政服务企业提供家政服务取得的收入，比照《营业税改征增值税试点过渡政策的规定》免征增值税：

① 与家政服务员、接受家政服务的客户就提供家政服务行为签订三方协议；

② 向家政服务员发放劳动报酬，并对家政服务员进行培训管理；

③ 通过建立业务管理系统对家政服务员进行登记管理。

（19）社保基金会、社保基金投资管理人在运用社保基金投资过程中，提供贷款服务取得的利息收入和金融商品转让收入，免征增值税。

对社保基金会、社保基金投资管理人在运用社保基金投资过程中，提供贷款服务取得的全部利息及利息性质的收入和金融商品转让收入，免征增值税。

（20）社保基金会、养老基金投资管理机构运用养老基金投资过程中，提供贷款服务取得的利息收入和金融商品转让收入，免征增值税。

对社保基金会及养老基金投资管理机构在国务院批准的投资范围内，运用养老基金投资过程中，提供贷款服务取得的全部利息及利息性质的收入和金融商品转让收入，免征增值税。

（21）对公募证券投资基金管理人运营基金过程中转让创新企业 CDR 取得的差价收入，3 年内暂免征收增值税。

（22）对合格境外机构投资者（QFII）、人民币合格境外机构投资者（RQFII）委托境内公司转让创新企业 CDR 取得的差价收入，暂免征收增值税。

（23）建档立卡贫困人口从事个体经营扣减增值税。

建档立卡贫困人口从事个体经营的，自办理个体工商户登记当月起，在 3 年（36 个月）内按每户每年 12 000 元为限额依次扣减其当年实际应缴纳的增值税、城市维护建设税、教育费附加、地方教育附加和个人所得税。限额标准最高可上浮 20%，各省、自治区、直辖市人民政府可根据本地区实际情况在此幅度内确定具体限额标准。

纳税人年度应缴纳税款小于上述扣减限额的，减免税额以其实际缴纳的税款为限；大于上述扣减限额的，以上述扣减限额为限。

上述人员为纳入全国扶贫开发信息系统的建档立卡贫困人口。

（24）登记失业半年以上人员，零就业家庭、享受城市低保登记失业人员，毕业年度内高校毕业生从事个体经营扣减增值税。

持《就业创业证》（注明“自主创业税收政策”或“毕业年度内自主创业税收政策”）或《就业失业登记证》（注明“自主创业税收政策”）的人员，从事个体经营的，自办理个体工商户登记当月起，在 3 年（36 个月）内按每户每年 12 000 元为限额依次扣减其当年实际应缴纳的增值税、城市维护建设税、教育费附加、地方教育附加和个人所得税。限额标准最高可上浮 20%，各省、自治区、直辖市人民政府可根据本地区实际情况在此幅度内确定具体限额标准。

纳税人年度应缴纳税款小于上述扣减限额的，减免税额以其实际缴纳的税款为限；大于上述扣减限额的，以上述扣减限额为限。

高校毕业生是指实施高等学历教育的普通高等学校、成人高等学校应届毕业的学生；毕业年度是指毕业所在自然年，即 1 月 1 日至 12 月 31 日。

企业招用建档立卡贫困人口，以及在人力资源社会保障部门公共就业服务机构登记失业半年以上且持《就业创业证》或《就业失业登记证》的人员，与其签订 1 年以上期限劳动合同并依法缴纳社会保险费的，自签订劳动合同并缴纳社会保险当月起，在 3 年内按实际招用人数予以定额依次扣减增值税。定额标准为每人每年 6 000 元，最高可上浮 30%。

（25）企业招用建档立卡贫困人口就业扣减增值税。

企业招用建档立卡贫困人口，与其签订 1 年以上期限劳动合同并依法缴纳社会保险费的，自签订劳动合同并缴纳社会保险当月起，在 3 年内按实际招用人数予以定额依次扣减增值税、城市维护建设税、教育费附加、地方教育附加和企业所得税优惠。定额标准为每人每年 6 000 元，最高可上浮 30%，各省、自治区、直辖市人民政府可根据本地区实际情况在此幅度内确定具体定额标准。城市维护建设税、教育费附加、地方教育附加的计税依据是享受本项税收优惠政策前的增值税应纳税额。

按上述标准计算的税收扣减额应在企业当年实际应缴纳的增值税、城市维护建设税、教育费附加、地方教育附加和企业所得税税额中扣减，当年扣减不完的，不得结转下年使用。

本处所称企业是指属于增值税纳税人或企业所得税纳税人的企业等单位。

（26）企业招用登记失业半年以上人员，零就业家庭、享受城市低保登记失业人员，毕业年度内高校毕业生就业扣减增值税。

企业招用在人力资源社会保障部门公共就业服务机构登记失业半年以上且持《就业创业证》或《就业失业登记证》（注明“企业吸纳税收政策”）的人员，与其签订 1 年以上期限劳动合同并依法缴纳社会保险费的，自签订劳动合同并缴纳社会保险当月起，在 3 年内按实际招用人数予以定额依次扣减增值税、城市维护建设税、教育费附加、地方教育附加和企业所得税优惠。定额标准为每人每年 6 000 元，最高可上浮 30%，各省、自治区、直辖市人民政府可根据本地区实际情况在此幅度内确定具体定额标准。城市维护建设税、教育费附加、地方教育附加的计税依据是享受本项税收优惠政策前的增值税应纳税额。

按上述标准计算的税收扣减额应在企业当年实际应缴纳的增值税、城市维护建设税、教育费附加、地方教育附加和企业所得税税额中扣减，当年扣减不完的，不得结转下年使用。

本处所称企业是指属于增值税纳税人或企业所得税纳税人的企业等单位。

（27）边销茶免征增值税。

自 2019 年 1 月 1 日起至 2020 年 12 月 31 日，对边销茶生产企业（企业名单详见国家政策文件）销售自产的边销茶及经销企业销售的边销茶免征增值税。

边销茶，是指以黑毛茶、老青茶、红茶末、绿茶为主要原料，经过发酵、蒸制、加压或者压碎、炒制，专门销往边疆少数民族地区的紧压茶、方包茶（马茶）。

（28）粮食免征增值税。

对承担粮食收储任务的国有粮食购销企业销售的粮食免征增值税。

军队用粮免征增值税。军队用粮指凭军用粮票和军粮供应证按军供价供应中国人民解放军和中国人民武装警察部队的粮食。

救灾救济粮免征增值税。救灾救济粮指经县（含）以上人民政府批准，凭救灾救济粮食（证）按规定的销售价格向需救助的灾民供应的粮食。

水库移民口粮免征增值税：水库移民口粮指经县（含）以上人民政府批准，凭水库移民口粮票（证）按规定的销售价格供应给水库移民的粮食。

（29）储备大豆免征增值税。

增值税免税政策适用范围由粮食扩大到粮食和大豆，并可对免税业务开具增值税专用发票。

（30）政府储备食用植物油享受免征增值税优惠。

政府储备食用植物油销售免征增值税。对销售食用植物油业务，除了政府储备食用植物油的销售继续免征增值税外，一律照章征收增值税。

（31）福利彩票、体育彩票的发行收入免征增值税。

（32）涉及家庭财产分割的个人无偿转让不动产、土地使用权免征增值税。

家庭财产分割，包括下列情形：离婚财产分割；无偿赠与配偶、父母、子女、祖父母、外祖父母、孙子女、外孙子女、兄弟姐妹；无偿赠与对其承担直接抚养或者赡养义务的抚养人或者赡养人；房屋产权所有人死亡，法定继承人、遗嘱继承人或者受遗赠人依法取得房屋产权。

（33）扶贫货物捐赠免征增值税。

自 2019 年 1 月 1 日至 2022 年 12 月 31 日，对单位或者个体工商户将自产、委托加工或购买的货物通过公益性社会组织、县级及以上人民政府及其组成部门和直属机构，或直接无偿捐赠给目标脱贫地区的单位和个人，免征增值税。在政策执行期限内，目标脱贫地区实现脱贫的，可继续适用上述政策。

“目标脱贫地区”包括 832 个国家扶贫开发工作重点县、集中连片特困地区县（新疆阿克苏地区 6 县 1 市享受片区政策）和建档立卡贫困村。

在 2015 年 1 月 1 日至 2018 年 12 月 31 日期间已发生的符合上述条件的扶贫货物捐赠，可追溯执行上述增值税政策。

（34）养老、托育、家政等社区家庭服务业税收优惠。

提供社区养老、托育、家政服务取得的收入，免征增值税。社区是指聚居在一定地域范围内的人们所组成的社会生活共同体，包括城市社区和农村社区。

为社区提供养老服务的机构，是指在社区依托固定场所设施，采取全托、日托、上门等方式，为社区居民提供养老服务的企业、事业单位和社会组织。社区养老服务是指为老年人提供的生活照料、康复护理、助餐助行、紧急救援、精神慰藉等服务。

为社区提供托育服务的机构，是指在社区依托固定场所设施，采取全日托、半日托、计时托、临时托等方式，为社区居民提供托育服务的企业、事业单位和社会组织。社区托育服务是指为 3 周岁（含）以下婴幼儿提供的照料、看护、膳食、保育等服务。

为社区提供家政服务的机构，是指以家庭为服务对象，为社区居民提供家政服务的企业、事业单位和社会组织。社区家政服务是指进入家庭成员住所或医疗机构为孕产妇、婴幼儿、老人、病人、残疾人提供的照护服务，以及进入家庭成员住所提供的保洁、烹饪等服务。

3. 鼓励高新技术方面的减免税优惠项目。

（1）技术转让、技术开发免征增值税优惠。

（2）国家大学科技园收入免征增值税。

对符合条件的国家大学科技园向孵化企业出租场地、房屋以及提供孵化服务的收入，免征增值税。

① 科技园符合国家大学科技园条件。国务院科技和教育行政主管部门负责发布国家大学科技园名单。

② 科技园将面向孵化企业出租场地、房屋以及提供孵化服务的业务收入在财务上单独核算。

③ 科技园提供给孵化企业使用的场地面积（含公共服务场地）占科技园可自主支配场地面积的 60%（含）以上，孵化企业数量占科技园内企业总数量的 75%（含）以上。

公共服务场地是指科技园提供给孵化企业共享的活动场所，包括公共餐厅、接待室、会议室、展示室、活动室、技术检测室和图书馆等非营利性配套服务场地。

（3）科技企业孵化器收入免征增值税。

对符合条件的孵化器向孵化企业出租场地、房屋以及提供孵化服务的收入，免征增值税。

“孵化服务”是指为孵化企业提供的“经纪代理”“经营租赁”“研发和技术”“信息技术”和“鉴证咨询”等服务。

（4）科技企业孵化器、大学科技园和众创空间孵化服务免征增值税。

自 2019 年 1 月 1 日至 2021 年 12 月 31 日，对国家级、省级科技企业孵化器、大学科技园和国家备案众创空间对其向在孵对象提供孵化服务取得的收入，免征增值税。

孵化服务是指为在孵对象提供的经纪代理、经营租赁、研发和技术、信息技术、鉴证咨询服务。在孵对象是指符合前款认定和管理办法规定的孵化企业、创业团队和个人。

4. 促进区域发展方面的减免税优惠项目。

（1）台湾地区航运公司、航空公司从事海峡两岸海上直航、空中直航业务在大陆取得的运输收入免征增值税优惠。

（2）从事与新疆国际大巴扎项目有关的营改增应税业务免征增值税。

自 2017 年 1 月 1 日至 2019 年 12 月 31 日，对新疆国际大巴扎物业服务有限公司和新疆国际大巴扎文化旅游产业有限公司从事与新疆国际大巴扎项目有关的营改增应税行为取得的收入，免征增值税。

（3）横琴、平潭企业销售货物免征增值税优惠。

横琴、平潭各自的区内企业之间销售其在本区内的货物，免征增值税。但上述企业之间销售的用于其本区内商业性房地产开发项目的货物，以及按本规定被取消退税或免税资格的企业销售的货物，应按规定征收增值税。

5. 促进小微企业发展方面的减免税优惠项目。

（1）符合条件的担保机构从事中小企业信用担保或者再担保业务取得的收入免征增值税优惠。

（2）小微企业等融资担保、再担保免征增值税优惠。

自2018年1月1日至2019年12月31日，纳税人为农户、小型企业、微型企业及个体工商户借款、发行债券提供融资担保取得的担保费收入，以及为原担保提供再担保取得的再担保费收入，免征增值税。

① 农户，是指长期（一年以上）居住在乡镇（不包括城关镇）行政管理区域内的住户，还包括长期居住在城关镇所辖行政村范围内的住户和户口不在本地而在本地居住一年以上的住户。包括位于乡镇（不包括城关镇）行政管理区域内和在城关镇所辖行政村范围内的国有经济的机关、团体、学校、企事业单位的集体户；有本地户口，但举家外出谋生一年以上的住户，无论是否保留承包耕地均不属于农户。农户以户为统计单位，既可以从事农业生产经营，也可以从事非农业生产经营。农户担保、再担保的判定应以原担保生效时的被担保人是否属于农户为准。

② 小型企业、微型企业，是指符合《中小企业划型标准规定》（工信部联企业〔2011〕300号）的小型企业和微型企业。其中，资产总额和从业人员指标均以原担保生效时的实际状态确定；营业收入指标以原担保生效前12个自然月的累计数确定，不满12个自然月的，按照以下公式计算：

营业收入（年）=企业实际存续期间营业收入÷企业实际存续月数×12

③ 再担保合同对应多个原担保合同的，原担保合同应全部适用免征增值税政策。否则，再担保合同应按规定缴纳增值税。

（3）小微企业、个体工商户小额贷款利息免征增值税优惠。

自2018年9月1日至2020年12月31日，对金融机构向小型企业、微型企业和个体工商户发放小额贷款取得的利息收入，免征增值税。金融机构可以选择以下两种方法之一适用免税：

① 对金融机构向小型企业、微型企业和个体工商户发放的，利率水平不高于人民银行同期贷款基准利率150%（含本数）的单笔小额贷款取得的利息收入，免征增值税；高于人民银行同期贷款基准利率150%的单笔小额贷款取得的利息收入，按照现行政策规定缴纳增值税。

② 对金融机构向小型企业、微型企业和个体工商户发放单笔小额贷款取得的利息收入中，不高于该笔贷款按照人民银行同期贷款基准利率150%（含）计算的利息收入部分，免征增值税；超过部分按照现行政策规定缴纳增值税。金融机构可按会计年度在以上两种方法之间选定其一作为该年的免税适用方法，一经选定，该会计年度内不得变更。

金融机构，是指经人民银行、银保监会批准成立的已通过监管部门上一年度“两增两控”考核的机构（2018年通过考核的机构名单以2018年上半年实现“两增两控”目标为准），以及经中国人民银行、银保监会、证监会批准成立的开发银行及政策性银行、外资银行和非银行业金融机构。“两增两控”是指单户授信总额 1 000 万元以下（含）小微企业贷款同比增速不低于各项贷款同比增速，有贷款余额的户数不低于上年同期水平，合理控制小微企业贷款资产质量水平和贷款综合成本（包括利率和贷款相关的银行服务收费）水平。金融机构完成“两增两控”情况，以银保监会及其派出机构考核结果为准。

小型企业、微型企业，是指符合《中小企业划型标准规定》（工信部联企业〔2011〕300 号）的小型企业和微型企业。其中，资产总额和从业人员指标均以贷款发放时的实际状态确定；营业收入指标以贷款发放前 12 个自然月的累计数确定，不满 12 个自然月的，按照以下公式计算：

营业收入（年）=企业实际存续期间营业收入÷企业实际存续月数×12

小额贷款，是指单户授信小于 1 000 万元（含）的小型企业、微型企业或个体工商户贷款；没有授信额度的，是指单户贷款合同金额且贷款余额在 1 000 万元（含）以下的贷款。

6. 转制升级方面的减免税优惠项目。

（1）对因中国邮政集团公司邮政速递物流业务重组改制，中国邮政集团公司向中国邮政速递物流股份有限公司、各省（包括自治区、直辖市）邮政公司向各省邮政速递物流有限公司转移资产应缴纳的增值税予以免征。

（2）对中国联合网络通信集团有限公司（原中国联合通信有限公司）、联通新时空通信有限公司（原联通新时空移动通信有限公司）、中国联合网络通信有限公司（原中国联通有限公司）在转让 CDMA 资产和业务过程中应缴纳的增值税予以免征。

（3）对中国联合网络通信集团有限公司向中国联合网络通信有限公司转让原网通南方 21 省固网业务、北方一级干线资产，原联通天津、四川、重庆三地固网业务及天津固网资产，向联通新时空通信有限公司（原联通新时空移动通信有限公司）注入原网通南方 21 省固网资产及原联通四川、重庆固网资产过程中应缴纳的增值税予以免征。

（4）对中国邮政集团公司向原中国邮政储蓄银行有限责任公司转移出资资产、中国邮政集团公司以实物资产抵偿原中国邮政储蓄银行有限责任公司的储蓄和汇总利息损失挂账，以及中国邮政集团与原中国邮政储蓄银行有限责任公司之间进行资产置换过程中涉及的土地、房屋、机器设备、软件和应用系统的权属转移，免征增值税。

7. 节能环保方面的减免税优惠项目。

（1）合同能源管理项目免征增值税优惠。节能服务公司实施符合条件的合同能源管理项目，将项目中的增值税应税货物转让给用能企业，暂免征收增值税。

同时满足以下条件：

① 节能服务公司实施合同能源管理项目相关技术应符合国家质量监督检验检疫总局和国家标准化管理委员会发布的《合同能源管理技术通则》（GB/T24915－2010）规定的技术要求；

② 节能服务公司与用能企业签订《节能效益分享型》合同，其合同格式和内容，符合《中华人民共和国合同法》和国家质量监督检验检疫总局和国家标准化管理委员会发布的《合同能源管理技术通则》（GB/T24915－2010）等规定。

（2）供热企业免征增值税优惠。供热企业自 2019 年 1 月 1 日至 2020 年供暖期结束，对供热企业向居民个人（以下称居民）供热取得的采暖费收入免征增值税。

向居民供热取得的采暖费收入，包括供热企业直接向居民收取的、通过其他单位向居民收取的和由单位代居民缴纳的采暖费。

免征增值税的采暖费收入，应当按照《中华人民共和国增值税暂行条例》第十六条的规定单独核算。通过热力产品经营企业向居民供热的热力产品生产企业，应当根据热力产品经营企业实际从居民取得的采暖费收入占该经营企业采暖费总收入的比例，计算免征的增值税。

供暖期，是指当年下半年供暖开始至次年上半年供暖结束的期间。

（3）污水处理费免征增值税优惠。

对各级政府及主管部门和委托自来水厂（公司）随水费收取的污水处理费，免征增值税。

8. 支持金融资本市场方面的减免税优惠项目。

（1）被撤销金融机构转让财产免征增值税优惠。

对被撤销金融机构财产用来清偿债务时，免征被撤销金融机构转让货物、不动产、无形资产、有价证券、票据等应缴纳的增值税。

享受税收优惠政策的主体是指经中国人民银行依法决定撤销的金融机构及其分设于各地的分支机构，包括被依法撤销的商业银行、信托投资公司、财务公司、金融租赁公司、城市信用社和农村信用社。除另有规定外，被撤销的金融机构所属、附属企业，不享受本规定的被撤销金融机构的税收优惠政策。

（2）黄金期货交易免征增值税优惠。

上海期货交易所会员和客户通过上海期货交易所销售标准黄金（持上海期货交易所开具的《黄金结算专用发票》），发生实物交割但未出库的，免征增值税。

（3）上海期货保税交割免征增值税优惠。

上海期货交易所的会员和客户通过上海期货交易所交易的期货保税交割标的物，仍按保税货物暂免征收增值税。

期货保税交割的销售方，在向主管税务机关申报纳税时，应出具当期期货保税交割的书面说明及上海期货交易所交割单、保税仓单等资料。

自2018年11月30日至2023年11月29日，对经国务院批准对外开放的货物期货品种保税交割业务，暂免征收增值税。上述期货交易中实际交割的货物，如果发生进口或者出口的，统一按照现行货物进出口税收政策执行。非保税货物发生的期货实物交割仍按《国家税务总局关于下发〈货物期货征收增值税具体办法〉的通知》（国税发〔1994〕244号）的规定执行。

（4）钻石交易免征增值税优惠。

① 纳税人自上海钻石交易所销往国内市场的毛坯钻石，免征进口环节增值税。纳税人自上海钻石交易所销往国内市场的钻石实行进口环节增值税免征和即征即退政策后，销往国内市场的钻石，在出上海钻石交易所时，海关按照现行规定依法实施管理。

② 出口企业出口的以下钻石产品免征增值税，相应的进项税额不予退税或抵扣，须转入成本。具体产品的范围是：税则序列号为71021000、71023100、71023900、71042010、71049091、71051010、71131110、71131911、71131991、71132010、71162000。

③ 对国内钻石开采企业通过上海钻石交易所销售的自产毛坯钻石实行免征增值税政策；不通过上海钻石交易所销售的，照章征收增值税。

④ 对国内加工的成品钻石，通过上海钻石交易所销售的，在国内销售环节免征增值税；不通过上海钻石交易所销售的，在国内销售环节按适用税率征收增值税。

（5）原油和铁矿石期货保税交割业务增值税政策。

上海国际能源交易中心股份有限公司的会员和客户通过上海国际能源交易中心股份有限公司交易的原油期货保税交割业务，大连商品交易所的会员和客户通过大连商品交易所交易的铁矿石期货保税交割业务，暂免征收增值税。

期货保税交割的销售方，在向主管税务机关申报纳税时，应出具当期期货保税交割的书面说明、上海国际能源交易中心股份有限公司或大连商品交易所的交割结算单、保税仓单等资料。

（6）国债、地方政府债利息收入免征增值税优惠。

（7）统借统还业务取得的利息收入免征增值税优惠。

统借统还业务中，企业集团或企业集团中的核心企业以及集团所属财务公司按不高于支付给金融机构的借款利率水平或者支付的债券票面利率水平，向企业集团或者集团内下属单位收取的利息，免征增值税。统借方向资金使用单位收取的利息，高于支付给金融机构借款利率水平或者支付的债券票面利率水平的，应全额缴纳增值税。

统借统还业务，是指：

① 企业集团或者企业集团中的核心企业向金融机构借款或对外发行债券取得资金后，将所借资金分拨给下属单位（包括独立核算单位和非独立核算单位），并向下属单位收取用于归还金融机构或债券购买方本息的业务。

② 企业集团向金融机构借款或对外发行债券取得资金后，由集团所属财务公司与企业集团或者集团内下属单位签订统借统还贷款合同并分拨资金，并向企业集团或者集团内下属单位收取本息，再转付企业集团，由企业集团统一归还金融机构或债券购买方的业务。

（8）企业集团内单位之间资金无偿借贷免征增值税。

自 2019 年 2 月 1 日至 2020 年 12 月 31 日，对企业集团内单位（含企业集团）之间的资金无偿借贷行为，免征增值税。

（9）被撤销金融机构以货物、不动产、无形资产、有价证券、票据等财产清偿债务免征增值税优惠。

（10）香港市场投资者（包括单位和个人）通过沪港通买卖上海证券交易所上市 A 股取得的收入免征增值税优惠。

（11）香港市场投资者（包括单位和个人）通过基金互认买卖内地基金份额取得的收入免征增值税优惠。

（12）证券投资基金（封闭式证券投资基金，开放式证券投资基金）管理人运用基金买卖股票、债券取得的收入免征增值税优惠。

（13）金融同业往来利息收入免征增值税优惠。

金融同业往来利息收入：

① 金融机构与人民银行所发生的资金往来业务。包括人民银行对一般金融机构贷款，

以及人民银行对商业银行的再贴现等。

② 银行联行往来业务。同一银行系统内部不同行、处之间所发生的资金账务往来业务。

③ 金融机构间的资金往来业务。是指经人民银行批准，进入全国银行间同业拆借市场的金融机构之间通过全国统一的同业拆借网络进行的短期（一年以下含一年）无担保资金融通行为。

金融机构开展下列业务取得的利息收入，属于金融同业往来利息收入：

① 质押式买入返售金融商品，是指交易双方进行的以债券等金融商品为权利质押的一种短期资金融通业务。

② 政策性金融债券，是指开发性、政策性金融机构发行的债券。

③ 同业存款。同业存款，是指金融机构之间开展的同业资金存入与存出业务，其中资金存入方仅为具有吸收存款资格的金融机构。

④ 同业借款，是指法律法规赋予此项业务范围的金融机构开展的同业资金借出和借入业务。此条款所称“法律法规赋予此项业务范围的金融机构”主要是指农村信用社之间以及在金融机构营业执照列示的业务范围中有反映为“向金融机构借款”业务的金融机构。

⑤ 同业代付，是指商业银行（受托方）接受金融机构（委托方）的委托向企业客户付款，委托方在约定还款日偿还代付款项本息的资金融通行为。

⑥ 买断式买入返售金融商品，是指金融商品持有人（正回购方）将债券等金融商品卖给债券购买方（逆回购方）的同时，交易双方约定在未来某一日期，正回购方再以约定价格从逆回购方买回相等数量同种债券等金融商品的交易行为。

⑦ 金融债券，是指依法在中华人民共和国境内设立的金融机构法人在全国银行间和交易所债券市场发行的、按约定还本付息的有价证券。

⑧ 同业存单，是指银行业存款类金融机构法人在全国银行间市场上发行的记账式定期存款凭证。

（14）合格境外投资者委托境内公司在我国从事证券买卖业务取得的收入免征增值税优惠。

（15）个人从事金融商品转让业务取得的收入免征增值税优惠。

（16）人民银行对金融机构的贷款的利息收入免征增值税优惠。

（17）邮政代理金融收入免征增值税优惠。

自 2016 年 1 月 1 日起，中国邮政集团公司及其所属邮政企业为金融机构代办金融保险业务取得的代理收入，在营改增试点期间免征增值税。

（18）境外机构投资境内债券市场的债券利息收入免征增值税优惠。

自 2018 年 11 月 7 日起至 2021 年 11 月 6 日止，对境外机构投资境内债券市场取得的债券利息收入暂免征收增值税。

（19）熊猫普制金币免征增值税优惠。

自 2012 年 1 月 1 日起，对符合条件的纳税人销售的熊猫普制金币免征增值税。

（20）保险公司开办的一年期以上人身保险产品取得的保费收入免征增值税优惠。

（21）企业集团内单位之间的资金无偿借贷免征增值税优惠。

自 2019 年 2 月 1 日至 2020 年 12 月 31 日，对企业集团内单位（含企业集团）之间的资金无偿借贷行为，免征增值税。

9. 支持文化教育体育方面的减免税优惠项目。

（1）特殊教育校办企业增值税优惠。

对特殊教育学校举办的企业可以比照福利企业标准，享受国家对福利企业实行的增值税优惠。

（2）国家助学贷款取得的利息收入免征增值税优惠。

（3）政府举办的从事学历教育的高等、中等和初等学校（不含下属单位），举办进修班、培训班取得的全部归该学校所有的收入免征增值税优惠。

（4）政府举办的职业学校设立的企业从事“现代服务”“生活服务”业务活动取得的收入免征增值税优惠。

（5）高校学生食堂餐饮服务收入免征增值税，高校学生公寓住宿费收入免征增值税。

对按照国家规定的收费标准向学生收取的高校学生公寓住宿费收入，自 2016 年 1 月 1 日起免征增值税。对高校学生食堂为高校师生提供餐饮服务取得的收入，自 2016 年 1 月 1 日起免征增值税。

“高校学生公寓”，是指为高校学生提供住宿服务，按照国家规定的收费标准收取住宿费的学生公寓。“高校学生食堂”，是指依照《学校食堂与学生集体用餐卫生管理规定》（教育部令 20002 年第 14 号）管理的高校学生食堂。

（6）对北京冬奥组委、北京冬奥会测试赛赛事组委会取得的分成收入免征增值税。

（7）对北京冬奥组委、北京冬奥会测试赛赛事组委会取得的赞助收入、特许权收入、销售门票收入免征增值税。

（8）对北京冬奥组委、北京冬奥会测试赛赛事组委会取得的发行纪念邮票、纪念币收入免征增值税。

（9）对北京冬奥组委、北京冬奥会测试赛赛事组委会取得的媒体收入免征增值税。

（10）对北京冬奥组委、北京冬奥会测试赛赛事组委会向分支机构划拨所获赞助物资免征增值税。

（11）对北京冬奥组委、北京冬奥会测试赛赛事组委会赛后再销售物品和出让资产收入免征增值税。

（12）对北京冬奥组委、北京冬奥会测试赛赛事组委会取得的餐饮服务、住宿、租赁、介绍服务和收费卡收入免征增值税。

（13）对国际奥委会取得的收入免征增值税（除转播权收入）。

（14）对国际奥委会取得的转播权收入免征增值税。

（15）对中国奥委会取得的由北京冬奥组委支付的收入免征增值税。

（16）对国际残奥委会取得的与北京 2022 年冬残奥会有关的收入免征增值税。

（17）对中国残奥委会取得的由北京冬奥组委分期支付的收入免征增值税。

（18）企业根据赞助协议向北京冬奥组委免费提供的服务免征增值税（免税清单由北京冬奥组委报财政部、税务总局确定）。

（19）免征参与者向北京冬奥组委无偿提供服务和无偿转让无形资产的增值税。

（20）对外籍技术官员取得的由北京冬奥组委、测试赛赛事组委会支付的劳务报酬免征增值税。

（21）对中方技术官员取得的由北京冬奥组委、测试赛赛事组委会支付的劳务报酬免征增值税。

（22）对执委会取得的电视转播权销售分成收入、国际军事体育理事会世界赞助计划分成收入，免征应缴纳的增值税。

（23）对执委会市场开发计划取得的国内外赞助收入、转让无形资产特许权收入和销售门票收入，免征应缴纳的增值税。

（24）对执委会取得的与中国集邮总公司合作发行纪念邮票收入、与中国人民银行合作发行纪念币收入，免征应缴纳的增值税。

（25）对执委会取得的来源于广播、互联网、电视等媒体收入，免征应缴纳的增值税。

（26）对执委会赛后出让资产取得的收入，免征应缴纳的增值税。

（27）进口图书、报刊资料免征增值税优惠。

（28）图书批发、零售环节免征增值税优惠。

自 2018 年 1 月 1 日起至 2020 年 12 月 31 日，免征图书批发、零售环节增值税。

（29）个人转让著作权免征增值税优惠。

（30）电影产业免征增值税优惠。

① 对电影主管部门（包括中央、省、地市及县级）按照各自职能权限批准从事电影制片、发行、放映的电影集团公司（含成员企业）、电影制片厂及其他电影企业取得的销售电影拷贝（含数字拷贝）收入、转让电影版权（包括转让和许可使用）收入、电影发行收入以及在农村取得的电影放映收入，免征增值税。

② 执行期限为 2019 年 1 月 1 日至 2023 年 12 月 31 日。

（31）有线电视基本收视费免征增值税优惠。

对广播电视运营服务企业收取的有线数字电视基本收视维护费和农村有线电视基本收视费，免征增值税。

（32）转制文化企业党报、党刊发行收入和印刷收入免征增值税。

党报、党刊将其发行、印刷业务及相应的经营性资产剥离组建的文化企业，自注册之日起所取得的党报、党刊发行收入和印刷收入免征增值税。

（33）对科普单位的门票收入，以及县级及以上党政部门和科协开展科普活动的门票收入免征增值税优惠。

自 2018 年 1 月 1 日起至 2020 年 12 月 31 日，对科普单位的门票收入，以及县级及以上党政部门和科协开展科普活动的门票收入免征增值税。

（34）图书批发零售环节增值税免征。

自 2018 年 1 月 1 日起至 2020 年 12 月 31 日，免征图书批发、零售环节增值税。

10. 支持其他各项事业方面的减免税优惠项目。

（1）生产销售新支线飞机减按 5% 征收增值税。

自 2019 年 1 月 1 日起至 2020 年 12 月 31 日止，对纳税人生产销售新支线飞机暂减按

5%征收增值税。

新支线飞机，是指空载重量大于 25 吨且小于 45 吨、座位数量少于 130 个的民用客机。

（2）军队空余房产租赁收入免征增值税优惠。

（3）铁路货车修理免征增值税优惠。

从 2001 年 1 月 1 日起对铁路系统内部单位为本系统修理货车的业务免征增值税。

（4）国际货物运输代理服务免征增值税优惠。

（5）国家商品储备管理单位及其直属企业承担商品储备任务，从中央或者地方财政取得的利息补贴收入和价差补贴收入免征增值税优惠。

（6）抗艾滋病药品免征增值税优惠。

自 2019 年 1 月 1 日至 2020 年 12 月 31 日，继续对国产抗艾滋病病毒药品免征生产环节和流通环节增值税（国产抗艾滋病病毒药物品种清单见相关附件）。

享受上述免征增值税政策的国产抗艾滋病病毒药品，须为各省（自治区、直辖市）艾滋病药品管理部门按照政府采购有关规定采购的，并向艾滋病病毒感染者和病人免费提供的抗艾滋病病毒药品。药品生产企业和流通企业应将药品供货合同留存，以备税务机关查验。

抗艾滋病病毒药品的生产企业和流通企业应分别核算免税药品和其他货物的销售额；未分别核算的，不得享受增值税免税政策。

（7）医疗机构接受委托提供的医疗服务免征增值税优惠。

自 2019 年 2 月 1 日至 2020 年 12 月 31 日，医疗机构接受其他医疗机构委托，按照不高于医疗服务指导价格，提供《全国医疗服务价格项目规范》所列的各项服务，可适用财税〔2016〕36 号文件第一条第（七）项规定的免征增值税政策。

（8）医疗机构自产自用的制剂免征增值税。

享受制剂免征增值税政策的医疗机构是指各级各类医院、门诊部（所）、社区卫生服务中心（站）、急救中心（站）、城乡卫生院、护理院（所）、疗养院、临床检验中心等单位，除此之外，其他单位生产的制剂不享受免征增值税优惠政策。

免征增值税的范围仅限于医疗机构自产自用的制剂，销售给其他医疗机构或药品零售企业的制剂不享受免征增值税优惠政策。

上述医疗机构销售（使用）制剂的明细账应按使用和购买单位设置，详细核算自用和外销情况，不详细核算的，其自用部分也应依法缴纳增值税。

（9）血站免征增值税优惠。

对血站供应给医疗机构的临床用血免征增值税。

血站，是指根据《中华人民共和国献血法》的规定，由国务院或省级人民政府卫生行政部门批准的，从事采集、提供临床用血，不以营利为目的的公益性组织。

（10）非营利性医疗卫生机构制剂免征增值税优惠。

对非营利性医疗机构自产自用的制剂，免征增值税。

（11）无偿援助项目免征增值税优惠。

自 2001 年 8 月 1 日起，对外国政府和国际组织无偿援助项目在国内采购的货物免征增值税。

（12）已使用固定资产减征增值税。

一般纳税人销售自己使用过的属于规定不得抵扣且未抵扣进项税额的固定资产，按照简易办法依照3%征收率减按2%征收增值税。

小规模纳税人（除其他个人外）销售自己使用过的固定资产，减按2%征收率征收增值税。

纳税人销售旧货，按照简易办法依照3%征收率减按2%征收增值税。所称旧货，是指进入二次流通的具有部分使用价值的货物（含旧汽车、旧摩托车和旧游艇），但不包括自己使用过的物品。

（13）黄金交易免征增值税优惠。

对按国际市场价格配售的黄金免征增值税，银行不开具增值税专用发票。

黄金生产和经营单位销售黄金（不包括以下品种：成色AU9999、AU9995、AU999、AU995；规格为50克、100克、1千克、3千克、12.5千克的黄金，以下简称标准黄金）和黄金矿砂（含伴生金），免征增值税；进口黄金（含标准黄金）和黄金矿砂免征进口环节增值税。

黄金交易会员单位通过黄金交易所销售标准黄金（持有黄金交易所开具的《黄金交易结算凭证》），未发生实物交割的，免征增值税。

（14）拍卖货物免征增值税。

对拍卖行受托拍卖增值税应税货物，拍卖货物属免税货物范围的，可以免征增值税。

（15）购置增值税税控系统专用设备抵减增值税。

增值税纳税人初次购买增值税税控系统专用设备（包括分开票机）支付的费用，可凭购买增值税税控系统专用设备取得的增值税专用发票，在增值税应纳税额中全额抵减（抵减额为价税合计额），不足抵减的可结转下期继续抵减。增值税纳税人非初次购买增值税税控系统专用设备支付的费用，由其自行负担，不得在增值税应纳税额中抵减。

（16）土地所有者出让土地使用权和土地使用者将土地使用权归还给土地所有者免征增值税优惠。

（17）县级以上地方人民政府或自然资源行政主管部门出让、转让或收回自然资源使用权（不含土地使用权）免征增值税优惠。

（18）行政单位之外的其他单位收取的符合条件的政府性基金和行政事业性收费免征增值税优惠。

（19）公路经营企业中的一般纳税人选择适用简易计税方法减按3%计算应纳增值税。

（20）社会团体会费免征增值税优惠。

自2016年5月1日起，社会团体收取的会费，免征增值税。该通知下发前已征的增值税，可抵减以后月份应缴纳的增值税，或办理退税。

社会团体，是指依照国家有关法律法规设立或登记并取得《社会团体法人登记证书》的非营利法人。会费，是指社会团体在国家法律法规、政策许可的范围内，依照社团章程的规定，收取的个人会员、单位会员和团体会员的会费。

社会团体开展经营服务性活动取得的其他收入，一律照章缴纳增值税。

（21）捐赠新冠肺炎疫情进口物资免征增值税。

单位和个体工商户将自产、委托加工或购买的货物，通过公益性社会组织和县级以上人民政府及其部门等国家机关，或者直接向承担疫情防治任务的医院，无偿捐赠用于应对新型冠状病毒感染的肺炎疫情的，免征增值税。

境外捐赠人无偿向受赠人捐赠的用于防控新型冠状病毒感染的肺炎疫情进口物资，免征进口环节增值税。

①进口物资增加试剂，消毒物品，防护用品，救护车、防疫车、消毒用车、应急指挥车。

②免税范围增加国内有关政府部门、企事业单位、社会团体、个人以及来华或在华的外国公民从境外或海关特殊监管区域进口并直接捐赠；境内加工贸易企业捐赠。捐赠物资应直接用于防控疫情且符合前述第①项或《慈善捐赠物资免征进口税收暂行办法》规定。

③受赠人增加省级民政部门或其指定的单位。省级民政部门将指定的单位名单函告所在地直属海关及省级税务部门。无明确受赠人的捐赠进口物资，由中国红十字会总会、中华全国妇女联合会、中国残疾人联合会、中华慈善总会、中国初级卫生保健基金会、中国宋庆龄基金会或中国癌症基金会作为受赠人接收。

单位和个体工商户将自产、委托加工或购买的货物，通过公益性社会组织和县级以上人民政府及其部门等国家机关，或者直接向承担疫情防治任务的医院，无偿捐赠用于应对新型冠状病毒感染的肺炎疫情的，免征增值税。

（22）运输疫情防控重点保障物资免征增值税。

对纳税人运输疫情防控重点保障物资取得的收入，免征增值税。疫情防控重点保障物资的具体范围，由国家发展改革委、工业和信息化部确定。

（23）公共交通运输服务、生活服务、必需生活物资快递收派服务免征增值税。

对纳税人提供公共交通运输服务、生活服务，以及为居民提供必需生活物资快递收派服务取得的收入，免征增值税。

公共交通运输服务的具体范围，按照《营业税改征增值税试点有关事项的规定》（财税〔2016〕36 号附件）执行。

生活服务、快递收派服务的具体范围，按照《销售服务、无形资产、不动产注释》（财税〔2016〕36 号附件）执行。

（24）应对新型冠状病毒感染的肺炎疫情的无偿捐赠免征增值税。

单位和个体工商户将自产、委托加工或购买的货物，通过公益性社会组织和县级以上人民政府及其部门等国家机关，或者直接向承担疫情防治任务的医院，无偿捐赠用于应对新型冠状病毒感染的肺炎疫情的，免征增值税。

（四）增值税小规模纳税人普惠性税收优惠

增值税小规模纳税人发生增值税应税销售行为，合计月销售额未超过 10 万元（以 1 个季度为 1 个纳税期的，季度销售额未超过 30 万元，下同）的，免征增值税。

增值税小规模纳税人发生增值税应税销售行为，合计月销售额超过 10 万元，但扣除本期发生的销售不动产的销售额后未超过 10 万元的，其销售货物、劳务、服务、无形资产取得的销售额免征增值税。

适用增值税差额征税政策的增值税小规模纳税人，以差额后的销售额确定是否可以享受规定的免征增值税政策。

按固定期限纳税的增值税小规模纳税人可以选择以 1 个月或 1 个季度为纳税期限，一经选择，一个会计年度内不得变更。

增值税小规模纳税人发生增值税应税销售行为，合计月销售额超过 10 万元，但扣除本期发生的销售不动产的销售额后未超过 10 万元的，其销售货物、劳务、服务、无形资产取得的销售额免征增值税。

适用增值税差额征税政策的增值税小规模纳税人，以差额后的销售额确定是否可以享受规定的免征增值税政策。

按固定期限纳税的增值税小规模纳税人可以选择以 1 个月或 1 个季度为纳税期限，一经选择，一个会计年度内不得变更。

三、增值税即征即退优惠

增值税即征即退优惠办理是指税务机关对增值税一般纳税人按规定缴纳的税款，在征税时部分或全部退还。

（一）安置残疾人就业增值税即征即退（当地月最低工资标准的 4 倍退税）

对安置残疾人的单位和个体工商户（以下称纳税人），实行由税务机关按纳税人安置残疾人的人数，限额即征即退增值税。每月可退还的增值税具体限额，由县级以上税务机关根据纳税人所在区县（含县级市、旗）适用的经省（含自治区、直辖市、计划单列市）人民政府批准的月最低工资标准的 4 倍确定。

（二）新型墙体材料增值税即征即退（即征即退 50%的退税）

对纳税人销售自产的列入《享受增值税即征即退政策的新型墙体材料目录》的新型墙体材料，实行增值税即征即退 50% 的政策。

（三）光伏发电增值税即征即退（即征即退 50%的退税）

自 2016 年 1 月 1 日至 2018 年 12 月 31 日，对纳税人销售自产的太阳能电力产品，实行增值税即征即退 50% 的政策。

（四）风力发电增值税即征即退（即征即退 50%的退税）

自 2015 年 7 月 1 日起，对纳税人销售自产的利用风力生产的电力产品，实行增值税即征即退 50% 的政策。

（五）管道运输服务增值税即征即退（实际税负超过 3%的部分即征即退）

自 2016 年 5 月 1 日起，一般纳税人提供管道运输服务，其增值税实际税负超过 3% 的部分实行增值税即征即退政策。

（六）有形动产融资租赁服务增值税即征即退（实际税负超过3%的部分即征即退）

自2016年5月1日起，一般纳税人提供有形动产融资租赁服务，其增值税实际税负超过3%的部分实行增值税即征即退政策。

（七）动漫企业增值税即征即退（实际税负超过3%的部分即征即退）

对动漫企业增值税一般纳税人销售其自主开发生产的动漫软件，按照规定税率征收增值税后，对其增值税实际税负超过3%的部分，实行即征即退政策。

（八）软件产品增值税即征即退（实际税负超过3%的部分即征即退）

增值税一般纳税人销售其自行开发生产的软件产品，按适用税率征收增值税后，对其增值税实际税负超过3%的部分实行即征即退政策。增值税一般纳税人将进口软件产品进行本地化改造后对外销售，其销售的软件产品可比照享受销售自行开发软件产品增值税即征即退政策。

增值税一般纳税人销售其自行开发生产的软件产品，按规定税率征收增值税后，对其增值税实际税负超过3%的部分实行即征即退政策。

（九）资源综合利用产品及劳务增值税即征即退（30%—100%退税）

纳税人销售自产的资源综合利用产品和提供资源综合利用劳务，可享受增值税即征即退政策。具体综合利用的资源名称、综合利用产品和劳务名称、技术标准和相关条件、退税比例等按照《资源综合利用产品和劳务增值税优惠目录》的相关规定执行。

1. 磷石膏资源综合利用即征即退70%。自2019年9月1日起，纳税人销售自产磷石膏资源综合利用产品，可享受增值税即征即退政策，退税比例为70%。

磷石膏资源综合利用产品，包括墙板、砂浆、砌块、水泥添加剂、建筑石膏、α型高强石膏、Ⅱ型无水石膏、嵌缝石膏、粘结石膏、现浇混凝土空心结构用石膏模盒、抹灰石膏、机械喷涂抹灰石膏、土壤调理剂、喷筑墙体石膏、装饰石膏材料、磷石膏制硫酸，且产品原料40%以上来自磷石膏。

纳税人利用磷石膏生产水泥、水泥熟料，继续按照《财政部 国家税务总局关于印发〈资源综合利用产品和劳务增值税优惠目录〉的通知》（财税〔2015〕78号）附件《资源综合利用产品和劳务增值税优惠目录》2.2“废渣”项目执行。

纳税人适用磷石膏资源综合利用增值税即征即退政策的其他有关事项，按照财税〔2015〕78号文件规定执行。

2. 废玻璃资源综合利用即征即退比例70%。

自2019年9月1日起，将财税〔2015〕78号文件附件《资源综合利用产品和劳务增值税优惠目录》3.12“废玻璃”项目退税比例调整为70%。

3.《产业结构调整指导目录》修改。

《财政部 国家税务总局关于新型墙体材料增值税政策的通知》（财税〔2015〕73

号）第二条第一项和财税〔2015〕78 号文件第二条第二项中，“《产业结构调整指导目录》中的禁止类、限制类项目”修改为“《产业结构调整指导目录》中的淘汰类、限制类项目”。

4.《环境保护综合名录》标注。

财税〔2015〕73 号文件第二条第二项和财税〔2015〕78 号文件第二条第三项中“高污染、高环境风险”产品，是指在《环境保护综合名录》中标注特性为“GHW/GHF”的产品，但纳税人生产销售的资源综合利用产品满足“GHW/GHF”例外条款规定的技术和条件的除外。

（十）铂金增值税即征即退

对中博世金科贸有限责任公司通过上海黄金交易所销售的进口铂金，以上海黄金交易所开具的《上海黄金交易所发票》（结算联）为依据，实行增值税即征即退政策。

对国内铂金生产企业自产自销的铂金实行增值税即征即退政策。

（十一）黄金期货交易增值税即征即退

上海期货交易所会员和客户通过上海期货交易所销售标准黄金（持上海期货交易所开具的《黄金结算专用发票》），发生实物交割并已出库的，由税务机关按照实际交割价格代开增值税专用发票，并实行增值税即征即退的政策。

（十二）飞机维修劳务增值税即征即退（实际税负超过 6% 的部分即征即退）

自 2000 年 1 月 1 日起，对飞机维修劳务增值税实际税负超过 6% 的部分，实行由税务机关即征即退的政策。

四、增值税先征后退优惠

自 2018 年 1 月 1 日起至 2020 年 12 月 31 日，执行下列增值税先征后退政策。

（一）出版物出版环节 100% 先征后退

1. 中国共产党和各民主党派的各级组织的机关报纸和机关期刊，各级人大、政协、政府、工会、共青团、妇联、残联、科协的机关报纸和机关期刊，新华社的机关报纸和机关期刊，军事部门的机关报纸和机关期刊。

上述各级组织不含其所属部门。机关报纸和机关期刊增值税先征后退范围掌握在一个单位一份报纸和一份期刊以内。

2. 专为少年儿童出版发行的报纸和期刊，中小学的学生课本。

3. 专为老年人出版发行的报纸和期刊。

4. 少数民族文字出版物。

5. 盲文图书和盲文期刊。

6. 经批准在内蒙古、广西、西藏、宁夏、新疆五个自治区内注册的出版单位出版的出版物。

7. 符合规定的图书、报纸和期刊。

（二）出版物出版环节 50%先征后退

1. 各类图书、期刊、音像制品、电子出版物，但按规定执行增值税 100% 先征后退的出版物除外。

2. 符合规定的报纸。

（三）印刷制作业务 100%先征后退

1. 对少数民族文字出版物的印刷或制作业务。

2. 符合规定的新疆维吾尔自治区印刷企业的印刷业务。

（四）宣传文化增值税先征后退优惠条件

享受宣传文化增值税先征后退政策的纳税人，必须是具有相关出版物出版许可证的出版单位（含以“租型”方式取得专有出版权进行出版物印刷发行的出版单位）。承担省级及以上出版行政主管部门指定出版、发行任务的单位，因进行重组改制等原因尚未办理出版、发行许可证变更的单位，经财政部驻各地财政监察专员办事处（以下简称财政监察专员办事处）商省级出版行政主管部门核准，可以享受相应的增值税先征后退政策。

纳税人应将享受上述税收优惠政策的出版物在财务上实行单独核算，不进行单独核算的不得享受本通知规定的优惠政策。违规出版物、多次出现违规的出版单位及图书批发零售单位不得享受本通知规定的优惠政策，上述违规出版物、出版单位及图书批发零售单位的具体名单由省级及以上出版行政主管部门及时通知相应财政监察专员办事处和主管税务机关。

（五）电子出版物特殊规定

已按软件产品享受增值税退税政策的电子出版物不得再申请增值税先征后退政策。

五、采购国产设备全额退还增值税优惠

为了鼓励科学研究和技术开发，促进科技进步，继续对内资研发机构和外资研发中心采购国产设备全额退还增值税。

（一）适用采购国产设备全额退还增值税政策的内资研发机构和外资研发中心包括

1. 科技部会同财政部、海关总署和国家税务总局核定的科技体制改革过程中转制为企业和进入企业的主要从事科学研究和技术开发工作的机构；

2. 国家发展改革委会同财政部、海关总署和国家税务总局核定的国家工程研究中心；

3. 国家发展改革委会同财政部、海关总署、国家税务总局和科技部核定的企业技术中心；

4. 科技部会同财政部、海关总署和国家税务总局核定的国家重点实验室和国家工程技术研究中心；

5. 国务院部委、直属机构和省、自治区、直辖市、计划单列市所属专门从事科学研究工作的各类科研院所；

6. 国家承认学历的实施专科及以上高等学历教育的高等学校；

7. 符合本通知第二条规定的外资研发中心；

8. 财政部会同国务院有关部门核定的其他科学研究机构、技术开发机构和学校。

（二）外资研发中心，根据其设立时间，应分别满足下列条件

1. 2009 年 9 月 30 日及其之前设立的外资研发中心，应同时满足下列条件：

（1）研发费用标准：

①对外资研发中心，作为独立法人的，其投资总额不低于 500 万美元；作为公司内设部门或分公司的非独立法人的，其研发总投入不低于 500 万美元；

②企业研发经费年支出额不低于 1 000 万元。

（2）专职研究与试验发展人员不低于 90 人。

（3）设立以来累计购置的设备原值不低于 1 000 万元。

2. 在 2009 年 10 月 1 日及其之后设立的外资研发中心，应同时满足下列条件：

（1）研发费用标准：作为独立法人的，其投资总额不低于 800 万美元；作为公司内设部门或分公司的非独立法人的，其研发总投入不低于 800 万美元。

（2）专职研究与试验发展人员不低于 150 人。

（3）设立以来累计购置的设备原值不低于 2 000 万元。

外资研发中心须经商务主管部门会同有关部门按照上述条件进行资格审核认定。在 2015 年 12 月 31 日（含）以前，已取得退税资格未满 2 年暂不需要进行资格复审的、按规定已复审合格的外资研发中心，在 2015 年 12 月 31 日享受退税未满 2 年的，可继续享受至 2 年期满。

经认定的外资研发中心，因自身条件变化不再符合退税资格的认定条件或发生涉税违法行为的，不得享受退税政策。

（三）具体退税管理办法由国家税务总局会同财政部另行制定

（四）有关定义

1. 投资总额。投资总额是指外商投资企业批准证书或设立、变更备案回执所载明的金额。

2. 研发总投入。研发总投入是指外商投资企业专门为设立和建设本研发中心而投入的资产，包括即将投入并签订购置合同的资产（应提交已采购资产清单和即将采购资产的合同清单）。

3. 研发经费年支出额。研发经费年支出额是指近两个会计年度研发经费年均支出额；不足两个完整会计年度的，可按外资研发中心设立以来任意连续 12 个月的实际研发经费支出额计算；现金与实物资产投入应不低于60%。

4. 专职研究与试验发展人员。专职研究与试验发展人员是指企业科技活动人员中专职从事基础研究、应用研究和试验发展三类项目活动的人员，包括直接参加上述三类项目活动的人员以及相关专职科技管理人员和为项目提供资料文献、材料供应、设备的直接服务人员，上述人员须与外资研发中心或其所在外商投资企业签订1年以上劳动合同，以外资研发中心提交申请的前一日人数为准。

5. 设备。设备是指为科学研究、教学和科技开发提供必要条件的实验设备、装置和器械。在计算累计购置的设备原值时，应将进口设备和采购国产设备的原值一并计入，包括已签订购置合同并于当年内交货的设备（应提交购置合同清单及交货期限），上述设备应属于《科技开发、科学研究和教学设备清单》所列设备。对执行中国产设备范围存在异议的，由主管税务机关逐级上报国家税务总局商财政部核定。

第三节　减税降费优惠的内容

一、起征点

（一）增值税起征点

纳税人销售额未达到国务院财政、税务主管部门规定的增值税起征点的，免征增值税；达到起征点的，依照规定全额计算缴纳增值税。

增值税起征点的适用范围限于个人（个人是指个体工商户和其他个人；“其他个人”是指自然人）。但增值税起征点不适用于登记为一般纳税人的个体工商户。

增值税起征点的幅度规定如下：

按期纳税的，为月销售额5 000—20 000元（含本数）；

按次纳税的，为每次（日）销售额300—500元（含本数）。

省、自治区、直辖市财政厅（局）和税务局应在规定的幅度内，根据实际情况确定本地区适用的起征点，并报财政部、国家税务总局备案。

小规模纳税人申报表中第11栏符合起征点免征增值税政策的“未达起征点销售额”，填写个体工商户和其他个人未达起征点（含支持小微企业免征增值税政策）的免税销售额，不包括符合其他增值税免税政策的销售额。本栏次由个体工商户和其他个人填写。

（二）按期纳税特殊规定

按次纳税和按期纳税，以是否办理税务登记或者临时税务登记作为划分标准。凡办理了税务登记或临时税务登记的小规模纳税人，月销售额未超过10万元（按季申报的小规模纳税人，为季销售额未超过30万元）的，都可以按规定享受增值税免税政策。

未办理税务登记或临时税务登记的小规模纳税人，除特殊规定外，则执行《增值税暂行条例》及其实施细则关于按次纳税的起征点有关规定，每次销售额未达到500元的免征增值税，达到500元的则需要正常征税。

对于经常代开发票的自然人，建议主动办理税务登记或临时税务登记，以充分享受小规模纳税人月销售额10万元以下免税政策。

1. 一次性收取租金形式出租不动产《增值税暂行条例实施细则》第九条所称的其他个人，采取一次性收取租金形式出租不动产取得的租金收入，可在对应的租赁期内平均分摊，分摊后的月租金收入未超过10万元的，免征增值税。

按照《营改增试点实施办法》（财税〔2016〕36号附件）的规定，纳税人提供租赁服务采取预收款方式的，纳税义务发生时间为收到预收款的当天。这是一项普遍适用的规定。在执行月销售额3万元以下免税政策时，考虑到出租房屋的多为自然人，为充分释放政策红利，也为了促进房地产租赁市场的发展，允许自然人一次性取得的租金收入按期平摊适用免税政策。除自然人以外的其他小规模纳税人不适用此项政策。

2. 个人保险代理人。小规模纳税人增值税月销售额免税标准提高到10万元这项政策，同样适用于个人保险代理人为保险企业提供保险代理服务。同时，保险企业仍应按照《关于个人保险代理人税收征管有关问题的公告》（国家税务总局公告2016年第45号）的相关规定，向保险企业主管税务机关申请汇总代开增值税发票，并可按规定适用免税政策。

证券经纪人、信用卡和旅游等行业的个人代理人可比照上述规定执行。

3. 自然人光伏发电项目。《关于国家电网公司购买分布式光伏发电项目电力产品发票开具等有关问题的公告》（国家税务总局公告2014年第32号）规定的光伏发电项目发电户，销售电力产品时可以享受小规模纳税人月销售额10万元以下免税政策。

二、小微企业税收优惠

（一）小微企业免税优惠

小微企业发生增值税应税销售行为，合计月销售额未超过10万元（以1个季度为1个纳税期的，季度销售额未超过30万元，下同）的，免征增值税。

小规模纳税人申报表中第10栏，符合小微企业免征增值税政策的“小微企业免税销售额”，不包括符合其他增值税免税政策的销售额，个体工商户和其他个人不填写本栏次。

自2019年1月1日起，以1个季度为纳税期限的增值税小规模纳税人，因在季度中间成立或注销而导致当期实际经营期不足1个季度，当期销售额未超过30万元的，免征增值税。《国家税务总局关于全面推开营业税改征增值税试点有关税收征收管理事项的公告》（国家税务总局公告2016年第23号发布，国家税务总局公告2018年第31号修改）第六条第（三）项同时废止。

（二）扣除不动产计算免税销售额

小规模纳税人发生增值税应税销售行为，合计月销售额超过10万元，但扣除本期发生的销售不动产的销售额后未超过10万元的，其销售货物、劳务、服务、无形资产取得的销售额免征增值税。

（三）以差额后的销售额确定免税销售额

适用增值税差额征税政策的小规模纳税人，以差额后的销售额确定是否可以享受规定的免征增值税政策。

三、加计抵减应纳税额

（一）生产生活性服务业加计抵减10%

自2019年4月1日至2021年12月31日，允许生产、生活性服务业纳税人按照当期可抵扣进项税额加计10%，抵减应纳税额。

1. 生产生活性服务业内容。

提供邮政服务、电信服务、现代服务、生活服务四项服务取得的销售额占全部销售额的比重超过50%。

四项服务的具体范围包括：

邮政服务，是指中国邮政集团公司及其所属邮政企业提供邮件寄递、邮政汇兑和机要通信等邮政基本服务的业务活动。包括邮政普遍服务、邮政特殊服务和其他邮政服务。

电信服务，是指利用有线、无线的电磁系统或者光电系统等各种通信网络资源，提供语音通话服务，传送、发射、接收或者应用图像、短信等电子数据和信息的业务活动。包括基础电信服务和增值电信服务。

现代服务，是指围绕制造业、文化产业、现代物流产业等提供技术性、知识性服务的业务活动。包括研发和技术服务、信息技术服务、文化创意服务、物流辅助服务、租赁服务、鉴证咨询服务、广播影视服务、商务辅助服务和其他现代服务。

生活服务，是指为满足城乡居民日常生活需求提供的各类服务活动。包括文化体育服务、教育医疗服务、旅游娱乐服务、餐饮住宿服务、居民日常服务和其他生活服务。

2. 加计抵减销售额计算时间。

2019年3月31日前设立的纳税人，自2018年4月至2019年3月期间的销售额（经营期不满12个月的，按照实际经营期的销售额）符合上述规定条件的，自2019年4月1日起适用加计抵减政策。

2019年4月1日后设立的纳税人，自设立之日起3个月的销售额符合上述规定条件的，自登记为一般纳税人之日起适用加计抵减政策。

纳税人确定适用加计抵减政策后，当年内不再调整，以后年度是否适用，根据上年度销售额计算确定。

纳税人可计提但未计提的加计抵减额，可在确定适用加计抵减政策当期一并计提。

3. 加计抵减额计算。

（1）纳税人应按照当期可抵扣进项税额的10%计提当期加计抵减额。按照现行规定不得从销项税额中抵扣的进项税额，不得计提加计抵减额；已计提加计抵减额的进项税额，按规定做进项税额转出的，应在进项税额转出当期，相应调减加计抵减额。计算公式如下：

当期计提加计抵减额 = 当期可抵扣进项税额 × 10%

当期可抵减加计抵减额 = 上期末加计抵减额余额 + 当期计提加计抵减额 − 当期调减加计抵减额

（2）纳税人应按照现行规定计算一般计税方法下的应纳税额（以下称抵减前的应纳税额）后，区分以下情形加计抵减：

①抵减前的应纳税额等于零的，当期可抵减加计抵减额全部结转下期抵减。

②抵减前的应纳税额大于零，且大于当期可抵减加计抵减额的，当期可抵减加计抵减额全额从抵减前的应纳税额中抵减。

③抵减前的应纳税额大于零，且小于或等于当期可抵减加计抵减额的，以当期可抵减加计抵减额抵减应纳税额至零。未抵减完的当期可抵减加计抵减额，结转下期继续抵减。

④纳税人出口货物劳务、发生跨境应税行为不适用加计抵减政策，其对应的进项税额不得计提加计抵减额。

纳税人兼营出口货物劳务、发生跨境应税行为且无法划分不得计提加计抵减额的进项税额，按照以下公式计算：

不得计提加计抵减额的进项税额 = 当期无法划分的全部进项税额 × 当期出口货物劳务和发生跨境应税行为的销售额 ÷ 当期全部销售额

⑤纳税人应单独核算加计抵减额的计提、抵减、调减、结余等变动情况。骗取适用加计抵减政策或虚增加计抵减额的，按照《中华人民共和国税收征收管理法》等有关规定处理。

⑥加计抵减政策执行到期后，纳税人不再计提加计抵减额，结余的加计抵减额停止抵减。

（二）生活性服务业加计抵减 15%

自 2019 年 10 月 1 日至 2021 年 12 月 31 日，允许生活性服务业纳税人按照当期可抵扣进项税额加计 15%，抵减应纳税额。

1. 生活性服务业纳税人，是指提供生活服务取得的销售额占全部销售额的比重超过 50% 的纳税人。生活服务的具体范围按照《财政部　国家税务总局关于全面推开营业税改征增值税试点的通知》（财税〔2016〕36 号）附件 1《销售服务、无形资产、不动产注释》执行。

（1）2019 年 9 月 30 日前设立的纳税人，自 2018 年 10 月至 2019 年 9 月期间的销售额（经营期不满 12 个月的，按照实际经营期的销售额）符合上述规定条件的，自 2019 年 10 月 1 日起适用加计抵减 15% 政策。

（2）2019 年 10 月 1 日后设立的纳税人，自设立之日起 3 个月的销售额符合上述规定条件的，自登记为一般纳税人之日起适用加计抵减 15% 政策。

纳税人确定适用加计抵减 15% 政策后，当年内不再调整，以后年度是否适用，根据上年度销售额计算确定。

2. 生活性服务业纳税人应按照当期可抵扣进项税额的15%计提当期加计抵减额。按照现行规定不得从销项税额中抵扣的进项税额，不得计提加计抵减额；已按照15%计提加计抵减额的进项税额，按规定做进项税额转出的，应在进项税额转出当期，相应调减加计抵减额。计算公式如下：

当期计提加计抵减额＝当期可抵扣进项税额×15%

当期可抵减加计抵减额＝上期末加计抵减额余额＋当期计提加计抵减额－当期调减加计抵减额

3. 纳税人适用加计抵减政策的其他有关事项，按照《财政部　国家税务总局　海关总署关于深化增值税改革有关政策的公告》等有关规定执行。

（三）加计抵减额确定

1. 加计抵减销售额范围。《关于深化增值税改革有关政策的公告》（财政部　税务总局　海关总署公告2019年第39号）第七条关于加计抵减政策适用所称“销售额”，包括纳税申报销售额、稽查查补销售额、纳税评估调整销售额。其中，纳税申报销售额包括一般计税方法销售额，简易计税方法销售额，免税销售额，税务机关代开发票销售额，免、抵、退办法出口销售额，即征即退项目销售额。

稽查查补销售额和纳税评估调整销售额，计入查补或评估调整当期销售额确定适用加计抵减政策；适用增值税差额征收政策的，以差额后的销售额确定适用加计抵减政策。

2. 加计抵减销售额确定。

2019年3月31日前设立，且2018年4月至2019年3月期间销售额均为零的纳税人，以首次产生销售额当月起连续3个月的销售额确定适用加计抵减政策。

2019年4月1日后设立，且自设立之日起3个月的销售额均为零的纳税人，以首次产生销售额当月起连续3个月的销售额确定适用加计抵减政策。

3. 总分机构加计抵减销售额。

经财政部和国家税务总局或者其授权的财政和税务机关批准，实行汇总缴纳增值税的总机构及其分支机构，以总机构本级及其分支机构的合计销售额，确定总机构及其分支机构适用加计抵减政策。

四、增量留抵税额退税

（一）全面退还增量留抵税额

根据《关于深化增值税改革有关政策的公告》（财政部　税务总局　海关总署公告2019年第39号），自2019年4月1日起执行：

1. 同时符合以下条件的纳税人，可以向主管税务机关申请退还增量留抵税额：

（1）自2019年4月税款所属期起，连续6个月（按季纳税的，连续两个季度）增量留抵税额均大于零，且第6个月增量留抵税额不低于50万元；

（2）纳税信用等级为A级或者B级；

（3）申请退税前36个月未发生骗取留抵退税、出口退税或虚开增值税专用发票情形的；

（4）申请退税前36个月未因偷税被税务机关处罚两次及以上的；

（5）自2019年4月1日起未享受即征即退、先征后返（退）政策的。

2. 本公告所称增量留抵税额，是指与2019年3月底相比新增加的期末留抵税额。

3. 纳税人当期允许退还的增量留抵税额，按照以下公式计算：

允许退还的增量留抵税额 = 增量留抵税额 × 进项构成比例 × 60%

进项构成比例，为2019年4月至申请退税前一税款所属期内已抵扣的增值税专用发票（含税控机动车销售统一发票）、海关进口增值税专用缴款书、解缴税款完税凭证注明的增值税额占同期全部已抵扣进项税额的比重。

4. 纳税人应在增值税纳税申报期内，向主管税务机关申请退还留抵税额。

5. 纳税人出口货物劳务、发生跨境应税行为，适用免抵退税办法的，办理免抵退税后，仍符合本公告规定条件的，可以申请退还留抵税额；适用免退税办法的，相关进项税额不得用于退还留抵税额。

6. 纳税人取得退还的留抵税额后，应相应调减当期留抵税额。按照规定再次满足退税条件的，可以继续向主管税务机关申请退还留抵税额，但本条第（一）项第1点规定的连续期间，不得重复计算。

7. 以虚增进项、虚假申报或其他欺骗手段，骗取留抵退税款的，由税务机关追缴其骗取的退税款，并按照《中华人民共和国税收征收管理法》等有关规定处理。

8. 退还的增量留抵税额中央、地方分担机制另行通知。

（二）部分先进制造业退还增量留抵税额

为进一步推进制造业高质量发展，《关于明确部分先进制造业增值税期末留抵退税政策的公告》（财政部　税务总局公告2019年第84号，以下简称84号公告）规定，将部分先进制造业纳税人退还增量留抵税额。

1. 自2019年6月1日起，同时符合以下条件的部分先进制造业纳税人，可以自2019年7月及以后纳税申报期向主管税务机关申请退还增量留抵税额：

（1）增量留抵税额大于零；

（2）纳税信用等级为A级或者B级；

（3）申请退税前36个月未发生骗取留抵退税、出口退税或虚开增值税专用发票情形；

（4）申请退税前36个月未因偷税被税务机关处罚两次及以上；

（5）自2019年4月1日起未享受即征即退、先征后返（退）政策。

2. 84号公告所称部分先进制造业纳税人，是指按照《国民经济行业分类》，生产并销售非金属矿物制品、通用设备、专用设备及计算机、通信和其他电子设备销售额占全部销售额的比重超过50%的纳税人。

上述销售额比重根据纳税人申请退税前连续12个月的销售额计算确定；申请退税前经营期不满12个月但满3个月的，按照实际经营期的销售额计算确定。

3. 84号公告所称增量留抵税额，是指与2019年3月31日相比新增加的期末留抵税额。

4. 部分先进制造业纳税人当期允许退还的增量留抵税额，按照以下公式计算：

允许退还的增量留抵税额 = 增量留抵税额 × 进项构成比例

进项构成比例，为 2019 年 4 月至申请退税前一税款所属期内已抵扣的增值税专用发票（含税控机动车销售统一发票）、海关进口增值税专用缴款书、解缴税款完税凭证注明的增值税额占同期全部已抵扣进项税额的比重。

5. 部分先进制造业纳税人申请退还增量留抵税额的其他规定，按照《关于深化增值税改革有关政策的公告》（财政部　税务总局　海关总署公告 2019 年第 39 号）执行。

6. 除部分先进制造业纳税人以外的其他纳税人申请退还增量留抵税额的规定，继续按照 39 号公告执行。

7. 符合 39 号公告和本公告规定的纳税人向其主管税务机关提交留抵退税申请。对符合留抵退税条件的，税务机关在完成退税审核后，开具税收收入退还书，直接送交同级国库办理退库。税务机关按期将退税清单送交同级财政部门。各部门应加强配合，密切协作，确保留抵退税工作稳妥有序。

8. 自 2019 年 6 月 1 日起，符合《关于明确部分先进制造业增值税期末留抵退税政策的公告》（财政部　税务总局公告 2019 年第 84 号）规定的纳税人申请退还增量留抵税额，应按照《国家税务总局关于办理增值税期末留抵税额退税有关事项的公告》（国家税务总局公告 2019 年第 20 号）的规定办理相关留抵退税业务。《退（抵）税申请表》（国家税务总局公告 2019 年第 20 号附件）修订并重新发布。

（三）全额退还增量留抵税额

自 2020 年 1 月 1 日起，疫情防控重点保障物资生产企业可以按月向主管税务机关申请全额退还增值税增量留抵税额。

上述所称增量留抵税额，是指与 2019 年 12 月底相比新增加的期末留抵税额。

疫情防控重点保障物资生产企业名单，由省级及以上发展改革部门、工业和信息化部门确定。

政策执行截止日期视疫情情况另行决定。

五、减费降税发票开具

1. 增值税一般纳税人（以下称纳税人）在增值税税率调整前已按原 16%、10% 适用税率开具的增值税发票，发生销售折让、中止或者退回等情形需要开具红字发票的，按照原适用税率开具红字发票；开票有误需要重新开具的，先按照原适用税率开具红字发票后，再重新开具正确的蓝字发票。

2. 纳税人在增值税税率调整前未开具增值税发票的增值税应税销售行为，需要补开增值税发票的，应当按照原适用税率补开。

3. 增值税发票税控开票软件税率栏次默认显示调整后税率，纳税人发生规定所列情形的，可以手工选择原适用税率开具增值税发票。

4. 税务总局在增值税发票税控开票软件中更新了《商品和服务税收分类编码表》，纳税人应当按照更新后的《商品和服务税收分类编码表》开具增值税发票。

5. 自2019年9月20日起，纳税人需要通过增值税发票管理系统开具17%、16%、11%、10%税率蓝字发票的，应向主管税务机关提交《开具原适用税率发票承诺书》，办理临时开票权限。临时开票权限有效期限为24小时，纳税人应在获取临时开票权限的规定期限内开具原适用税率发票。

纳税人办理临时开票权限，应保留交易合同、红字发票、收讫款项证明等相关材料，以备查验。

纳税人未按规定开具原适用税率发票的，主管税务机关应按照现行有关规定进行处理。

第四节 优惠政策的税收管理

增值税减免税优惠是指符合条件的纳税人部分减少或全部免除纳税义务，按规定到税务机关办理减税、免税，税务机关按规定办理并及时录入信息管理系统。

根据2019年8月国家税务总局发布的《全国税务机关纳税服务规范（3.0版）》，增值税税收优惠事项清单涵盖了169项增值税减免项目，目前的减免项目更多。减免税办理包括申报享受税收减免（需报送资料）、申报享受税收减免（无需报送资料）、税收减免备案方式。

一、申报享受税收减免

符合申报享受税收减免条件的增值税纳税人，无需进行税收减免备案或者核准，在办理纳税申报时直接享受。

申报享受税收减免事项，分为需在首次申报享受时随申报表报送附列资料和直接在申报表中填列减免税信息无需报送附列资料两种。无需报送附列资料的税收减免情形详见《税收优惠事项清单》。

（一）报送附列资料申报享受税收优惠

1. 上海期货保税交割免征增值税（减免性质代码：01081503，政策依据：财税〔2010〕108号），应报送：

（1）当期期货保税交割的书面说明。

（2）上海期货交易所交割单、保税仓单等资料。

2. 原油和铁矿石期货保税交割业务免征增值税（减免性质代码：01081506，政策依据：财税〔2015〕35号），应报送：

（1）当期期货保税交割的书面说明。

（2）上海国际能源交易中心股份有限公司或大连商品交易所的交割结算单、保税仓单等资料。

3. 熊猫普制金币免征增值税（减免性质代码：01083907，政策依据：财税〔2012〕97 号），应报送：

（1）“中国熊猫普制金币授权经销商”相关资格证书复印件（属于“中国熊猫普制金币授权经销商”的纳税人报送）。

（2）《中国熊猫普制金币经销协议》复印件（属于“中国熊猫普制金币授权经销商”的纳税人报送）。

（3）中国银行业监督管理委员会批准其开办个人黄金买卖业务的相关批件材料复印件（金融机构报送）。

4. 有机肥免征增值税（减免性质代码：01092203，政策依据：财税〔2008〕56 号），应报送：

（1）由农业部或省、自治区、直辖市农业行政主管部门批准核发的在有效期内的肥料登记证复印件（生产有机肥产品的纳税人报送）。

（2）生产企业提供的在有效期内的肥料登记证复印件（批发、零售有机肥产品的纳税人报送）。

5. 无偿援助项目免征增值税（减免性质代码：01124302，政策依据：财税〔2002〕2 号），应报送：

（1）《外国政府和国际组织无偿援助项目在华采购货物明细表》。

（2）销售合同复印件。

（3）委托协议和实际购货方的情况。包括购货方的单位名称、地址、联系人及联系电话等（委托他人采购的报送）。

（二）无需报送附列资料申报享受税收优惠

无需报送附列资料申报享受税收优惠事项详见《全国税务机关纳税服务规范（3.0 版）》的《税收优惠事项清单》及相关税收减免税文件。

例如，根据《国家税务总局关于支持新型冠状病毒感染的肺炎疫情防控有关税收征收管理事项的公告》（国家税务总局公告 2020 年第 4 号），纳税人按照 2020 年第 8 号公告和《财政部　税务总局关于支持新型冠状病毒感染的肺炎疫情防控有关捐赠税收政策的公告》（2020 年第 9 号）有关规定享受免征增值税优惠的，可自主进行免税申报，无需办理有关免税备案手续，但应将相关证明材料留存备查。

二、税收减免备案

符合备案类税收减免的增值税纳税人，如需享受相应税收减免，应在首次享受减免税的申报阶段或在申报征期后的其他规定期限内提交相关资料向主管税务机关申请办理税收减免备案。

1. 安置残疾人就业增值税即征即退优惠（减免性质代码：01012701、01012716，政策依据：财税〔2016〕52 号），应报送：

（1）《税务资格备案表》2 份。

（2）安置精神残疾人的，提供精神残疾人同意就业的书面声明以及其法定监护人签字或印章的证明精神残疾人具有劳动条件和劳动意愿的书面材料。

（3）《中华人民共和国残疾人证》或《中华人民共和国残疾军人证（1 至 8 级）》。

（4）安置的残疾人的身份证明复印件，注明与原件一致，并逐页加盖公章。

2. 光伏发电增值税即征即退优惠（减免性质代码：01021903，政策依据：财税〔2016〕81 号），应报送：

（1）《税务资格备案表》2 份。

（2）自产的利用太阳能生产的电力产品的相关材料。

3. 软件产品增值税即征即退优惠（减免性质代码：01024103，政策依据：财税〔2011〕100 号），应报送：

（1）《税务资格备案表》2 份。

（2）取得软件产业主管部门颁发的《软件产品登记证书》或著作权行政管理部门颁发的《计算机软件著作权登记证书》。

4. 新型墙体材料增值税即征即退优惠（减免性质代码：01064017，政策依据：财税〔2015〕73 号），应报送：

（1）《税务资格备案表》2 份。

（2）不属于国家发展和改革委员会《产业结构调整指导目录》中的禁止类、限制类项目和环境保护部《环境保护综合名录》中的“高污染、高环境风险”产品或者重污染工艺的声明材料。

5. 风力发电增值税即征即退优惠（减免性质代码：01064018，政策依据：财税〔2015〕74 号），应报送：《税务资格备案表》2 份。

6. 资源综合利用产品及劳务增值税即征即退优惠（减免性质代码：01064019，政策依据：财税〔2015〕78 号），应报送：

（1）《税务资格备案表》2 份。

（2）综合利用的资源，属于生态环境保护部《国家危险废物名录》列明的危险废物的，提供省级及以上环境保护部门颁发的《危险废物经营许可证》原件及复印件（原件查验后退回）。

（3）不属于国家发展改革委《产业结构调整指导目录》中的禁止类、限制类项目和环境保护部《环境保护综合名录》中的“高污染、高环境风险”产品或者重污染工艺，以及符合《资源综合利用产品和劳务增值税优惠目录》规定的技术标准和相关条件的书面声明材料。

7. 黄金期货交易增值税即征即退优惠（减免性质代码：01081520，政策依据：财税〔2008〕5 号），应报送：《税务资格备案表》2 份。

8. 有形动产融资租赁服务增值税即征即退优惠（减免性质代码：01083916，政策依据：财税〔2016〕36 号），应报送：

（1）《税务资格备案表》2 份。

（2）有形动产融资租赁服务业务合同复印件。

9. 动漫企业增值税即征即退增值税优惠（减免性质代码：01103234、01103235，政策依据：财税〔2018〕38 号），应报送：

（1）《税务资格备案表》2 份。

（2）软件产业主管部门颁发的《软件产品登记证书》或著作权行政管理部门颁发的《计算机软件著作权登记证书》。

10. 飞机维修劳务增值税即征即退优惠（减免性质代码：01120401，政策依据：财税〔2000〕102 号），应报送：《税务资格备案表》2 份。

11. 管道运输服务增值税即征即退优惠（减免性质代码：01121311，政策依据：财税〔2016〕36 号），应报送：

（1）《税务资格备案表》2 份。

（2）管道运输服务业务合同复印件。

12. 铂金增值税即征即退优惠（减免性质代码：01129901，政策依据：财税〔2003〕86 号），应报送：

（1）《税务资格备案表》2 份。

（2）国内生产企业自产自销铂金的证明材料原件及复印件。

（3）上海黄金交易所开具的《上海黄金交易所发票》结算联（原件查验后退回）。

三、增值税优惠管理

（一）放弃减免税

纳税人销售货物、提供应税劳务和发生应税行为适用免税、减税规定的，可以放弃免税、减税，报主管税务机关备案，依照现行规定缴纳增值税。适用增值税免税政策的出口货物劳务，出口企业或者其他单位如果放弃免税，实行按内销货物征税的，应当向主管税务机关提出书面报告。

根据《财政部 国家税务总局关于增值税纳税人放弃免税权有关问题的通知》（财税〔2007〕127 号），纳税人要求放弃减免税，应当以书面形式提交放弃减免税声明（《增值税纳税人放弃免税权声明表》），报主管税务机关备案。纳税人自提交备案资料的次月起，按照现行有关规定计算缴纳增值税。放弃免税、减税后，36 个月内不得再申请免税、减税。

纳税人一经放弃免税权，其生产销售的全部增值税应税货物或劳务均应按照适用税率征税，不得选择某一免税项目放弃免税权，也不得根据不同的销售对象选择部分货物或劳务放弃免税权。

（二）选择免税或零税率

纳税人发生应税行为同时适用免税和零税率规定的，纳税人可以选择适用免税或者零税率。

（三）不得抵扣进项税额

《增值税暂行条例》（国务院令第 691 号）第十条规定，下列项目的进项税额不得从销项税额中抵扣：用于简易计税方法计税项目、免征增值税项目、集体福利或者个人消费的购进货物、劳务、服务、无形资产和不动产。

（四）不得开具增值税专用发票

1. 免税项目不得开具增值税专用发票。《增值税暂行条例》（国务院令 2017 年第 691 号）第二十一条规定，纳税人发生应税销售行为，应当向索取增值税专用发票的购买方开具增值税专用发票，并在增值税专用发票上分别注明销售额和销项税额。属于下列情形之一的，不得开具增值税专用发票：（1）应税销售行为的购买方为消费者个人的；（2）发生应税销售行为适用免税规定的。

2. 销售使用过的固定资产放弃减税处理。纳税人销售自己使用过的固定资产，适用简易办法依照 3% 征收率减按 2% 征收增值税政策的，可以放弃减税，按照简易办法依照 3% 征收率缴纳增值税，并可以开具增值税专用发票。

（五）免税项目进项税额处理

适用一般计税方法的纳税人，兼营简易计税方法计税项目、免征增值税项目而无法划分不得抵扣的进项税额，按照下列公式计算不得抵扣的进项税额：

不得抵扣的进项税额 = 当期无法划分的全部进项税额 ×（当期简易计税方法计税项目销售额 + 免征增值税项目销售额）÷ 当期全部销售额

已抵扣进项税额的不动产，发生非正常损失，或者改变用途，专用于简易计税方法计税项目、免征增值税项目、集体福利或者个人消费的，按照下列公式计算不得抵扣的进项税额，并从当期进项税额中扣减：

不得抵扣的进项税额 = 已抵扣进项税额 × 不动产净值率

不动产净值率 =（不动产净值 ÷ 不动产原值）×100%

按照规定不得抵扣进项税额的不动产，发生用途改变，用于允许抵扣进项税额项目的，按照下列公式在改变用途的次月计算可抵扣进项税额：

可抵扣进项税额 = 增值税扣税凭证注明或计算的进项税额 × 不动产净值率

主管税务机关可以按照上述公式依据年度数据对不得抵扣的进项税额进行清算。

本章习题

一、单项选择题

1. 某公司与农户签订委托养殖合同，向农户提供畜禽苗、饲料、兽药及疫苗等（所有权属于公司），农户饲养畜禽苗至成品后交付公司回收，公司将回收的成品畜禽用于销售。该增值税业务处理正确的是（　　）。

A. 征收增值税　　　　B. 免征增值税

C. 减半征收增值税　　　　D. 即征即退增值税

［参考答案］B

［答案解析］ 根据《国家税务总局关于纳税人采取“公司 + 农户”经营模式销售畜禽

有关增值税问题的公告》规定，纳税人采取“公司 + 农户”经营模式从事畜禽饲养，即公司与农户签订委托养殖合同，向农户提供畜禽苗、饲料、兽药及疫苗等（所有权属于公司），农户饲养畜禽苗至成品后交付公司回收，公司将回收的成品畜禽用于销售。在上述经营模式下，纳税人回收再销售畜禽，属于农业生产者销售自产农产品，应根据《增值税暂行条例》的有关规定免征增值税。

2. 李某将一辆自己使用过的原值为 8 000 元的摩托车出售，取得收入 4 120 元。下列说法正确的是（　　）。

A. 缴纳 80 元的增值税　　B. 享受优惠免征增值税

C. 缴纳 120 元的增值税　　D. 缴纳 155 元的增值税

［参考答案］**B**

［答案解析］《增值税暂行条例》税收优惠中规定了销售的自己使用过的物品免征增值税。自己使用过的物品，是指其他个人自己使用过的物品，即自然人销售自己使用过的物品免征增值税。

3. 下列属于教育文化业增值税减免税的是（　　）。

A. 故宫博物院珍宝馆门票收入　　B. 教堂举办宗教活动的门票收入

C. 宫观销售祭祀香烛香炉收入　　D. 话剧团转让著作权免征增值税

［参考答案］**B**

［答案解析］根据《财政部　国家税务总局关于全面推开营业税改征增值税试点的通知》规定，纪念馆、博物馆、文化馆、文物保护单位管理机构、美术馆、展览馆、书画院、图书馆等在自己的场所提供文化体育服务取得的第一道门票收入免征增值税；寺院、宫观、清真寺和教堂举办文化、宗教活动的门票收入免征增值税；个人转让著作权免征增值税。

4. 下列专门面向农民的增值税销售行为处理不正确的是（　　）。

A. 农业病虫害防治免征增值税

B. 家畜及牲畜配种免征增值税

C. 承包地流转给农业生产者免征增值税

D. 农村饮水安全工程自来水免征增值税

［参考答案］**C**

［答案解析］根据《财政部发布关于建筑服务等营改增试点政策的通知》规定，纳税人采取转包、出租、互换、转让、入股等方式将承包地流转给农业生产者用于农业生产的免征增值税。根据《营业税改征增值税试点过渡政策的规定》，农业机耕、排灌、病虫害防治、植物保护、农牧保险以及相关技术培训业务，家禽、牲畜、水生动物的配种和疾病防治；根据《财政部　税务总局关于继续实行农村饮水安全工程税收优惠政策的公告》规定，对饮水工程运营管理单位向农村居民提供生活用水取得的自来水销售收入，免征增值税。本公告所称饮水工程，是指为农村居民提供生活用水而建设的供水工程设施。

5. 依据现行增值税政策规定，纳税人销售下列货物免征增值税的是（　　）。

A. 农业生产者销售外购的玉米　　B. 药店销售国产抗艾滋病药品

C. 食品厂生产销售速食方便面　　D. 商场超市销售收购新鲜水果

［参考答案］B

［答案解析］《增值税暂行条例》税收优惠中规定了农业生产者自产农产品免征增值税。其他优惠包括：抗艾滋病药品免征增值税；《关于免征部分鲜活肉蛋产品流通环节增值税政策的通知》，对从事农产品批发、零售的纳税人销售的部分鲜活肉蛋产品免征增值税。水果不免征增值税。

6. 在3年内按实际招用人数予以定额依次扣减增值税的是（　　）。

A. 快递小哥自主创业开快递公司　　B. 个体工商户招用失业人员养猪

C. 失业人员自主创业办个体理发店　　D. 应届毕业生到互联网公司实习

［参考答案］C

［答案解析］《财政部　税务总局　人力资源社会保障部　国务院扶贫办关于进一步支持和促进重点群体创业就业有关税收政策的通知》，建档立卡贫困人口、持《就业创业证》或《就业失业登记证》的人员，从事个体经营的，自办理个体工商户登记当月起，在3年（36个月）内按每户每年12 000元为限额依次扣减其当年实际应缴纳的增值税。

7. 以下享受增值税免税优惠的是（　　）。

A. 边销茶　　B. 软件产品

C. 通用设备　　D. 非金属矿物制品

［参考答案］A

［答案解析］《财政部　税务总局关于继续执行边销茶增值税政策的公告》规定，自2019年1月1日起至2020年12月31日，对边销茶生产企业销售自产的边销茶及经销企业销售的边销茶免征增值税。《财政部　国家税务总局关于软件产品增值税政策的通知》，增值税一般纳税人销售其自行开发生产的软件产品，按17%税率征收增值税后，对其增值税实际税负超过3%的部分实行即征即退政策。自2019年4月1日起，增值税一般纳税人销售其自行开发生产的软件产品，按13%税率征收增值税后，对其增值税实际税负超过3%的部分实行即征即退政策。软件产品实行增值税即征即退政策。《关于明确部分先进制造业增值税期末留抵退税政策的公告》，自2019年6月1日起，同时符合条件的部分先进制造业纳税人，可以自2019年7月及以后纳税申报期向主管税务机关申请退还增量留抵税额。部分先进制造业纳税人，是指按照《国民经济行业分类》，生产并销售非金属矿物制品、通用设备、专用设备及计算机、通信和其他电子设备销售额占全部销售额的比重超过50%的纳税人。非金属矿物制品、通用设备实行增值税留抵税额退税。

8. 某供热企业为增值税一般纳税人，2019年5月取得不含税供热收入860万元，其中向居民个人收取120万元，当月外购原材料取得增值税专用发票注明税额70万元。该企业2019年5月应缴纳的增值税为（　　）。

A. 17.17万元　　B. 6.37万元

C. 7.4万元　　D. −3.4万元

［参考答案］B

［答案解析］根据《财政部　国家税务总局关于延续供热企业增值税　房产税　城镇土地使用税优惠政策的通知》规定，自2019年1月1日至2020年供暖期结束，对供热企业向居民个人供热取得的采暖费收入免征增值税。对应的可以扣除的进项税额按比例分摊

计算，可以抵扣的进项税额 =70 ×(860 -120) ÷860 =60.23（万元）

该企业当月应纳增值税额 =(860 -120) ×9% -60.23 =6.37（万元）

9. 某超市为增值税小规模纳税人，2019 年第二季度取得食品销售收入 160 000 元，取得蔬菜鲜活肉蛋销售收入 149 000 元，取得不动产销售净收入 150 万元，当月进货取得增值税发票注明税款 6 000 元，该超市应纳增值税（　　）。

A. 4 800 元　　　　B. 76 088.76 元

C. 71 428.57 元　　　　D. 52 689.32 元

［参考答案］C

［答案解析］销售额 =(160 000 +149 000) ÷(1 +3%) =300 000（元）

1 500 000 ÷ (1 +5%) ×5% =71 428.57（元）

2019 年 1 月 1 日起，对季度销售额不超过 30 万元的增值税小规模纳税人，免征增值税。纳税人以所有增值税应税销售行为（包括销售货物、劳务、服务、无形资产和不动产）合计销售额，判断是否达到免税标准。小规模纳税人在扣除本期发生的销售不动产的销售额后仍未超过 30 万元的，其销售货物、劳务、服务、无形资产取得的销售额，可享受小规模纳税人免税政策。小规模纳税人销售其取得的不动产，应以取得的全部价款和价外费用减去该项不动产购置原价或者取得不动产时作价后的余额为销售额，按照 5% 的征收率计算应纳税额。蔬菜鲜活肉蛋产品可备案享受免征增值税优惠。

10. 某电力企业为增值税一般纳税人，2019 年 5 月销售自产的利用风力生产的电力，取得不含税收入 100 万元，当月购进材料用于维修设备取得增值税专用发票，注明金额 40 万元，假定当月取得的相关票据符合税法规定并在当月抵扣进项税额，该企业当月即征即退的增值税税额为（　　）。

A. 4.20 万元　　　　B. 6.2 万元

C. 5.1 万元　　　　D. 3.9 万元

［参考答案］D

［答案解析］根据《财政部　国家税务总局关于风力发电增值税政策的通知》规定，自 2015 年 7 月 1 日起，对纳税人销售自产的利用风力生产的电力产品，实行增值税即征即退 50% 的政策。应纳增值税 =100 ×13% -40 ×13% =7.8（万元）

即征即退 50%，即 7.8 ×50% =3.9（万元）

11. 以下可以享受增值税减免税优惠的是（　　）。

A. 飞机维修劳务　　　　B. 新型墙体材料

C. 新支线飞机　　　　D. 动漫软件出口

［参考答案］D

［答案解析］《财政部　国家税务总局关于飞机维修增值税问题的通知》规定，自 2000 年 1 月 1 日起对飞机维修劳务增值税实际税负超过 6% 的部分实行由税务机关即征即退的政策。《财政部　国家税务总局关于新型墙体材料增值税政策的通知》，对纳税人销售自产的列入《享受增值税即征即退政策的新型墙体材料目录》的新型墙体材料，实行增值税即征即退 50% 的政策。《关于民用航空发动机、新支线飞机和大型客机税收政策的公告》，自 2019 年 1 月 1 日起至 2020 年 12 月 31 日止，对纳税人生产销售新支线飞机暂减按

5%征收增值税，并对其因生产销售新支线飞机而形成的增值税期末留抵税额予以退还。《关于延续动漫产业增值税政策的通知》，自2018年5月1日至2020年12月31日，对动漫企业增值税一般纳税人销售其自主开发生产的动漫软件，按照16%的税率征收增值税后，对其增值税实际税负超过3%的部分，实行即征即退政策。动漫软件出口免征增值税。

12. 某软件开发企业为增值税一般纳税人，2019年6月销售自产软件产品取得不含税收入300万元，购进办公用品，取得增值税专用发票，注明金额152.94万元，本月领用其中40%，该软件开发企业当月实际缴纳的增值税为（　　）。

A. 25万元　　B. 9万元

C. 13万元　　D. 18万元

［参考答案］B

［答案解析］根据《财政部　国家税务总局关于软件产品增值税政策的通知》规定，增值税一般纳税人销售其自行开发生产的软件产品，按适用税率征收增值税后，对其增值税实际税负超过3%的部分实行即征即退政策。

应缴纳的增值税 $=300\times13\%-152.94\times13\%=19.12$（万元）

实际税负的3% $=300\times3\%=9$（万元）

超过9万元的部分即征即退，实际缴纳的增值税为9万元。

13. 根据现行增值税规定，下列说法正确的是（　　）。

A. 增值税起征点适用于对单位和个人

B. 达到或超过起征点的仅对超过起征点的金额征税

C. 个人销售额未达到增值税起征点的免征增值税

D. 增值税起征点只适用于按期纳税的个人

［参考答案］C

［答案解析］根据《增值税暂行条例实施细则》规定，增值税起征点仅适用于个人，包括：个体工商户和其他个人，但不适用于认定为一般纳税人的个体工商户。纳税人销售额未达到国务院财政、税务主管部门规定的增值税起征点的，免征增值税；达到起征点的，依照规定全额计算缴纳增值税。增值税起征点的幅度规定如下：（1）按期纳税的，为月销售额5 000—20 000元（含本数）；（2）按次纳税的，为每次（日）销售额300—500元（含本数）。

14. 下列月销售额未超过10万元免征增值税的说法，不正确的是（　　）。

A. 自然人从事光伏发电项目销售额10万元免征增值税

B. 自然人出租住房取得一次性租金10万元免征增值税

C. 个人保险代理人月销售额未超过10万元免征增值税

D. 自然人销售居住5年以上自有住房30万元免征增值税

［参考答案］D

［答案解析］《国家税务总局关于小规模纳税人免征增值税政策有关征管问题的公告》第四条规定，《增值税暂行条例实施细则》第九条所称的其他个人，采取一次性收取租金形式出租不动产取得的租金收入，可在对应的租赁期内平均分摊，分摊后的月租金收入未超过10万元的，免征增值税。保险代理人、证券经纪人、信用卡和旅游等行业的个人代

理人汇总代开增值税发票合计月销售额未超过 10 万元的，可以享受免征增值税优惠政策。《国家税务总局关于国家电网公司购买分布式光伏发电项目电力产品发票开具等有关问题的公告》规定，光伏发电项目发电户销售电力产品，按照税法规定应缴纳增值税的，可由国家电网公司所属企业按照增值税简易计税办法计算并代征增值税税款，同时开具普通发票；按照税法规定可享受免征增值税政策的，可由国家电网公司所属企业直接开具普通发票。本公告所称发电户，为《增值税暂行条例》及其实施细则规定的“其他个人和不经常发生应税行为的非企业性单位”。

自然人从事光伏发电项目等适用特殊政策按期纳税。根据《营业税改征增值税试点过渡政策的规定》，个人将购买不足 2 年的住房对外销售的，按照 5% 的征收率全额缴纳增值税；个人将购买 2 年以上（含 2 年）的住房对外销售的，免征增值税。上述政策适用于北京市、上海市、广州市和深圳市之外的地区。

15. 关于纳税人允许按照当期可抵扣进项税额加计抵减应纳税额的说法，错误的是（　　）。

A. 提供规定服务取得的销售额占全部销售额的比重超过 50%

B. 纳税人确定适用加计抵减政策后，当年内不再调整，以后年度根据上年度销售额计算确定

C. 按照规定不得从销项税额中抵扣的进项税额，不得计提加计抵减额

D. 纳税人出口货物劳务适用加计抵减政策，其对应的进项税额可以计提加计抵减额

［参考答案］D

［答案解析］根据《财政部　税务总局　海关总署关于深化增值税改革有关政策的公告》规定，纳税人出口货物劳务、发生跨境应税行为不适用加计抵减政策，其对应的进项税额不得计提加计抵减额。

16. 纳税人销售货物适用免税规定的，可以放弃免税，放弃免税后不得再申请免税的期限为（　　）。

A. 24 个月　　B. 12 个月

C. 36 个月　　D. 一个公历年度

［参考答案］C

［答案解析］根据《财政部　国家税务总局关于增值税纳税人放弃免税权有关问题的通知》规定，纳税人销售货物或者应税劳务适用免税规定的，可以放弃免税，依照规定缴纳增值税。放弃免税后，36 个月内不得再申请免税。

二、多项选择题

1. 某公司既符合疫情防控重点保障物资生产企业留抵退税条件，也符合部分先进制造业留抵退税条件，该公司退税符合规定的包括（　　）。

A. 疫情防控重点保障物资生产企业可按月向主管税务机关申请全额退还 2020 年 1 月至视疫情情况另行公告的截止日期间形成的增量留抵税额

B. 符合一定条件的部分先进制造业纳税人可按月向主管税务机关申请退还 2019 年 4 月及以后形成的增量留抵税额（允许退还的增量留抵税额 = 增量留抵税额 × 进项构成比例）

C. 在2020年1月至视疫情情况另行公告的截止日期间按照部分先进制造业增值税期末留抵退税政策规定申请留抵退税

D. 在2020年1月至视疫情情况另行公告的截止日期间可以选择按照疫情防控重点保障物资生产企业按月向主管税务机关申请全额退还2020年1月至视疫情情况另行公告的截止日期间形成的增量留抵税额

E. 视疫情情况另行公告的截止日期后仍可以继续按照符合一定条件的部分先进制造业纳税人规定申请留抵退税

[参考答案] ABDE

[答案解析]《财政部　税务总局关于支持新型冠状病毒感染的肺炎疫情防控有关税收政策的公告》(2020年第8号，以下简称8号公告）规定，疫情防控重点保障物资生产企业，可按月向主管税务机关申请全额退还2020年1月及以后形成的增量留抵税额。该项政策自2020年1月1日起实施，截止日期视疫情情况另行公告。

《财政部　税务总局关于明确部分先进制造业增值税期末留抵退税政策的公告》(2019年第84号，以下简称84号公告）规定，自2019年6月1日起，同时符合一定条件的部分先进制造业纳税人，可按月向主管税务机关申请退还2019年4月及以后形成的增量留抵税额（允许退还的增量留抵税额 = 增量留抵税额 × 进项构成比例)。

在8号公告执行期间内，公司可以根据自身情况，自行选择适用上述两项增值税留抵退税政策。需要说明的是，公司可以在不同的纳税申报期内选择按照不同的留抵退税政策申请退税。比如，在2020年1月、3月选择按照84号公告规定申请留抵退税，2月选择按照8号公告规定申请留抵退税。在8号公告规定的留抵退税政策到期后，该公司仍可以继续按照84号公告规定申请留抵退税。

2. 下列增值税免税的有（　　）。

A. 国际组织无偿援助的进口物资

B. 单位销售自己使用过的物品

C. 销售向社会收购的古书和旧书

D. 典当行收取利息及销售死当物品

E. 自然人销售自己使用过的红木家具

[参考答案] ACE

[答案解析] 根据《增值税暂行条例》规定，增值税免税包括向社会收购的古书和旧书；外国政府、国际组织无偿援助的进口物资和设备；自然人销售自己使用过的物品。典当业收取利息按贷款服务缴纳增值税，销售死当物品按3%征收率简易计税；单位销售自己使用过的物品按规定征收增值税。

3. 以下增值税货物可以享受免征增值税优惠的有（　　）。

A. 脱贫货物捐赠　　B. 农村电网维护

C. 鲜活肉蛋　　D. 豆粕

E. 生物制品

[参考答案] ABC

[答案解析] 根据《财政部　税务总局　国务院扶贫办关于扶贫货物捐赠免征增值税

政策的公告》规定，2019 年 1 月 1 日至 2022 年 12 月 31 日，对单位或者个体工商户将自产、委托加工或购买的货物通过公益性社会组织、县级及以上人民政府及其组成部门和直属机构，或者直接无偿捐赠给目标脱贫地区的单位和个人，免征增值税。根据《国家税务总局关于农村电网维护费征免增值税问题的通知》规定，农村电网维护费免征增值税。根据《国家税务总局关于药品经营企业销售生物制品有关增值税问题的公告》规定，属于增值税一般纳税人的药品经营企业销售生物制品，可以选择简易办法按照生物制品销售额和 3% 的征收率计算缴纳增值税。药品经营企业，是指取得（食品）药品监督管理部门颁发的《药品经营许可证》，获准从事生物制品经营的药品批发企业和药品零售企业。根据《国家税务总局关于粕类产品征免增值税问题的通知》规定，豆粕属于征收增值税的饲料产品，除豆粕以外的其他粕类饲料产品，均免征增值税。

4. 下列选项中可以免征增值税的有（　　）。

A. 个人出售住房

B. 提供软件产品

C. 重点群体创业

D. 销售猪饲料

E. 进口种子（苗）

［参考答案］DE

［答案解析］根据《财政部　国家税务总局关于全面推开营业税改征增值税试点的通知》规定，个人对外销售购买两年以上（含两年）的住房减免增值税（适用于北京市、上海市、广州市和深圳市之外的地区）。软件产品实行增值税即征即退，重点群体就业创业服务限额依次扣减其当年实际应缴纳的增值税等，《财政部　国家税务总局关于饲料产品免征增值税问题的通知》，饲料免征增值税。财政部、海关总署、国家税务总局印发的《关于“十三五”期间进口种子种源税收政策管理办法的通知》，2016 年 1 月 1 日至 2020 年 12 月 31 日，继续对进口种子（苗）、种畜（禽）、鱼种（苗）和种用野生动植物种源免征进口环节增值税。

5. 下列各项中免征流通环节增值税的有（　　）。

A. 蔬菜

B. 水果

C. 鲜奶

D. 鲜鸡蛋

E. 鲜鱼

［参考答案］AD

［答案解析］根据《财政部　国家税务总局关于免征部分鲜活肉蛋产品流通环节增值税政策的通知》规定，对从事蔬菜批发、零售的纳税人销售的蔬菜免征增值税。对从事农产品批发、零售的纳税人销售的部分鲜活肉蛋产品免征增值税。免征增值税的鲜活肉产品，是指猪、牛、羊、鸡、鸭、鹅及其整块或者分割的鲜肉、冷藏或者冷冻肉，内脏、头、尾、骨、蹄、翅、爪等组织。免征增值税的鲜活蛋产品，是指鸡蛋、鸭蛋、鹅蛋，包括鲜蛋、冷藏蛋以及对其进行破壳分离的蛋液、蛋黄和蛋壳。

6. 根据增值税的税收优惠政策，下列各项免征增值税的有（　　）。

A. 农民销售自己种植的玉米

B. 农民销售自己收购的花生

C. 向社会收购的古旧图书

D. 购入直接用于教学的设备

E. 残疾人员个人提供的服务

［参考答案］ACE

［答案解析］根据《增值税暂行条例》规定，免征增值税项目包括农业生产者销售的自产农产品；向社会收购的古书和旧书；直接用于科学研究、科学试验和教学的进口仪器、设备；残疾人员个人提供的服务。

7. 以下可以享受增值税免税优惠的包括（　　）。

A. 婚姻介绍服务　　B. 新型墙体材料

C. 管道运输服务　　D. 污水处理达标

E. 国家储备大豆

［参考答案］AE

［答案解析］根据《增值税暂行条例》规定，婚姻介绍服务享受免征增值税优惠；新型墙体材料和管道运输享受增值税即征即退优惠；污水处理达标享受资源综合利用即征即退优惠；储备大豆享受免征增值税优惠。

8. 以下增值税减免税业务处理正确的有（　　）。

A. 学历教育服务免征增值税　　B. 小额贷款利息免征增值税

C. 横琴销售货物免征增值税　　D. 进口抗癌药品免征增值税

E. 专用设备计算机征增值税

［参考答案］AE

［答案解析］根据《财政部　国家税务总局关于全面推开营业税改征增值税试点的通知》规定，学历教育服务免征增值税。根据《财政部　税务总局关于支持小微企业融资有关税收政策的通知》规定，小微企业小额贷款利息免征增值税；根据《关于横琴、平潭开发有关增值税和消费税政策的通知》规定，横琴、平潭各自的区内企业之间销售其在本区内的货物，免征增值税；根据《关于抗癌药品增值税政策的通知》规定，进口抗癌症药品减按3%征收进口环节增值税；根据《财政部　税务总局关于明确部分先进制造业增值税期末留抵退税政策的公告》规定，自2019年6月1日起，同时符合条件的部分先进制造业纳税人，可以自2019年7月及以后纳税申报期向主管税务机关申请退还增量留抵税额，部分先进制造业纳税人，是指按照《国民经济行业分类》，生产并销售非金属矿物制品、通用设备、专用设备及计算机、通信和其他电子设备销售额占全部销售额的比重超过50%的纳税人。

9. 纳税人提供下列服务，其销售额占全部销售额的比重超过50%，允许按照当期可抵扣进项税额加计10%抵减应纳税额的有（　　）。

A. 合同能源管理服务　　B. 电子数据传输服务

C. 融资性售后回租服务　　D. 污水处理服务

E. 鉴证咨询服务

［参考答案］ABE

［答案解析］根据《财政部　国家税务总局　海关总署关于深化增值税改革有关政策的公告》规定，自2019年4月1日至2021年12月31日，允许生产、生活性服务业纳税人按照当期可抵扣进项税额加计10%，抵减应纳税额。其中生产、生活性服务业纳税人，是指提供邮政服务、电信服务、现代服务、生活服务（以下称四项服务）取得的销售额占

全部销售额的比重超过 50% 的纳税人。四项服务的具体范围按照《销售服务、无形资产、不动产注释》（财税〔2016〕36 号附件）执行。选项 A，合同能源管理服务属于现代服务中研发和技术服务。选项 B，电子数据传输服务属于电信服务之增值电信服务范畴。选项 C，融资性售后回租服务属于金融服务。选项 D，污水处理属于增值税中的加工修理修配劳务范畴。选项 E，鉴证咨询服务属于现代服务。故正确答案为选项 A、B、E。

10. 以下增值税减免税业务处理正确的包括（　　）。

A. 人民银行对金融机构的贷款的利息收入免征增值税

B. 国家助学贷款取得的利息收入免征增值税

C. 境内保险机构为出口货物提供的保险产品免征增值税

D. 小额贷款公司取得的小额贷款利息收入免征增值税

E. 企业统借统还业务取得的利息收入免征增值税

［参考答案］**ABCE**

［答案解析］根据《财政部　税务总局关于金融机构小微企业贷款利息收入免征增值税政策的通知规定》，自 2018 年 9 月 1 日至 2020 年 12 月 31 日，对金融机构向小型企业、微型企业和个体工商户发放小额贷款取得的利息收入，免征增值税。根据《财政部　税务总局关于小额贷款公司有关税收政策的通知》规定，自 2017 年 1 月 1 日至 2019 年 12 月 31 日，对经省级金融管理部门（金融办、局等）批准成立的小额贷款公司取得的农户小额贷款利息收入，免征增值税。

11. 某增值税一般纳税人，2019 年 5 月销售自己使用过的固定资产，属于依照 3% 征收率减按 2% 征收增值税的有（　）。

A. 销售 2010 年购进已抵扣进项税额的机器设备

B. 销售 2005 年购进未抵扣进项税额的商用房

C. 销售职工食堂使用的未抵扣进项税额的大型烤箱

D. 销售 2013 年以前购进未抵扣进项税额的小汽车

E. 销售小规模状态下购进未抵扣进项税额的卡车

［参考答案］**CDE**

［答案解析］根据《财政部　国家税务总局关于全国增值税转型改革若干问题的通知》规定，2008 年 12 月 31 日以前未纳入扩大增值税抵扣范围试点的纳税人，销售自己已使用过的 2008 年 12 月 31 日以前购入或自制的固定资产，按照简易办法依照 3% 征收率减按 2% 征收增值税。根据《国家税务总局关于一般纳税人销售自己使用过的固定资产增值税有关问题的公告》规定，增值税一般纳税人销售自己使用过的固定资产，属于以下两种情形的，可按简易办法依 3% 减按 2% 征收增值税：（1）纳税人购进或者自制固定资产时为小规模纳税人，认定为一般纳税人后销售该固定资产。（2）增值税一般纳税人发生按照简易办法征收增值税应税行为，销售其按照规定不得抵扣进项税额的固定资产。2008 年 12 月 31 日以前未纳入扩大增值税抵扣范围试点的纳税人，销售自己使用过的 2008 年 12 月 31 日以前购进或者自制的固定资产；2008 年 12 月 31 日以前已纳入扩大增值税抵扣范围试点的纳税人，销售自己使用过的在本地区扩大增值税抵扣范围试点以前购进或者自制的固定资产；销售自己使用过的属于《增值税暂行条例》第十条规定不得抵扣且未抵扣进

项税额的固定资产。《财政部 国家税务总局关于全面推开营业税改征增值税试点的通知》规定，销售不动产征收率为5%，北京市、上海市、广州市和深圳市将购买2年（含2年）以上的住房对外销售的实行免征增值税政策。

12. 某增值税一般纳税人，从国外进口一批物资（包括医疗药品、医疗器械、试剂、消毒物品、防疫车等），无偿捐赠用于新冠肺炎疫情防控。该业务符合增值税免税条件的是（ ）。

A. 通过红十字会捐赠

B. 通过中国癌症基金会捐赠

C. 通过中国残疾人联合会捐赠

D. 通过中华全国妇女联合会捐赠

E. 通过中国初级卫生保健基金会捐赠

［参考答案］**BCDE**

［答案解析］根据《财政部 海关总署 税务总局关于防控新型冠状病毒感染的肺炎疫情进口物资免税政策的公告》（财政部 海关总署 税务总局公告2020年第6号）规定，对捐赠用于疫情防控的进口物资，免征进口关税和进口环节增值税。与财政部、海关总署和税务总局联合发布《慈善捐赠物资免征进口税收暂行办法》（公告2015年第102号）相比，6号公告有三个增加：（1）进口物资增加试剂，消毒物品，防护用品，救护车、防疫车、消毒用车、应急指挥车；（2）免税范围增加国内有关政府部门、企事业单位、社会团体、个人以及来华或在华的外国公民从境外或海关特殊监管区域进口并直接捐赠，境内加工贸易企业捐赠；（3）受赠人增加省级民政部门或其指定的单位。

13. 某公司将一批物资（包括医疗药品、医疗器械、试剂、消毒物品、防疫车等），无偿捐赠给省民政厅，用于新冠肺炎疫情防控。该业务符合增值税免税条件的有（ ）。

A. 自产84消毒液生产机器设备

B. 委托加工75°消毒液

C. 外购试剂及防护用品

D. 自己使用过的面包车

E. 提供司机专车运输服务

［参考答案］**ABCD**

［答案解析］根据《关于支持新型冠状病毒感染的肺炎疫情防控有关捐赠税收政策的公告》（财政 部税务总局公告2020年第9号）第三条的规定，单位和个体工商户将自产、委托加工或购买的货物，通过公益性社会组织和县级以上人民政府及其部门等国家机关，或者直接向承担疫情防治任务的医院，无偿捐赠用于应对新型冠状病毒感染的肺炎疫情的，免征增值税。

14. 某增值税一般纳税人购买了一批口罩、防护服、护目镜、一次性手套等医用物资用于应对新型冠状病毒感染的肺炎疫情捐赠，该业务符合增值税优惠条件的是（ ）。

A. 直接向方舱医院捐赠

B. 直接向街道委员会捐赠

C. 通过红十字会捐赠

D. 通过K县人民政府捐赠

E. 通过M市卫生管理局捐赠

［参考答案］**ACDE**

［答案解析］《财政部 税务总局关于支持新型冠状病毒感染的肺炎疫情防控有关捐赠税收政策的公告》（财政部 税务总局公告2020年第9号）第三条规定，单位和个体工商户将自产、委托加工或购买的货物，通过公益性社会组织和县级以上人民政府及其部门

等国家机关，或者直接向承担疫情防治任务的医院，无偿捐赠用于应对新型冠状病毒感染的肺炎疫情的，免征增值税。

15. 某企业是增值税小规模纳税人（以 1 个月为 1 个纳税期）。该纳税人 2019 年 1 月销售货物、提供服务、销售不动产分别取得销售额 4 万元、3 万元、10 万元。以下关于该企业的表述中，正确的有（　　）。

A. 该纳税人 2019 年 1 月合计销售额是 17 万元，超过 10 万元应按规定缴纳增值税

B. 该纳税人 2019 年 1 月合计销售额是 17 万元，未超过 30 万元应按规定免征增值税

C. 该纳税人扣除销售不动产部分后未超过 10 万元的销售额 7 万元免征增值税

D. 该纳税人销售不动产取得 10 万元销售额应按规定缴纳增值税

E. 该纳税人 2019 年 1 月合计销售额 17 万元应按 50% 缴纳增值税

［参考答案］**CD**

［答案解析］《国家税务总局关于小规模纳税人免征增值税政策有关征管问题的公告》（国家税务总局公告 2019 年第 4 号）：小规模纳税人发生增值税应税销售行为，合计月销售额未超过 10 万元（以 1 个季度为 1 个纳税期的，季度销售额未超过 30 万元，下同）的，免征增值税。小规模纳税人发生增值税应税销售行为，合计月销售额超过 10 万元，但扣除本期发生的销售不动产的销售额后未超过 10 万元的，其销售货物、劳务、服务、无形资产取得的销售额免征增值税。

16. 下列关于申请资源综合利用产品及劳务增值税即征即退政策的纳税人应符合条件的说法，正确的有（　　）。

A. 属于增值税一般纳税人

B. 不属于国家发展和改革委员会《产业结构调整指导目录》中的禁止类

C. 纳税信用等级不属于税务机关评定的 D 级

D. 不属于环境保护部《环境保护综合名录》中的“高污染、高环境风险”产品

E. 属于危险废物的，应取得规定部门颁发的《危险废物经营许可证》，且许可经营范围包括该危险废物的利用

［参考答案］**ABDE**

［答案解析］根据《财政部　国家税务总局关于印发〈资源综合利用产品和劳务增值税优惠目录〉的通知》规定，纳税人从事《资源综合利用产品和劳务增值税优惠目录》所列的资源综合利用项目，其申请享受通知规定的增值税即征即退政策时，应同时符合下列条件：(1) 属于增值税一般纳税人。(2) 销售综合利用产品和劳务，不属于国家发展改革委《产业结构调整指导目录》中的禁止类、限制类项目。(3) 销售综合利用产品和劳务，不属于环境保护部《环境保护综合名录》中的“高污染、高环境风险”产品或者重污染工艺。(4) 综合利用的资源，属于环境保护部《国家危险废物名录》列明的危险废物的，应当取得省级及以上环境保护部门颁发的《危险废物经营许可证》，且许可经营范围包括该危险废物的利用。(5) 纳税信用等级不属于税务机关评定的 C 级或 D 级。

17. 下列关于增值税优惠政策的说法中，正确的有（　　）。

A. 符合条件的内资研发机构和外资研发机构采购国产设备全额退还增值税

B. 飞机维修劳务增值税实际税负超过 3% 的部分即征即退

C. 供热企业向居民个人供热而取得的采暖费收入免征增值税

D. 纳税人销售自产的新型墙体材料，实行增值税即征即退

E. 对集成电路重大项目企业因采购设备形成的增值税期末留抵税额予以退还50%

[参考答案] AC

[答案解析] 选项A，根据《财政部 商务部 税务总局关于继续执行研发机构采购设备增值税政策的公告》规定，继续对内资研发机构和外资研发中心采购国产设备全额退还增值税。选项B，根据《财政部 国家税务总局关于飞机维修增值税问题的通知》规定，自2000年1月1日起，对飞机维修劳务增值税实际税负超过6%的部分，由税务机关即征即退的政策。选项C，根据《财政部 国家税务总局关于延续供热企业增值税 房产税 城镇土地使用税优惠政策的通知》规定，自2019年1月1日至2020年供暖期结束，对供热企业向居民个人供热取得的采暖费收入免征增值税。选项D，根据《财政部 国家税务总局关于新型墙体材料增值税政策的通知》规定，对纳税人销售自产的列入《享受增值税即征即退政策的新型墙体材料目录》的新型墙体材料，实行增值税即征即退50%的政策。选项E，根据《财政部 国家税务总局关于退还集成电路企业采购设备增值税期末留抵税额的通知》规定，对国家批准的集成电路重大项目企业因购进设备形成的增值税期末留抵税额准予退还。

18. 增值税起征点的适用范围包括（ ）。

A. 行政单位　　B. 自然人

C. 个体工商户　　D. 法人

E. 社会团体

[参考答案] BC

[答案解析] 根据《增值税暂行条例实施细则》规定，增值税起征点仅适用于按照小规模纳税人纳税的个体工商户和其他个人（自然人），不适用于一般纳税人。

19. 关于增值税起征点的规定，下列表述正确的有（ ）。

A. 增值税起征点适用所有增值税纳税人

B. 达到起征点的就超过部分计算缴纳增值税

C. 按期纳税的，为月销售额5 000—20 000元

D. 按次纳税的，为每次（日）销售额300—500元

E. 起征点的调整由财政部和国家税务总局规定

[参考答案] CDE

[答案解析] 根据《增值税暂行条例实施细则》规定，增值税起征点仅适用于个人，包括个体工商户和其他个人，但不适用于认定为一般纳税人的个体工商户。纳税人销售额未达到国务院财政、税务主管部门规定的增值税起征点的，免征增值税；达到起征点的，依照规定全额计算缴纳增值税。起征点的调整由财政部和国家税务总局规定。

20. 生产、生活性服务业纳税人，取得的销售额占全部销售额的比重超过50%的可以享受加计抵减政策。纳税人在计算销售额占比时，销售额包括（ ）。

A. 免税销售额　　B. 稽查查补销售额

C. 纳税评估调整销售额　　D. 发票销售额

E. 增值税销项税额

［参考答案］ABC

［答案解析］一般纳税人四项服务销售额占全部销售额的比重超过50%的，可以享受加计抵减政策。在计算四项服务销售占比时，销售额中包括申报销售额、稽查查补销售额、纳税评估销售额，不需要剔除免税销售额。

21. 下列关于放弃免税权的说法中，错误的有（　　）。

A. 纳税人放弃免税权，应以书面形式提交声明，并报主管税务机关批准

B. 纳税人可以选择放弃全部货物和劳务的免税权，或者只放弃某一免税项目的免税权

C. 纳税人自税务机关受理纳税人放弃免税权声明的次月起36个月内不得申请免税

D. 纳税人在免税期内购进用于免税项目的货物所取得的增值税扣税凭证，一律不得抵扣

E. 纳税人要求放弃减免税，可以通过电话向主管税务机关报告

［参考答案］ABE

［答案解析］根据《财政部　国家税务总局关于增值税纳税人放弃免税权有关问题的通知》规定，选项A，纳税人要求放弃减免税，应当以书面形式提交放弃减免税声明，报主管税务机关备案。选项B，纳税人一经放弃免税权，其生产销售的全部增值税应税货物或劳务均应按照适用税率征税，不得选择某一免税项目放弃免税权，也不得根据不同的销售对象选择部分货物或劳务放弃免税权。选项E，纳税人要求放弃减免税，应当以书面形式提交《增值税纳税人放弃免税权声明表》，报主管税务机关备案。

三、判断题

1. C企业是东北一家国营农场，为支持国家在防疫抗疫过程中农产品稳产保供，做好春耕备耕工作，C企业将自有2 000亩国有农用地出租给某农业合作社，用于机械化种植玉米、高粱等经济作物。C企业可以享受免征增值税优惠。（　　）

［参考答案］正确

［答案解析］《关于明确国有农用地出租等增值税政策的公告》（财政部　税务总局公告2020年第2号）第一条规定，纳税人将国有农用地出租给农业生产者用于农业生产，免征增值税。C企业将国有农用地出租给农业合作社用于农业种植，可按上述规定享受免征增值税政策。

2. 湖北省黄冈市一家专门经营猪、牛、羊肉的批发企业丙公司对接黄冈市内各大超市。为保障黄冈市民在新冠肺炎疫情期间吃上放心肉，丙公司想方设法从各地调运了大量鲜活猪、牛、羊肉。丙公司销售给超市的鲜活肉产品免征增值税。（　　）

［参考答案］正确

［答案解析］《财政部　国家税务总局关于免征部分鲜活肉蛋产品流通环节增值税政策的通知》（财税〔2012〕75号）规定，对从事农产品批发、零售的纳税人销售的部分鲜活肉蛋产品免征增值税。丙公司和各超市企业销售的鲜活猪、牛、羊肉，可以按规定享受上述免征增值税优惠。

3. 我国对肉蛋实行免征增值税政策。（　　）

［参考答案］错误

［答案解析］根据《财政部　国家税务总局关于免征部分鲜活肉蛋产品流通环节增值税政策的通知》规定，对从事农产品批发、零售的纳税人销售的部分鲜活肉蛋产品免征增值税。免征增值税的鲜活肉产品，是指猪、牛、羊、鸡、鸭、鹅及其整块或者分割的鲜肉、冷藏或者冷冻肉，内脏、头、尾、骨、蹄、翅、爪等组织。免征增值税的鲜活蛋产品，是指鸡蛋、鸭蛋、鹅蛋，包括鲜蛋、冷藏蛋以及对其进行破壳分离的蛋液、蛋黄和蛋壳。上述产品中不包括《中华人民共和国野生动物保护法》所规定的国家珍稀、濒危野生动物及其鲜活肉类、蛋类产品。

4. 乙公司是一家蔬菜种植企业，主要向各社区菜市场供应自产蔬菜。为保障疫情期间居民蔬菜供应，乙公司除供应自产蔬菜外，还收购了部分农民自种蔬菜，一并销售给社区菜市场。乙公司销售的蔬菜，包括自产和收购的蔬菜免征增值税。（　　）

［参考答案］正确

［答案解析］《增值税暂行条例》规定，对农业生产者销售的自产农产品免征增值税。《财政部　国家税务总局关于免征蔬菜流通环节增值税有关问题的通知》（财税〔2011〕137号）规定，对从事蔬菜批发、零售的纳税人销售的蔬菜免征增值税。按照上述规定，乙公司销售的自产蔬菜和收购蔬菜，均可按规定享受上述免征增值税优惠。

5. 2020年3月提供社区养老、托育、家政服务取得的收入免征增值税。（　　）

［参考答案］正确

［答案解析］财政部、税务总局等六部委联合发布《关于养老、托育、家政等社区家庭服务业税费优惠政策的公告》，自2019年6月1日至2025年12月31日，对提供社区养老、托育、家政相关服务的收入免征增值税。

6. 丁企业是湖北省襄阳市一家承担粮食收储任务的国有粮食购销企业，在此次抗击新冠肺炎疫情过程中，为保障市民生活物资供应，稳定市场物价，按照政府部署向市场投放了大量储备粮食，此类业务免征增值税。（　　）

［参考答案］正确

［答案解析］《财政部　国家税务总局关于粮食企业增值税征免问题的通知》（财税字〔1999〕198号）规定，对承担粮食收储任务的国有粮食购销企业销售的粮食免征增值税。丁企业属于承担粮食收储任务的国有购销企业，丁企业销售的储备粮食，可以按规定享受上述免征增值税优惠。

7. 某粮食加工厂2018年5月将一批大米直接无偿捐赠给新疆阿克苏地区的贫困居民免征增值税。（　　）

［参考答案］正确

［答案解析］自2019年1月1日至2022年12月31日，对单位或者个体工商户将自产、委托加工或购买的货物通过公益性社会组织、县级及以上人民政府及其组成部门和直属机构，或直接无偿捐赠给目标脱贫地区的单位和个人，免征增值税。“目标脱贫地区”包括832个国家扶贫开发工作重点县、集中连片特困地区县（新疆阿克苏地区6县1市享受片区政策）和建档立卡贫困村。在2015年1月1日至2018年12月31日期间已发生的符合上述条件的扶贫货物捐赠，可追溯执行上述增值税政策。

8. 某银行已通过监管部门上一年度“两增两控”考核，向某受疫情影响严重的小微企业发放单笔合同金额400万元贷款，利率3%远低于人民银行授权全国银行间同业拆借中心公布的贷款市场报价利率，该银行取得的利息收入享受免征增值税优惠。（　）

［参考答案］正确

［答案解析］《财政部　税务总局关于金融机构小微企业贷款利息收入免征增值税政策的通知》（财税〔2018〕91号）规定，自2018年9月1日至2020年12月31日，对金融机构向小型企业、微型企业和个体工商户发放小额贷款取得的利息收入，免征增值税。

上述小型企业、微型企业，是指符合《中小企业划型标准规定》（工信部联企业〔2011〕300号）的小型企业和微型企业。其中，资产总额和从业人员指标均以贷款发放时的实际状态确定；营业收入指标以贷款发放前12个自然月的累计数确定，不满12个自然月的，按照以下公式计算：

营业收入（年）=企业实际存续期间营业收入/企业实际存续月数×12

小额贷款，是指单户授信小于1 000万元（含）的小型企业、微型企业或个体工商户贷款；没有授信额度的，是指单户贷款合同金额且贷款余额在1 000万元（含）以下的贷款。

银行向该小微企业发放的贷款，可以按照有关规定适用小微企业贷款利息收入免征增值税政策。

9. 国际航空运输服务免征增值税。（　）

［参考答案］错误

［答案解析］根据《财政部　国家税务总局关于全面推开营业税改征增值税试点的通知》规定，国际航空运输服务零税率；根据《财政部　国家税务总局关于飞机维修增值税问题的通知》规定，飞机维修劳务税负超过6%的部分即征即退增值税；根据《交通运输业和部分现代服务业营业税改征增值税试点实施办法》规定，航空公司提供飞机播洒农药服务免征增值税。

10. 某取得了《医疗机构执业许可证》的第三方检验机构被列为开展新型冠状病毒核酸检测工作的定点医疗机构。该单位为其他医疗机构提供新型冠状病毒核酸检测，以及生化检测、免疫检测、微生物检测等服务可以享受免征增值税优惠政策。（　）

［参考答案］正确

［答案解析］《财政部　税务总局关于明确养老机构免征增值税等政策的通知》（财税〔2019〕20号）第二条规定，自2019年2月1日至2020年12月31日，医疗机构接受其他医疗机构委托，按照不高于地（市）级以上价格主管部门会同同级卫生主管部门及其他相关部门制定的医疗服务指导价格（包括政府指导价和按照规定由供需双方协商确定的价格等），提供《全国医疗服务价格项目规范》所列的各项服务，可适用《营业税改征增值税试点过渡政策的规定》（财税〔2016〕36号附件）第一条第（七）项规定的免征增值税政策。

《关于支持新型冠状病毒感染的肺炎疫情防控有关税收政策的公告》（财政部　税务总局公告2020年第8号）第三条明确，对纳税人提供生活服务取得的收入免征增值税。生活服务的具体范围，按照《销售服务、无形资产、不动产注释》（财税〔2016〕36号附件）执行。医疗服务属于生活服务的范围。该项优惠政策自2020年1月1日起实施，截止日期视疫情情况另行公告。

该单位可以对照上述政策规定，在8号公告规定的执行期限内，享受生活服务（包括医疗服务）免征增值税政策；8号公告执行到期后，可以按照财税〔2019〕20号文件的规定及其执行期限，享受医疗机构提供医疗服务免征增值税优惠政策。

11. 某血站为了抗击新冠肺炎疫情向本地各大医院供应的临床用血可以享受免征增值税优惠政策。（ ）

［参考答案］正确

［答案解析］《财政部 国家税务总局关于血站有关税收问题的通知》（财税字〔1999〕264号）规定，对血站供应给医疗机构的临床用血免征增值税。该单位供应给医疗机构的临床用血，可按规定享受上述免征增值税政策。

12. C公司从国外购进一批口罩，无偿捐赠给中华慈善总会用于支援湖北抗击新冠疫情，在进口的时候已缴纳的税款可以申请退税。（ ）

［参考答案］正确

［答案解析］《关于防控新型冠状病毒感染的肺炎疫情进口物资免税政策的公告》（财政部 海关总署 税务总局公告2020年第6号）第三条的规定，本公告项下免税进口物资，已征收的应免税款予以退还。其中，已征税进口且尚未申报增值税进项税额抵扣的，可凭主管税务机关出具的《防控新型冠状病毒感染的肺炎疫情进口物资增值税进项税额未抵扣证明》，向海关申请办理退还已征进口关税和进口环节增值税、消费税手续；已申报增值税进项税额抵扣的，仅向海关申请办理退还已征进口关税和进口环节消费税手续。有关进口单位应在2020年9月30日前向海关办理退税手续。

13. M公司是一家危货运输企业，与本地一家医用酒精生产企业签订长期货运协议，将其生产的医用酒精运往各地经销商。M公司运输这些医用酒精的收入可以享受免征增值税优惠政策。（ ）

［参考答案］正确

［答案解析］《关于支持新型冠状病毒感染的肺炎疫情防控有关税收政策的公告》（财政部 国家税务总局公告2020年第8号）第三条规定，纳税人运输疫情防控重点保障物资取得的收入，免征增值税。疫情防控重点保障物资的具体范围，由国家发展改革委、工业和信息化部确定。该项政策自2020年1月1日起实施，截止日期视疫情情况另行公告。

2020年2月14日和2月18日，工信部和国家发改委先后在官方网站公布了《疫情防控重点保障物资（医疗应急）清单》和《疫情防控重点保障物资清单》，按照8号公告要求确定了疫情防控重点保障物资的具体范围，其中包括医用酒精。因此，M公司运输医用酒精取得的运输收入，可以按照8号公告的有关规定享受运输疫情防控重点保障物资免征增值税优惠政策。

14. 某新成立的民营医院为应对新冠肺炎疫情，主动承担社会责任开设了24小时发热门诊，为患者就近提供化验检查、影像学诊断、临床治疗等诊疗服务。该民营医院享受医疗服务免征增值税政策。（ ）

［参考答案］错误

［答案解析］《营业税改征增值税试点过渡政策的规定》（财税〔2016〕36号附件3）

第一条第（七）项规定，医疗机构提供的医疗服务免征增值税。所称医疗机构，是指依据国务院《医疗机构管理条例》（国务院令1994年第149号）及卫生部《医疗机构管理条例实施细则》（卫生部令第35号）的规定，经登记取得《医疗机构执业许可证》的机构，以及军队、武警部队各级各类医疗机构。所称医疗服务，是指医疗机构按照不高于地（市）级以上价格主管部门会同同级卫生主管部门及其他相关部门制定的医疗服务指导价格（包括政府指导价和按照规定由供需双方协商确定的价格等）为就医者提供《全国医疗服务价格项目规范》所列的各项服务，以及医疗机构向社会提供卫生防疫、卫生检疫的服务。该项优惠政策自2016年5月1日起实施，在营改增试点期间执行。

《关于支持新型冠状病毒感染的肺炎疫情防控有关税收政策的公告》（财政部　国家税务总局公告2020年第8号，以下简称8号公告）第三条明确，对纳税人提供生活服务取得的收入免征增值税。生活服务的具体范围，按照《销售服务、无形资产、不动产注释》（财税〔2016〕36号附件）执行。医疗服务属于生活服务的范围。该项优惠政策自2020年1月1日起实施，截止日期视疫情情况另行公告。

该民营医院可以对照上述政策规定，在8号公告规定的执行期限内，享受生活服务（包括医疗服务）免征增值税政策；8号公告执行到期后，可以按照财税〔2016〕36号文件的规定及其执行期限，享受医疗机构提供医疗服务免征增值税优惠政策。

15. 小规模纳税人2019年5月销售货物4万元，提供服务3万元，销售不动产2万元。合计销售额为9万元（4+3+2），该纳税人销售货物、服务和不动产取得的销售额9万元，未超过10万元免税标准，可享受本次小规模纳税人免税政策。（　　）

［参考答案］正确

［答案解析］自2019年1月1日起，以纳税人所有增值税应税销售行为（包括销售货物、劳务、服务、无形资产和不动产）合并计算销售额，判断是否达到免税标准。

16. N公司属于按月申报小规模纳税人，2月份销售额合计超过了10万元，但是其中5万元销售额归属于适用疫情防控免税政策的生活服务业务。N公司可以享受月销售额10万元以下免征增值税政策。（　　）

［参考答案］错误

［答案解析］《财政部　税务总局关于实施小微企业普惠性税收减免政策的通知》（财税〔2019〕13号）第一条及《国家税务总局关于小规模纳税人免征增值税政策有关征管问题的公告》（国家税务总局公告2019年第4号）第一条规定：小规模纳税人发生增值税应税销售行为，合计月销售额未超过10万元（以1个季度为1个纳税期的，季度销售额未超过30万元）的，免征增值税。其中月销售额包含免税销售收入。

《关于支持新型冠状病毒感染的肺炎疫情防控有关税收政策的公告》（财政部　税务总局公告2020年第8号）第五条规定，纳税人提供生活服务取得的收入，免征增值税。

N公司提供生活服务取得的5万元收入可以按照8号公告的规定享受免征增值税优惠，但由于N公司1月份销售额合计超过了10万元，其余收入应按规定计算缴纳增值税。

17. 增值税小规模纳税人2019年销售货物或者加工、修理修配劳务月销售额不超过10万元（按季纳税30万元），销售服务、无形资产月销售额不超过10万元（按季纳税30万元）的，可分别享受小微企业暂免征收增值税优惠政策。（　　）

[参考答案] 错误

[答案解析] 根据《国家税务总局关于小规模纳税人免征增值税政策有关征管问题的公告》规定，纳税人以所有增值税应税销售行为（包括销售货物、劳务、服务、无形资产和不动产）合计销售额，判断是否达到免税标准。同时，小规模纳税人合计月销售额后超过10万元、但在扣除本期发生的销售不动产的销售额后仍未超过10万元的，其销售货物、劳务、服务、无形资产取得的销售额，可享受小规模纳税人免税政策。

18. 甲公司下设国家级企业技术中心，参与新型冠状病毒感染的肺炎疫苗的研制工作。因研发工作需要，甲公司近期在国内购买部分研发设备所含增值税进项税额可以申请退还。（　　）

[参考答案] 正确

[答案解析] 根据《关于继续执行研发机构采购设备增值税政策的公告》（财政部　商务部　税务总局公告2019年第91号），在2020年12月31日前，对经有关部门核定企业技术中心、国家重点实验室等研发机构采购国产设备全额退还增值税。因此，甲公司如符合上述政策适用条件，可以凭相关证明资料向主管税务机关申请退还研发设备的增值税进项税额。

19. 小规模纳税人提供四项服务的销售额占全部销售额的比重超过50%可以加计抵减政策。（　　）

[参考答案] 错误

[答案解析] 加计抵减政策是按照一般纳税人当期可抵扣的进项税额的10%计算加计抵减额，只有增值税一般纳税人才可以适用加计抵减政策。

20. 加计抵减计算登记为一般纳税人以后的销售额。（　　）

[参考答案] 错误

[答案解析] 自2019年4月1日至2021年12月31日，允许按照当期可抵扣进项税额加计10%，抵减应纳税额。2019年3月31日前设立的纳税人，以2018年4月至2019年3月期间的销售额判断是否适用加计抵减政策。在计算四项服务销售额占比时，一般纳税人在属于小规模纳税人期间的销售额也需要参与计算。

21. 增量留抵税额，是指与申请退税前一税款所属期相比新增加的期末留抵税额。

（　　）

[参考答案] 错误

[答案解析] 根据《财政部　税务总局　海关总署关于深化增值税改革有关政策的公告》规定，所谓增量留抵税额，是指与2019年3月底相比新增加的期末留抵税额。

22. 某增值税一般纳税人2019年5月通过流通环节销售蔬菜鲜活肉蛋产品给酒店，但享受免税后开具的普通发票酒店不得作为计算抵扣进项税额的凭证，因此该纳税人可以通过放弃免税资格的方式开具增值税专用发票。2019年6月至2021年5月销售蔬菜鲜活肉蛋按9%开具增值税专用发票。（　　）

[参考答案] 正确

[答案解析] 纳税人销售货物、提供应税劳务和发生应税行为适用免税、减税规定的，可以放弃免税、减税，报主管税务机关备案，依照现行规定缴纳增值税。蔬菜鲜活肉蛋纳

税人选择放弃免税，2019 年 6 月至 2021 年 5 月销售蔬菜鲜活肉蛋按 9% 开具增值税专用发票给酒店抵扣进项税额。

23. 销售货物或者应税劳务适用增值税免税规定的，纳税人可以放弃免税。放弃免税的纳税人在 5 年内不得再申请免税。（　）

［参考答案］错误

［答案解析］本题的考核点是增值税纳税人放弃免税权的规定，属于基础型知识点。纳税人销售货物或者提供应税劳务和发生应税行为适用免税、减税规定的，可以放弃免税、减税，依照规定缴纳增值税。放弃免税、减税后，36 个月内不得再申请免税、减税。

24. 某餐饮管理公司兼营不同税率应税项目，2019 年取得餐饮服务收入 1 200 万元，客房服务收入 1 500 万元，均为不含税收入。该餐饮管理公司购入的烟酒、食品、蔬菜、厨房用品、洗漱用品等取得的增值税专用发票可以抵扣进项税额。（　）

［参考答案］正确

［答案解析］根据《财政部　国家税务总局关于免征蔬菜流通环节增值税有关问题的通知》规定，蔬菜在生产和流通环节免征增值税。餐饮公司购进并直接用于消费的餐饮服务，可以凭增值税专用发票上注明的税额抵扣进项税额。

四、计算题

1. 二手车交易市场（增值税一般纳税人）2018 年 5 月为客户销售小汽车一批，买方取得的二手车销售统一发票上注明车辆价款为 3 296 000 元，增值税发票上注明的金额是 338 240 元。

该纳税人上述业务如何进行增值税处理？

［答案解析］根据《国家税务总局关于增值税发票管理若干事项的通知》规定，自 2018 年 4 月 1 日起，二手车交易市场、二手车经销企业、经纪机构和拍卖企业应当通过增值税发票管理新系统开具二手车销售统一发票。二手车销售统一发票“车价合计”栏次仅注明车辆价款。二手车交易市场、二手车经销企业、经纪机构和拍卖企业在办理过户手续过程中收取的其他费用，应当单独开具增值税发票。销售二手车按销售旧货计税：

销项税额 $= 338\ 240 \div (1 + 3\%) \times 2\% = 6\ 567.77$（元）

2. 某企业集团主营有线电视业务，为了保证有线电视的及时安装，企业集团内 N 个公司之间可实行资金无偿借贷。2019 年 5 月销售额 3 000 万元，其中收取有线数字电视基本收视维护费和农村有线电视基本收视费 800 万元，集团内公司资金池发生资金无偿借贷业务销售额 1 500 万元。请计算该公司当期销项税额。

［答案解析］根据《财政部　国家税务总局关于明确养老机构免征增值税等政策的通知》规定，自 2019 年 2 月 1 日至 2020 年 12 月 31 日，对企业集团内单位（含企业集团）之间的资金无偿借贷行为，免征增值税。根据《财政部　国家税务总局关于继续实施支持文化企业发展增值税政策的通知》，自 2019 年 1 月 1 日至 2023 年 12 月 31 日，有线数字电视基本收视维护费和农村有线电视基本收视费，免征增值税。

因此该公司当期增值税销项税额 $= (3\ 000 - 800 - 1\ 500) \times 6\% = 42$（万元）

3. 某商超为增值税一般纳税人，以厂家指定价格销售，按销售量进行平销返利。2019 年 5 月购进洗衣机取得增值税专用发票上注明的税额为 420 万元，月末洗衣机厂支付返利247万元；销售蔬菜收入200万元，水果收入500万元，鲜鸡蛋收入300万元，鲜肉收入800万元，取得增值税普通发票上注明的金额为1 300万元，其中注明水果的金额为300万元，请分析该公司增值税业务。

［**答案解析**］平销返利的返利收入应冲减进项税额，商业企业向供货方收取的各种返还收入，一律不得开具增值税专用发票；蔬菜、鲜鸡蛋、鲜肉免征增值税；水果按9%计算销项税额。

增值税销项税额＝420＋500÷（1＋9%）×9%＝461.28（万元）

增值税进项税额＝420－247÷（1＋13%）×13%＋300×9%＝418.58（万元）

应缴纳增值税＝461.28－418.58＝42.70（万元）

4. 关某于2019年12月一次性预收古城商铺2020年度租金130万元，并在合同中约定12月份为免租期，该部分商铺原值300万元。请分析该业务的增值税处理。

［**答案解析**］根据《国家税务总局关于土地价款扣除时间等增值税征管问题》第七条规定，纳税人出租不动产，租赁合同中约定免租期的，不属于《营业税改征增值税试点实施办法》第十四条规定的视同销售服务，因此2019年12月免租期的租金不需要缴纳增值税。

根据《营业税改征增值税试点实施办法》第四十五条第二项规定，提供租赁服务采取预收款方式的，其纳税义务发生时间为收到预收款的当天，因此关某应于2019年12月确认增值税销售收入＝130÷（1＋9%）万元

根据《国家税务总局关于小规模纳税人免征增值税政策有关征管问题的公告》第四条规定，自然人采取一次性收取租金形式出租不动产取得的租金收入，可在对应的租赁期内平均分摊，分摊后的月租金收入未超过10万元的，免征增值税。

5. 分析销售以下货物、劳务、服务、无形资产和不动产增值税优惠各属于税基式、税率式还是税额式减免税。

（1）个人出租住房

（2）销售自己使用过的固定资产

（3）增值税起征点

（4）鲜活肉蛋产品

（5）生产销售新支线飞机

［**答案解析**］

（1）属于税率式减免：根据《财政部　国家税务总局关于全面推开营业税改征增值税试点的通知》规定，个人出租住房应按照5%的征收率减按1.5%计算应纳增值税。

（2）属于税基式减免：项目扣除则是指在征税对象中扣除一定项目的数额，以其余额作为依据计算税额。根据《财政部　国家税务总局关于部分货物适用增值税低税率和简易办法征收增值税政策的通知》规定，已使用固定资产按照简易办法依3%征收率减按2%征收增值税。

（3）属于税基式减免：通过缩小计税依据的方式来实现的税收减免。具体包括起征点、免征额、项目扣除及跨期结转等。起征点是征税对象达到一定数额开始征税的起点，征税对象数额未达到起征点的不征税，达到起征点的就全部数额征税。

（4）属于税额式减免：税额式减免是税收减免的一种以税额为内容的具体形式。是通过直接减少税额的方式来实现的税收减免。具体包括全部免征、减半征收、核定减征率征收以及另定减征额等。税额式减免是目前最为普遍的增值税优惠。鲜活肉蛋产品在生产和流通环节免征增值税。

（5）属于税率式减免：根据《财政部　税务总局关于民用航空发动机、新支线飞机和大型客机税收政策的公告》规定，对纳税人生产销售新支线飞机暂减按5%征收增值税。

第八章　出口退（免）税

第一节　出口退（免）税概述

一、出口退（免）税的概念

出口货物、劳务和跨境应税行为退（免）税是指在国际贸易业务中，对报关出口的货物、劳务和跨境应税行为退还在国内各生产环节和流转环节按税法规定已缴纳的增值税，或免征应缴纳的增值税。即对增值税出口货物、劳务和跨境应税行为实行零税率。

增值税出口货物、劳务和跨境应税行为实行退（免）税，从税法理解上有两层含义：一是对本道环节生产或销售货物、劳务和跨境应税行为的增值部分免征增值税；二是对出口货物、劳务和跨境应税行为前道环节所含的进项税额进行退付。由于各种出口货物、劳务和跨境应税行为的出口政策不同，出口前涉及征免增值税的情况也不同，因此制定了不同的增值税退（免）税处理办法。

二、出口行为增值税税收政策类型

我国为鼓励出口贸易，采取出口退税和免税相结合的税收政策。目前，我国出口货物、劳务和跨境应税行为的增值税税收政策分为以下三种类型：

1. 出口免税并退税，即适用增值税退（免）税政策的范围。出口免税是指对出口货物、劳务和跨境应税行为在出口环节免征增值税；出口退税是指对货物、劳务和跨境应税行为在出口前实际承担的税收负担，按规定的退税率计算后予以退还。

2. 出口免税不退税，即适用增值税免税政策范围。出口免税与第 1 项含义相同；出口不退税是指适用政策的出口货物、劳务和跨境应税行为因在前一道生产、销售环节或进口环节是免税的，因此，出口时该货物、劳务和跨境应税行为的价格本身不含税，也无须退税。

3. 出口不免税也不退税，即适用增值税征税政策范围。出口不免税是指对国家限制或禁止出口的某些货物、劳务和跨境应税行为的出口环节视同内销环节，照常征税；出口不退税是指对这些货物、劳务和跨境应税行为出口环节不退还出口前其所负担的税款。

第二节 出口退（免）税政策

一、适用增值税退（免）税政策的范围

对下列出口货物劳务及跨境应税行为，除适用增值税免税政策和征税政策规定的以外，实行免征和退还增值税［以下称增值税退（免）税］政策。

（一）出口企业出口货物

出口企业，是指依法办理工商登记、税务登记、对外贸易经营者备案登记，自营或委托出口货物的单位或个体工商户，以及依法办理工商登记、税务登记但未办理对外贸易经营者备案登记，委托出口货物的生产企业。包括生产企业和外贸企业。

出口货物，是指向海关报关后实际离境并销售给境外单位或个人的货物，分为自营出口货物和委托出口货物两类。

生产企业，是指具有生产能力（包括加工修理修配能力）的单位或个体工商户。

（二）出口企业或其他单位视同出口货物

1. 出口企业对外援助、对外承包、境外投资的出口货物。

2. 出口企业经海关报关进入国家批准的出口加工区、保税物流园区、保税港区、综合保税区、珠澳跨境工业区（珠海园区）、中哈霍尔果斯国际边境合作中心（中方配套区域）、保税物流中心（B 型）（以下统称特殊区域）并销售给特殊区域内单位或境外单位、个人的货物。

3. 免税品经营企业销售的货物（国家规定不允许经营和限制出口的货物、卷烟和超出免税品经营企业《企业法人营业执照》规定经营范围的货物除外）。具体是指：

（1）中国免税品（集团）有限责任公司向海关报关运入海关监管仓库，专供其经国家批准设立的统一经营、统一组织进货、统一制定零售价格、统一管理的免税店销售的货物。

（2）国家批准的除中国免税（集团）有限责任公司外的免税品经营企业，向海关报关运入海关监管仓库，专供其所属的首都机场口岸海关隔离区内的免税店销售的货物。

（3）国家批准的除中国免税品（集团）有限责任公司外的免税品经营企业所属的上海虹桥、浦东机场海关隔离区内的免税店销售的货物。

4. 出口企业或其他单位销售给用于国际金融组织或外国政府贷款国际招标建设项目的中标机电产品（以下简称中标机电产品）。上述中标机电产品包括外国企业中标再分包给出口企业或其他单位的机电产品。

5. 生产企业向海上石油天然气开采企业销售自产的海洋工程结构物。

6. 出口企业或其他单位销售给国际运输企业用于国际运输工具上的货物。上述规定暂仅适用于外轮供应公司、远洋运输供应公司销售给外轮、远洋国轮的货物，国内航空供应公司生产销售给国内和国外航空公司国际航班的航空食品。

7. 出口企业或其他单位销售给特殊区域内生产企业生产耗用且不向海关报关而输入特殊区域的水（包括蒸汽）、电力、燃气（以下称输入特殊区域的水电气）。

除另有规定外，视同出口货物适用出口货物的各项规定。

（三）出口企业对外提供加工修理修配劳务

对外提供加工修理修配劳务，是指对进境复出口货物或从事国际运输的运输工具进行的加工修理修配。

（四）一般纳税人提供适用增值税零税率的跨境应税行为

根据《财政部　国家税务总局关于全面推开营业税改征增值税试点的通知》（财税〔2016〕36号）附件4《跨境应税行为适用增值税零税率和免税政策的规定》第一条规定，中华人民共和国境内的单位和个人销售的下列服务和无形资产，适用增值税零税率：

1. 国际运输服务。国际运输服务是指：

（1）在境内载运旅客或者货物出境。

（2）在境外载运旅客或者货物入境。

（3）在境外载运旅客或者货物。

2. 航天运输服务。

3. 向境外单位提供的完全在境外消费的下列服务：

（1）研发服务。

（2）合同能源管理服务。

（3）设计服务。

（4）广播影视节目（作品）的制作和发行服务。

（5）软件服务。

（6）电路设计及测试服务。

（7）信息系统服务。

（8）业务流程管理服务。

（9）离岸服务外包业务。

离岸服务外包业务，包括信息技术外包服务（ITO）、技术性业务流程外包服务（BPO）、技术性知识流程外包服务（KPO），其所涉及的具体业务活动，按照《销售服务、无形资产、不动产注释》相对应的业务活动执行。

（10）转让技术。

4. 财政部和国家税务总局规定的其他服务。

［提示］《国家税务总局关于发布〈适用增值税零税率应税服务退（免）税管理办法〉的公告》（国家税务总局公告2014年第11号）第三条规定，从境内载运旅客或货物至国

内海关特殊监管区域及场所、从国内海关特殊监管区域及场所载运旅客或货物至国内其他地区或国内海关特殊监管区域及场所，以及向国内海关特殊监管区域及场所内单位提供的研发服务、设计服务，不属于增值税零税率应税服务适用范围。

二、增值税退（免）税办法

（一）免抵退税办法

1. 免抵退税的含义。《财政部　国家税务总局关于出口货物劳务增值税和消费税政策的通知》（财税〔2012〕39号）第二条第一项规定，生产企业出口自产货物和视同自产货物及对外提供加工修理修配劳务，以及财税〔2012〕39号文件附件5中列名的生产企业出口非自产货物（以下简称列名的生产企业出口非自产货物），免征增值税，相应的进项税额抵减应纳增值税额（不包括适用增值税即征即退、先征后退政策的应纳增值税额），未抵减完部分予以退还。

2. “免抵退税”适用范围：

（1）生产企业出口自产货物、视同自产货物。

（2）生产企业对外提供加工修理修配劳务。

（3）列名的生产企业出口非自产货物。

（4）适用增值税一般计税方法的生产企业出口适用零税率的服务或者无形资产。

（5）外贸企业直接出口服务或自行研发的无形资产。

[提示]《跨境应税行为适用增值税零税率和免税政策的规定》第四条规定，境内单位和个人提供适用增值税零税率的服务或者无形资产，如果属于适用简易计税方法的，实行免征增值税办法。如果属于适用增值税一般计税方法的，生产企业实行免抵退税办法，外贸企业外购服务或者无形资产出口实行免退税办法，外贸企业直接将服务或自行研发的无形资产出口，视同生产企业连同其出口货物统一实行免抵退税办法。

《财政部　国家税务总局关于出口货物劳务增值税和消费税政策的通知》（财税〔2012〕39号）附件4对视同自产货物的具体范围做了如下规定：

（1）持续经营以来从未发生骗取出口退税、虚开增值税专用发票或农产品收购发票、接受虚开增值税专用发票（善意取得虚开增值税专用发票除外）行为且同时符合下列条件的生产企业出口的外购货物，可视同自产货物适用增值税退（免）税政策：

①已取得增值税一般纳税人资格；

②已持续经营2年及2年以上；

③纳税信用等级A级；

④上一年度销售额5亿元以上；

⑤外购出口的货物与本企业自产货物同类型或具有相关性。

（2）持续经营以来从未发生骗取出口退税、虚开增值税专用发票或农产品收购发票、接受虚开增值税专用发票（善意取得虚开增值税专用发票除外）行为但不能同时符合上述第（1）条规定的条件的生产企业，出口的外购货物符合下列条件之一的，可视同自产货物申报适用增值税退（免）税政策：

①同时符合下列条件的外购货物：

第一，与本企业生产的货物名称、性能相同。

第二，使用本企业注册商标或境外单位或个人提供给本企业使用的商标。

第三，出口给进口本企业自产货物的境外单位或个人。

②与本企业所生产的货物属于配套出口，且出口给进口本企业自产货物的境外单位或个人的外购货物，符合下列条件之一的：

第一，用于维修本企业出口的自产货物的工具、零部件、配件。

第二，不经过本企业加工或组装，出口后能直接与本企业自产货物组合成成套设备的货物。

③经集团公司总部所在地的地级以上税务局认定的集团公司，其控股（按照《中华人民共和国公司法》第二百一十七条规定的口径执行）的生产企业之间收购的自产货物以及集团公司与其控股的生产企业之间收购的自产货物。

④同时符合下列条件的委托加工货物：

第一，与本企业生产的货物名称、性能相同，或者是用本企业生产的货物再委托深加工的货物。

第二，出口给进口本企业自产货物的境外单位或个人。

第三，委托方与受托方必须签订委托加工协议，且主要原材料必须由委托方提供，受托方不垫付资金，只收取加工费，开具加工费（含代垫的辅助材料）的增值税专用发票。

⑤用于本企业中标项目下的机电产品。

⑥用于对外承包工程项目下的货物。

⑦用于境外投资的货物。

⑧用于对外援助的货物。

⑨生产自产货物的外购设备和原材料（农产品除外）。

（二）免退税办法

1. 免退税含义。《财政部　国家税务总局关于出口货物劳务增值税和消费税政策的通知》（财税〔2012〕39号）第二条第（二）项规定，不具有生产能力的出口企业（以下简称外贸企业）或其他单位出口货物劳务，免征增值税，相应的进项税额予以退还。

2. 免退税适用范围。

（1）不具备生产能力的外贸企业或其他单位出口货物、劳务。

（2）外贸企业外购服务或无形资产出口。

三、增值税出口退税率

（一）退税率的一般规定

《财政部　国家税务总局关于出口货物劳务增值税和消费税政策的通知》（财税〔2012〕39号）第三条第（一）项规定，除财政部和国家税务总局根据国务院决定而明确的增值税出口退税率（以下称退税率）外，出口货物的退税率为其适用税率。退税率有调整的，除另有规定外，其执行时间以货物（包括被加工修理修配的货物）出口货物报关单（出口退税专用）上注明的出口日期为准。

［提示］根据《关于深化增值税改革有关政策的公告》（财政部　税务总局　海关总署公告2019年第39号）规定，2019年4月1日起，原适用16%税率且出口退税率为16%的出口货物劳务，出口退税率调整为13%；原适用10%税率且出口退税率为10%的出口货物、跨境应税行为，出口退税率调整为9%。

（二）退税率的特殊规定

《财政部　国家税务总局关于出口货物劳务增值税和消费税政策的通知》（财税〔2012〕39号）第三条第（二）项对退税率做出如下特殊规定。

1. 外贸企业购进按简易办法征税的出口货物、从小规模纳税人购进的出口货物，其退税率分别为简易办法实际执行的征收率、小规模纳税人征收率。上述出口货物取得增值税专用发票的，退税率按照增值税专用发票上的税率和出口货物退税率孰低的原则确定。

2. 出口企业委托加工修理修配货物，其加工修理修配费用的退税率，为出口货物的退税率。

3. 中标机电产品、出口企业向海关报关进入特殊区域销售给特殊区域内生产企业生产耗用的列名原材料、输入特殊区域的水电气，其退税率为适用税率。如果国家调整列名原材料的退税率，列名原材料应当自调整之日起按调整后的退税率执行。

4. 海洋工程结构物退税率的适用，具体范围根据财税〔2012〕39号文件附件3确定。

（三）服务和无形资产的退税率

《跨境应税行为适用增值税零税率和免税政策的规定》第四条规定，服务和无形资产的退税率为其按照《试点实施办法》第十五条第（一）至（三）项规定适用的增值税税率。

（四）适用不同退税率的货物劳务

《财政部　国家税务总局关于出口货物劳务增值税和消费税政策的通知》（财税〔2012〕39号）第三条第（三）项规定，适用不同退税率的货物劳务，应分开报关、核算并申报退（免）税，未分开报关、核算或划分不清的，从低适用退税率。

四、增值税退（免）税的计税依据

出口货物劳务的增值税退（免）税的计税依据，按出口货物劳务的出口发票（外销发票）、其他普通发票或购进出口货物劳务的增值税专用发票、海关进口增值税专用缴款书确定（见表8－1）。

表 8－1　计税依据

纳税人	具体业务	计税依据
（一）生产企业	出口货物劳务（进料加工复出口货物除外）	出口货物劳务的实际离岸价（FOB）
	进料加工复出口货物	出口货物离岸价（FOB）——出口货物所含的海关保税进口料件的金额
	国内购进无进项税额且不计提进项税额的免税原材料加工后出口的货物	出口货物的离岸价（FOB）——出口货物所含的国内购进免税原材料的金额
	中标机电产品	销售机电产品的普通发票注明的金额
	向海上石油天然气开采企业销售自产的海洋工程结构物	销售海洋工程结构物的普通发票注明的金额
（二）外贸企业	出口货物（委托加工修理修配货物除外）	购进出口货物的增值税专用发票注明的金额或海关进口增值税专用缴款书注明的完税价格
	出口委托加工修理修配货物	加工修理修配费用增值税专用发票注明的金额
	中标机电产品	购进货物的增值税专用发票注明的金额或海关进口增值税专用缴款书注明的完税价格
（三）其他企业	出口进项税额未计算抵扣的已使用过的设备	增值税专用发票上的金额或海关进口增值税专用缴款书注明的完税价格×已使用过的设备固定资产净值÷已使用过设备原值
	输入特殊区域的水、电、气	作为购买方的特殊区域内生产购进水（包括蒸汽）、电力、燃气的增值税专用发票注明的金额
（四）免税品经营企业	销售的货物	购进货物的增值税专用发票注明的金额或海关进口增值税专用缴款书注明的完税价格
（五）零税率应税服务	1. 实行“免抵退”税办法	清算后的实际运输收入；应税服务收入
	2. 实行“免退税”办法	购进应税服务的增值税专用发票或税收缴款凭证上的税额

五、出口货物、劳务及跨境应税行为增值税免税政策

（一）适用增值税免税政策的出口货物劳务

《财政部　国家税务总局关于出口货物劳务增值税和消费税政策的通知》（财税〔2012〕39号）第六条规定，除适用增值税征税政策的出口货物劳务外，下列出口货物劳务实行免征增值税政策：

1. 出口企业或其他单位出口规定的货物，具体是指：

（1）增值税小规模纳税人出口货物。

（2）避孕药品和用具，古旧图书。

（3）软件产品。其具体范围是指海关税则号前四位为“9803”的货物。

（4）含黄金、铂金成分的货物，钻石及其饰品。

（5）国家计划内出口的卷烟。

（6）已使用过的设备。其具体范围是指购进时未取得增值税专用发票、海关进口增值税专用缴款书但其他相关单证齐全的已使用过的设备。

（7）非出口企业委托出口的货物。

（8）非列名生产企业出口的非视同自产货物。

（9）农业生产者自产农产品［农产品的具体范围按照《农业产品征税范围注释》（财税〔1995〕52 号）的规定执行］。

（10）油画、花生果仁、黑大豆等财政部和国家税务总局规定的出口免税的货物。

（11）外贸企业取得普通发票、农产品收购发票、政府非税收入票据的货物。

（12）来料加工复出口货物。

（13）特殊区域内的企业出口的特殊区域内的货物。

（14）以人民币现金作为结算方式的边境地区出口企业从所在省（自治区）的边境口岸出口到接壤国家的一般贸易和边境小额贸易出口货物。

（15）以旅游购物贸易方式报关出口的货物。

2. 出口企业或其他单位视同出口的下列货物劳务：

（1）国家批准设立的免税店销售的免税货物，包括进口免税货物和已实现退（免）税的货物。

（2）特殊区域内的企业为境外的单位或个人提供加工修理修配劳务。

（3）同一特殊区域、不同特殊区域内的企业之间销售特殊区域内的货物。

3. 自 2011 年 1 月 1 日起，出口企业或其他单位未按规定申报或未补齐增值税退（免）税凭证的出口货物劳务。具体是指：

（1）未在国家税务总局规定的期限内申报增值税退（免）税的出口货物劳务。

（2）未在规定期限内申报开具“代理出口货物证明”的出口货物劳务。

（3）已申报增值税退（免）税，却未在国家税务总局规定的期限内向税务机关补齐增值税退（免）税凭证的出口货物劳务。

（二）适用增值税免税政策跨境应税行为

《关于发布〈营业税改征增值税跨境应税行为增值税免税管理办法（试行）〉的公告》（国家税务总局公告 2016 年第 29 号）第二条明确规定了免征增值税的跨境应税行为。

1. 境内的单位和个人提供的下列服务：

（1）工程项目在境外的建筑服务。

（2）工程项目在境外的工程监理服务。

（3）工程、矿产资源在境外的工程勘察勘探服务。

（4）会议展览地点在境外的会议展览服务。

（5）存储地点在境外的仓储服务。

（6）标的物在境外使用的有形动产租赁服务。

（7）在境外提供的广播影视节目（作品）的播映服务。

（8）在境外提供的文化体育服务、教育医疗服务、旅游服务。

2. 为出口货物提供的邮政服务、收派服务、保险服务（包括出口货物保险和出口信用保险）。

3. 向境外单位提供的完全在境外消费的下列服务和无形资产：

（1）电信服务。

（2）知识产权服务。

（3）物流辅助服务（仓储服务、收派服务除外）。

（4）鉴证咨询服务。

（5）专业技术服务。

（6）商务辅助服务。

（7）广告投放地在境外的广告服务。

（8）无形资产。

4. 属于以下情形的国际运输服务：

（1）以无运输工具承运方式提供的国际运输服务。

［提示］有运输工具承运方式提供的国际运输服务，适用零税率。

（2）以水路运输方式提供国际运输服务但未取得“国际船舶运输经营许可证”的。

（3）以公路运输方式提供国际运输服务但未取得“道路运输经营许可证”或者“国际汽车运输行车许可证”，或者“道路运输经营许可证”的经营范围未包括“国际运输”的。

（4）以航空运输方式提供国际运输服务但未取得“公共航空运输企业经营许可证”，或者其经营范围未包括“国际航空客货邮运输业务”的。

（5）以航空运输方式提供国际运输服务但未持有“通用航空经营许可证”，或者其经营范围未包括“公务飞行”的。

［提示］按照国家有关规定应取得相关资质的国际运输服务项目，纳税人取得相关资质的，适用增值税零税率政策；未取得的，适用增值税免税政策。

5. 符合零税率政策但适用简易计税方法或声明放弃适用零税率选择免税的下列应税行为：

（1）国际运输服务。

（2）航天运输服务。

（3）向境外单位提供的完全在境外消费的研发服务、合同能源管理服务、设计服务、广播影视节目（作品）的制作和发行服务、软件服务、电路设计及测试服务、信息系统服务、业务流程管理服务和离岸服务外包业务。

（4）向境外单位转让完全在境外消费的技术。

6. 为境外单位之间的货币资金融通及其他金融业务提供的直接收费金融服务，且该服务与境内的货物、无形资产和不动产无关。

［提示］《关于发布〈营业税改征增值税跨境应税行为增值税免税管理办法（试行）〉的公告》（国家税务总局公告2016年第29号）第六条规定，纳税人向境外单位销售服务或无形资产，免征增值税的销售服务或无形资产的全部收入应从境外取得，否则，不予免

征增值税。下列情形视同从境外取得收入：

（1）纳税人向外国航空运输企业提供物流辅助服务，从中国民用航空局清算中心、中国航空结算有限责任公司或者经中国民用航空局批准设立的外国航空运输企业常驻代表机构取得的收入。

（2）纳税人与境外关联单位发生跨境应税行为，从境内第三方结算公司取得的收入。上述所称第三方结算公司，是指承担跨国企业集团内部成员单位资金集中运营管理职能的资金结算公司，包括财务公司、资金池、资金结算中心等。

（3）纳税人向外国船舶运输企业提供物流辅助服务，通过外国船舶运输企业指定的境内代理公司结算取得的收入。

（4）国家税务总局规定的其他情形。

六、境外旅客购物离境退税政策

（一）离境退税政策

境外旅客在离境口岸离境时，对其在退税商店购买的退税物品退还增值税的政策。

境外旅客：在中华人民共和国境内连续居住不超过 183 天的外国人和港澳台同胞。

离境口岸：是指实施离境退税政策的地区正式对外开放并设有退税代理机构的口岸，包括航空口岸、水运口岸和陆地口岸

（二）退税物品

由境外旅客本人在退税商店购买且符合退税条件的个人物品，但不包括下列物品：

1. “中华人民共和国禁止、限制进出境物品表”所列的禁止、限制出境物品；
2. 退税商店销售的适用增值税免税政策的物品；
3. 财政部、海关总署、国家税务总局规定的其他物品。

（三）退税条件

境外旅客申请退税，应当同时符合以下条件：

1. 同一境外旅客同一日在同一退税商店购买的退税物品金额达到 500 元人民币；
2. 退税物品尚未启用或消费；
3. 离境日距退税物品购买日不超过 90 天；
4. 所购退税物品由境外旅客本人随身携带或随行托运出境。

（四）退税物品的退税率

根据《关于深化增值税改革有关政策的公告》（财政部　税务总局　海关总署公告 2019 年第 39 号）规定，适用 13% 税率的境外旅客购物离境退税物品，退税率为 11%；适用 9% 税率的境外旅客购物离境退税物品，退税率为 8%。2019 年 6 月 30 日前，按调整前税率征收增值税的，执行调整前的退税率；按调整后税率征收增值税的，执行调整后的退税率。退税率的执行时间，以退税物品增值税普通发票的开具日期为准。

（五）应退增值税额的计算公式

应退增值税额=退税物品销售发票金额（含增值税）×退税率

（六）退税方式

退税方式包括现金退税和银行转账两种方式。退税额未超过10 000元的，可自行选择退税方式。退税额超过10 000元的，以银行转账方式退税。

第三节 出口退（免）税计算

一、增值税“免抵退税”的计算

生产企业出口货物劳务增值税免抵退税，依下列公式计算：

1. 当期应纳税额的计算：

当期应纳税额=当期销项税额-（当期进项税额-当期不得免征和抵扣税额）

当期不得免征和抵扣税额=当期出口货物离岸价×外汇人民币折合率×（出口货物适用税率-出口货物退税率）

［提示］如果有使用进料加工免税进口料件，则计算公式为：

当期不得免征和抵扣税额=当期出口货物离岸价×外汇人民币折合率×（出口货物适用税率-出口货物退税率）-当期不得免征和抵扣税额抵减额

当期不得免征和抵扣税额抵减额=当期免税购进原材料价格×（出口货物适用税率-出口货物退税率）

即，当期不得免征和抵扣税额=（出口货物离岸人民币价-当期免税购进原材料价格）×（出口货物适用税率-出口货物退税率）

2. 当期免抵退税额的计算：

当期免抵退税额=当期出口货物离岸价×外汇人民币折合率×出口货物退税率

［提示］如果有使用进料加工免税进口料件，则计算公式为：

当期免抵退税额=当期出口货物离岸价×外汇人民币折合率×出口货物退税率-当期免抵退税额抵减额

当期免抵退税额抵减额=当期免税购进原材料价格×出口货物退税率

即，当期免抵退税额=（当期出口货物离岸人民币价-当期免税购进原材料价格）×出口货物退税率

3. 当期应退税额和免抵税额的计算：

（1）当期期末留抵税额≤当期免抵退税额，则当期应退税额=当期期末留抵税额

当期免抵税额=当期免抵退税额-当期应退税额

（2）当期期末留抵税额＞当期免抵退税额，则当期应退税额＝当期免抵退税额

当期免抵税额为零。

4. 当期免税购进原材料价格：

包括：当期国内购进的无进项税额且不计提进项税额的免税原材料的价格、当期进料加工保税进口料件的价格（即组成计税价格）。

当期进料加工保税进口料件的组成计税价格＝当期进口料件到岸价格＋海关实征关税＋海关实征消费税

（1）采用“实耗法”：当期进料加工保税进口料件的组成计税价格为当期进料加工出口货物耗用的进口料件组成计税价格。其计算公式为：

当期进料加工保税进口料件的组成计税价格＝当期进料加工出口货物离岸价×外汇人民币折合率×计划分配率

计划分配率＝计划进口总值÷计划出口总值×100%

（2）采用“购进法”：当期进料加工保税进口料件的组成计税价格为当期实际购进的进料加工进口料件的组成计税价格。

当期实际不得免征和抵扣税额抵减额大于当期出口货物离岸价×外汇人民币折合率×（出口货物适用税率－出口货物退税率）的，则：

当期不得免征和抵扣税额抵减额＝当期出口货物离岸价×外汇人民币折合率×（出口货物适用税率－出口货物退税率）

二、增值税“免抵退税”的计算

外贸企业出口货物劳务增值税免退税，依下列公式计算：

1. 外贸企业出口委托加工修理修配货物以外的货物：

增值税应退税额＝增值税退（免）税计税依据×出口货物退税率

2. 外贸企业出口委托加工修理修配货物：

出口委托加工修理修配货物的增值税应退税额＝委托加工修理修配的增值税退（免）税计税依据×出口货物退税率

（1）特殊情形一：退税率低于适用税率的，相应计算出的差额部分的税款计入出口货物劳务成本。

（2）特殊情形二：出口企业既有适用增值税免抵退项目，也有增值税即征即退、先征后退项目的，增值税即征即退和先征后退项目不参与出口项目免抵退税计算。出口企业应分别核算增值税免抵退项目和增值税即征即退、先征后退项目，并分别申请享受增值税即征即退、先征后退和免抵退税政策。

用于增值税即征即退或者先征后退项目的进项税额无法划分的，按照下列公式计算：

无法划分进项税额中用于增值税即征即退或者先征后退项目的部分＝当月无法划分的全部进项税额×当月增值税即征即退或者先征后退项目销售额÷当月全部销售额、营业额合计

第四节　出口退（免）税管理

一、出口退（免）税企业分类管理

出口企业管理类别分为一类、二类、三类、四类。

（一）同时符合下列条件的生产企业，可评定为一类

1. 企业的生产能力与上一年度申报出口退（免）税规模相匹配。

2. 近3年（含评定当年，下同）未发生过虚开增值税专用发票或者其他增值税扣税凭证、骗取出口退税行为。

3. 上一年度的年末净资产大于上一年度该企业已办理的出口退税额（不含免抵税额）的60%。

4. 评定时纳税信用级别为A级或B级。

5. 企业内部建立了较为完善的出口退（免）税风险控制体系。

（二）同时符合下列条件的外贸企业，可评定为一类

1. 近3年未发生过虚开增值税专用发票或者其他增值税扣税凭证、骗取出口退税行为。

2. 上一年度的年末净资产大于上一年度该企业已办理出口退税额的60%。

3. 持续经营5年以上（因合并、分立、改制重组等原因新设立企业的情况除外）。

4. 评定时纳税信用级别为A级或B级。

5. 评定时海关企业信用管理类别为高级认证企业或一般认证企业。

6. 评定时外汇管理的分类管理等级为A级。

7. 企业内部建立了较为完善的出口退（免）税风险控制体系。

（三）同时符合下列条件的外贸综合服务企业，可评定为一类

1. 近3年未发生过虚开增值税专用发票或者其他增值税扣税凭证、骗取出口退税行为。

2. 上一年度的年末净资产大于上一年度该企业已办理出口退税额的30%。

3. 上一年度申报从事外贸综合服务业务的出口退税额，大于该企业全部出口退税额的80%。

4. 评定时纳税信用级别为A级或B级。

5. 评定时海关企业信用管理类别为高级认证企业或一般认证企业。

6. 评定时外汇管理的分类管理等级为A级。

7. 企业内部建立了较为完善的出口退（免）税风险控制体系。

（四）具有下列情形之一的出口企业，应评定为三类

1. 自首笔申报出口退（免）税之日起至评定时未满 12 个月。

2. 评定时纳税信用级别为 C 级，或尚未评价纳税信用级别。

3. 上一年度发生过违反出口退（免）税有关规定的情形，但尚未达到税务机关行政处罚标准或司法机关处理标准的。

4. 存在省税务局规定的其他失信或风险情形。

（五）具有下列情形之一的出口企业，应评定为四类

1. 评定时纳税信用级别为 D 级。

2. 上一年度发生过拒绝向税务机关提供有关出口退（免）税账簿、原始凭证、申报资料、备案单证等情形。

3. 上一年度因违反出口退（免）税有关规定，被税务机关行政处罚或被司法机关处理过的。

4. 评定时企业因骗取出口退税被停止出口退税权，或者停止出口退税权届满后未满 2 年。

5. 四类出口企业的法定代表人新成立的出口企业。

6. 列入国家联合惩戒对象的失信企业。

7. 海关企业信用管理类别认定为失信企业。

8. 外汇管理的分类管理等级为 C 级。

9. 存在省税务局规定的其他严重失信或风险情形。

（六）下列企业，应评定为二类

一类、三类、四类出口企业以外的出口企业，其出口企业管理类别应评定为二类。

二、出口退（免）税申报管理

（一）一般规定

根据《增值税暂行条例》第二十五条规定，纳税人出口货物适用退（免）税规定的，应当向海关办理出口手续，凭出口报关单等有关凭证，在规定的出口退（免）税申报期内按月向主管税务机关申报办理该项出口货物的退（免）税；境内单位和个人跨境销售服务和无形资产适用退（免）税规定的，应当按期向主管税务机关申报办理退（免）税。具体办法由国务院财政、税务主管部门制定。

（二）简化出口退（税）手续

《国家税务总局关于出口退（免）税申报有关问题的公告》（国家税务总局公告 2018 年第 16 号）简化了出口退（免）税的手续，主要内容如下：

1. 出口企业或其他单位办理出口退（免）税备案手续时，应按规定向主管税务机关填报修改后的《出口退（免）税备案表》。

2. 出口企业和其他单位申报出口退（免）税时，不再进行退（免）税预申报。主管税务机关确认申报凭证的内容与对应的管理部门电子信息无误后方可受理出口退（免）税申报。

3. 实行免抵退税办法的出口企业或其他单位在申报办理出口退（免）税时，不再报送当期《增值税纳税申报表》。

4. 出口企业按规定申请开具代理进口货物证明时，不再提供进口货物报关单（加工贸易专用）。

5. 外贸企业购进货物需分批申报退（免）税的以及生产企业购进非自产应税消费品需分批申报消费税退税的，出口企业不再向主管税务机关填报《出口退税进货分批申报单》，由主管税务机关通过出口税收管理系统对进货凭证进行核对。

6. 出口企业或其他单位在出口退（免）税申报期限截止之日前，申报出口退（免）税的出口报关单、代理出口货物证明、委托出口货物证明、增值税进货凭证仍没有电子信息或凭证的内容与电子信息比对不符的，应在出口退（免）税申报期限截止之日前，向主管税务机关报送《出口退（免）税凭证无相关电子信息申报表》。相关退（免）税申报凭证及资料留存企业备查，不再报送。

（三）全面推行无纸化退税申报

《国家税务总局关于加快出口退税进度有关事项的公告》（国家税务总局公告 2018 年第 48 号）第二条规定全面推行无纸化退税申报，具体内容如下：

1. 实现无纸化退税申报地域全覆盖。各地税务机关应利用信息技术，实现申报、证明办理、核准、退库等出口退（免）税业务“网上办理”，切实方便出口企业办理退税，提高退税效率。2018 年 12 月 31 日前，在全国推广实施无纸化退税申报。

2. 实现无纸化退税申报一类、二类出口企业全覆盖。按照企业自愿的原则，于 2018 年 12 月 31 日前，实现出口退（免）税管理类别为一类、二类的出口企业全面推行无纸化退税申报。

三、出口退（免）税日常管理

《国家税务总局关于印发〈出口货物退（免）税管理办法（试行）〉的通知》（国税发〔2005〕51 号）第五章对出口货物退（免）税日常管理做出了具体规定。

1. 税务机关对出口货物退（免）税有关政策、规定应及时予以公告，并加强对出口商的宣传辅导和培训工作。

2. 税务机关应做好出口货物退（免）税计划及其执行情况的分析、上报工作。税务机关必须在国家税务总局下达的出口退（免）税计划内办理退库和调库。

3. 税务机关遇到下述情况，应及时结清出口商出口货物、劳务和跨境应税行为的退（免）税款：

（1）出口商发生解散、破产、撤销以及其他依法应终止出口退（免）税事项的，或者注销出口退（免）税认定的。

（2）出口商违反国家有关政策法规，被停止一定期限出口退税权的。

4. 税务机关应建立出口货物退（免）税评估机制和监控机制，强化出口货物退（免）税管理，防止骗税案件的发生。

5. 税务机关应按照规定，做好出口货物退（免）税电子数据的接收、使用和管理工作，保证出口退（免）税电子化管理系统的安全，定期做好电子数据备份及设备维护工作。

6. 税务机关应建立出口货物退（免）税凭证、资料的档案管理制度。出口退（免）税凭证、资料应当保存 10 年。但是，法律、行政法规另有规定的除外。具体管理办法由各省级税务局制定。

［典型案例］ NJ 纺织品进出口股份有限公司关于收到税务处理决定书的提示性公告

［案例介绍］ NJ 纺织品进出口股份有限公司收到 NJ 市国家税务局稽查局的《税务处理决定书》（宁国税稽处〔2013〕26 号）。NJ 市国家税务局稽查局对公司 2010 年 1 月 1 日至 2011 年 12 月 31 日进出口退免税情况进行了检查，并决定对相关退税予以追回。具体事项公告如下：

一、税务处理决定书主要内容

1. 违法事实。2010—2011 年期间，公司的出口货物单证中，经核实有 54 份备案单证为虚假单证，共涉及已退税款 10 337 407.24 元。

2. 处理决定。根据《国家税务总局关于出口货物退（免）税实行有关单证备案管理制度（暂行）的通知》（国税发〔2005〕199 号）第六条的规定，定性为备案单证违法。NJ 市国家税务局稽查局对公司已取得的退税 10 337 407.24 元予以追回。

二、公司说明及对公司的影响

公司接受 NJ 市国家税务局稽查局的《税务处理决定书》，不申请行政复议。公司将根据《税务处理决定书》的处理决定，15 日内将上述税款缴纳入库。该事项对公司的净利润影响数额为 10 337 407.24 元。

公司及相关当事人向全体投资者致歉。公司将组织相关人员认真学习有关法律法规，提高诚信纳税意识，并结合 2012 年全面实施的内部控制规范进一步加强公司税务管理，杜绝此类行为的发生。

［案例分析］ 根据《国家税务总局关于出口货物退（免）税实行有关单证备案管理制度（暂行）的通知》（国税发〔2005〕199 号）第六条规定，出口企业提供虚假备案单证、不如实反映情况，或者不能提供备案单证的，税务机关除按照《中华人民共和国税收征收管理办法》第六十四条、第七十条的规定处罚外，应及时追回已退（免）税款，未办理退（免）税的，不再办理退（免）税，并视同内销货物征税。该文件目前已全文废止。但是，《国家税务总局关于发布〈出口货物劳务增值税和消费税管理办法〉的公告》（国家税务总局公告 2012 年第 24 号）对提供虚假备案单证做出了新的违章处理规定，该文件第十三条第（三）项规定，出口企业提供虚假备案单证的，主管税务机关应按照《中华人民共和国税收征收管理办法》第七十条规定予以处罚。

本章习题

一、单项选择题

1. 下列选项中，属于增值税免税并退税政策的是（　　）。

A. 国家计划内出口的卷烟

B. 避孕药品和用具，古旧图书

C. 增值税小规模纳税人出口货物

D. 外轮供应公司、远洋运输供应公司销售给外轮、远洋国轮而收取外汇的货物

［参考答案］**D**

［答案解析］选项 A、B、C 属于增值税只免不退的政策。

2. 甲公司的会计张某对本月的各项业务进行分类，以下选项中属于免税不退税货物的是（　　）。

A. 援外出口货物

B. 来料加工复出口的货物

C. 出口到出口加工区的货物

D. 出口企业在国内采购并运往境外作为投资的货物

［参考答案］**B**

［答案解析］来料加工复出口的货物对国内企业收取的加工费适用免税办法。

3. 自 2019 年 4 月 1 日起，原适用 16% 税率且出口退税率为 16% 的出口货物劳务和原适用 10% 税率且出口退税率为 10% 的出口货物、跨境应税行为，出口退税率分别调整为（　　）。

A. 16%、11%　　B. 11%、9%

C. 13%、9%　　D. 11%、8%

［参考答案］**C**

［答案解析］根据《关于深化增值税改革有关政策的公告》（财政部　税务总局　海关总署公告 2019 年第 39 号）规定，2019 年 4 月 1 日起，原适用 16% 税率且出口退税率为 16% 的出口货物劳务，出口退税率调整为 13%；原适用 10% 税率且出口退税率为 10% 的出口货物、跨境应税行为，出口退税率调整为 9%。

4. 下列不属于境外旅客离境申请退税条件的是（　　）。

A. 退税物品尚未启用或消费　　B. 购买金额达到 500 元人民币

C. 离境日距离购买日不超过 90 天　　D. 退税物品由旅客本人携带或托运出境

［参考答案］**B**

［答案解析］境外旅客离境申请退税的条件包括：退税物品尚未启用或消费；同一旅客同一日在同一退税商店购买的退税物品金额达到 500 元人民币；离境日距离购买日不超过 90 天；退税物品由旅客本人携带或托运出境。

5. 某境外旅客来我国旅游，2019 年 5 月 10 日在北京某退税商店购买了一套茶具，取得退税商店当天为其开具的增值税普通发票及退税申请单，发票注明金额 1 000 元，税率

13%，价税合计 1 130 元。该旅客 5 月 20 日离境时海关验核、退税机关审核均无问题。在不考虑退税代理机构手续费的情况下，该旅客可获得的退税额是（　　）元。

A. 101.7　　　　B. 124.3

C. 146.9　　　　D. 110

[参考答案] B

[答案解析] 根据《关于深化增值税改革有关政策的公告》（财政部　税务总局　海关总署公告 2019 年第 39 号）规定，适用 13% 税率的境外旅客购物离境退税物品，退税率为 11%，按照离境退税物品退税额的计算公式，应退增值税额为退税物品销售发票金额（含增值税）与退税率的乘积。

应退税额 = 1130 × 11% = 124.3（元）

6. 境内单位和个人发生的下列跨境应税行为中，适用增值税零税率的是（　　）。

A. 向境外单位转让的完全在境外使用的技术

B. 在境外提供的广播影视节目的播映服务

C. 无运输工具承运业务的经营者提供的国际运输服务

D. 向境外单位提供的完全在境外消费的电信服务

[参考答案] A

[答案解析] 选项 B、D 属于完全发生在境外的应税行为，免税；选项 C，境内单位和个人以无运输工具承运方式提供的国际运输服务，由境内实际承运人适用增值税零税率；无运输工具承运业务的经营者适用增值税免税政策。

7. 生产企业进料加工复出口货物，其增值税的退（免）税计税依据是（　　）。

A. 出口货物劳务的实际离岸价（FOB）

B. 按出口货物的离岸价（FOB）扣除出口货物所含的海关保税进口料件的金额后确定

C. 按出口货物的离岸价（FOB）扣除出口货物所含的国内购进免税原材料的金额后确定

D. 为购进出口货物的增值税专用发票注明的金额或海关进口增值税专用缴款书注明的完税价格

[参考答案] B

[答案解析] 生产企业进料加工复出口货物，增值税的退（免）税计税依据是出口货物的离岸价（FOB）扣除出口货物所含的海关保税进口料件的金额后确定。

8. 下列选项中，属于免征增值税范围的是（　　）。

A. 不具有生产能力的出口企业或其他单位出口货物劳务

B. 适用简易计税方法的企业提供适用零税率的国际运输服务

C. 适用一般计税方法的生产企业提供适用零税率的国际运输服务

D. 生产企业出口自产货物

[参考答案] B

[答案解析] 选项 A，属于免退税范围；选项 C、D，属于免抵退税范围。

9. 甲机器生产企业是增值税一般纳税人，出口自产机器。2019 年 5 月末计算出来的

应纳税额为 -30 万元，当月向法国出口一批机器折合人民币 500 万元，退税率 9%，则当期免抵税额是（　　）。

A. 0　　B. 15 万元

C. 30 万元　　D. 45 万元

［参考答案］B

［答案解析］当期免抵退税额 = 500 × 9% = 45（万元）

当期期末留抵税额≤当期免抵退税额，则当期应退税额 = 当期期末留抵税额 = 30（万元）；免抵税额 = 免抵退税额—应退税额 = 45 - 30 = 15（万元）

10. 某交通运输企业为增值税一般纳税人，具备提供国际运输服务的条件和资质。2019 年 6 月该企业承接境内运输业务，收取运费价税合计 436 万元；当月购进柴油并取得增值税专用发票，注明价款 300 万元、税款 39 万元；当月购进两辆货车用于货物运输，取得增值税专用发票，注明价款 80 万元、税款 10.4 万元；当月承接国际运输服务，将一批货物由境内载运出境，收取价款 70 万美元（汇率 1:7），则该运输企业当月增值税退税额是（　　）。

A. 0　　B. 0.76 万元

C. 13.4 万元　　D. 44.1 万元

［参考答案］C

［答案解析］当期应纳增值税 = 436 ÷ (1 + 9%) × 9% - (39 + 10.4) = -13.4（万元）

当期免抵退税额 = 70 × 7 × 9% = 44.1（万元）

当期期末留抵税额≤当期免抵退税额，则当期应退税额 = 当期期末留抵税额 = 13.4（万元）

11. 境内某机器设备生产企业想要评定为一类出口退（免）税企业，则该企业评定时纳税信用等级须为（　　）。

A. A 级　　B. B 级

C. B 级及以上　　D. C 级及以上

［参考答案］C

［答案解析］一类出口生产企业应同时符合下列条件：企业的生产能力与上一年度申报出口退（免）税规模相匹配；近 3 年（含评定当年）未发生过虚开增值税专用发票或者其他增值税扣税凭证骗取出口退税行为；上一年度的年末净资产大于上一年度该企业已办理的出口退税额（不含免抵税额）的 60%；评定时纳税信用级别为 A 级或 B 级。

12. 根据增值税出口退（免）税日常管理的相关规定，税务机关应建立出口货物退（免）税凭证、资料的档案管理制度。出口退（免）税凭证、资料应当保存的期限是（　　）。

A. 10 年　　B. 5 年

C. 3 年　　D. 2 年

［参考答案］A

［答案解析］根据《出口货物退（免）税管理办法（试行）》第二十二条的规定，税务机关应建立出口货物退（免）税凭证、资料的档案管理制度。出口货物退（免）税凭

证、资料应当保存10年。但是，法律、行政法规另有规定的除外。具体管理办法由各省级国家税务局制定。

13. 某新办理出口退（免）税备案的出口企业，2019 年 6 月申报首笔出口退（免）税，则 2020 年 5 月公布的出口退税分类管理类别该企业应评定为（ ）。

A. 一类　　B. 二类

C. 三类　　D. 四类

［参考答案］C

［答案解析］自首笔申报出口退（免）税之日起至评定时未满 12 个月的出口企业，其管理类别应评定为三类。

14. 下列选项中，不属于外贸企业可评定为一类出口退（免）税企业标准的是（ ）。

A. 持续经营 3 年以上

B. 评定时纳税信用级别为 A 级或 B 级

C. 评定时外汇管理的分类管理等级为 A 级

D. 企业内部建立了较为完善的出口退（免）税风险控制体系

［参考答案］A

［答案解析］同时符合下列条件的外贸企业，可评定为一类：近 3 年未发生过虚开增值税专用发票或者其他增值税扣税凭证、骗取出口退税行为；上一年度的年末净资产大于上一年度该企业已办理出口退税额的60%；持续经营5 年以上（因合并、分立、改制重组等原因新设立企业的情况除外）；评定时纳税信用级别为 A 级或 B 级；评定时海关企业信用管理类别为高级认证企业或一般认证企业；评定时外汇管理的分类管理等级为 A 级；企业内部建立了较为完善的出口退（免）税风险控制体系。

15. 某外贸企业在 2019 年 2 月 28 日报关出口了一批货物，征退税率均为 16%，出口货物报关单上注明的出口日期为 3 月 28 日。该企业 4 月 5 日取得国内供货企业为其开具的税率为 13% 的增值税专用发票。该批出口货物适用退税率为（ ）。

A. 16%　　B. 13%

C. 10%　　D. 9%

［参考答案］B

［答案解析］依据《关于深化增值税改革有关政策的公告》（财政部 税务总局 海关总署公告 2019 年第 39 号）规定，2019 年 6 月 30 日前（含 2019 年 4 月 1 日前），纳税人出口适用增值税免退税办法的货物，购进时已按调整前税率征收增值税的，执行调整前的出口退税率，购进时已按调整后税率征收增值税的，执行调整后的出口退税率。

16. 境内单位和个人发生的下列跨境应税行为中，适用增值税零税率的是（ ）。

A. 向境外单位转让的完全在境外使用的技术

B. 在境外提供的广播影视节目的播映服务

C. 无运输工具承运业务的经营者提供的国际运输服务

D. 向境外单位提供的完全在境外消费的电信服务

［参考答案］A

［答案解析］选项 B、D 属于完全发生在境外的应税行为，免税；选项 C，境内单位和个人以无运输工具承运方式提供的国际运输服务，由境内实际承运人适用增值税零税率；无运输工具承运业务的经营者适用增值税免税政策。

17. 下列不属于适用零税率的国际运输服务的是（　　）。

A. 境内载运旅客或者货物出境

B. 在境外载运旅客或者货物入境

C. 在境外载运旅客或者货物

D. 从境内载运旅客或货物至国内海关特殊区域

［参考答案］D

［答案解析］国际运输服务，是指在境内载运旅客或者货物出境、在境外载运旅客或者货物入境、在境外载运旅客或者货物。从境内载运旅客或货物至国内海关特殊区域，不属于国际运输服务范围。

18. 自 2019 年 4 月 1 日起，原适用 16% 税率且出口退税率为 16% 的出口货物劳务和原适用 10% 税率且出口退税率为 10% 的出口货物、跨境应税行为，出口退税率分别调整为（　　）。

A. 16%、11%　　　　B. 11%、9%

C. 13%、9%　　　　D. 11%、8%

［参考答案］C

［答案解析］根据《关于深化增值税改革有关政策的公告》（财政部　税务总局　海关总署公告 2019 年第 39 号）规定，2019 年 4 月 1 日起，原适用 16% 税率且出口退税率为 16% 的出口货物劳务，出口退税率调整为 13%；原适用 10% 税率且出口退税率为 10% 的出口货物、跨境应税行为，出口退税率调整为 9%。

19. 生产企业进料加工复出口货物，其增值税的退（免）税计税依据是（　　）。

A. 出口货物劳务的实际离岸价（FOB）

B. 按出口货物的离岸价（FOB）扣除出口货物所含的海关保税进口料件的金额后确定

C. 按出口货物的离岸价（FOB）扣除出口货物所含的国内购进免税原材料的金额后确定

D. 为购进出口货物的增值税专用发票注明的金额或海关进口增值税专用缴款书注明的完税价格

［参考答案］B

［答案解析］生产企业进料加工复出口货物，增值税的退（免）税计税依据是出口货物的离岸价（FOB）扣除出口货物所含的海关保税进口料件的金额后确定。

20. 某境外旅客来我国旅游，2019 年 5 月 10 日在北京某退税商店购买了一套茶具，取得退税商店当天为其开具的增值税普通发票及退税申请单，发票注明金额 1 000 元，税率 13%，价税合计 1 130 元。该旅客 5 月 20 日离境时海关验核、退税机关审核均无问题。在不考虑退税代理机构手续费的情况下，该旅客可获得的退税额是（　　）元。

A. 101.7　　　　B. 124.3

C. 146.9　　　　　　　　　　　　D. 110

［参考答案］**B**

［答案解析］根据《关于深化增值税改革有关政策的公告》（财政部　税务总局　海关总署公告 2019 年第 39 号）规定，适用 13% 税率的境外旅客购物离境退税物品，退税率为 11%，按照离境退税物品退税额的计算公式，应退增值税额应为退税物品销售发票金额（含增值税）与退税率的乘积。该旅客购买茶具取得的增值税普通发票开具日期为 5 月 20 日，发票注明税率 13%，退税率应为 11%，因此该旅客购买茶具可获得的应退税额为 124.3 元（1130×11%）。因此正确答案选 B。

21. 下列条件中，不属于生产企业在增值税出口退（免）税企业分类管理中能评定为一类的是（　　）。

A. 企业的生产能力与上一年度申报出口退（免）税规模相匹配

B. 近 3 年未发生过虚开增值税专用发票或者其他增值税扣税凭证、骗取出口退税行为

C. 评定时纳税信用级别为 A 级

D. 上一年度的年末净资产大于上一年度该企业已办理的出口退税额（含免抵税额）

［参考答案］**D**

［答案解析］根据《关于加快出口退税进度有关事项的公告》（国家税务总局公告 2018 年第 48 号）调整出口企业管理类别评定标准：将一类生产企业评定标准中的“上一年度的年末净资产大于上一年度该企业已办理的出口退税额（不含免抵税额）”调整为“上一年度的年末净资产大于上一年度该企业已办理的出口退税额（不含免抵税额）的 60%”。

22. 根据增值税出口退（免）税日常管理的相关规定，税务机关应建立出口货物退（免）税凭证、资料的档案管理制度。出口退（免）税凭证、资料应当保存的期限是（　　）。

A. 10 年　　　B. 5 年　　　C. 3 年　　　D. 2 年

［参考答案］**A**

［答案解析］根据《出口货物退（免）税管理办法（试行）》第二十二条的规定，税务机关应建立出口货物退（免）税凭证、资料的档案管理制度。出口货物退（免）税凭证、资料应当保存 10 年。但是，法律、行政法规另有规定的除外。具体管理办法由各省级国家税务局制定。

二、多项选择题

1. 下列选项中，属于境内单位销售的适用零税率的国际运输服务的有（　　）。

A. 境内载运旅客或者货物出境

B. 在境外载运旅客或者货物入境

C. 在境外载运旅客或者货物

D. 从境内载运旅客或货物至国内海关特殊区域

［参考答案］**ABC**

［答案解析］国际运输服务，是指在境内载运旅客或者货物出境、在境外载运旅客或

者货物入境、在境外载运旅客或者货物。从境内载运旅客或货物至国内海关特殊区域，不属于国际运输服务范围。

2. 下列选项中，属于出口企业或其他单位视同出口的货物有（　　）。

A. 免税品经营企业销售的货物

B. 非出口企业委托出口的货物

C. 出口企业境外投资的出口货物

D. 生产企业向海上石油天然气开采企业销售自产的海洋工程结构物

［参考答案］ **ACD**

［答案解析］ 选项 B，非出口企业委托出口的货物取得代理出口货物证明后可参与免抵退计算，不是视同出口货物。

3. 下列选项中，不适用增值税“免抵退税”办法的有（　　）。

A. 加工企业进料加工复出口的货物

B. 加工企业来料加工复出口的货物

C. 非列名生产企业出口的非视同自产货物

D. 出口企业销售给特殊区域内的生活消费用品

［参考答案］ **BCD**

［答案解析］ 依据《财政部　国家税务总局关于出口货物劳务增值税和消费税政策的通知》规定，选项 B、C、D 均适用增值税免税政策。

4. 下列选项中，属于我国出口企业出口货物退（免）税办法的有（　　）。

A. 免、退税　　B. 免、抵、退税

C. 先征后退　　D. 即征即退

［参考答案］ **AB**

［答案解析］ 先征后退、即征即退是内销企业适用的资源综合利用等税收优惠政策的退税办法；我国出口企业出口货物退（免）税办法的有免、退税和免、抵、退税。

5. 持续经营以来从未发生骗取出口退税等违法行为的生产企业同时符合特定条件出口外购货物，可视同自产货物适用增值税退（免）税政策，该特定条件包括（　　）。

A. 已取得增值税一般纳税人资格

B. 已持续经营 2 年及 2 年以上

C. 纳税信用等级为 B 级及以上

D. 上一年度销售额 3 亿元以上

E. 外购出口的货物与本企业自产货物同类型或具有相关性

［参考答案］ **ABE**

［答案解析］ 选项 C 应为纳税信用等级为 A 级；选项 D 销售额应为 5 亿元以上。

6. 某境外游客 2019 年 3 月到我国旅游，3 月 21 日在某退税商店购买了一只皮箱和一批化妆品，发票上注明皮箱税率 16%，化妆品税率 10%，4 月 21 日又购买了一批化妆品，取得发票上注明税率为 9%，以上均取得了退税商店当天为其开具的增值税普通发票及相应退税申请单，4 月 25 日，该境外旅客从北京机场离境，下列说法正确的有（　　）。

A. 该旅客 3 月 21 日购买的皮箱和化妆品应按照 8% 退税率计算退税额

B. 该旅客 3 月 21 日购买的皮箱和化妆品应统一按照 11% 退税率计算退税额

C. 该旅客 4 月 21 日购买的化妆品应按照 8% 退税率计算退税额

D. 该旅客 3 月 21 日购买的皮箱和化妆品应按照 13% 退税率计算退税额

[参考答案] **BC**

[答案解析] 该旅客 3 月 21 日购买的皮箱和化妆品应统一按照 11% 退税率计算退税额，4 月 21 日购买的化妆品应按照 8% 退税率计算退税额。

7. 下列选项中，属于离境退税政策规定的境外旅客的有（　　）。

A. 在我国境内连续居住 180 天的美国人吉姆

B. 在我国境内连续居住 200 天的英国人詹姆斯

C. 在我国境内连续居住 90 天的澳门同胞李某

D. 在我国境内连续居住 108 天的中国居民张某

[参考答案] **AC**

[答案解析] 境外旅客，是指在我国境内连续居住不超过 183 天的外国人和港澳台同胞。

8. 下列关于境外旅客购物离境退税政策的说法中，不正确的有（　　）。

A. 所购退税物品由境外旅客本人或其指定代理人随身携带或随行托运出境

B. 离境日距退税物品购买日不超过 183 天

C. 退税额超过 10 000 元的，以银行转账方式退税

D. 退税物品包括退税商店销售的适用增值税免税政策的物品

[参考答案] **ABD**

[答案解析] 选项 A，所购退税物品由境外旅客本人随身携带或随行托运出境；选项 B，离境日距退税物品购买日不超过 90 天；选项 D，退税物品不包括退税商店销售的适用增值税免税政策的物品。

9. 下列关于增值税退（免）税的计税依据，表述正确的有（　　）。

A. 生产企业进料加工复出口货物增值税的退（免）税计税依据，按货物出口的离岸价确定

B. 外贸企业出口货物（委托加工修理修配货物除外）增值税的退（免）税计税依据，为购进出口货物的增值税专用发票注明的金额或海关进口增值税专用缴款书注明的完税价格

C. 免税品经营企业销售的货物增值税的退（免）税计税依据，为购进货物的增值税专用发票注明的金额或海关进口增值税专用缴款书注明的完税价格

D. 中标机电产品增值税退（免）税的计税依据，生产企业为销售机电产品的普通发票注明的金额

E. 输入特殊区域的水增值税退（免）税的计税依据，为作为购买方的特殊区域内生产购进水的增值税专用发票注明的金额

[参考答案] **BCDE**

[答案解析] 生产企业进料加工复出口货物，增值税的退（免）税计税依据是出口货物的离岸价（FOB）扣除出口货物所含的海关保税进口料件的金额后确定。

10. 下列条件中，属于生产企业在增值税出口退（免）税企业分类管理中能评定为一类的有（　　）。

A. 企业的生产能力与上一年度申报出口退（免）税规模相匹配

B. 近3年未发生过虚开增值税专用发票或者其他增值税扣税凭证、骗取出口退税行为

C. 评定时纳税信用级别为A级或B级

D. 上一年度的年末净资产大于上一年度该企业已办理的出口退税额（含免抵税额）

［参考答案］**ABC**

［答案解析］依据《关于加快出口退税进度有关事项的公告》（国家税务总局公告2018年第48号）调整出口企业管理类别评定标准规定：将一类生产企业评定标准中的“上一年度的年末净资产大于上一年度该企业已办理的出口退税额（不含免抵税额）”调整为“上一年度的年末净资产大于上一年度该企业已办理的出口退税额（不含免抵税额）的60%”。

11. 下列选项中，属于出口退（免）税企业分类管理四类出口企业评定标准的有（　　）。

A. 评定时纳税信用级别为C级

B. 上一年度发生过拒绝向税务机关提供有关出口退（免）税账簿、原始凭证、申报资料、备案单证等情形

C. 上一年度因违反出口退（免）税有关规定，被税务机关行政处罚或被司法机关处理过的

D. 评定时企业因骗取出口退税被停止出口退税权，或者停止出口退税权届满后未满2年

［参考答案］**BCD**

［答案解析］依据《出口退（免）税企业分类管理办法》的规定，具有下列情形之一的出口企业，其出口企业管理类别应评定为四类：评定时纳税信用级别为D级；上一年度发生过拒绝向税务机关提供有关出口退（免）税账簿、原始凭证、申报资料、备案单证等情形；上一年度因违反出口退（免）税有关规定，被税务机关行政处罚或被司法机关处理过的；评定时企业因骗取出口退税被停止出口退税权，或者停止出口退税权届满后未满2年；四类出口企业的法定代表人新成立的出口企业；列入国家联合惩戒对象的失信企业；海关企业信用管理类别认定为失信企业；外汇管理的分类管理等级为C级；存在省级税务机关规定的其他严重失信或风险情形。

12. 下列选项中，在出口退（免）税企业分类管理中应评定为三类出口企业的有（　　）。

A. 自首笔申报出口退（免）税之日起至评定时未满12个月

B. 评定时纳税信用级别为C级，或尚未评价纳税信用级别

C. 上一年度发生过违反出口退（免）税有关规定的情形，但尚未达到税务机关行政处罚标准或司法机关处理标准的

D. 存在市税务局规定的其他失信或风险情形

［参考答案］ABC

［答案解析］具有下列情形之一的出口企业，应评定为三类：

（1）自首笔申报出口退（免）税之日起至评定时未满 12 个月；

（2）评定时纳税信用级别为 C 级，或尚未评价纳税信用级别；

（3）上一年度发生过违反出口退（免）税有关规定的情形，但尚未达到税务机关行政处罚标准或司法机关处理标准的；

（4）存在省税务局规定的其他失信或风险情形。

13. 2018 年 12 月 31 日前，全面推行无纸化退税申报的出口企业有（　　）。

A. 出口退（免）税管理类别为一类出口企业

B. 出口退（免）税管理类别为二类出口企业

C. 出口退（免）税管理类别为三类出口企业

D. 出口退（免）税管理类别为四类出口企业

［参考答案］AB

［答案解析］按照企业自愿的原则，于 2018 年 12 月 31 日前，实现出口退（免）税管理类别为一类、二类的出口企业全面推行无纸化退税申报。

14. 下列选项中，税务机关应及时结清出口商出口货物、劳务和跨境应税行为的退（免）税款的有（　　）。

A. 出口商发生解散、破产、撤销以及其他依法应终止出口退（免）税事项的

B. 出口商注销出口退（免）税认定的

C. 出口商违反国家有关政策法规，被停止一定期限出口退税权的

D. 出口商未按时缴纳税款，被税务机关处以罚款的

［参考答案］ABC

［答案解析］税务机关遇到下述情况，应及时结清出口商出口货物、劳务和跨境应税行为的退（免）税款：

（1）出口商发生解散、破产、撤销以及其他依法应终止出口退（免）税事项的，或者注销出口退（免）税认定的。

（2）出口商违反国家有关政策法规，被停止一定期限出口退税权的。

15. 外贸企业国内购进用于出口的商品，下列选项中不属于计算其应退税额的计税依据的有（　　）。

A. 购进商品的不含税金额

B. 购进商品的不含税金额 + 增值税

C. 购进商品的不含税金额 + 增值税 + 运费

D. 海关进口增值税专用缴款书注明的完税价格

［参考答案］BC

［答案解析］依据《财政部　国家税务总局关于出口货物劳务增值税和消费税政策的通知》规定，外贸企业出口货物（委托加工修理修配货物除外）增值税退（免）税的计税依据，为购进出口货物的增值税专用发票注明的金额或海关进口增值税专用缴款书注明的完税价格。

16. 下列选项中，属于适用增值税免税政策跨境应税行为的有（　　）。

A. 工程项目在境外的工程监理服务

B. 存储地点在境外的仓储服务

C. 标的物在境外使用的有形动产租赁服务

D. 为出口货物提供的邮政服务

［参考答案］**ABCD**

［答案解析］境内的单位和个人提供的工程项目在境外的工程监理服务、存储地点在境外的仓储服务、标的物在境外使用的有形动产租赁服务、为出口货物提供的邮政服务、收派服务、保险服务适用增值税免税政策。

17. 下列国际运输服务中，适用增值税零税率政策的有（　　）。

A. 未取得《国际船舶运输经营许可证》的运输企业以水路运输方式提供国际运输服务

B. 取得《道路运输经营许可证》的运输企业以公路运输方式提供国际运输服务

C. 未取得《公共航空运输企业经营许可证》的运输企业以航空运输方式提供国际运输服务

D. 持有《通用航空经营许可证》的运输企业以航空运输方式提供国际运输服务

［参考答案］**BD**

［答案解析］按照国家有关规定应取得相关资质的国际运输服务项目，纳税人取得相关资质的，适用增值税零税率政策，未取得的，适用增值税免税政策。

18. 下列选项中，属于适用增值税征税政策的出口货物劳务有（　　）。

A. 出口企业因骗取出口退税被税务机关停止办理增值税退（免）税期间出口的货物

B. 出口企业或其他单位增值税退（免）税凭证有伪造或内容不实的货物

C. 出口企业销售给特殊区域内的生活消费用品和交通运输工具

D. 外贸企业出口货物

［参考答案］**ABC**

［答案解析］外贸企业出口货物适用免退税办法。

19. 根据我国增值税的相关规定，以下属于出口行为增值税税收政策类型的有（　　）。

A. 免税、抵税并退税　　B. 免税并退税

C. 免税不退税　　D. 不免税也不退税

［参考答案］**BCD**

［答案解析］目前，我国出口货物、劳务和跨境应税行为的增值税税收政策分为以下三种类型：免税并退税、免税不退税、不免税也不退税。

20. 下列选项中，属于我国目前出口货物退税率的有（　　）。

A. 16%　　B. 13%

C. 9%　　D. 6%

［参考答案］**BCD**

［答案解析］依据《关于深化增值税改革有关政策的公告》（财政部　税务总局　海

关总署公告2019 年第39 号）规定，2019 年4 月1 日起，原适用16%税率且出口退税率为16%的出口货物劳务，出口退税率调整为13%；原适用10%税率且出口退税率为10%的出口货物、跨境应税行为，出口退税率调整为9%。

21. 持续经营以来从未发生骗取出口退税等违法行为的生产企业同时符合特定条件出口外购货物，可视同自产货物适用增值税退（免）税政策，该特定条件包括（　　）。

A. 已取得增值税一般纳税人资格

B. 已持续经营2 年及2 年以上

C. 纳税信用等级为B 级及以上

D. 上一年度销售额3 亿元以上

E. 外购出口的货物与本企业自产货物同类型或具有相关性

［参考答案］ABE

［答案解析］选项C 应为纳税信用等级为A 级；选项D 销售额应为5 亿元以上。

22. 下列关于增值税退（免）税的计税依据，表述正确的有（　　）。

A. 生产企业进料加工复出口货物增值税的退（免）税计税依据，按货物出口的离岸价确定

B. 外贸企业出口货物（委托加工修理修配货物除外）增值税的退（免）税计税依据，为购进出口货物的增值税专用发票注明的金额或海关进口增值税专用缴款书注明的完税价格

C. 免税品经营企业销售的货物增值税的退（免）税计税依据，为购进货物的增值税专用发票注明的金额或海关进口增值税专用缴款书注明的完税价格

D. 中标机电产品增值税退（免）税的计税依据，生产企业为销售机电产品的普通发票注明的金额

E. 输入特殊区域的水增值税退（免）税的计税依据，为作为购买方的特殊区域内生产购进水的增值税专用发票注明的金额

［参考答案］BCDE

［答案解析］生产企业进料加工复出口货物，增值税的退（免）税计税依据是出口货物的离岸价（FOB）扣除出口货物所含的海关保税进口料件的金额后确定。

23. 下列出口货物，适用增值税免税政策的有（　　）。

A. 加工企业来料加工复出口的货物

B. 用于境外承包项目的货物

C. 属于小规模纳税人的生产性企业自营出口的自产货物

D. 动漫软件出口

E. 生产企业出口自产小汽车

［参考答案］ACD

［答案解析］用于境外承包项目的货物、生产企业出口自产小汽车适用增值税免税并退税政策。

24. 下列关于境外旅客购物离境退税政策的说法中，正确的有（　　）。

A. 所购退税物品由境外旅客本人或其指定代理人随身携带或随行托运出境

B. 境外旅客是指在我国境内连续居住不超过183天的外国人和港澳台同胞

C. 离境日距退税物品购买日不超过183天

D. 退税额超过10 000元的，以银行转账方式退税

E. 退税物品包括退税商店销售的适用增值税免税政策的物品

［参考答案］BD

［答案解析］选项A，所购退税物品由境外旅客本人随身携带或随行托运出境；选项C，离境日距退税物品购买日不超过90天；选项E，退税物品不包括退税商店销售的适用增值税免税政策的物品。

三、判断题

1. 国内航空供应公司生产销售给国内和国外航空公司的航空食品，适用增值税退（免）税政策的范围。（ ）

［参考答案］错误

［答案解析］国内航空供应公司生产销售给国内和国外航空公司国际航班的航空食品属于增值税退（免）税政策的范围。

2. 从国内海关特殊监管区域及场所载运旅客或货物至国内海关特殊监管区域及场所的运输服务，属于增值税零税率应税服务适用范围。（ ）

［参考答案］错误

［答案解析］从国内海关特殊监管区域及场所载运旅客或货物至国内海关特殊监管区域及场所的运输服务，不属于国际运输服务，不是增值税零税率应税服务适用范围。

3. 甲生产公司2019年5月向英国同时出口两批货物，一批货物适用退税率13%，另一批货物适用退税率9%。甲生产公司将两批货物合并报关，则两批货物适用的退税率分别为13%和9%。（ ）

［参考答案］错误

［答案解析］适用不同退税率的货物劳务，应分开报关、核算并申报退（免）税，未分开报关、核算或划分不清的，从低适用退税率。因此，两批货物适用的退税率皆为9%。

4. 生产企业出口货物劳务（含进料加工复出口货物）的增值税计税依据为出口货物劳务的实际离岸价（FOB）。（ ）

［参考答案］错误

［答案解析］生产企业出口货物劳务（进料加工复出口货物除外）的增值税计税依据为出口货物劳务的实际离岸价（FOB）。

5. 生产企业销售中标机电产品的增值税计税依据为购进货物的增值税专用发票注明的金额或海关进口增值税专用缴款书注明的完税价格。（ ）

［参考答案］错误

［答案解析］生产企业销售中标机电产品的增值税计税依据为销售机电产品的普通发票注明的金额；外贸企业销售中标机电产品的增值税计税依据为购进货物的增值税专用发票注明的金额或海关进口增值税专用缴款书注明的完税价格。

6. 外贸企业从小规模纳税人购进的出口货物，其退税率为小规模纳税人征收率；若上述出口货物取得增值税专用发票的，则退税率按照增值税专用发票上的税率确定。（ ）

［参考答案］错误

［答案解析］外贸企业购进按简易办法征税的出口货物、从小规模纳税人购进的出口货物，其退税率分别为简易办法实际执行的征收率、小规模纳税人征收率。上述出口货物取得增值税专用发票的，退税率按照增值税专用发票上的税率和出口货物退税率孰低的原则确定。

7. 出口企业委托加工修理修配货物，其加工修理修配费用的退税率，为出口货物的退税率。（ ）

［参考答案］正确

［答案解析］出口企业委托加工修理修配货物，其加工修理修配费用的退税率，为出口货物的退税率。

8. 境内某企业在境外载运旅客或者货物入境属于适用零税率的国际运输服务。（ ）

［参考答案］正确

［答案解析］依据《财政部 国家税务总局关于全面推开营业税改征增值税试点的通知》规定，国际运输服务是指：在境内载运旅客或者货物出境；在境外载运旅客或者货物入境；在境外载运旅客或者货物。

9. 出口企业既有适用增值税免抵退项目，也有增值税即征即退、先征后退项目的，增值税即征即退和先征后退项目不参与出口项目免抵退税计算。（ ）

［参考答案］正确

［答案解析］依据《财政部 国家税务总局关于出口货物劳务增值税和消费税政策的通知》（财税〔2012〕39 号）规定，出口企业既有适用增值税免抵退项目，也有增值税即征即退、先征后退项目的，增值税即征即退和先征后退项目不参与出口项目免抵退税计算。出口企业应分别核算增值税免抵退项目和增值税即征即退、先征后退项目，并分别申请享受增值税即征即退、先征后退和免抵退税政策。

10. 出口退（免）税企业分类管理评定时纳税信用级别为 C 级，或尚未评价纳税信用级别的出口企业，可评定为三类。（ ）

［参考答案］错误

［答案解析］评定时纳税信用级别为 C 级，或尚未评价纳税信用级别的出口企业，应评定为三类。

11. 纳税人出口货物适用退（免）税规定的，应当向海关办理出口手续；境内单位和个人跨境销售服务和无形资产适用退（免）税规定的，应当按期向主管税务机关申报办理退（免）税。（ ）

［参考答案］正确

［答案解析］依据《中华人民共和国增值税暂行条例》的规定，纳税人出口货物适用退（免）税规定的，应当向海关办理出口手续，凭出口报关单等有关凭证，在规定的出口退（免）税申报期内按月向主管税务机关申报办理该项出口货物的退（免）税；境内单位和个人跨境销售服务和无形资产适用退（免）税规定的，应当按期向主管税务机关申报办理退（免）税。

12. 2019 年 5 月 1 日前，在全国推广实施无纸化退税申报。（　）

［参考答案］错误

［答案解析］2018 年 12 月 31 日前，在全国推广实施无纸化退税申报。

13. 出口企业或其他单位在申报办理出口退（免）税时，不再进行退（免）税预申报，也不再报送当期《增值税纳税申报表》。（　）

［参考答案］正确

［答案解析］依据《国家税务总局关于出口退（免）税申报有关问题的公告》的规定，出口企业和其他单位申报出口退（免）税时，不再进行退（免）税预申报。主管税务机关确认申报凭证的内容与对应的管理部门电子信息无误后方可受理出口退（免）税申报；实行免抵退税办法的出口企业或其他单位在申报办理出口退（免）税时，不再报送当期《增值税纳税申报表》。

14. 出口企业在出口退（免）税申报期限截止之日前，申报出口退（免）税的出口报关单、代理出口货物证明、委托出口货物证明、增值税进货凭证仍没有电子信息的，应在申报期限截止之日前，向主管税务机关报送《出口退（免）税凭证无相关电子信息申报表》及相关退（免）税申报凭证和资料。（　）

［参考答案］错误

［答案解析］依据《国家税务总局关于出口退（免）税申报有关问题的公告》的规定，在出口退（免）税申报期限截止之日前，向主管税务机关报送《出口退（免）税凭证无相关电子信息申报表》。相关退（免）税申报凭证及资料留存企业备查，不再报送。

15. 税务机关应建立出口货物退（免）税评估机制和监控机制，强化出口货物退（免）税管理，防止骗税案件的发生。（　）

［参考答案］正确

［答案解析］依据《出口货物退（免）税管理办法（试行）》的规定，税务机关应建立出口货物退（免）税评估机制和监控机制，强化出口货物退（免）税管理，防止骗税案件的发生。

16. 外贸企业发生出口业务只能实行免退税办法。（　）

［参考答案］错误

［答案解析］外贸企业直接将服务或自行研发的无形资产出口，视同生产企业连同其出口货物统一实行免抵退税办法。

17. 以无运输工具承运方式提供的国际运输服务，适用零税率。（　）

［参考答案］错误

［答案解析］以无运输工具承运方式提供的国际运输服务，适用增值税免税政策；有运输工具承运方式提供的国际运输服务，适用零税率。

18. 某公司将自产的商品调往外省分支机构用于销售，此商品增值税的纳税义务发生时间为产品完工入库的当天。（　）

［参考答案］错误

［答案解析］设有两个以上机构并实行统一核算的纳税人，将货物从一个机构移送其他机构用于销售，但相关机构设在同一县（市）的除外，视同销售货物行为。视同销售货

物行为的增值税纳税义务时间为货物移送的当天。

19. 会议展览地点在境外的会议展览服务适用增值税零税率。（　）

［参考答案］错误

［答案解析］依据《财政部　国家税务总局关于全面推开营业税改征增值税试点的通知》规定，境内的单位和个人销售的下列服务和无形资产免征增值税，但财政部和国家税务总局规定适用增值税零税率的除外：会议展览地点在境外的会议展览服务。

20. 按照国家有关规定应取得相关资质的国际运输服务项目，纳税人取得相关资质的，适用增值税零税率政策，未取得的，适用增值税征税政策。（　）

［参考答案］错误

［答案解析］依据《财政部　国家税务总局关于全面推开营业税改征增值税试点的通知》规定，按照国家有关规定应取得相关资质的国际运输服务项目，纳税人取得相关资质的，适用增值税零税率政策，未取得的，适用增值税免税政策。

四、计算题

1. 某自营出口生产企业是增值税一般纳税人，出口货物的征税税率为13%，退税率为9%。2019年5月购进原材料一批，取得的增值税专用发票注明的价款200万元，外购货物准予抵扣进项税款26万元，货已入库。上期期末留抵税额3万元。当月内销货物不含税销售额100万元，本月出口货物销售折合人民币200万元。

请计算该企业本期免抵退税额，应退税额，免抵税额。

［参考答案］当期不得免征和抵扣税额＝200×（13%－9%）＝8（万元）

应纳增值税额＝100×13%－（26－8）＝－5（万元）

当期期末留抵税额＝5＋3＝8（万元）

出口货物免抵退税额＝200×19%＝18（万元）

大于期末留底税额8万元，则当期应退税额＝当期期末留抵税额＝8（万元）

当期免抵税额＝18－8＝10（万元）

2. 具有出口经营权的甲生产企业为增值税一般纳税人，2019年6月从甲企业从国内采购生产用原材料一批，取得增值税专用发票，注明价款900万元、增值税税额117万元；当月国内销售货物取得不含税销售额150万元，出口自产货物当期离岸价格100万美元；已知，适用的增值税税率为13%，出口退税率为10%，月初无留抵税额，相关发票均已经过主管税务机关认证并可以抵扣，汇率为1:7。

请计算该企业本期免抵退税额，应退税额，免抵税额。

［参考答案］当期不得免征和抵扣税额＝100×7×（13%－10%）＝21（万元）

当期应纳增值税＝150×13%－（117－21）＝－76.5（万元）

当期免抵退税额＝100×7×10%＝70（万元）

76.5万元＞70万元，则当期应退税额＝当期免抵退税额＝70（万元）

当期免抵税额＝0

3. 某有出口经营权的生产企业为增值税一般纳税人，2019年5月从国内购进生产用的一批原材料，取得增值税专用发票上注明的价款为人民币360万元，已支付不含税运费5万元并取得增值税专用发票，进料加工贸易进口免税料件的组成计税价格为人民币13万元，材料均已验收入库；本月内销货物的不含税销售额为人民币 150 万元，出口货物的离岸价格为 40 万美元；已知，出口货物的征税率为 13%，出口退税率为 10%，美元对人民币汇率为 1:7。

请计算该企业本期免抵退税额，应退税额，免抵税额。

［参考答案］当期不得免征和抵扣税额 =（40×7－13）×（13%－10%）= 8.01（万元）

当期应纳税额 = 150×13%－（360×13%＋5×9%－8.01）=－19.74（万元）

当期免抵退税额 =（40×7－13）×10% = 26.7（万元）

19.74 万元 < 26.7 万元，则当期应退税额 = 当期期末留抵税额 = 19.74（万元）

当期免抵税额 = 26.7－19.74 = 6.96（万元）

4. 某自营出口生产企业是增值税一般纳税人，2019 年 5 月发生下列业务：

（1）5 日购进原材料一批，取得的增值税专用发票注明的价款 300 万元，进项税额 39 万元通过认证。

（2）10 日购买一栋厂房，取得增值税专用发票，注明价款 1000 万元，税额 90 万元通过认证。

（3）15 日进料加工免税进口料件的组成计税价格为 150 万元，材料均已验收入库。

（4）20 日内销一批货物收取不含税价款 120 万元。

（5）25 日出口一批货物销售额（FOB 价）折合人民币 260 万元。

已知，出口货物的征税率为 13%，退税率为 10%，上期末留抵税款 22 万元。根据以上业务，请计算该企业 5 月份的免、抵、退税额。

［参考答案］当期不得免征和抵扣税额抵减额 = 150×（13%－10%）= 4.5（万元）

当期不得免征和抵扣税额 = 260×（13%－10%）－4.5 = 3.3（万元）

当期进项税额 = 39＋90 = 129（万元）

当期应纳税额 = 120×13%－（129－3.3）－22 =－132.1（万元）

当期免抵退税额 =（260－150）×10% = 11（万元）

当期期末留抵税额 132.1 万元 > 当期免抵退税额 11 万元，则当期应退税额 = 当期免抵退税额 = 11（万元）

当期免抵税额 = 0

第九章　增值税征收管理

第一节　纳税义务发生时间

一、基本规定

增值税纳税义务发生时间，是指增值税纳税义务人、扣缴义务人发生应税、扣缴税款行为应承担纳税义务、扣缴义务的时间。目前实行的增值税纳税义务发生时间主要依据权责发生制或现金收付制原则确定。

《增值税暂行条例》第十九条明确规定了增值税纳税义务发生时间：

（1）发生应税销售行为，为收讫销售款项或者取得索取销售款项凭据的当天；先开具发票的，为开具发票的当天。

（2）进口货物，为报关进口的当天。

增值税扣缴义务发生时间为纳税人增值税纳税义务发生的当天。

二、具体政策规定

《增值税暂行条例实施细则》第三十六条目前仅规定了销售货物和提供应税劳务的纳税义务发生时间，按销售结算方式的不同，具体为：

（1）采取直接收款方式销售货物，不论货物是否发出，均为收到销售款或者取得索取销售款凭据的当天。

（2）采取托收承付和委托银行收款方式销售货物，为发出货物并办妥托收手续的当天。

（3）采取赊销和分期收款方式销售货物，为书面合同约定的收款日期的当天，无书面合同的或者书面合同没有约定收款日期的，为货物发出的当天 。

（4）采取预收货款方式销售货物，为货物发出的当天，但生产销售生产工期超过12个月的大型机械设备、船舶、飞机等货物，为收到预收款或者书面合同约定的收款日期的当天。

（5）委托其他纳税人代销货物，为收到代销单位的代销清单或者收到全部或者部分货款的当天。未收到代销清单及货款的，为发出代销货物满 180 天的当天。

（6）销售应税劳务，为提供劳务同时收讫销售款或者取得索取销售款的凭据的当天。

（7）纳税人发生《增值税暂行条例实施细则》第四条第（三）项至第（八）项所列视同销售货物行为，为货物移送的当天。

三、营改增行业增值税纳税义务、扣缴义务发生时间

《财政部　国家税务总局关于全面推开营业税改征增值税试点的通知》（财税〔2016〕36 号）附件 1《营业税改征增值税试点实施办法》第四十五条对营改增行业增值税纳税义务和扣缴义务发生时间做出了如下规定：

（1）纳税人发生应税行为为收讫销售款项或者取得索取销售款项凭据的当天；先开具发票的，为开具发票的当天。

收讫销售款项，是指纳税人销售服务、无形资产、不动产过程中或者完成后收到款项。

取得索取销售款项凭据的当天，是指书面合同确定的付款日期；未签订书面合同或者书面合同未确定付款日期的，为服务、无形资产转让完成的当天或者不动产权属变更的当天。

（2）纳税人提供建筑服务、租赁服务采取预收款方式的，其纳税义务发生时间为收到预收款的当天。

［提示］根据《财政部　税务总局关于建筑服务等营改增试点政策的通知》（财税〔2017〕58 号）第二条规定，本项自 2017 年 7 月 1 日起修改为“纳税人提供租赁服务采取预收款方式的，其纳税义务发生时间为收到预收款的当天”。同时该文件第三条规定，纳税人提供建筑服务取得预收款，应在收到预收款时，以取得的预收款扣除支付的分包款后的余额，按规定的预征率预缴增值税。

根据《国家税务总局关于在境外提供建筑服务等有关问题的公告》（国家税务总局公告 2016 年第 69 号）第四条规定，纳税人提供建筑服务被工程发包方从应支付的工程款中扣押的质押金、保证金，未开具发票的，以纳税人实际收到质押金、保证金的当天为纳税义务发生时间。

（3）纳税人从事金融商品转让的，为金融商品所有权转移的当天。

（4）纳税人发生视同销售服务、无形资产或不动产情形的，其纳税义务发生时间为服务、无形资产转让完成的当天或不动产权属变更的当天。

（5）增值税扣缴义务发生时间为纳税人增值税纳税义务发生的当天。

［典型案例］QDHJ 机械有限责任公司诉 QD 市国家税务局稽查局税务行政处罚及行政复议案。

［案例介绍］QDHJ 机械有限公司（原告）与案外人 LXJC 国威新材料有限公司（被告）签订三份《工矿产品购销合同》，合同总价款 22 562 500 元。三份合同均约定结算方式及期限为：需方预付合同款的 40% 作为定金，合同生效，提货前付合同款的 55%，供

方开具发票。如果分批交货，提货款额度按照分批交货节奏，合同额的 5% 作为质保金。合同签订后，原告 QDHJ 机械有限公司 2013 年 7 月 23 日收取合同款 300 万元，2013 年 9 月 12 日收取合同款 500 万元，2013 年 9 月 23 日收取合同款 500 万元，2013 年 12 月 9 日收取合同款 400 万元，2014 年 9 月 29 日收取合同款 200 万元，共收取合同款 1 900 万元，其中原告仅将收到的第一笔合同款 300 万元记入预收账款科目，其余 1 600 万元收到后未按规定入账。原告 2013 年 9 月 16 日至 12 月 23 日多次向 LXJC 公司发货共计 11 512 900 元（含税），2014 年 3 月向 LXJC 公司发货 8 165 100 元（含税），合计发货 19 678 000 元（含税）。原告发出上述货物在 2014 年 4 月之前账目上未进行记载，也未计提销项税。

QD 市 SF 区国家税务局收到案外人举报后，于 2015 年 8 月 26 日向原告下达《税务检查通知》，即日起对原告 2013 年 1 月 1 日至 2015 年 8 月 26 日开具发票及涉税情况进行检查。2015 年 8 月 31 日，原告将 2013 年至 2014 年收取的 1 600 万元进行“借记银行存款，贷记预收账款”账务补记处理，但未确认收入和计提增值税销项税。在进行检查询问后，因涉嫌偷税，QD 市 SF 国家税务局于 2015 年 9 月 22 日将该案移送被告 QD 市国家税务局稽查局。被告 QD 市国家税务局稽查局于 2015 年 9 月 28 日对该移送予以受理。2015 年 10 月 26 日，被告 QD 市国家税务局稽查局向原告下达《税务检查通知书》，对原告进行检查。2015 年 11 月至 2017 年 1 月，原告分期补缴了税款 1 292 087. 73 元。该案经 QD 市国家税务局重大税务案件审理委员会审理，被告 QD 市国家税务局稽查局于 2017 年 1 月 4 日作出《税务行政处罚决定书》。上述处罚决定于 2017 年 1 月 6 日向原告送达，送达后被告 QD 市国家税务局稽查局发现该处罚决定中复议机关告知错误，遂重新制作涉案《税务行政处罚决定书》予以替换。原告不服，先后提起了行政复议及行政诉讼。

一审法院认为，本案的争议焦点为原告是否存在偷税行为。原告与 LXJC 公司约定以预收货款方式销售货物，实际为分批交货，发出货物当天为增值税纳税义务发生时间，原告采取分批发货方式，在各批货物发货当天即产生纳税义务，原告应当按期申报、缴纳税款，原告少缴应纳税款事实清楚，该事实也经生效的 QD 市国税稽处 2017 年 2 号《税务处理决定书》予以认定。关于原告主张双方合同约定付款达 95% 时，原告予以发货，并作为确认收入的时间，对此一审法院认为，涉案购销合同也约定了分批发货销售方式，实际上合同双方也采取了该种方式履行合同，根据法律规定，本案在分批发货时即产生纳税义务，应当予以确认收入，原告的抗辩不能成立。原告未按规定在账簿上列出该笔收入，不缴或者少缴应纳税款，属于《中华人民共和国税收征收管理法》第六十三条规定的偷税行为，税务部门认定其为偷税，于法有据。原审法院依照《中华人民共和国行政诉讼法》第六十九条的规定，判决驳回原告 HDHJ 机械有限公司的诉讼请求。案件受理费人民币 50 元，由原告负担。

上诉人 QDHJ 机械有限公司不服原审判决，提出上诉称：原审认定本案的焦点是上诉人是否存在偷税行为，但这仅仅是本案在被上诉人行政行为的程序完全合法的情形下需要查明和认定的事实，但本案涉及的行政处罚和行政复议均存在程序违法，而且原审法院认定的偷税明显属于错误。因此，原审判决亦应依法撤销。

一审法院判决结论：被上诉人的行政行为程序违法，依法应予撤销。

二审法院判决：上诉人 QDHJ 机械有限公司为法定的增值税纳税人，应依法缴纳增值税。上诉人与案外人LXJC公司签订3份购销合同，并通过预收货款、分批发货的方式履行该合同销售货物，其增值税纳税义务发生时间为货物发出当天。上诉人在货物发出当天并未在账簿上列出该笔收入，未按期申报、缴纳税款，符合上述规定的“不列、少列收入”且“不缴或者少缴应纳税款”的情形，被上诉人认定其构成偷税于法有据，并无不当。对于上诉人提出其与案外人所签合同实为承揽合同，采取赊销和分期收款方式销售货物，其增值税纳税义务发生时间为书面合同约定的收款日期的当天的主张，法院认为：《中华人民共和国增值税暂行条例实施细则》第二条第二款规定：“条例第一条所称之加工，是指受托方加工货物，即委托方提供原料及主要材料，受托方按照委托方的要求，制造货物并收取加工费的业务。”第三条规定：“条例第一条所称销售货物，是指有偿转让货物的所有权。”销售合同与加工承揽合同主要区别在于货物所有权是否发生改变。本案中，案外人并未提供原料及主要材料，且货物所有权发生有偿转让，由上诉人转让给案外人，应认定为销售合同。根据《中华人民共和国增值税暂行条例实施细则》第三十八条规定，不同的销售结算方式决定不同的增值税义务发生时间。对纳税义务发生时间的确定，应遵循税收征管的“实质重于形式原则”对上诉人与案外人签订的3份合同内容及实际履行情况对结算方式进行判断。该合同内容为工矿产品的购销合同，上诉人QDHJ机械有限公司分别于2013年7月23日、2013年9月12日、2013年9月23日、2013年12月9日预收货款共计1 700万元，并于2013年9月16日至12月23日分批向LXJC公司发货共计1 151万元（含税）；2014年3月向LXJC公司发货816万元（含税），2014年9月29日收取货款200万元，合同整体的实际履行情况即按照预收货款、分批发货的销售结算方式，其分批发货时间即为纳税义务发生时间，被上诉人对该纳税义务发生时间的认定正确。

二审法院判决结论：原审判决认定事实清楚，适用法律正确，审判程序合法。被上诉人QD市国家税务局稽查局对上诉人做出的涉案税务行政处罚决定合法。被上诉人国家税务总局对上诉人作出的行政复议决定内容正确，程序合法。上诉人的上诉理由不成立，本院不予支持。依照《中华人民共和国行政诉讼法》第八十九条第一款第（一）项的规定，判决如下：驳回上诉，维持原判。

第二节 纳税地点

一、固定业户增值税纳税地点

1.《增值税暂行条例》第二十二条第（一）项规定，固定业户应当向其机构所在地的主管税务机关申报纳税。总机构和分支机构不在同一县（市）的，应当分别向各自所在地的主管税务机关申报纳税；经国务院财政、税务主管部门或者其授权的财政、税务机关批准，可以由总机构汇总向总机构所在地的主管税务机关申报纳税。

2.《增值税暂行条例》第二十二条第（二）项规定，固定业户到外县（市）销售货物或者劳务，应当向其机构所在地的主管税务机关报告外出经营事项，并向其机构所在地的主管税务机关申报纳税。未报告的，应当向销售地或者劳务发生地的主管税务机关申报纳税；未向销售地或者劳务发生地的主管税务机关申报纳税的，由其机构所在地的主管税务机关补征税款。

二、非固定业户增值税纳税地点

1.《增值税暂行条例》第二十二条第（三）项规定，非固定业户销售货物或者劳务，应当向销售地或者劳务发生地的主管税务机关申报纳税；未向销售地或者劳务发生地的主管税务机关申报纳税的，由其机构所在地或者居住地的主管税务机关补征税款。

2.《营业税改征增值税试点实施办法》第四十六条第（二）项规定，非固定业户应当向应税行为发生地主管税务机关申报纳 税；未申报纳税的，由其机构所在地或者居住地 的主管税务机关补征税款。

三、按照现行规定应在建筑服务发生地预缴增值税的项目

《财政部　税务总局关于建筑服务等营改增试点政策的通知》（财税〔2017〕58 号）第三条规定，按照现行规定应在建筑服务发生地预缴增值税的项目，纳税人收到预付款时在建筑服务发生地预缴增值税。按照现行规定无须在建筑服务发生地预缴增值税的项目，纳税人收到预付款时在机构所在地预缴增值税。

四、其他个人提供建筑服务、销售或者租赁不动产、转让自然资源使用权

《营业税改征增值税试点实施办法》第四十六条第（三）项规定，其他个人提供建筑服务、销售或者租赁不动产、转让自然资源使用权应向建筑服务发生地、不动产所在地、自然资源所在地主管税务机关申报纳税。

五、纳税人跨县（市、区）提供建筑服务

《国家税务总局关于发布〈纳税人跨县（市、区）提供建筑服务增值税征收管理暂行办法〉的公告》（国家税务总局公告 2016 年第 17 号）第三条规定，纳税人跨县（市、区）提供建筑服务，应按规定的纳税义务发生时间和计税方法，在建筑服务发生地主管税务机关预缴税款，向机构所在地主管税务机关纳税申报。

[提示]《国家税务总局关于进一步明确营改增有关征管问题的公告》（国家税务总局公告 2017 年第 11 号）第三条规定，纳税人在同一地级行政区范围内跨县（市、区）提供建筑服务，不适用《纳税人跨县（市、区）提供建筑服务增值税征收管理暂行办法》。即纳税人在同一地级行政区范围内跨县（市、区）提供建筑服务，不再向建筑服务发生地主管税务机关预缴增值税。

六、纳税人（除其他个人）转让不动产

纳税人（除其他个人）转让其取得的不动产在不动产所在地预缴税款后，向机构所在地主管税务机关进行纳税申报。

［提示］房地产开发企业销售自行开发的不动产项目不适用上述规定。

七、纳税人（除其他个人）租赁不动产

纳税人（除其他个人）租赁不动产，其不动产与机构所在地在同一县（市）的，纳税人应向机构所在地主管税务机关申报纳税。不动产与机构所在地不在同一县（市）的，在不动产所在地预缴税款后，向机构所在地主管税务机关进行纳税申报。

纳税人出租的不动产所在地与其机构所在地在同一直辖市或计划单列市但不在同一县（市、区）的，由直辖市或计划单列市税务局决定是否在不动产所在地预缴税款。

八、进口货物

《增值税暂行条例》第二十二条第（四）项规定，进口货物，应当向报关地海关申报纳税。

九、扣缴义务人

《增值税暂行条例》第二十二条第（四）项规定，扣缴义务人应当向其机构所在地或者居住地的主管税务机关申报缴纳其扣缴的税款。

第三节　纳税期限

一、纳税期限的规定

1.《增值税暂行条例》第二十三条规定，增值税的纳税期限分别为1日、3日、5日、10日、15日、1个月或者1个季度。纳税人的具体纳税期限，由主管税务机关根据纳税人应纳税额的大小分别核定。不能按照固定期限纳税的，可以按次纳税。

2.《营业税改征增值税试点实施办法》第四十七条规定，以1个季度为纳税期限的规定适用于小规模纳税人、银行、财务公司、信托投资公司、信用社，以及财政部和国家税务总局规定的其他纳税人。

3.《国家税务总局关于合理简并纳税人申报缴税次数的公告》（国家税务总局公告 2016 年第 6 号）第一条规定，增值税小规模纳税人缴纳增值税、消费税、文化事业建设费，以及随增值税、消费税附征的城市维护建设税、教育费附加等税费，原则上实行按季申报。纳税人要求不实行按季申报的，由主管税务机关根据其应纳税额大小核定纳税期限。

4.《国家税务总局关于小规模纳税人免征增值税政策有关征管问题的公告》（国家税务总局公告 2019 年第 4 号）第三条规定，按固定期限纳税的小规模纳税人可以选择以 1 个月或 1 个季度为纳税期限，已经选择，一个会计年度内不得变更。

二、申报缴纳税款期限的规定

1.《增值税暂行条例》第二十三条规定，纳税人以 1 个月或者 1 个季度为 1 个纳税期的，自期满之日起 15 日内申报纳税；以 1 日、3 日、5 日、10 日或者 15 日为 1 个纳税期的，自期满之日起 5 日内预缴税款，于次月 1 日起 15 日内申报纳税并结清上月应纳税款。扣缴义务人解缴税款的期限，按照纳税人的纳税期限规定执行。

2. 纳税人进口货物，应当自海关填发海关进口增值税专用缴款书之日起 15 日内缴纳税款。

第四节　总分机构的征收管理

经财政部和国家税务总局批准的总机构试点纳税人及其分支机构，按以下规定管理：

1. 总机构应当汇总计算总机构及其分支机构发生《应税服务范围注释》所列业务的应交增值税，抵减分支机构发生《应税服务范围注释》所列业务已缴纳的增值税税款（包括预缴和补缴的增值税税款）后，在总机构所在地解缴入库。总机构销售货物、提供加工修理修配劳务，按照《增值税暂行条例》及相关规定就地申报缴纳增值税。

2. 总机构汇总的应征增值税销售额，为总机构及其分支机构发生《应税服务范围注释》所列业务的应征增值税销售额。

3. 总机构汇总的销项税额，按照上述第 2 条规定的应征增值税销售额和增值税适用税率计算。

4. 总机构汇总的进项税额，是指总机构及其分支机构因发生《应税服务范围注释》所列业务而购进货物或者接受加工修理修配劳务和应税服务，支付或者负担的增值税税额。总机构及其分支机构用于发生《应税服务范围注释》所列业务之外的进项税额不得汇总。

5. 分支机构发生《应税服务范围注释》所列业务，按照应征增值税销售额和预征率计算缴纳增值税。

（1）计算公式：应预缴的增值税 = 应征增值税销售额 × 预征率

（2）预征率由财政部和国家税务总局规定，并适时予以调整。

（3）分支机构销售货物、提供加工修理修配劳务，按照增值税暂行条例及相关规定就地申报缴纳增值税。

6. 分支机构发生《应税服务范围注释》所列业务当期已预缴的增值税税款，在总机构当期增值税应纳税额中抵减不完的，可以结转下期继续抵减。

7. 每年的第一个纳税申报期结束后，对上一年度总分机构汇总纳税情况进行清算。总机构和分支机构年度清算应交增值税，按照各自销售收入占比和总机构汇总的上一年度应交增值税税额计算。分支机构预缴的增值税超过其年度清算应交增值税的，通过暂停以后纳税申报期预缴增值税的方式予以解决。分支机构预缴的增值税小于其年度清算应交增值税的，差额部分在以后纳税申报期由分支机构在预缴增值税时一并就地补缴入库。

本章习题

一、单项选择题

1. 根据营改增的有关规定，下列关于增值税纳税义务发生时间的规定中，说法错误的是（　　）。

A. 纳税人提供有形动产租赁服务采取预收款方式的，纳税义务发生时间为收到预收款的当天

B. 纳税人提供不动产租赁服务采取预收款方式的，纳税义务发生时间为出租不动产的当天

C. 纳税人发生视同销售服务，纳税义务发生时间为服务完成的当天

D. 纳税人从事金融商品转让的，为金融商品所有权转移的当天

［参考答案］B

［答案解析］依据《财政部　税务总局关于建筑服务等营改增试点政策的通知》（财税〔2017〕58号）规定，《营业税改征增值税试点实施办法》（财税〔2016〕36号附件）第四十五条第（二）项修改为“纳税人提供租赁服务采取预收款方式的，其纳税义务发生时间为收到预收款的当天”。

2. 纳税人采用预收货款方式销售生产工期不超过12个月的设备，其增值税纳税义务发生时间为（　　）。

A. 货物发出的当天　　B. 收到预收款的当天

C. 签订购销合同的当天　　D. 货物送达购货方的当天

［参考答案］A

［答案解析］增值税纳税义务发生时间，采取预收货款方式销售货物为货物发出的当天，但生产销售生产工期超过12个月的大型机械设备、船舶、机等货物为收到预收款或者书面合同约定的收款日期的当天。

3. 关于增值税纳税义务发生时间，下列说法不正确的是（　　）。

A. 进口货物的，纳税义务发生时间为报关进口的当天

B. 先开具发票的，增值税纳税义务发生时间为开具发票的当天

C. 将货物交付给他人代销的，纳税义务发生时间为发出代销货物的当天

D. 采取托收承付方式销售货物，纳税义务发生时间为发出货物并办妥托收手续的当天

[参考答案] C

[答案解析] 委托其他纳税人代销货物，为收到代销单位的代销清单或者收到全部或者部分货款的当天。未收到代销清单及货款的，为发出代销货物满 180 天的当天。

4. A 企业采取赊销方式销售一批货物给 B 公司，双方书面约定收款日期为 2019 年 5 月 18 日，A 企业实际发货时间为 2019 年 7 月 14 日，A 企业销售该货物的增值税纳税义务时间为（　　）。

A. 2019 年 5 月 18 日　　B. 2019 年 6 月 18 日

C. 2019 年 7 月 14 日　　D. 2019 年 8 月 14 日

[参考答案] A

[答案解析] 采取赊销和分期收款方式销售货物，为书面合同约定的收款日期的当天，无书面合同的或者书面合同没有约定收款日期的，为货物发出的当天 。

5. 下列关于进口货物的纳税地点表述中，正确的是（　　）。

A. 应向报关地海关申报纳税

B. 应向报关地主管税务机关申报纳税

C. 应向机构所在地主管税务机关申报纳税

D. 应向货物运达地主管税务机关申报纳税

[参考答案] A

[答案解析] 根据《增值税暂行条例》（中华人民共和国国务院令 2017 年第 691 号）第二十二条第四款规定，进口货物，应当向报关地海关申报纳税。

6. 非固定业户销售货物或者劳务，其增值税纳税地点为（　　）。

A. 居住地的主管税务机关

B. 经常居住地的主管税务机关

C. 机构所在地的主管税务机关

D. 销售地或者劳务发生地的主管税务机关

[参考答案] D

[答案解析] 根据《增值税暂行条例》（中华人民共和国国务院令 2017 年第 691 号）第二十二条第三款规定，非固定业户销售货物或者劳务，应当向销售地或者劳务发生地的主管税务机关申报纳税；未向销售地或者劳务发生地的主管税务机关申报纳税的，由其机构所在地或者居住地的主管税务机关补征税款。

7. 下列关于增值税纳税地点的表述中，错误的是（　　）。

A. 其他个人提供建筑服务，应向建筑服务发生地主管税务机关申报纳税

B. 其他个人租赁不动产，应向居住地主管税务机关申报纳税

C. 扣缴义务人应当向其机构所在地或者居住地的主管税务机关申报缴纳其扣缴的税款

D. 非固定业户应当向应税行为发生地主管税务机关申报纳税；未申报纳税的，由其

机构所在地或者居住地主管税务机关补征税款

［参考答案］B

［答案解析］其他个人租赁不动产，应向不动产所在地主管税务机关申报纳税。

8. 委托其他纳税人代销货物，未收到代销清单及货款的，其增值税纳税义务发生时间为（　　）。

A. 发出代销货物满 90 天的当天　　B. 发出代销货物满 180 天的当天

C. 发出代销货物满 270 天的当天　　D. 发出代销货物满 360 天的当天

［参考答案］B

［答案解析］委托其他纳税人代销货物，为收到代销单位的代销清单或者收到全部或者部分货款的当天。未收到代销清单及货款的，为发出代销货物满 180 天的当天。

9. 纳税人进口货物，应当自海关填发海关进口增值税专用缴款书之日起一定时限内缴纳税款，该时限是（　　）。

A. 7 日　　B. 10 日

C. 15 日　　D. 30 日

［参考答案］C

［答案解析］纳税人进口货物，应当自海关填发海关进口增值税专用缴款书之日起 15 日内缴纳税款。

10. 依据《总分机构试点纳税人增值税计算缴纳暂行办法》的规定，对上一年度总分机构汇总纳税情况进行清算的时间是（　　）。

A. 年度终了后 1 个月内　　B. 年度终了后 3 个月内

C. 每年的第一个纳税申报期结束后　　D. 每年的第二个纳税申报期结束后

［参考答案］C

［答案解析］依据《总分机构试点纳税人增值税计算缴纳暂行办法》第八条的规定，每年的第一个纳税申报期结束后，对上一年度总分机构汇总纳税情况进行清算。

11. 下列关于进口货物的纳税地点表述中，正确的是（　　）。

A. 应向报关地海关申报纳税

B. 应向报关地主管税务机关申报纳税

C. 应向机构所在地主管税务机关申报纳税

D. 应向货物运达地主管税务机关申报纳税

［参考答案］A

［答案解析］根据《增值税暂行条例》第二十二条第四款规定，进口货物，应当向报关地海关申报纳税。

12. 下列关于增值税总分机构征收管理表述错误的是（　　）。

A. 总机构汇总的应征增值税销售额，为总机构及其分支机构发生《应税服务范围注释》所列业务的应征增值税销售额

B. 总机构应当汇总计算总机构及其分支机构发生《应税服务范围注释》所列业务的应交增值税，抵减分支机构发生《应税服务范围注释》所列业务已缴纳的增值税税款（包括预缴和补缴的增值税税款）后，在总机构所在地解缴入库

C. 总机构及其分支机构用于发生《应税服务范围注释》所列业务之外的进项税额不得汇总

D. 分支机构发生《应税服务范围注释》所列业务，按照应征增值税销售额和税率计算缴纳增值税

［参考答案］D

［答案解析］根据《财政部　国家税务总局关于重新印发〈总分机构试点纳税人增值税计算缴纳暂行办法〉的通知》（财税〔2013〕74 号）第六条的规定，分支机构发生《应税服务范围注释》所列业务，按照应征增值税销售额和预征率计算缴纳增值税。

二、多项选择题

1. 下列各项中，符合有关增值税纳税地点规定的有（　　）。

A. 扣缴义务人应当向其机构所在地或者居住地的主管税务机关申报缴纳其扣缴的税款

B. 总机构和分支机构不在同一县（市）的，应当分别向各自所在地主管税务机关申报纳税

C. 非固定业户销售货物或者应税劳务的，向其机构所在地或居住地的主管税务机关申报缴纳税款

D. 经国务院财政、税务主管部门批准，可由总机构汇总向机构所在地主管税务机关申报纳税

［参考答案］ABD

［答案解析］依据《中华人民共和国增值税暂行条例实施细则》（财政部　国家税务总局令 2008 年第 50 号）第四十六条规定，非固定业户销售货物或者应税劳务，应向销售地或者劳务发生地的主管税务机关申报纳税。未向销售地或者劳务发生地的主管税务机关申报纳税的，由其机构所在地或者居住地的主管税务机关补征税款。

2. 依据增值税法律制度的规定，下列关于增值税纳税义务发生时间的表述中，正确的有（　　）。

A. 将委托加工的货物无偿赠送他人的，为货物移送的当天

B. 采取直接收款方式销售货物的，为货物发出的当天

C. 委托他人代销货物的，为受托方售出货物的当天

D. 进口货物，为报关进口的当天

［参考答案］AD

［答案解析］依据《中华人民共和国增值税暂行条例实施细则》（财政部　国家税务总局令 2008 年第 50 号）第三十八条规定，采取直接收款方式销售货物，不论货物是否发出，增值税纳税义务发生时间均为收到销售款或者取得索取销售款凭据的当天；委托其他纳税人代销货物，增值税纳税义务发生时间为收到代销单位的代销清单或者收到全部或部分货款的当天，未收到代销清单及货款的，为发出代销货物满 180 天的当天。

3. 下列关于增值税申报与缴纳的表述中，正确的有（　　）。

A. 纳税人销售货物，纳税义务发生时间为收讫销售款或取得索取销售凭据的当天

B. 进口货物，纳税义务发生时间为报关进口的当天

C. 提供租赁服务采取预收款方式的，纳税义务发生时间为收到预收款的当天

D. 委托其他纳税人代销货物的，纳税义务发生时间为货物移送的当天

［参考答案］ABC

［答案解析］根据《增值税暂行条例实施细则》第三十八条第五款规定，委托其他纳税人代销货物，为收到代销单位的代销清单或者收到全部或者部分货款的当天。未收到代销清单及货款的，为发出代销货物满 180 天的当天。

4. 下列选项中，以 1 个季度为纳税期限的有（　　）。

A. 小规模纳税人　　B. 财务公司

C. 信托投资公司　　D. 信用社

［参考答案］ABCD

［答案解析］以 1 个季度为纳税期限的规定适用于小规模纳税人、银行、财务公司、信托投资公司、信用社，以及财政部和国家税务总局规定的其他纳税人。

5. 按照现行增值税制度的规定，下列有关增值税纳税人报缴期限表述正确的有（　　）。

A. 以 15 日为 1 个纳税期的，应当自期满之日起 5 日内预缴税款

B. 以 1 个月为 1 个纳税期的，应当自期满之日起 15 日内申报纳税

C. 进口货物，应当自海关填发海关进口增值税缴款书之日起 7 日内缴纳税款

D. 进口货物，应当自海关填发海关进口增值税缴款书之日起 10 日内缴纳税款

［参考答案］AB

［答案解析］根据《中华人民共和国增值税暂行条例》（中华人民共和国国务院令 2017 年第 691 号）第二十三条规定，纳税人以 1 个月或者 1 个季度为 1 个纳税期的，自期满之日起 15 日内申报纳税；以 1 日、3 日、5 日、10 日或者 15 日为 1 个纳税期的，自期满之日起 5 日内预缴税款，于次月 1 日起 15 日内申报纳税并结清上月应纳税款。第二十四条规定，纳税人进口货物，应当自海关填发海关进口增值税专用缴款书之日起 15 日内缴纳税款。

6. 下列关于增值税总分机构征收管理表述正确的有（　　）。

A. 总机构汇总的应征增值税销售额，为总机构及其分支机构发生《应税服务范围注释》所列业务的应征增值税销售额

B. 分支机构发生《应税服务范围注释》所列业务，按照应征增值税销售额和税率计算缴纳增值税

C. 总机构及其分支机构用于发生《应税服务范围注释》所列业务之外的进项税额不得汇总

D. 总机构应当汇总计算总机构及其分支机构发生《应税服务范围注释》所列业务的应交增值税，抵减分支机构发生《应税服务范围注释》所列业务已缴纳的增值税税款（包括预缴和补缴的增值税税款）后，在总机构所在地解缴入库

［参考答案］ACD

［答案解析］根据《财政部　国家税务总局关于重新印发〈总分机构试点纳税人增值税计算缴纳暂行办法〉的通知》（财税〔2013〕74 号）第六条的规定，分支机构发生

《应税服务范围注释》所列业务，按照应征增值税销售额和预征率计算缴纳增值税。

7. 下列关于增值税纳税地点的表述中，正确的有（　　）。

A. 固定业户应当向机构所在地的主管税务机关申报纳税

B. 固定业户到外县（市）销售货物或者劳务，应当向机构所在地的主管税务机关报告外出经营事项，并向其机构所在地的主管税务机关申报纳税

C. 非固定业户销售货物或者劳务，应当向机构所在地的主管税务机关申报纳税

D. 按现行规定无需在建筑服务发生地预缴增值税的项目，纳税人预收款时在机构所在地预缴增值税

［参考答案］**ABD**

［答案解析］根据《中华人民共和国增值税暂行条例》（中华人民共和国国务院令 2017 年第 691 号）第二十二条第三款规定，非固定业户销售货物或者劳务，应当向销售地或者劳务发生地的主管税务机关申报纳税；未向销售地或者劳务发生地的主管税务机关申报纳税的，由其机构所在地或者居住地的主管税务机关补征税款。

8. 下列关于文化用品企业销售文具产品的增值税纳税义务发生时间的表述中，正确的有（　　）。

A. 文化用品企业采取直接收款方式向企事业单位销售文具产品的，增值税纳税义务发生时间为开具发票的当天

B. 文化用品企业采取预收款方式向企事业单位销售文具产品的，增值税纳税义务发生时间为取得预收款的当天

C. 文化用品企业采取分期收款方式向企事业单位销售文具产品的，纳税义务发生时间为书面合同约定的收款日期的当天

D. 文化用品企业将文具产品用于集体福利的，增值税纳税义务发生时间为发出文具产品的当天

［参考答案］**ACD**

［答案解析］选项 B，文化用品企业采取预收款方式向企事业单位销售文具产品的，增值税纳税义务发生时间为发出文具产品的当天。

9. 下列关于营改增行业增值税纳税义务发生时间的表述，正确的有（　　）。

A. 纳税人发生视同销售服务，纳税义务发生时间为服务完成的当天

B. 纳税人提供不动产租赁服务采取预收款方式的，纳税义务发生时间为出租不动产的当天

C. 纳税人提供有形动产服务采取预收款方式的，纳税义务发生时间为收到预收款的当天

D. 纳税人发生视同转让不动产情形的，纳税义务发生时间为不动产权属变更的当天

［参考答案］**ACD**

［答案解析］纳税人提供不动产租赁服务采取预收款方式的，纳税义务发生时间为收到预收款的当天。

10. 根据增值税法律制度的规定，关于增值税的纳税地点下列表述中正确的有（　　）。

A. 其他个人转让自然资源使用权，应向自然资源所在地主管税务机关申报纳税

B. 纳税人销售不动产，向不动产所在地进行纳税申报

C. 纳税人租赁不动产其不动产与机构所在地不在同一县（市）的，在不动产所在地预缴税款后，向机构所在地主管税务机关进行纳税申报

D. 其他个人销售不动产，应向不动产所在地主管税务机关申报纳税

［参考答案］ACD

［答案解析］纳税人销售不动产，在不动产所在地预缴税款后，向机构所在地主管税务机关进行纳税申报。

11. 下列关于增值税纳税义务发生时间的表述中，正确的有（　　）。

A. 将委托加工的货物无偿赠送他人的，为货物移送的当天

B. 采取直接收款方式销售货物的，为货物发出的当天

C. 委托他人代销货物的，为受托方售出货物的当天

D. 进口货物，为报关进口的当天

［参考答案］AD

［答案解析］根据《增值税暂行条例实施细则》第三十八条规定，采取直接收款方式销售货物，不论货物是否发出，增值税纳税义务发生时间均为收到销售款或者取得索取销售款凭据的当天；委托其他纳税人代销货物，增值税纳税义务发生时间为收到代销单位的代销清单或者收到全部或部分货款的当天，未收到代销清单及货款的，为发出代销货物满180天的当天。

12. 下列关于增值税申报与缴纳的表述中，正确的有（　　）。

A. 纳税人销售货物，纳税义务发生时间为收讫销售款或取得索取销售凭据的当天

B. 进口货物，纳税义务发生时间为报关进口的当天

C. 提供租赁服务采取预收款方式的，纳税义务发生时间为收到预收款的当天

D. 视同销售不动产的，纳税义务发生时间为不动产权属变更的当天

E. 委托其他纳税人代销货物的，纳税义务发生时间为货物移送的当天

［参考答案］ABCD

［答案解析］根据《增值税暂行条例实施细则》第三十八条第五款规定，委托其他纳税人代销货物，为收到代销单位的代销清单或者收到全部或者部分货款的当天。未收到代销清单及货款的，为发出代销货物满180天的当天。

13. 下列关于增值税纳税地点的表述中，正确的有（　　）。

A. 固定业户应当向机构所在地的主管税务机关申报纳税

B. 固定业户到外县（市）销售货物或者劳务，应当向机构所在地的主管税务机关报告外出经营事项，并向其机构所在地的主管税务机关申报纳税

C. 非固定业户销售货物或者劳务，应当向机构所在地的主管税务机关申报纳税

D. 进口货物，应当由进口人或其代理人向报关地海关申报纳税

E. 按现行规定无须在建筑服务发生地预缴增值税的项目，纳税人预收款时在机构所在地预缴增值税

［参考答案］ABDE

[答案解析] 根据《增值税暂行条例》第二十二条第三款规定，非固定业户销售货物或者劳务，应当向销售地或者劳务发生地的主管税务机关申报纳税；未向销售地或者劳务发生地的主管税务机关申报纳税的，由其机构所在地或者居住地的主管税务机关补征税款。

14. 按照现行增值税制度的规定，下列有关增值税纳税人报缴期限表述正确的有（ ）。

A. 以 1 个月为 1 个纳税期的，应当自期满之日起 15 日内申报纳税

B. 以 15 日为 1 个纳税期的，应当自期满之日起 5 日内预缴税款

C. 以 10 日为 1 个纳税期的，应当于次月起 5 日内申报缴纳并结清应纳税款

D. 进口货物，应当自海关填发海关进口增值税缴款书之日起 7 日内缴纳税款

E. 进口货物，应当自海关填发海关进口增值税缴款书之日起 10 日内缴纳税款

[参考答案] **AB**

[答案解析] 根据《增值税暂行条例》第二十三条规定，纳税人以 1 个月或者 1 个季度为 1 个纳税期的，自期满之日起 15 日内申报纳税；以 1 日、3 日、5 日、10 日或者 15 日为 1 个纳税期的，自期满之日起 5 日内预缴税款，于次月 1 日起 15 日内申报纳税并结清上月应纳税款。第二十四条规定，纳税人进口货物，应当自海关填发海关进口增值税专用缴款书之日起 15 日内缴纳税款。

三、判断题

1. 采取预收货款方式销售生产工期超过 12 个月的大型机械设备、船舶、飞机等货物的增值税纳税义务发生时间为货物发出的当天。（ ）

[参考答案] 错误

[答案解析] 采取预收货款方式销售货物为货物发出的当天，但生产销售生产工期超过 12 个月的大型机械设备、船舶、飞机等货物为收到预收款或者书面合同约定的收款日期的当天。

2. 增值税扣缴义务发生时间为纳税人增值税纳税义务发生的当天。（ ）

[参考答案] 正确

[答案解析] 增值税扣缴义务发生时间为纳税人增值税纳税义务发生的当天。

3. 固定业户到外县（市）销售货物或者劳务，应当向其机构所在地的主管税务机关报告外出经营事项，未报告的，应向其机构所在地的主管税务机关申报纳税。（ ）

[参考答案] 错误

[答案解析] 固定业户到外县（市）销售货物或者劳务，应当向其机构所在地的主管税务机关报告外出经营事项，并向其机构所在地的主管税务机关申报纳税。未报告的，应当向销售地或者劳务发生地的主管税务机关申报纳税。

4. 固定业户（指增值税一般纳税人）临时到外省、市销售货物的，必须向经营地税务机关出示《跨区域涉税事项报告表》回原地纳税，需要向购货方开具专用发票的，亦回原地补开。（ ）

[参考答案] 正确

[答案解析] 依据《国家税务总局关于固定业户临时外出经营有关增值税专用发票管

理问题的通知》（国税发〔1995〕87 号）规定，固定业户（指增值税一般纳税人）临时到外省、市销售货物的，必须向经营地税务机关出示“外出经营活动税收管理证明”回原地纳税，需要向购货方开具专用发票的，亦回原地补开。

5. 纳税人提供建筑服务被工程发包方从应支付的工程款中扣押的质押金、保证金，未开具发票的，纳税义务发生时间为合同约定收到质押金、保证金的当天。（　　）

［参考答案］错误

［答案解析］根据《国家税务总局关于在境外提供建筑服务等有关问题的公告》（国家税务总局公告 2016 年第 69 号）第四条规定，纳税人提供建筑服务被工程发包方从应支付的工程款中扣押的质押金、保证金，未开具发票的，以纳税人实际收到质押金、保证金的当天为纳税义务发生时间。

6. 分支机构发生《应税服务范围注释》所列业务当期已预缴的增值税税款，在总机构当期增值税应纳税额中抵减不完的，不可以结转下期继续抵减。（　　）

［参考答案］错误

［答案解析］分支机构发生《应税服务范围注释》所列业务当期已预缴的增值税税款，在总机构当期增值税应纳税额中抵减不完的，可以结转下期继续抵减。

7. 采取直接收款方式销售货物，不论货物是否发出，增值税纳税时间均为收到销售款或者取得索取销售款凭据的当天。（　　）

［参考答案］正确

［答案解析］采取直接收款方式销售货物，不论货物是否发出，增值税纳税时间均为收到销售款或者取得索取销售款凭据的当天。

8. 纳税人在同一地级行政区范围内跨县（市、区）提供建筑服务，只需向机构所在地申报缴纳税款，无需向建筑服务发生地主管税务机关预缴增值税。（　　）

［参考答案］正确

［答案解析］根据《国家税务总局关于进一步明确营改增有关征管问题的公告》（国家税务总局公告 2017 年第 11 号）第三条规定，纳税人在同一地级行政区范围内跨县（市、区）提供建筑服务，不适用《纳税人跨县（市、区）提供建筑服务增值税征收管理暂行办法》。即纳税人在同一地级行政区范围内跨县（市、区）提供建筑服务，不再向建筑服务发生地主管税务机关预缴增值税。

9. 机构所在地在甲地的增值税一般纳税人 A 企业，将其在乙地的一座厂房卖给 B 企业，则其应该在乙地进行纳税申报。（　　）

［参考答案］错误

［答案解析］纳税人销售不动产在不动产所在地预缴税款后，向机构所在地主管税务机关进行纳税申报，则 A 企业应该向甲地办理纳税申报。

10. 增值税的纳税期限分别为 1 日、3 日、5 日、7 日、10 日、15 日、1 个月或者 1 个季度。（　　）

［参考答案］错误

［答案解析］增值税的纳税期限分别为 1 日、3 日、5 日、10 日、15 日、1 个月或者 1 个季度。

11. 纳税人以 1 个月或者 1 个季度为 1 个纳税期的，自期满之日起 5 日内预缴税款，于次月 1 日起 15 日内申报纳税并结清上月应纳税款。（　）

［参考答案］错误

［答案解析］纳税人以 1 个月或者 1 个季度为 1 个纳税期的，自期满之日起 15 日内申报纳税。

12. 扣缴义务人解缴税款的期限，按照纳税人的纳税期限规定执行。（　）

［参考答案］正确

［答案解析］扣缴义务人解缴税款的期限，按照纳税人的纳税期限规定执行。

13. 扣缴义务人申报解缴税款的地点，按照纳税人的纳税地点规定执行。（　）

［参考答案］错误

［答案解析］扣缴义务人应当向其机构所在地或者居住地的主管税务机关申报缴纳其扣缴的税款。

14. 总机构应当汇总计算总机构及其分支机构发生《应税服务范围注释》所列业务的应交增值税，抵减分支机构发生《应税服务范围注释》所列业务已缴纳的增值税税款（不包括预缴和补缴的增值税税款）后，在总机构所在地解缴入库。（　）

［参考答案］错误

［答案解析］抵减分支机构发生《应税服务范围注释》所列业务已缴纳的增值税税款（包括预缴和补缴的增值税税款）。

15. 分支机构预缴的增值税小于其年度清算应交增值税的，差额部分在以后纳税申报期由分支机构在清算增值税时一并就地补缴入库。（　）

［参考答案］错误

［答案解析］分支机构预缴的增值税小于其年度清算应交增值税的，差额部分在以后纳税申报期由分支机构在预缴增值税时一并就地补缴入库。

第十章　纳税申报

增值税纳税申报是指纳税人按增值税纳税申报要求，计算当期应纳增值税税额，填制增值税纳税申报表及附列资料，收集或整理增值税纳税申报资料，在规定的纳税申报期内向主管税务机关报送纳税申报资料，履行增值税纳税申报义务。

增值税纳税申报资料包括纳税申报表及其附列资料和纳税申报其他资料。其中，纳税申报表及其附列资料为必报资料。纳税申报其他资料的报备要求由各省、自治区、直辖市和计划单列市税务局确定。我国现行增值税将纳税人分为一般纳税人和小规模纳税人，由于两类纳税人增值税的计税方法和使用的发票种类不同，适用的纳税申报表及其附列资料也有差异。

第一节　小规模纳税人纳税申报

一、填制申报表注意事项

在填制小规模纳税人增值税纳税申报表及其附列资料时，应注意：

1. 根据增值税纳税申报表及其附列资料的填写说明填制增值税申报表及其附列资料。

2. 根据财务报表及其他相关资料，准确掌握纳税人增值税征（免）税收入、可扣除的应税服务，按照征收率计算应纳增值税税额，并填列到申报表及附列资料相关栏目。在纳税人准确核算情况下，纳税申报表本期应纳税额应与纳税人“应交税费——应交增值税”记载的数额一致。

3. 增值税小规模纳税人按照《财政部　税务总局关于支持个体工商户复工复业增值税政策的公告》（2020 年第 13 号，以下简称 13 号公告）有关规定，减按 1% 征收率征收增值税的，按含税销售额 ÷（1 +1%）计算销售额。

增值税小规模纳税人在办理增值税纳税申报时，按照 13 号公告有关规定，免征增值税的销售额等项目应当填写在《增值税纳税申报表（小规模纳税人适用）》及《增值税减免税申报明细表》免税项目相应栏次；减按 1% 征收率征收增值税的销售额应当填写在《增值税纳税申报表（小规模纳税人适用）》“应征增值税不含税销售额（3% 征收率）”相应栏次，对应减征的增值税应纳税额按销售额的 2% 计算填写在《增值税纳税申报表（小规模纳税人适用）》“本期应纳税额减征额”及《增值税减免税申报明细表》减税项目相应栏次。

二、申报表及附列资料

小规模纳税人纳税申报表及其附列资料包括：

1.《增值税纳税申报表（小规模纳税人适用）》如表 10－1 所示。

表 10－1 **增值税纳税申报表**

（小规模纳税人适用）

纳税人识别号：□□□□□□□□□□□□□□□□□□□□

纳税人名称（公章）： 金额单位：元至角分

税款所属期： 年 月 日至 年 月 日 填表日期： 年 月 日

	项目	栏次	本期数		本年累计	
			货物及劳务	服务、不动产和无形资产	货物及劳务	服务、不动产和无形资产
一、计税依据	（一）应征增值税不含税销售额（3%征收率）	1				
	税务机关代开的增值税专用发票不含税销售额	2				
	税控器具开具的普通发票不含税销售额	3	—		—	
	（二）销售、出租不动产不含税销售额（5%征收率）	4	—		—	
	税务机关代开的增值税专用发票不含税销售额	5	—		—	
	税控器具开具的普通发票不含税销售额	6		—		—
	（三）销售使用过的固定资产不含税销售额	7（7≥8）		—		—
	其中：税控器具开具的普通发票不含税销售额	8				
	（四）免税销售额	9＝10＋11＋12				
	其中：小微企业免税销售额	10				
	未达起征点销售额	11				
	其他免税销售额	12				
	（五）出口免税销售额	13（13≥14）				
	其中：税控器具开具的普通发票销售额	14				
二、税款计算	本期应纳税额	15				
	本期应纳税额减征额	16				
	本期免税额	17				
	其中：小微企业免税额	18				
	未达起征点免税额	19				
	应纳税额合计	20＝15－16				
	本期预缴税额	21			—	—
	本期应补（退）税额	22＝20－21			—	—

续表

<table>
<tr><td rowspan="4">纳税人或代理人声明：
本纳税申报表是根据国家税收法律法规及相关规定填报的，我确定它是真实的、可靠的、完整的。</td><td colspan="2">如纳税人填报，由纳税人填写以下各栏：</td></tr>
<tr><td>办税人员：
法定代表人：</td><td>财务负责人：
联系电话：</td></tr>
<tr><td colspan="2">如委托代理人填报，由代理人填写以下各栏：</td></tr>
<tr><td>代理人名称（公章）：</td><td>经办人：
联系电话：</td></tr>
</table>

主管税务机关：　　　　接收人：　　　　接收日期：

《增值税纳税申报表（小规模纳税人适用）》填写说明

本纳税申报表及其附列资料填写说明（以下简称本表及填写说明）适用于增值税小规模纳税人（以下简称纳税人）。

一、名词解释

1. 本表及填写说明所称“货物”，是指增值税的应税货物。

2. 本表及填写说明所称“劳务”，是指增值税的应税加工、修理、修配劳务。

3. 本表及填写说明所称“服务、不动产和无形资产”，是指销售服务、不动产和无形资产（以下简称应税行为）。

4. 本表及填写说明所称“扣除项目”，是指纳税人发生应税行为，在确定销售额时，按照有关规定允许其从取得的全部价款和价外费用中扣除价款的项目。

二、“增值税纳税申报表（小规模纳税人适用）”填写说明

本表“货物及劳务”与“服务、不动产和无形资产”各项目应分别填写。

1. “税款所属期”是指纳税人申报的增值税应纳税额的所属时间，应填写具体的起止年、月、日。

2. “纳税人识别号”栏，填写纳税人的税务登记证件号码。

3. “纳税人名称”栏，填写纳税人名称全称。

4. 第1栏“应征增值税不含税销售额（3%征收率）”：填写本期销售货物及劳务、发生应税行为适用3%征收率的不含税销售额，不包括应税行为适用5%征收率的不含税销售额、销售使用过的固定资产和销售旧货的不含税销售额、免税销售额、出口免税销售额、查补销售额。

纳税人发生适用3%征收率的应税行为且有扣除项目的，本栏填写扣除后的不含税销售额，与当期《增值税纳税申报表（小规模纳税人适用）附列资料》第8栏数据一致。

5. 第2栏“税务机关代开的增值税专用发票不含税销售额”：填写税务机关代开的增值税专用发票销售额合计。

6. 第3栏“税控器具开具的普通发票不含税销售额”：填写税控器具开具的货物及劳务、应税行为的普通发票金额换算的不含税销售额。

7. 第4栏“应征增值税不含税销售额（5%征收率）”：填写本期发生应税行为适用5%征收率的不含税销售额。

纳税人发生适用5%征收率应税行为且有扣除项目的，本栏填写扣除后的不含税销售额，与当期《增值税纳税申报表（小规模纳税人适用）附列资料》第16栏数据一致。

8. 第 5 栏“税务机关代开的增值税专用发票不含税销售额”：填写税务机关代开的增值税专用发票销售额合计。

9. 第 6 栏“税控器具开具的普通发票不含税销售额”：填写税控器具开具的发生应税行为的普通发票金额换算的不含税销售额。

10. 第 7 栏“销售使用过的固定资产不含税销售额”：填写销售自己使用过的固定资产（不含不动产，下同）和销售旧货的不含税销售额，销售额 = 含税销售额 ÷ (1 + 3%)。

11. 第 8 栏“税控器具开具的普通发票不含税销售额”：填写税控器具开具的销售自己使用过的固定资产和销售旧货的普通发票金额换算的不含税销售额。

12. 第 9 栏“免税销售额”：填写销售免征增值税的货物及劳务、应税行为的销售额，不包括出口免税销售额。

应税行为有扣除项目的纳税人，填写扣除之前的销售额。

13. 第 10 栏“小微企业免税销售额”：填写符合小微企业免征增值税政策的免税销售额，不包括符合其他增值税免税政策的销售额。个体工商户和其他个人不填写本栏次。

14. 第 11 栏“未达起征点销售额”：填写个体工商户和其他个人未达起征点（含支持小微企业免征增值税政策）的免税销售额，不包括符合其他增值税免税政策的销售额。本栏次由个体工商户和其他个人填写。

15. 第 12 栏“其他免税销售额”：填写销售免征增值税的货物及劳务、应税行为的销售额，不包括符合小微企业免征增值税和未达起征点政策的免税销售额。

16. 第 13 栏“出口免税销售额”：填写出口免征增值税货物及劳务、出口免征增值税应税行为的销售额。

应税行为有扣除项目的纳税人，填写扣除之前的销售额。

17. 第 14 栏“税控器具开具的普通发票销售额”：填写税控器具开具的出口免征增值税货物及劳务、出口免征增值税应税行为的普通发票销售额。

18. 第 15 栏“本期应纳税额”：填写本期按征收率计算缴纳的应纳税额。

19. 第 16 栏“本期应纳税额减征额”：填写纳税人本期按照税法规定减征的增值税应纳税额。包含可在增值税应纳税额中全额抵减的增值税税控系统专用设备费用以及技术维护费，可在增值税应纳税额中抵免的购置税控收款机的增值税税额。

当本期减征额小于或等于第 15 栏“本期应纳税额”时，按本期减征额实际填写；当本期减征额大于第 15 栏“本期应纳税额”时，按本期第 15 栏填写，本期减征额不足抵减部分结转下期继续抵减。

20. 第 17 栏“本期免税额”：填写纳税人本期增值税免税额，免税额根据第 9 栏“免税销售额”和征收率计算。

21. 第 18 栏“小微企业免税额”：填写符合小微企业免征增值税政策的增值税免税额，免税额根据第 10 栏“小微企业免税销售额”和征收率计算。

22. 第 19 栏“未达起征点免税额”：填写个体工商户和其他个人未达起征点（含支持小微企业免征增值税政策）的增值税免税额，免税额根据第 11 栏“未达起征点销售额”和征收率计算。

23. 第 21 栏“本期预缴税额”：填写纳税人本期预缴的增值税额，但不包括查补缴纳的增值税额。

2.《增值税纳税申报表（小规模纳税人适用）附列资料》如表 10－2 所示。

表 10－2　　增值税纳税申报表（小规模纳税人适用）附列资料

税款所属期：　　年　月　日至　　年　月　日　　　　填表日期：　　年　月　日

纳税人名称（公章）：　　　　金额单位：元至角分

应税行为（3%征收率）扣除额计算			
期初余额	本期发生额	本期扣除额	期末余额
1	2	3（3≤1＋2之和，且3≤5）	4＝1＋2－3
应税行为（3%征收率）计税销售额计算			
全部含税收入（适用3%征收率）	本期扣除额	含税销售额	不含税销售额
5	6＝3	7＝5－6	8＝7÷1.03
应税行为（5%征收率）扣除额计算			
期初余额	本期发生额	本期扣除额	期末余额
9	10	11（11≤9＋10之和，且11≤13）	12＝9＋10－11
应税行为（5%征收率）计税销售额计算			
全部含税收入（适用5%征收率）	本期扣除额	含税销售额	不含税销售额
13	14＝11	15＝13－14	16＝15÷1.05

《增值税纳税申报表（小规模纳税人适用）附列资料》填写说明

一、名词解释

1. 本表及填写说明所称“货物”，是指增值税的应税货物。

2. 本表及填写说明所称“劳务”，是指增值税的应税加工、修理、修配劳务。

3. 本表及填写说明所称“服务、不动产和无形资产”，是指销售服务、不动产和无形资产（以下简称应税行为）。

4. 本表及填写说明所称“扣除项目”，是指纳税人发生应税行为，在确定销售额时，按照有关规定允许其从取得的全部价款和价外费用中扣除价款的项目。

二、“增值税纳税申报表（小规模纳税人适用）附列资料”填写说明

本附列资料由发生应税行为且有扣除项目的纳税人填写，各栏次均不包含免征增值税项目的金额。

1. “税款所属期”是指纳税人申报的增值税应纳税额的所属时间，应填写具体的起止年、月、日。

2. “纳税人名称”栏，填写纳税人名称全称。

3. 第 1 栏“期初余额”：填写适用 3% 征收率的应税行为扣除项目上期期末结存的金

额，试点实施之日的税款所属期填写“0”。

4. 第 2 栏“本期发生额”：填写本期取得的按税法规定准予扣除的适用 3% 征收率的应税行为扣除项目金额。

5. 第 3 栏“本期扣除额”：填写适用 3% 征收率的应税行为扣除项目本期实际扣除的金额。

第 3 栏“本期扣除额”≤第 1 栏“期初余额”+第 2 栏“本期发生额”之和，且第 3 栏“本期扣除额”≤第 5 栏“全部含税收入（适用 3% 征收率）”。

6. 第 4 栏“期末余额”：填写适用 3% 征收率的应税行为扣除项目本期期末结存的金额。

7. 第 5 栏“全部含税收入（适用 3% 征收率）”：填写纳税人适用 3% 征收率的应税行为取得的全部价款和价外费用数额。

8. 第 6 栏“本期扣除额”：填写本附列资料第 3 栏“本期扣除额”的数据。

第 6 栏“本期扣除额”=第 3 栏“本期扣除额”

9. 第 7 栏“含税销售额”：填写适用 3% 征收率的应税行为的含税销售额。

第 7 栏“含税销售额”=第 5 栏“全部含税收入（适用 3% 征收率）”−第 6 栏“本期扣除额”

10. 第 8 栏“不含税销售额”：填写适用 3% 征收率的应税行为的不含税销售额。

第 8 栏“不含税销售额”=第 7 栏“含税销售额”÷1.03，与“增值税纳税申报表（小规模纳税人适用）”第 1 栏“应征增值税不含税销售额（3% 征收率）”“本期数”“服务、不动产和无形资产”栏数据一致。

11. 第 9 栏“期初余额”：填写适用 5% 征收率的应税行为扣除项目上期期末结存的金额，试点实施之日的税款所属期填写“0”。

12. 第 10 栏“本期发生额”：填写本期取得的按税法规定准予扣除的适用 5% 征收率的应税行为扣除项目金额。

13. 第 11 栏“本期扣除额”：填写适用 5% 征收率的应税行为扣除项目本期实际扣除的金额。

第 11 栏“本期扣除额”≤第 9 栏“期初余额”+第 10 栏“本期发生额”之和，且第 11 栏“本期扣除额”≤第 13 栏“全部含税收入（适用 5% 征收率）”。

14. 第 12 栏“期末余额”：填写适用 5% 征收率的应税行为扣除项目本期期末结存的金额。

15. 第 13 栏“全部含税收入（适用 5% 征收率）”：填写纳税人适用 5% 征收率的应税行为取得的全部价款和价外费用数额。

16. 第 14 栏“本期扣除额”：填写本附列资料第 11 栏“本期扣除额”的数据。

第 14 栏“本期扣除额”=第 11 栏“本期扣除额”

17. 第 15 栏“含税销售额”：填写适用 5% 征收率的应税行为的含税销售额。

第 15 栏“含税销售额”=第 13 栏“全部含税收入（适用 5% 征收率）”−第 14 栏“本期扣除额”

18. 第 16 栏“不含税销售额”：填写适用 5% 征收率的应税行为的不含税销售额。

第 16 栏“不含税销售额”=第 15 栏“含税销售额”÷1.05，与“增值税纳税申报表（小规模纳税人适用）”第 4 栏“应征增值税不含税销售额（5% 征收率）”“本期数”“服务、不动产和无形资产”栏数据一致。

3.《增值税减免税申报明细表》。

［提示］小规模纳税人销售服务，在确定销售额时，按照有关规定可以从取得的全部价款和价外费用中扣除价款的，需填报《增值税纳税申报表（小规模纳税人适用）附列资料》。其他情况不填写附列资料。

第二节　一般纳税人纳税申报

一、填制申报表注意事项

在填制一般纳税人增值税纳税申报表及其附列资料时，应注意：

1. 根据增值税纳税申报表及其附列资料的填写说明填制增值税申报表及其附列资料。

2. 按照“先附列资料后纳税申报表”的顺序填制增值税申报表及其附列资料。附列资料是对纳税申报表相关内容进行详细报告，纳税申报表的有关栏目数据以附列资料的详细数据为基础。

3. 关注与其他纳税资料的逻辑关系。纳税申报表及其附列资料是对纳税人应纳增值税相关要素的综合反映，纳税人增值税业务具体情况通常由其他纳税资料详细反映，其他纳税资料是填制纳税申报表及其附列资料的数据来源。

4. 注意特殊业务的填制方法。例如，一般纳税人销售服务、不动产和无形资产在确定销售额时有关扣除项目；销售使用过的固定资产适用简易计税方法按照3%征收率减按2%征收等。

二、申报表及附列资料

一般纳税人纳税申报表及其附列资料包括：

1.《增值税纳税申报表（一般纳税人适用）》（见表10－3）；

2.《增值税纳税申报表附列资料（一）》（本期销售情况明细）（见表10－4）；

3.《增值税纳税申报表附列资料（二）》（本期进项税额明细）（见表10－5）；

4.《增值税纳税申报表附列资料（三）》（服务、不动产和无形资产扣除项目明细）（见表10－6）；

［提示］一般纳税人销售服务、不动产和无形资产，在确定服务、不动产和无形资产销售额时，按照有关规定可以从取得的全部价款和价外费用中扣除价款的，需填报《增值税纳税申报表附列资料（三）》。其他情况不填写此附列资料。

5.《增值税纳税申报表附列资料（四）》（税额抵减情况表）（见表10－7）；

6.《增值税减免税申报明细表》（见表10－8）。

表 10－3

增值税纳税申报表

（一般纳税人适用）

根据国家税收法律法规及增值税相关规定制定本表。纳税人不论有无销售额，均应按税务机关核定的纳税期限填写本表，并向当地税务机关申报。

税款所属时间：自　年　月　日至　年　月　日　　填表日期：　年　月　日　　金额单位：元至角分

纳税人识别号				所属行业：			
纳税人名称	（公章）	法定代表人姓名		注册地址		生产经营地址	
开户银行及账号		登记注册类型				电话号码	

项目		栏次	一般项目		即征即退项目	
			本月数	本年累计	本月数	本年累计
销售额	（一）按适用税率计税销售额	1				
	其中：应税货物销售额	2				
	应税劳务销售额	3				
	纳税检查调整的销售额	4				
	（二）按简易办法计税销售额	5				
	其中：纳税检查调整的销售额	6				
	（三）免、抵、退办法出口销售额	7			—	—
	（四）免税销售额	8			—	—
	其中：免税货物销售额	9			—	—
	免税劳务销售额	10			—	—
税款计算	销项税额	11				
	进项税额	12				
	上期留抵税额	13				—
	进项税额转出	14				
	免、抵、退应退税额	15			—	—
	按适用税率计算的纳税检查应补缴税额	16			—	—
	应抵扣税额合计	17＝12＋13－14－15＋16		—		—
	实际抵扣税额	18（如 17＜11，则为 17，否则为 11）				
	应纳税额	19＝11－18				
	期末留抵税额	20＝17－18				—
	简易计税办法计算的应纳税额	21				
	按简易计税办法计算的纳税检查应补缴税额	22			—	—
	应纳税额减征额	23				
	应纳税额合计	24＝19＋21－23				

续表

	项　目	栏次	一般项目		即征即退项目	
			本月数	本年累计	本月数	本年累计
税款缴纳	期初未缴税额（多缴为负数）	25				
	实收出口开具专用缴款书退税额	26			—	—
	本期已缴税额	27 = 28 + 29 + 30 + 31				
	①分次预缴税额	28		—		—
	②出口开具专用缴款书预缴税额	29		—	—	—
	③本期缴纳上期应纳税额	30				
	④本期缴纳欠缴税额	31				
	期末未缴税额（多缴为负数）	32 = 24 + 25 + 26 − 27				
	其中：欠缴税额（≥0）	33 = 25 + 26 − 27		—		—
	本期应补（退）税额	34 = 24 − 28 − 29		—		—
	即征即退实际退税额	35	—	—		
	期初未缴查补税额	36			—	—
	本期入库查补税额	37			—	—
	期末未缴查补税额	38 = 16 + 22 + 36 − 37			—	—

授权声明	如果你已委托代理人申报，请填写下列资料： 为代理一切税务事宜，现授权 （地址）　　　　　　　　　　为本纳税人的代理申报人，任何与本申报表有关的往来文件，都可寄予此人。 授权人签字：	申报人声明	本纳税申报表是根据国家税收法律法规及相关规定填报的，我确定它是真实的、可靠的、完整的。 声明人签字：

主管税务机关：　　　　　　　　　　接收人：　　　　　　　　　　接收日期：

《增值税纳税申报表（一般纳税人适用）》及其附列资料填写说明

本纳税申报表及其附列资料填写说明（以下简称本表及填写说明）适用于增值税一般纳税人（以下简称纳税人）。

一、名词解释：

1. 本表及填写说明所称“货物”，是指增值税的应税货物。

2. 本表及填写说明所称“劳务”，是指增值税的应税加工、修理、修配劳务。

3. 本表及填写说明所称“服务、不动产和无形资产”，是指销售服务、不动产和无形资产。

4. 本表及填写说明所称“按适用税率计税”“按适用税率计算”和“一般计税方法”，均指按“应纳税额 = 当期销项税额 − 当期进项税额”公式计算增值税应纳税额的计税方法。

5. 本表及填写说明所称“按简易办法计税”“按简易征收办法计算”和“简易计税方法”，均指按“应纳税额 = 销售额 × 征收率”公式计算增值税应纳税额的计税方法。

6. 本表及填写说明所称“扣除项目”，是指纳税人销售服务、不动产和无形资产，在确定销售额时，按照有关规定允许其从取得的全部价款和价外费用中扣除价款的项目。

二、“增值税纳税申报表（一般纳税人适用）”填写说明

1. “税款所属时间”：指纳税人申报的增值税应纳税额的所属时间，应填写具体的起止年、月、日。

2. “填表日期”：指纳税人填写本表的具体日期。

3. “纳税人识别号”：填写纳税人的税务登记证件号码（统一社会信用代码）。

4. “所属行业”：按照国民经济行业分类与代码中的小类行业填写。

5. “纳税人名称”：填写纳税人单位名称全称。

6. “法定代表人姓名”：填写纳税人法定代表人的姓名。

7. “注册地址”：填写纳税人税务登记证件所注明的详细地址。

8. “生产经营地址”：填写纳税人实际生产经营地的详细地址。

9. “开户银行及账号”：填写纳税人开户银行的名称和纳税人在该银行的结算账户号码。

10. “登记注册类型”：按纳税人税务登记证件的栏目内容填写。

11. “电话号码”：填写可联系到纳税人的常用电话号码。

12. “即征即退项目”列：填写纳税人按规定享受增值税即征即退政策的货物、劳务和服务、不动产、无形资产的征（退）税数据。

13. “一般项目”列：填写除享受增值税即征即退政策以外的货物、劳务和服务、不动产、无形资产的征（免）税数据。

14. “本年累计”列：一般填写本年度内各月“本月数”之和。其中，第 13、20、25、32、36、38 栏及第 18 栏“实际抵扣税额”“一般项目”列的“本年累计”分别按本填写说明第 27、34、39、46、50、52、32 条要求填写。

15. 第 1 栏“（一）按适用税率计税销售额”：填写纳税人本期按一般计税方法计算缴纳增值税的销售额，包含：在财务上不作销售但按税法规定应缴纳增值税的视同销售和价外费用的销售额；外贸企业作价销售进料加工复出口货物的销售额；税务、财政、审计部门检查后按一般计税方法计算调整的销售额。

营业税改征增值税的纳税人，服务、不动产和无形资产有扣除项目的，本栏应填写扣除之前的不含税销售额。

本栏“一般项目”列“本月数”=“附列资料（一）”第 9 列第 1 至 5 行之和 - 第 9 列第 6、7 行之和；

本栏“即征即退项目”列“本月数”=“附列资料（一）”第 9 列第 6、7 行之和。

16. 第 2 栏“其中：应税货物销售额”：填写纳税人本期按适用税率计算增值税的应税货物的销售额。包含在财务上不作销售但按税法规定应缴纳增值税的视同销售货物和价外费用销售额，以及外贸企业作价销售进料加工复出口货物的销售额。

17. 第 3 栏“应税劳务销售额”：填写纳税人本期按适用税率计算增值税的应税劳务的销售额。

18. 第 4 栏“纳税检查调整的销售额”：填写纳税人因税务、财政、审计部门检查，并按一般计税方法在本期计算调整的销售额。但享受增值税即征即退政策的货物、劳务和服务、不动产、无形资产，经纳税检查属于偷税的，不填入“即征即退项目”列，而应填

入“一般项目”列。

营业税改征增值税的纳税人，服务、不动产和无形资产有扣除项目的，本栏应填写扣除之前的不含税销售额。

本栏“一般项目”列“本月数” = “附列资料（一）”第7列第1至5行之和

19. 第5栏“按简易办法计税销售额”：填写纳税人本期按简易计税方法计算增值税的销售额。包含纳税检查调整按简易计税方法计算增值税的销售额。

营业税改征增值税的纳税人，服务、不动产和无形资产有扣除项目的，本栏应填写扣除之前的不含税销售额；服务、不动产和无形资产按规定汇总计算缴纳增值税的分支机构，其当期按预征率计算缴纳增值税的销售额也填入本栏。

本栏“一般项目”列“本月数”≥“附列资料（一）”第9列第8至13b行之和－第9列第14、15行之和

本栏“即征即退项目”列“本月数”≥“附列资料（一）”第9列第14、15行之和。

20. 第6栏“其中：纳税检查调整的销售额”：填写纳税人因税务、财政、审计部门检查，并按简易计税方法在本期计算调整的销售额。但享受增值税即征即退政策的货物、劳务和服务、不动产、无形资产，经纳税检查属于偷税的，不填入“即征即退项目”列，而应填入“一般项目”列。

营业税改征增值税的纳税人，服务、不动产和无形资产有扣除项目的，本栏应填写扣除之前的不含税销售额。

21. 第7栏“免、抵、退办法出口销售额”：填写纳税人本期适用免、抵、退税办法的出口货物、劳务和服务、无形资产的销售额。

营业税改征增值税的纳税人，服务、无形资产有扣除项目的，本栏应填写扣除之前的销售额。

本栏“一般项目”列“本月数” = “附列资料（一）”第9列第16、17行之和

22. 第8栏“免税销售额”：填写纳税人本期按照税法规定免征增值税的销售额和适用零税率的销售额，但零税率的销售额中不包括适用免、抵、退税办法的销售额。

营业税改征增值税的纳税人，服务、不动产和无形资产有扣除项目的，本栏应填写扣除之前的免税销售额。

本栏“一般项目”列“本月数” = “附列资料（一）”第9列第18、19行之和

23. 第9栏“其中：免税货物销售额”：填写纳税人本期按照税法规定免征增值税的货物销售额及适用零税率的货物销售额，但零税率的销售额中不包括适用免、抵、退税办法出口货物的销售额。

24. 第10栏“免税劳务销售额”：填写纳税人本期按照税法规定免征增值税的劳务销售额及适用零税率的劳务销售额，但零税率的销售额中不包括适用免、抵、退税办法的劳务的销售额。

25. 第11栏“销项税额”：填写纳税人本期按一般计税方法计税的货物、劳务和服务、不动产、无形资产的销项税额。

营业税改征增值税的纳税人，服务、不动产和无形资产有扣除项目的，本栏应填写扣除之后的销项税额。

本栏“一般项目”列“本月数”=“附列资料（一）”（第 10 列第 1、3 行之和 - 第 10 列第 6 行）+（第 14 列第 2、4、5 行之和 - 第 14 列第 7 行）

本栏“即征即退项目”列“本月数”=“附列资料（一）”第 10 列第 6 行 + 第 14 列第 7 行

26. 第 12 栏“进项税额”：填写纳税人本期申报抵扣的进项税额。

本栏“一般项目”列“本月数”+“即征即退项目”列“本月数”=“附列资料（二）”第 12 栏“税额”

27. 第 13 栏“上期留抵税额”：“本月数”按上一税款所属期申报表第 20 栏“期末留抵税额”“本月数”填写。本栏“一般项目”列“本年累计”不填写。

28. 第 14 栏“进项税额转出”：填写纳税人已经抵扣，但按税法规定本期应转出的进项税额。

本栏“一般项目”列“本月数”+“即征即退项目”列“本月数”=“附列资料（二）”第 13 栏“税额”

29. 第 15 栏“免、抵、退应退税额”：反映税务机关退税部门按照出口货物、劳务和服务、无形资产免、抵、退办法审批的增值税应退税额。

30. 第 16 栏“按适用税率计算的纳税检查应补缴税额”：填写税务、财政、审计部门检查，按一般计税方法计算的纳税检查应补缴的增值税税额。

本栏“一般项目”列“本月数”≤“附列资料（一）”第 8 列第 1 至 5 行之和 +“附列资料（二）”第 19 栏

31. 第 17 栏“应抵扣税额合计”：填写纳税人本期应抵扣进项税额的合计数。按表中所列公式计算填写。

32. 第 18 栏“实际抵扣税额”：“本月数”按表中所列公式计算填写。本栏“一般项目”列“本年累计”不填写。

33. 第 19 栏“应纳税额”：反映纳税人本期按一般计税方法计算并应缴纳的增值税额。

（1）适用加计抵减政策的纳税人，按以下公式填写。

本栏“一般项目”列“本月数”=第 11 栏“销项税额”“一般项目”列“本月数”-第 18 栏“实际抵扣税额”“一般项目”列“本月数”-“实际抵减额”

本栏“即征即退项目”列“本月数”=第 11 栏“销项税额”“即征即退项目”列“本月数”-第 18 栏“实际抵扣税额”“即征即退项目”列“本月数”-“实际抵减额”

适用加计抵减政策的纳税人是指，按照规定计提加计抵减额，并可从本期适用一般计税方法计算的应纳税额中抵减的纳税人（下同）。“实际抵减额”是指按照规定可从本期适用一般计税方法计算的应纳税额中抵减的加计抵减额，分别对应“附列资料（四）”第 6 行“一般项目加计抵减额计算”、第 7 行“即征即退项目加计抵减额计算”的“本期实际抵减额”列。

（2）其他纳税人按表中所列公式填写。

34. 第 20 栏“期末留抵税额”：“本月数”按表中所列公式填写。本栏“一般项目”列“本年累计”不填写。

35. 第 21 栏“简易计税办法计算的应纳税额”：反映纳税人本期按简易计税方法计算并应缴纳的增值税额，但不包括按简易计税方法计算的纳税检查应补缴税额。按以下公式计算填写：

本栏“一般项目”列“本月数” = “附列资料（一）”（第 10 列第 8、9a、10、11 行之和 - 第 10 列第 14 行） + （第 14 列第 9b、12、13a、13b 行之和 - 第 14 列第 15 行）

本栏“即征即退项目”列“本月数” = “附列资料（一）”第 10 列第 14 行 + 第 14 列第 15 行

营业税改征增值税的纳税人，服务、不动产和无形资产按规定汇总计算缴纳增值税的分支机构，应将预征增值税额填入本栏。

预征增值税额 = 应预征增值税的销售额 × 预征率

36. 第 22 栏“按简易计税办法计算的纳税检查应补缴税额”：填写纳税人本期因税务、财政、审计部门检查并按简易计税方法计算的纳税检查应补缴税额。

37. 第 23 栏“应纳税额减征额”：填写纳税人本期按照税法规定减征的增值税应纳税额。包含按照规定可在增值税应纳税额中全额抵减的增值税税控系统专用设备费用以及技术维护费。

当本期减征额小于或等于第 19 栏“应纳税额”与第 21 栏“简易计税办法计算的应纳税额”之和时，按本期减征额实际填写；当本期减征额大于第 19 栏“应纳税额”与第 21 栏“简易计税办法计算的应纳税额”之和时，按本期第 19 栏与第 21 栏之和填写。本期减征额不足抵减部分结转下期继续抵减。

38. 第 24 栏“应纳税额合计”：反映纳税人本期应缴增值税的合计数。按表中所列公式计算填写。

39. 第 25 栏“期初未缴税额（多缴为负数）”：“本月数”按上一税款所属期申报表第 32 栏“期末未缴税额（多缴为负数）”“本月数”填写。“本年累计”按上年度最后一个税款所属期申报表第 32 栏“期末未缴税额（多缴为负数）”“本年累计”填写。

40. 第 26 栏“实收出口开具专用缴款书退税额”：本栏不填写。

41. 第 27 栏“本期已缴税额”：反映纳税人本期实际缴纳的增值税额，但不包括本期入库的查补税款。按表中所列公式计算填写。

42. 第 28 栏“①分次预缴税额”：填写纳税人本期已缴纳的准予在本期增值税应纳税额中抵减的税额。

营业税改征增值税的纳税人，分以下几种情况填写：

（1）服务、不动产和无形资产按规定汇总计算缴纳增值税的总机构，其可以从本期增值税应纳税额中抵减的分支机构已缴纳的税款，按当期实际可抵减数填入本栏，不足抵减部分结转下期继续抵减。

（2）销售建筑服务并按规定预缴增值税的纳税人，其可以从本期增值税应纳税额中抵减的已缴纳的税款，按当期实际可抵减数填入本栏，不足抵减部分结转下期继续抵减。

（3）销售不动产并按规定预缴增值税的纳税人，其可以从本期增值税应纳税额中抵减的已缴纳的税款，按当期实际可抵减数填入本栏，不足抵减部分结转下期继续抵减。

（4）出租不动产并按规定预缴增值税的纳税人，其可以从本期增值税应纳税额中抵减的已缴纳的税款，按当期实际可抵减数填入本栏，不足抵减部分结转下期继续抵减。

43. 第 29 栏“②出口开具专用缴款书预缴税额”：本栏不填写。

44. 第 30 栏“③本期缴纳上期应纳税额”：填写纳税人本期缴纳上一税款所属期应缴未缴的增值税额。

45. 第 31 栏“④本期缴纳欠缴税额”：反映纳税人本期实际缴纳和留抵税额抵减的增值税欠税额，但不包括缴纳入库的查补增值税额。

46. 第 32 栏“期末未缴税额（多缴为负数）”：“本月数”反映纳税人本期期末应缴未缴的增值税额，但不包括纳税检查应缴未缴的税额。按表中所列公式计算填写。“本年累计”与“本月数”相同。

47. 第 33 栏“其中：欠缴税额（≥0）”：反映纳税人按照税法规定已形成欠税的增值税额。按表中所列公式计算填写。

48. 第 34 栏“本期应补（退）税额”：反映纳税人本期应纳税额中应补缴或应退回的数额。按表中所列公式计算填写。

49. 第 35 栏“即征即退实际退税额”：反映纳税人本期因符合增值税即征即退政策规定，而实际收到的税务机关退回的增值税额。

50. 第 36 栏“期初未缴查补税额”：“本月数”按上一税款所属期申报表第 38 栏“期末未缴查补税额”“本月数”填写。“本年累计”按上年度最后一个税款所属期申报表第 38 栏“期末未缴查补税额”“本年累计”填写。

51. 第 37 栏“本期入库查补税额”：反映纳税人本期因税务、财政、审计部门检查而实际入库的增值税额，包括按一般计税方法计算并实际缴纳的查补增值税额和按简易计税方法计算并实际缴纳的查补增值税额。

52. 第 38 栏“期末未缴查补税额”：“本月数”反映纳税人接受纳税检查后应在本期期末缴纳而未缴纳的查补增值税额。按表中所列公式计算填写，“本年累计”与“本月数”相同。

表 10－4

增值税纳税申报表附列资料（一）

（本期销售情况明细）

税款所属时间： 年 月 日至 年 月 日

纳税人名称：（公章） 金额单位：元至角分

项目及栏次				开具增值税专用发票		开具其他发票		未开具发票		纳税检查调整		合计			服务、不动产和无形资产扣除项目本期实际扣除金额	扣除后	
				销售额	销项（应纳）税额	销售额	销项（应纳）税额	销售额	销项（应纳）税额	销售额	销项（应纳）税额	销售额	销项（应纳）税额	价税合计		含税（免税）销售额	销项（应纳）税额
				1	2	3	4	5	6	7	8	9＝1＋3＋5＋7	10＝2＋4＋6＋8	11＝9＋10	12	13＝11－12	14＝13÷（100%＋税率或征收率）×税率或征收率
一、一般计税方法计税	全部征税项目	13%税率的货物及加工修理修配劳务	1											—	—	—	—
		13%税率的服务、不动产和无形资产	2														
		9%税率的货物及加工修理修配劳务	3											—	—	—	—
		9%税率的服务、不动产和无形资产	4														
		6%税率	5														
	其中：即征即退项目	即征即退货物及加工修理修配劳务	6	—	—	—	—	—	—	—	—			—	—	—	—
		即征即退服务、不动产和无形资产	7	—	—	—	—	—	—	—	—						
二、简易计税方法计税	全部征税项目	6%征收率	8							—	—			—	—	—	—
		5%征收率的货物及加工修理修配劳务	9a							—	—			—	—	—	—
		5%征收率的服务、不动产和无形资产	9b							—	—						
		4%征收率	10							—	—			—	—	—	—
		3%征收率的货物及加工修理修配劳务	11							—	—			—	—	—	—
		3%征收率的服务、不动产和无形资产	12							—	—						
		预征率 %	13a							—	—						
		预征率 %	13b							—	—						
		预征率 %	13c							—	—						
	其中：即征即退项目	即征即退货物及加工修理修配劳务	14	—	—	—	—	—	—	—	—			—	—	—	—
		即征即退服务、不动产和无形资产	15	—	—	—	—	—	—	—	—						
三、免抵退税	货物及加工修理修配劳务		16	—	—		—		—	—	—		—	—	—	—	—
	服务、不动产和无形资产		17	—	—		—		—	—	—		—				—
四、免税	货物及加工修理修配劳务		18				—		—	—	—		—	—	—	—	—
	服务、不动产和无形资产		19	—	—		—		—	—	—		—				—

《增值税纳税申报表附列资料（一）》（本期销售情况明细）填写说明

（一）“税款所属时间”“纳税人名称”的填写同“增值税纳税申报表（一般纳税人适用）”（以下简称主表）

（二）各列说明

1. 第 1—2 列“开具增值税专用发票”：反映本期开具增值税专用发票（含税控机动车销售统一发票，下同）的情况。

2. 第 3—4 列“开具其他发票”：反映除增值税专用发票以外本期开具的其他发票的情况。

3. 第 5—6 列“未开具发票”：反映本期未开具发票的销售情况。

4. 第 7—8 列“纳税检查调整”：反映经税务、财政、审计部门检查并在本期调整的销售情况。

5. 第 9—11 列“合计”：按照表中所列公式填写。

营业税改征增值税的纳税人，服务、不动产和无形资产有扣除项目的，第 1—11 列应填写扣除之前的征（免）税销售额、销项（应纳）税额和价税合计额。

6. 第 12 列“服务、不动产和无形资产扣除项目本期实际扣除金额”：营业税改征增值税的纳税人，服务、不动产和无形资产有扣除项目的，按“附列资料（三）”第 5 列对应各行次数据填写，其中本列第 5 栏等于“附列资料（三）”第 5 列第 3 行与第 4 行之和；服务、不动产和无形资产无扣除项目的，本列填写“0”。其他纳税人不填写。

营业税改征增值税的纳税人，服务、不动产和无形资产按规定汇总计算缴纳增值税的分支机构，当期服务、不动产和无形资产有扣除项目的，填入本列第 13 行。

7. 第 13 列“扣除后”“含税（免税）销售额”：营业税改征增值税的纳税人，服务、不动产和无形资产有扣除项目的，本列各行次 = 第 11 列对应各行次—第 12 列对应各行次。其他纳税人不填写。

8. 第 14 列“扣除后”“销项（应纳）税额”：营业税改征增值税的纳税人，按以下要求填写本列，其他纳税人不填写。

（1）服务、不动产和无形资产按照一般计税方法计税

本列第 2 行、第 4 行：若本行第 12 列为 0，则该行次第 14 列等于第 10 列。若本行第 12 列不为 0，则仍按照第 14 列所列公式计算。计算后的结果与纳税人实际计提销项税额有差异的，按实际填写。

本列第 5 行 = 第 13 列 ÷（100% + 对应行次税率）× 对应行次税率

本列第 7 行“按一般计税方法计税的即征即退服务、不动产和无形资产”具体填写要求见“各行说明”第 2 条第（2）项第③点的说明。

（2）服务、不动产和无形资产按照简易计税方法计税

本列各行次 = 第 13 列 ÷（100% + 对应行次征收率）× 对应行次征收率

本列第 13 行“预征率 %”不按本列的说明填写。具体填写要求见“各行说明”第 4 条第（2）项。

（3）服务、不动产和无形资产实行免抵退税或免税的，本列不填写。

（三）各行说明

1. 第1—5行“一、一般计税方法计税”“全部征税项目”各行：按不同税率和项目分别填写按一般计税方法计算增值税的全部征税项目。有即征即退征税项目的纳税人，本部分数据中既包括即征即退征税项目，又包括不享受即征即退政策的一般征税项目。

2. 第6—7行“一、一般计税方法计税”“其中：即征即退项目”各行：只反映按一般计税方法计算增值税的即征即退项目。按照税法规定不享受即征即退政策的纳税人，不填写本行。即征即退项目是全部征税项目的其中数。

（1）第6行“即征即退货物及加工修理修配劳务”：反映按一般计税方法计算增值税且享受即征即退政策的货物和加工修理修配劳务。本行不包括服务、不动产和无形资产的内容。

①本行第9列“合计”“销售额”栏：反映按一般计税方法计算增值税且享受即征即退政策的货物及加工修理修配劳务的不含税销售额。该栏不按第9列所列公式计算，应按照税法规定据实填写。

②本行第10列“合计”“销项（应纳）税额”栏：反映按一般计税方法计算增值税且享受即征即退政策的货物及加工修理修配劳务的销项税额。该栏不按第10列所列公式计算，应按照税法规定据实填写。

（2）第7行“即征即退服务、不动产和无形资产”：反映按一般计税方法计算增值税且享受即征即退政策的服务、不动产和无形资产。本行不包括货物及加工修理修配劳务的内容。

①本行第9列“合计”“销售额”栏：反映按一般计税方法计算增值税且享受即征即退政策的服务、不动产和无形资产的不含税销售额。服务、不动产和无形资产有扣除项目的，按扣除之前的不含税销售额填写。该栏不按第9列所列公式计算，应按照税法规定据实填写。

②本行第10列“合计”“销项（应纳）税额”栏：反映按一般计税方法计算增值税且享受即征即退政策的服务、不动产和无形资产的销项税额。服务、不动产和无形资产有扣除项目的，按扣除之前的销项税额填写。该栏不按第10列所列公式计算，应按照税法规定据实填写。

③本行第14列“扣除后”“销项（应纳）税额”栏：反映按一般计税方法征收增值税且享受即征即退政策的服务、不动产和无形资产实际应计提的销项税额。服务、不动产和无形资产有扣除项目的，按扣除之后的销项税额填写；服务、不动产和无形资产无扣除项目的，按本行第10列填写。该栏不按第14列所列公式计算，应按照税法规定据实填写。

3. 第8—12行“二、简易计税方法计税”“全部征税项目”各行：按不同征收率和项目分别填写按简易计税方法计算增值税的全部征税项目。有即征即退征税项目的纳税人，本部分数据中既包括即征即退项目，也包括不享受即征即退政策的一般征税项目。

4. 第13a—13c行“二、简易计税方法计税”“预征率%”：反映营业税改征增值税的纳税人，服务、不动产和无形资产按规定汇总计算缴纳增值税的分支机构，预征增值税销售额、预征增值税应纳税额。其中，第13a行“预征率%”适用于所有实行汇总计算缴纳增值税的分支机构纳税人；第13b、13c行“预征率%”适用于部分实行汇总计算缴纳增值税的铁路运输纳税人。

（1）第13a—13c行第1至6列按照销售额和销项税额的实际发生数填写。

（2）第13a—13c行第14列，纳税人按“应预征缴纳的增值税=应预征增值税销售额

×预征率”公式计算后据实填写。

5. 第 14—15 行“二、简易计税方法计税”“其中：即征即退项目”各行：只反映按简易计税方法计算增值税的即征即退项目。按照税法规定不享受即征即退政策的纳税人，不填写本行。即征即退项目是全部征税项目的其中数。

（1）第 14 行“即征即退货物及加工修理修配劳务”：反映按简易计税方法计算增值税且享受即征即退政策的货物及加工修理修配劳务。本行不包括服务、不动产和无形资产的内容。

①本行第 9 列“合计”“销售额”栏：反映按简易计税方法计算增值税且享受即征即退政策的货物及加工修理修配劳务的不含税销售额。该栏不按第 9 列所列公式计算，应按照税法规定据实填写。

②本行第 10 列“合计”“销项（应纳）税额”栏：反映按简易计税方法计算增值税且享受即征即退政策的货物及加工修理修配劳务的应纳税额。该栏不按第 10 列所列公式计算，应按照税法规定据实填写。

（2）第 15 行“即征即退服务、不动产和无形资产”：反映按简易计税方法计算增值税且享受即征即退政策的服务、不动产和无形资产。本行不包括货物及加工修理修配劳务的内容。

①本行第 9 列“合计”“销售额”栏：反映按简易计税方法计算增值税且享受即征即退政策的服务、不动产和无形资产的不含税销售额。服务、不动产和无形资产有扣除项目的，按扣除之前的不含税销售额填写。该栏不按第 9 列所列公式计算，应按照税法规定据实填写。

②本行第 10 列“合计”“销项（应纳）税额”栏：反映按简易计税方法计算增值税且享受即征即退政策的服务、不动产和无形资产的应纳税额。服务、不动产和无形资产有扣除项目的，按扣除之前的应纳税额填写。该栏不按第 10 列所列公式计算，应按照税法规定据实填写。

③本行第 14 列“扣除后”“销项（应纳）税额”栏：反映按简易计税方法计算增值税且享受即征即退政策的服务、不动产和无形资产实际应计提的应纳税额。服务、不动产和无形资产有扣除项目的，按扣除之后的应纳税额填写；服务、不动产和无形资产无扣除项目的，按本行第 10 列填写。

6. 第 16 行“三、免抵退税”“货物及加工修理修配劳务”：反映适用免、抵、退税政策的出口货物、加工修理修配劳务。

7. 第 17 行“三、免抵退税”“服务、不动产和无形资产”：反映适用免、抵、退税政策的服务、不动产和无形资产。

8. 第 18 行“四、免税”“货物及加工修理修配劳务”：反映按照税法规定免征增值税的货物及劳务和适用零税率的出口货物及劳务，但零税率的销售额中不包括适用免、抵、退税办法的出口货物及劳务。

9. 第 19 行“四、免税”“服务、不动产和无形资产”：反映按照税法规定免征增值税的服务、不动产、无形资产和适用零税率的服务、不动产、无形资产，但零税率的销售额中不包括适用免、抵、退税办法的服务、不动产和无形资产。

表 10－5 增值税纳税申报表附列资料（二）

（本期进项税额明细）

税款所属时间：年 月 日至 年 月 日

纳税人名称：（公章） 金额单位：元至角分

一、申报抵扣的进项税额				
项 目	栏次	份数	金额	税额
（一）认证相符的增值税专用发票	1＝2＋3			
其中：本期认证相符且本期申报抵扣	2			
前期认证相符且本期申报抵扣	3			
（二）其他扣税凭证	4＝5＋6＋7＋8a＋8b			
其中：海关进口增值税专用缴款书	5			
农产品收购发票或者销售发票	6			
代扣代缴税收缴款凭证	7		—	
加计扣除农产品进项税额	8a	—	—	
其他	8b			
（三）本期用于购建不动产的扣税凭证	9			
（四）本期用于抵扣的旅客运输服务扣税凭证	10			
（五）外贸企业进项税额抵扣证明	11	—	—	
当期申报抵扣进项税额合计	12＝1＋4＋11			

二、进项税额转出额		
项 目	栏次	税额
本期进项税额转出额	13＝14 至 23 之和	
其中：免税项目用	14	
集体福利、个人消费	15	
非正常损失	16	
简易计税方法征税项目用	17	
免抵退税办法不得抵扣的进项税额	18	
纳税检查调减进项税额	19	
红字专用发票信息表注明的进项税额	20	
上期留抵税额抵减欠税	21	
上期留抵税额退税	22	
其他应作进项税额转出的情形	23	

三、待抵扣进项税额				
项 目	栏次	份数	金额	税额
（一）认证相符的增值税专用发票	24	—	—	—
期初已认证相符但未申报抵扣	25			
本期认证相符且本期未申报抵扣	26			
期末已认证相符但未申报抵扣	27			
其中：按照税法规定不允许抵扣	28			
（二）其他扣税凭证	29＝30 至 33 之和			
其中：海关进口增值税专用缴款书	30			
农产品收购发票或者销售发票	31			
代扣代缴税收缴款凭证	32		—	
其他	33			
	34			

四、其他				
项 目	栏次	份数	金额	税额
本期认证相符的增值税专用发票	35			
代扣代缴税额	36	—	—	

《增值税纳税申报表附列资料（二）》（本期进项税额明细）填写说明

1. “税款所属时间”“纳税人名称”的填写同主表。

2. 第1—12栏“一、申报抵扣的进项税额”：分别反映纳税人按税法规定符合抵扣条件，在本期申报抵扣的进项税额。

（1）第1栏“（一）认证相符的增值税专用发票”：反映纳税人取得的认证相符本期申报抵扣的增值税专用发票情况。该栏应等于第2栏“本期认证相符且本期申报抵扣”与第3栏“前期认证相符且本期申报抵扣”数据之和。适用取消增值税发票认证规定的纳税人，通过增值税发票选择确认平台选择用于抵扣的增值税专用发票，视为“认证相符”（下同）。

（2）第2栏“其中：本期认证相符且本期申报抵扣”：反映本期认证相符且本期申报抵扣的增值税专用发票的情况。本栏是第1栏的其中数，本栏只填写本期认证相符且本期申报抵扣的部分。

（3）第3栏“前期认证相符且本期申报抵扣”：反映前期认证相符且本期申报抵扣的增值税专用发票的情况。

辅导期纳税人依据税务机关告知的稽核比对结果通知书及明细清单注明的稽核相符的增值税专用发票填写本栏。本栏是第1栏的其中数。

纳税人本期申报抵扣的收费公路通行费增值税电子普通发票（以下简称通行费电子发票）应当填写在第1—3栏对应栏次中。

第1—3栏中涉及的增值税专用发票均不包含从小规模纳税人处购进农产品时取得的专用发票，但购进农产品未分别核算用于生产销售13%税率货物和其他货物服务的农产品进项税额情况除外。

（4）第4栏“（二）其他扣税凭证”：反映本期申报抵扣的除增值税专用发票之外的其他扣税凭证的情况。具体包括：海关进口增值税专用缴款书、农产品收购发票或者销售发票（含农产品核定扣除的进项税额）、代扣代缴税收完税凭证、加计扣除农产品进项税额和其他符合政策规定的扣税凭证。该栏应等于第5—8b栏之和。

（5）第5栏“海关进口增值税专用缴款书”：反映本期申报抵扣的海关进口增值税专用缴款书的情况。按规定执行海关进口增值税专用缴款书先比对后抵扣的，纳税人需依据税务机关告知的稽核比对结果通知书及明细清单注明的稽核相符的海关进口增值税专用缴款书填写本栏。

（6）第6栏“农产品收购发票或者销售发票”：反映纳税人本期购进农业生产者自产农产品取得（开具）的农产品收购发票或者销售发票情况。从小规模纳税人处购进农产品时取得增值税专用发票情况填写在本栏，但购进农产品未分别核算用于生产销售13%税率货物和其他货物服务的农产品进项税额情况除外。

“税额”栏＝农产品销售发票或者收购发票上注明的农产品买价×9%＋增值税专用发票上注明的金额×9%

上述公式中的“增值税专用发票”是指纳税人从小规模纳税人处购进农产品时取得的专用发票。

执行农产品增值税进项税额核定扣除办法的，填写当期允许抵扣的农产品增值税进项税额，不填写“份数”“金额”。

（7）第7栏“代扣代缴税收缴款凭证”：填写本期按规定准予抵扣的完税凭证上注明的增值税额。

（8）第8a栏“加计扣除农产品进项税额”：填写纳税人将购进的农产品用于生产销售或委托受托加工13%税率货物时加计扣除的农产品进项税额。该栏不填写“份数”“金额”。

（9）第8b栏“其他”：反映按规定本期可以申报抵扣的其他扣税凭证情况。

纳税人按照规定不得抵扣且未抵扣进项税额的固定资产、无形资产、不动产，发生用途改变，用于允许抵扣进项税额的应税项目，可在用途改变的次月将按公式计算出的可以抵扣的进项税额，填入本栏“税额”中。

（10）第9栏“（三）本期用于购建不动产的扣税凭证”：反映按规定本期用于购建不动产的扣税凭证上注明的金额和税额。

购建不动产是指纳税人2016年5月1日后取得并在会计制度上按固定资产核算的不动产或者2016年5月1日后取得的不动产在建工程。取得不动产，包括以直接购买、接受捐赠、接受投资入股、自建以及抵债等各种形式取得不动产，不包括房地产开发企业自行开发的房地产项目。

本栏次包括第1栏中本期用于购建不动产的增值税专用发票和第4栏中本期用于购建不动产的其他扣税凭证。

本栏“金额”“税额”≥0

（11）第10栏“（四）本期用于抵扣的旅客运输服务扣税凭证”：反映按规定本期购进旅客运输服务，所取得的扣税凭证上注明或按规定计算的金额和税额。

本栏次包括第1栏中按规定本期允许抵扣的购进旅客运输服务取得的增值税专用发票和第4栏中按规定本期允许抵扣的购进旅客运输服务取得的其他扣税凭证。

本栏“金额”“税额”≥0

第9栏“（三）本期用于购建不动产的扣税凭证”+第10栏“（四）本期用于抵扣的旅客运输服务扣税凭证”税额≤第1栏“认证相符的增值税专用发票”+第4栏“其他扣税凭证”税额

（12）第11栏“（五）外贸企业进项税额抵扣证明”：填写本期申报抵扣的税务机关出口退税部门开具的“出口货物转内销证明”列明允许抵扣的进项税额。

（13）第12栏“当期申报抵扣进项税额合计”：反映本期申报抵扣进项税额的合计数。按表中所列公式计算填写。

3. 第13—23栏“二、进项税额转出额”各栏：分别反映纳税人已经抵扣但按规定应在本期转出的进项税额明细情况。

（1）第13栏“本期进项税额转出额”：反映已经抵扣但按规定应在本期转出的进项税额合计数。按表中所列公式计算填写。

（2）第14栏“免税项目用”：反映用于免征增值税项目，按规定应在本期转出的进项税额。

（3）第15栏“集体福利、个人消费”：反映用于集体福利或者个人消费，按规定应在本期转出的进项税额。

（4）第 16 栏“非正常损失”：反映纳税人发生非正常损失，按规定应在本期转出的进项税额。

（5）第 17 栏“简易计税方法征税项目用”：反映用于按简易计税方法征税项目，按规定应在本期转出的进项税额。

营业税改征增值税的纳税人，服务、不动产和无形资产按规定汇总计算缴纳增值税的分支机构，当期应由总机构汇总的进项税额也填入本栏。

（6）第 18 栏“免抵退税办法不得抵扣的进项税额”：反映按照免、抵、退税办法的规定，由于征税税率与退税税率存在税率差，在本期应转出的进项税额。

（7）第 19 栏“纳税检查调减进项税额”：反映税务、财政、审计部门检查后而调减的进项税额。

（8）第 20 栏“红字专用发票信息表注明的进项税额”：填写增值税发票管理系统校验通过的“开具红字增值税专用发票信息表”注明的在本期应转出的进项税额。

（9）第 21 栏“上期留抵税额抵减欠税”：填写本期经税务机关同意，使用上期留抵税额抵减欠税的数额。

（10）第 22 栏“上期留抵税额退税”：填写本期经税务机关批准的上期留抵税额退税额。

（11）第 23 栏“其他应作进项税额转出的情形”：反映除上述进项税额转出情形外，其他应在本期转出的进项税额。

4. 第 24—34 栏“三、待抵扣进项税额”各栏：分别反映纳税人已经取得，但按税法规定不符合抵扣条件，暂不予在本期申报抵扣的进项税额情况及按税法规定不允许抵扣的进项税额情况。

（1）第 24—28 栏涉及的增值税专用发票均不包括从小规模纳税人处购进农产品时取得的专用发票，但购进农产品未分别核算用于生产销售 13% 税率货物和其他货物服务的农产品进项税额情况除外。

（2）第 25 栏“期初已认证相符但未申报抵扣”：反映前期认证相符，但按照税法规定暂不予抵扣及不允许抵扣，结存至本期的增值税专用发票情况。辅导期纳税人填写认证相符但未收到稽核比对结果的增值税专用发票期初情况。

（3）第 26 栏“本期认证相符且本期未申报抵扣”：反映本期认证相符，但按税法规定暂不予抵扣及不允许抵扣，而未申报抵扣的增值税专用发票情况。辅导期纳税人填写本期认证相符但未收到稽核比对结果的增值税专用发票情况。

（4）第 27 栏“期末已认证相符但未申报抵扣”：反映截至本期期末，按照税法规定仍暂不予抵扣及不允许抵扣且已认证相符的增值税专用发票情况。辅导期纳税人填写截至本期期末已认证相符但未收到稽核比对结果的增值税专用发票期末情况。

（5）第 28 栏“其中：按照税法规定不允许抵扣”：反映截至本期期末已认证相符但未申报抵扣的增值税专用发票中，按照税法规定不允许抵扣的增值税专用发票情况。

纳税人本期期末已认证相符待抵扣的通行费电子发票应当填写在第 24—28 栏对应栏次中。

（6）第 29 栏“（二）其他扣税凭证”：反映截至本期期末仍未申报抵扣的除增值税专

用发票之外的其他扣税凭证情况。具体包括：海关进口增值税专用缴款书、农产品收购发票或者销售发票、代扣代缴税收完税凭证和其他符合政策规定的扣税凭证。该栏应等于第30—33栏之和。

（7）第30栏“海关进口增值税专用缴款书”：反映已取得但截至本期期末仍未申报抵扣的海关进口增值税专用缴款书情况，包括纳税人未收到稽核比对结果的海关进口增值税专用缴款书情况。

（8）第31栏“农产品收购发票或者销售发票”：反映已取得但截至本期期末仍未申报抵扣的农产品收购发票或者农产品销售发票情况。从小规模纳税人处购进农产品时取得增值税专用发票情况填写在本栏，但购进农产品未分别核算用于生产销售13%税率货物和其他货物服务的农产品进项税额情况除外。

（9）第32栏“代扣代缴税收缴款凭证”：反映已取得但截至本期期末仍未申报抵扣的代扣代缴税收完税凭证情况。

（10）第33栏“其他”：反映已取得但截至本期期末仍未申报抵扣的其他扣税凭证的情况。

5. 第35　36栏“四、其他”各栏。

（1）第35栏“本期认证相符的增值税专用发票”：反映本期认证相符的增值税专用发票的情况。纳税人本期认证相符的通行费电子发票应当填写在本栏次中。

（2）第36栏“代扣代缴税额”：填写纳税人根据《增值税暂行条例》第十八条扣缴的应税劳务增值税额与根据营业税改征增值税有关政策规定扣缴的服务、不动产和无形资产增值税额之和。

表10-6　　增值税纳税申报表附列资料（三）

（服务、不动产和无形资产扣除项目明细）

税款所属时间：　年　月　日至　年　月　日

纳税人名称：（公章）　　　　金额单位：元至角分

项目及栏次		本期服务、不动产和无形资产价税合计额（免税销售额）	服务、不动产和无形资产扣除项目				
			期初余额	本期发生额	本期应扣除金额	本期实际扣除金额	期末余额
		1	2	3	4=2+3	5（5≤1且5≤4）	6=4-5
13%税率的项目	1						
9%税率的项目	2						
6%税率的项目（不含金融商品转让）	3						
6%税率的金融商品转让项目	4						
5%征收率的项目	5						
3%征收率的项目	6						
免抵退税的项目	7						
免税的项目	8						

《增值税纳税申报表附列资料（三）》（服务、不动产和无形资产扣除项目明细）填写说明

1. 本表由服务、不动产和无形资产有扣除项目的营业税改征增值税纳税人填写。其他纳税人不填写。

2. “税款所属时间”“纳税人名称”的填写同主表。

3. 第 1 列“本期服务、不动产和无形资产价税合计额（免税销售额）”：营业税改征增值税的服务、不动产和无形资产属于征税项目的，填写扣除之前的本期服务、不动产和无形资产价税合计额；营业税改征增值税的服务、不动产和无形资产属于免抵退税或免税项目的，填写扣除之前的本期服务、不动产和无形资产免税销售额。本列各行次等于“附列资料（一）”第 11 列对应行次，其中本列第 3 行和第 4 行之和等于“附列资料（一）”第 11 列第 5 栏。

营业税改征增值税的纳税人，服务、不动产和无形资产按规定汇总计算缴纳增值税的分支机构，本列各行次之和等于“附列资料（一）”第 11 列第 13a、13b 行之和。

4. 第 2 列“服务、不动产和无形资产扣除项目”“期初余额”：填写服务、不动产和无形资产扣除项目上期期末结存的金额，试点实施之日的税款所属期填写“0”。本列各行次等于上期“附列资料（三）”第 6 列对应行次。

本列第 4 行“6% 税率的金融商品转让项目”“期初余额”年初首期填报时应填“0”。

5. 第 3 列“服务、不动产和无形资产扣除项目”“本期发生额”：填写本期取得的按税法规定准予扣除的服务、不动产和无形资产扣除项目金额。

6. 第 4 列“服务、不动产和无形资产扣除项目”“本期应扣除金额”：填写服务、不动产和无形资产扣除项目本期应扣除的金额。

本列各行次 = 第 2 列对应各行次 + 第 3 列对应各行次

7. 第 5 列“服务、不动产和无形资产扣除项目”“本期实际扣除金额”：填写服务、不动产和无形资产扣除项目本期实际扣除的金额。

本列各行次≤第 4 列对应各行次，且本列各行次≤第 1 列对应各行次。

8. 第 6 列“服务、不动产和无形资产扣除项目”“期末余额”：填写服务、不动产和无形资产扣除项目本期期末结存的金额。

本列各行次 = 第 4 列对应各行次 – 第 5 列对应各行次

表 10－7

增值税纳税申报表附列资料（四）

（税额抵减情况表）

税款所属时间：　年　月　日至　年　月　日

纳税人名称：（公章）　　　　金额单位：元至角分

一、税额抵减情况						
序号	抵减项目	期初余额	本期发生额	本期应抵减税额	本期实际抵减税额	期末余额
		1	2	3＝1＋2	4≤3	5＝3－4
1	增值税税控系统专用设备费及技术维护费					
2	分支机构预征缴纳税款					
3	建筑服务预征缴纳税款					
4	销售不动产预征缴纳税款					
5	出租不动产预征缴纳税款					

二、加计抵减情况							
序号	加计抵减项目	期初余额	本期发生额	本期调减额	本期可抵减额	本期实际抵减额	期末余额
		1	2	3	4＝1＋2－3	5	6＝4－5
6	一般项目加计抵减额计算						
7	即征即退项目加计抵减额计算						
8	合计						

《增值税纳税申报表附列资料（四）》（税额抵减情况表）填写说明

（一）税额抵减情况

1. 本表第1行由发生增值税税控系统专用设备费用和技术维护费的纳税人填写，反映纳税人增值税税控系统专用设备费用和技术维护费按规定抵减增值税应纳税额的情况。

2. 本表第2行由营业税改征增值税纳税人，服务、不动产和无形资产按规定汇总计算缴纳增值税的总机构填写，反映其分支机构预征缴纳税款抵减总机构应纳增值税税额的情况。

3. 本表第3行由销售建筑服务并按规定预缴增值税的纳税人填写，反映其销售建筑服务预征缴纳税款抵减应纳增值税税额的情况。

4. 本表第4行由销售不动产并按规定预缴增值税的纳税人填写，反映其销售不动产预征缴纳税款抵减应纳增值税税额的情况。

5. 本表第5行由出租不动产并按规定预缴增值税的纳税人填写，反映其出租不动产预征缴纳税款抵减应纳增值税税额的情况。

（二）加计抵减情况

本表第6—8行仅限适用加计抵减政策的纳税人填写，反映其加计抵减情况。其他纳税人不需填写。第8行“合计”等于第6行、第7行之和。各列说明如下：

1. 第1列“期初余额”：填写上期期末结余的加计抵减额。

2. 第 2 列“本期发生额”：填写按照规定本期计提的加计抵减额。

3. 第 3 列“本期调减额”：填写按照规定本期应调减的加计抵减额。

4. 第 4 列“本期可抵减额”：按表中所列公式填写。

5. 第 5 列“本期实际抵减额”：反映按照规定本期实际加计抵减额，按以下要求填写。

若第 4 列≥0，且第 4 列＜主表第 11 栏－主表第 18 栏，则第 5 列＝第 4 列

若第 4 列≥主表第 11 栏－主表第 18 栏，则第 5 列＝主表第 11 栏－主表第 18 栏

若第 4 列＜0，则第 5 列＝0

计算本列“一般项目加计抵减额计算”行和“即征即退项目加计抵减额计算”行时，公式中主表各栏次数据分别取主表“一般项目”“本月数”列、“即征即退项目”“本月数”列对应数据。

6. 第 6 列“期末余额”：填写本期结余的加计抵减额，按表中所列公式填写。

表 10－8　增值税减免税申报明细表

纳税人名称（公章）：　　税款所属时间：自　年　月　日至　年　月　日　　金额单位：元至角分

一、减税项目						
减税性质代码及名称	栏次	期初余额	本期发生额	本期应抵减税额	本期实际抵减税额	期末余额
		1	2	3＝1＋2	4≤3	5＝3－4
合计	1					
	2					
	3					
	4					
	5					
	6					
二、免税项目						
免税性质代码及名称	栏次	免征增值税项目销售额	免税销售额扣除项目本期实际扣除金额	扣除后免税销售额	免税销售额对应的进项税额	免税额
		1	2	3＝1－2	4	5
合计	7					
出口免税	8		—	—	—	—
其中：跨境服务	9		—	—	—	—
	10					
	11					
	12					
	13					
	14					
	15					
	16					

《增值税减免税申报明细表》填写说明

1. 本表由享受增值税减免税优惠政策的增值税一般纳税人和小规模纳税人（以下简称增值税纳税人）填写。仅享受月销售额不超过10万元（按季纳税30万元）免征增值税政策或未达起征点的增值税小规模纳税人不需填报本表，即小规模纳税人当期“增值税纳税申报表（小规模纳税人适用）”第12栏“其他免税销售额”“本期数”和第16栏“本期应纳税额减征额”“本期数”均无数据时，不需填报本表。

2. “税款所属时间”“纳税人名称”的填写同申报表主表，申报表主表是指“增值税纳税申报表（一般纳税人适用）”或者“增值税纳税申报表（小规模纳税人适用）”（下同）。

3. “一、减税项目”由本期按照税收法律、法规及国家有关税收规定享受减征（包含税额式减征、税率式减征）增值税优惠的增值税纳税人填写。

（1）“减税性质代码及名称”：根据国家税务总局最新发布的“减免性质及分类表”所列减免性质代码、项目名称填写。同时有多个减征项目的，应分别填写。

（2）第1列“期初余额”：填写应纳税额减征项目上期“期末余额”，为对应项目上期应抵减而不足抵减的余额。

（3）第2列“本期发生额”：填写本期发生的按照规定准予抵减增值税应纳税额的金额。

（4）第3列“本期应抵减税额”：填写本期应抵减增值税应纳税额的金额。本列按表中所列公式填写。

（5）第4列“本期实际抵减税额”：填写本期实际抵减增值税应纳税额的金额。本列各行≤第3列对应各行。

一般纳税人填写时，第1行“合计”本列数=申报表主表第23行“一般项目”列“本月数”

小规模纳税人填写时，第1行“合计”本列数=申报表主表第16行“本期应纳税额减征额”“本期数”。

（6）第5列“期末余额”：按表中所列公式填写。

4. “二、免税项目”由本期按照税收法律、法规及国家有关税收规定免征增值税的增值税纳税人填写。仅享受小微企业免征增值税政策或未达起征点的小规模纳税人不需填写，即小规模纳税人申报表主表第12栏“其他免税销售额”“本期数”无数据时，不需填写本栏。

（1）“免税性质代码及名称”：根据国家税务总局最新发布的“减免性质及分类表”所列减免性质代码、项目名称填写。同时有多个免税项目的，应分别填写。

（2）“出口免税”填写增值税纳税人本期按照税法规定出口免征增值税的销售额，但不包括适用免、抵、退税办法出口的销售额。小规模纳税人不填写本栏。

（3）第1列“免征增值税项目销售额”：填写增值税纳税人免税项目的销售额。免税销售额按照有关规定允许从取得的全部价款和价外费用中扣除价款的，应填写扣除之前的销售额。

一般纳税人填写时，本列“合计”等于申报表主表第 8 行“一般项目”列“本月数”。

（4）第 2 列“免税销售额扣除项目本期实际扣除金额”：免税销售额按照有关规定允许从取得的全部价款和价外费用中扣除价款的，据实填写扣除金额；无扣除项目的，本列填写“0”。

（5）第 3 列“扣除后免税销售额”：按表中所列公式填写。

（6）第 4 列“免税销售额对应的进项税额”：本期用于增值税免税项目的进项税额。小规模纳税人不填写本列，一般纳税人按下列情况填写：

①一般纳税人兼营应税和免税项目的，按当期免税销售额对应的进项税额填写；

②一般纳税人本期销售收入全部为免税项目，且当期取得合法扣税凭证的，按当期取得的合法扣税凭证注明或计算的进项税额填写；

③当期未取得合法扣税凭证的，一般纳税人可根据实际情况自行计算免税项目对应的进项税额；无法计算的，本栏次填“0”。

（7）第 5 列“免税额”：一般纳税人和小规模纳税人分别按下列公式计算填写，且本列各行数应大于或等于 0。

一般纳税人公式：第 5 列“免税额”≤第 3 列“扣除后免税销售额”×适用税率－第 4 列“免税销售额对应的进项税额”

小规模纳税人公式：第 5 列“免税额”＝第 3 列“扣除后免税销售额”×征收率

［典型案例］ RK 科技未按规定填报申报表处罚案

［案例介绍］ RK 科技（股票代码 3×××××）于 2018 年 6 月 5 日发布问询函回复公告，披露收购标的 MJ 公司因 2016 年增值税申报表未按《增值税纳税申报表（适用于增值税一般纳税人）》及其附表资料填报规则进行申报，2017 年发现后做了更正申报，因未正确填报导致未按照规定期限缴纳税款，产生 6.88 万元税款滞纳金。

［案例处理］ 针对该滞纳金，公司发布了《3×××××RK 科技关于对公司 2017 年年报问询函的回复》，对滞纳金形成原因进行了解释，公司报告产生滞纳金 7.19 万元的主要原因系：MJ 公司 2016 年增值税申报表未按《增值税纳税申报表（适用于增值税一般纳税人）》及其附表资料填报规则进行申报，在 2017 年发现后做了更正申报。根据《中华人民共和国税收征收管理法》的规定，纳税人未按照规定期限缴纳税款的，从滞纳税款之日起，按日加收滞纳税款万分之五的滞纳金。MJ 公司因未正确填报导致未按照规定期限缴纳税款，产生 6.88 万元税款滞纳金。上述错报未形成处罚，不存在重大违法违规行为；其他滞纳金为 MJ 公司纳税申报系统出现问题网上缴纳税款未成功及公司员工入职时间晚于社保统筹缴费时间等原因未按期缴纳保险费产生 0.31 万元滞纳金。

本章习题

一、单项选择题

1. 2019年5月1日起，增值税一般纳税人在办理纳税申报时，不需要填报的表格是（　　）。

A.《增值税纳税申报表附列资料（本期销售情况明细）》

B.《增值税纳税申报表附列资料（本期进项税额明细）》

C.《增值税纳税申报表附列资料（税额抵减情况表）》

D.《增值税纳税申报表附列资料（不动产分期抵扣计算表）》

［参考答案］D

［答案解析］自2019年5月1日起，一般纳税人在办理纳税申报时，只需要填报“一主表四附表”，即申报表主表和附列资料（一）（二）（三）（四），《增值税纳税申报表附列资料（五）》《营改增税负分析测算明细表》不再填报。

2. 自2019年4月1日起，不动产实行一次性抵扣政策后，截至2019年3月税款所属期，《增值税纳税申报表附列资料（五）》第6栏“期末待抵扣不动产进项税额”的期末余额，可以结转填入《增值税纳税申报表附列资料（二）》的栏次是（　　）。

A. 第2栏本期认证相符且本期申报抵扣

B. 第3栏前期认证相符且本期申报抵扣

C. 第8b栏“其他”

D. 第4栏“其他”

［参考答案］C

［答案解析］截至2019年3月税款所属期，《国家税务总局关于全面推开营业税改征增值税试点后增值税纳税申报有关事项的公告》附件1中《增值税纳税申报表附列资料（五）》第6栏“期末待抵扣不动产进项税额”的期末余额，可以自本公告施行后结转填入《增值税纳税申报表附列资料（二）》第8b栏“其他”。

二、多项选择题

1. 自2019年5月1日起，一般纳税人在办理纳税申报时，需要填报“一主表四附表”，以下属于应该填报的附表有（　　）。

A.《增值税纳税申报表附列资料（三）》

B.《增值税纳税申报表附列资料（四）》

C.《增值税纳税申报表附列资料（五）》

D.《营改增税负分析测算明细表》

［参考答案］AB

［答案解析］依据《国家税务总局关于调整增值税纳税申报有关事项的公告（国际税务总局公告2019年第15号）规定，自2019年5月1日起，一般纳税人在办理纳税申报时，需要填报“一主表四附表”，即申报表主表和附列资料（一）（二）（三）（四），《增值税纳税申报表附列资料（五）》《营改增税负分析测算明细表》不再填报。

2. 下列选项中，属于增值税纳税人在纳税申报时必须报送的材料有（　　）。

A. 增值税纳税申报表　　B. 附列资料

C. 资产负债表　　D. 现金流量表

［参考答案］AB

［答案解析］增值税纳税申报资料包括纳税申报表及其附列资料和纳税申报其他资料。其中，纳税申报表及其附列资料为必报资料。纳税申报其他资料的报备要求由各省、自治区、直辖市和计划单列市税务局确定。

3. 下列选项中，属于小规模纳税人在纳税申报时需要报送的资料有（　　）。

A.《增值税纳税申报表（小规模纳税人适用）》

B.《增值税纳税申报表（小规模纳税人适用）附列资料》

C.《增值税减免税申报明细表》

D.《增值税纳税申报表附列资料（四）》（税额抵减情况表）

［参考答案］ABC

［答案解析］小规模纳税人纳税申报表及其附列资料包括：《增值税纳税申报表（小规模纳税人适用）》《增值税纳税申报表（小规模纳税人适用）附列资料》《增值税减免税申报明细表》。《增值税纳税申报表附列资料（四）》（税额抵减情况表）是一般纳税人需要报送的附列资料。

三、计算题

某小家电生产企业系增值税一般纳税人，2019 年 6 月该企业发生如下业务：

（1）采取直接收款方式销售生产的微波炉 1 500 个，每个不含税销售价 400 元，款项 678 000 元已收存银行。

（2）销售生产的电烤箱 50 个，每个含税售价 1 130 元，货物已发，款项 56 500 元已收存银行。

（3）销售生产的电吹风 300 个，每个 90 元，已开具增值税专用发票，注明总价 27 000 元，增值税 3 510 元，款项尚未收到。

（4）将本单位生产的微波炉 150 个作为职工福利发放给本单位职工。

（5）将 2015 年 6 月在本地自建的办公楼对外出租，一次性收取 3 年房租款 1 050 000 元，该企业采用简易计税方法计算增值税。

（6）本月材料采购情况如下表：

序号	采购内容	数量（千克）	不含税单价（元）
1	绝缘材料	50	1000
2	合金材料	500	50
3	塑料	100	20
4	隔热材料	500	600

采购时均取得增值税专用发票，当月除塑料的专用发票未认证，其他专用发票已通过认证，以上材料均未领用。

（7）支付产品销售过程中发生的运输费用 21 800 元，取得增值税专用发票载明金额 20 000 元、税额 1 800 元，当月已认证通过。

要求：

（1）根据所列资料，逐笔计算当期应纳的增值税（销项税额、进项税额或应纳增值税额）。

（2）根据资料填写下列增值税纳税申报表（摘要）中所列字母对应的金额。

单位（元）

项目		栏次	一般项目
			本月数
销售额	（一）按适用税率计税销售额	1	A
	其中：应税货物销售额	2	B
	应税劳务销售额	3	
	纳税检查调整的销售额	4	
	（二）按简易办法计税销售额	5	C
	其中：纳税检查调整的销售额	6	
	（三）免、抵、退办法出口销售额	7	
	（四）免税销售额	8	
	其中：免税货物销售额	9	
	免税劳务销售额	10	
税款计算	销项税额	11	D
	进项税额	12	E
	上期留抵税额	13	
	进项税额转出	14	
	免、抵、退应退税额	15	
	按适用税率计算的纳税检查应补缴税额	16	
	应抵扣税额合计	17 = 12 + 13 - 14 - 15 + 16	
	实际抵扣税额	18（如 17 < 11，则为 17，否则为 11）	F
	应纳税额	19 = 11 - 18	G
	期末留抵税额	20 = 17 - 18	
	简易计税办法计算的应纳税额	21	H
	按简易计税办法计算的纳税检查应补缴税额	22	
	应纳税额减征额	23	
	应纳税额合计	24 = 19 + 21 - 23	I

[参考答案]

1. 业务（1）销售微波炉：

应计算增值税销项税额 =400×1 500×13% =78 000（元）

业务（2）销售电烤箱：

应计算增值税销项税额 =1 130÷(1 +13%)×50×13% =6 500（元）

业务（3）销售电吹风：

应计算增值税销项税额为发票金额 3 510 元。

应纳消费税 =27 000×15% =4 050（元）

业务（4）发放职工福利：

应计算增值税销项税额 =150×400×13% =7 800（元）

业务（5）出租不动产应缴纳增值税：

应纳的增值税 =1 050 000÷(1 +5%)×5% =50 000（元）

业务（6）材料采购可以抵扣的进项税 =50×1 000×13% +500×50×13% +500×600×13% =48 750（元）

业务（7）支付运输费用可以抵扣的进项税为 1 800 元。

当月应纳的增值税 =78 000 +6 500 +3 510 +7 800 -(48 750 +1 800) +50 000
=95 260（元）

2. 填表如下：

项目		栏次	一般项目
			本月数
销售额	（一）按适用税率计税销售额	1	737 000
	其中：应税货物销售额	2	737 000
	应税劳务销售额	3	
	纳税检查调整的销售额	4	
	（二）按简易办法计税销售额	5	1 000 000
	其中：纳税检查调整的销售额	6	
	（三）免、抵、退办法出口销售额	7	
	（四）免税销售额	8	
	其中：免税货物销售额	9	
	免税劳务销售额	10	

续表

项目		栏次	一般项目
			本月数
税款计算	销项税额	11	95 810
	进项税额	12	50 550
	上期留抵税额	13	
	进项税额转出	14	
	免、抵、退应退税额	15	
	按适用税率计算的纳税检查应补缴税额	16	
	应抵扣税额合计	17 = 12 + 13 - 14 - 15 + 16	
	实际抵扣税额	18（如 17 < 11，则为 17，否则为 11）	50 550
	应纳税额	19 = 11 - 18	45 260
	期末留抵税额	20 = 17 - 18	
	简易计税办法计算的应纳税额	21	50 000
	按简易计税办法计算的纳税检查应补缴税额	22	
	应纳税额减征额	23	
	应纳税额合计	24 = 19 + 21 - 23	95 260

第十一章　发票管理

发票是指在购销商品、提供或者接受服务以及从事其他经营活动中，开具、收取的收付款凭证。单位、个人在购销商品、提供或者接受经营服务以及从事其他经营活动中，应当按照规定开具、使用、取得发票。税务机关负责发票的印制、领购、开具、取得、保管、缴销的管理和监督。

第一节　普通发票管理

一、发票基础知识

（一）发票的分类

发票主要分为增值税专用发票和增值税普通发票。增值税专用发票不仅是购销双方收付款的凭证，而且可以用作购买方抵扣增值税额的凭证；普通发票除农产品销售发票（收购发票）、通行费电子发票、机动车销售统一发票、旅客运输电子发票等按法定税率（征收率）抵扣进项税额外，其他普通发票一般不能抵扣进项税额。

1. 专用发票。增值税专用发票有四个联次和七个联次两种。第一联为存根联（用于留存备查）；第二联为发票联（用于购买方记账）；第三联为抵扣联（用作购买方扣税凭证）；第四联为记账联（用于销售方记账）。七联次的其他三联为备用联，分别作为企业出门证、检查和仓库留存用。增值税专用发票除了具备购买单位、销售单位、商品或者服务的名称、商品或者劳务的数量和计量单位、单价和价款、开票单位、收款人、开票日期等普通发票所具备的内容外，还包括纳税人税务登记号、不含增值税金额、适用税率、应纳增值税额、开户行账号、地址、电话等内容。

2. 普通发票。增值税普通发票（折叠票）由基本联次或者基本联次附加其他联次构成，分为两联版和五联版两种。从 2017 年 7 月 1 日开始，购买方为企业的，在索取增值税普通发票时，应向销售方提供纳税人识别号或统一社会信用代码。销售方为其开具增值税普通发票时，也应在“购买方纳税人识别号”栏填写购买方的纳税人识别号或统一社会信用代码。不符合规定的发票，不得作为税收凭证。

普通发票包括增值税普通发票（折叠票、卷票）、增值税电子普通发票（区块链电子发票、过路过桥通行费发票）、通用机打发票、机动车销售统一发票、“二手车”销售统一发票、门票 、手工发票、定额发票、航空运输电子客票行程单（纳入发票管理范围）、客运发票等。

纳税人办理产权过户手续需要使用发票的，可以使用增值税专用发票第六联或者增值税普通发票第三联。

3. 电子发票。电子发票一般指纳税人通过增值税电子发票公共服务平台开具的增值税电子普通发票，属于税务机关监制的发票，采用电子签名代替发票专用章，其法律效力、基本用途、基本使用规定等与增值税普通发票相同。增值税电子普通发票版式文件格式为 OFD 格式。单位和个人可以登录全国增值税发票查验平台（https：//inv-veri. chinatax. gov. cn）下载增值税电子发票版式文件阅读器查阅增值税电子普通发票。

自 2020 年 3 月 1 日起，杭州市全面推广使用增值税电子普通发票。全面推广使用增值税电子普通发票后，杭州市范围内所有增值税纳税人（其他个人除外）都将使用增值税电子普通发票。

2020 年 3 月 2 日，上海首张使用税务 UKey 开具的增值税专用发票成功开出；在国家税务总局举行的 2020 年“便民办税春风行动”新闻发布会上，推出“便民办税春风行动”24 项措施，其中就包括：力争年底前在推进增值税专用发票电子化上取得实质性进展，在试点的基础上，向新办纳税人免费发放税务 UKey，逐步推进解决税控发票设备第三方收费问题等。

4. 区块链发票。区块链发票属于普通发票。全国首张区块链电子发票于 2018 年 8 月 10 日在深圳国贸旋转餐厅开出，11 月 8 日，深圳沃尔玛又首次将区块链发票扩展至大型零售商超领域，2019 年 3 月 18 日，全国首张地铁、出租车区块链电子发票在深圳开出，方便旅客运输服务电子发票抵扣进项税额，2019 年 7 月 20 日，云南通过“游云南”平台开出第一张区块链电子冠名发票。2020 年 3 月 3 日，北京首张区块链电子普通发票在汉威国际广场停车场开出，意味着北京税收服务和管理踏入区块链时代。即日起，停车场可以实现收费、开票自动一体化，消费者扫码缴费后，无需等候索要发票，可以在线开具、保存区块链电子普通发票，无需保存纸质发票，用票体验更优。纳税人也无需再为收费开票而耗费人力，无需为购票而往返税务局。

区块链电子普通发票是利用区块链分布式账本、智能合约、共识机制、加密算法等技术，保障电子发票开具、存储、传输、防伪及信息安全。具有全流程完整追溯、信息不可篡改等特性，以联盟链的方式，构建税务部门、开票方、受票方“三位一体”的电子发票新生态。开票方实现链上发票申领、开具、查验、入账等功能；受票方实现链上储存、流转和报销；税务部门全流程监管，实现无纸化智能税务管理。纳税人无需进行抄报税流程，也无需购买任何专用硬件设备和专业设备，只需使用手机或 PC 客户端即可实现开票。

5. 增值税发票管理系统开具的发票。目前大部分发票是通过增值税发票管理系统开具的，包括增值税专用发票、增值税普通发票、电子增值税普通发票、机动车销售统一发票、二手车销售统一发票、成品油发票、稀土发票。

自 2018 年 3 月 1 日起，所有成品油发票均须通过增值税发票管理系统中成品油发票开具模块开具。

自 2018 年 4 月 1 日起，二手车交易市场、二手车经销企业、经纪机构和拍卖企业应当通过增值税发票管理新系统开具二手车销售统一发票。

自 2019 年 6 月 1 日起，从事稀土产品生产、商贸流通的增值税纳税人销售稀土产品或提供稀土应税劳务、服务的，应当通过升级后的增值税发票管理系统开具稀土专用发票；销售非稀土产品或提供非稀土应税劳务、服务的，不得开具稀土专用发票。

6. 非增值税发票管理系统开具的发票。尚未纳入增值税发票管理新系统开具的发票，包括通用机打发票、通用定额发票、通用手工发票、景点门票、火车票、航空运输电子客票行程单，出租车发票、客运定额发票等。

（二）发票的联次

增值税普通发票（折叠票）由基本联次或者基本联次附加其他联次构成，分为两联版和五联版两种。基本联次为两联：第一联为记账联，是销售方记账凭证；第二联为发票联，是购买方记账凭证。其他联次用途，由纳税人自行确定。增值税专用发票有四个联次和七个联次两种。第一联为存根联（用于留存备查）；第二联为发票联（用于购买方记账）；第三联为抵扣联（用作购买方扣税凭证）；第四联为记账联（用于销售方记账）。七联次的其他三联为备用联。

（三）发票的基本内容

发票的基本内容包括：发票的名称、发票代码和号码、联次及用途、客户名称、开户银行及账号、商品名称或经营项目、计量单位、数量、单价、大小写金额、开票人、开票日期、开票单位（个人）名称（章）等。省以上税务机关可根据经济活动以及发票管理需要，确定发票的具体内容。

《国家税务总局关于增值税普通发票管理有关事项的公告》（国家税务总局公告 2017 年第 44 号）规定，从 2018 年 1 月 1 日起，调整增值税普通发票（折叠票）发票代码从现行的 10 位到 12 位。编码规则：第 1 位为 0，第 2—5 位代表省、自治区、直辖市和计划单列市，第 6—7 位代表年度，第 8—10 位代表批次，第 11—12 位代表票种和联次。其中，04 代表二联增值税普通发票（折叠票）、05 代表五联增值税普通发票（折叠票）。

二、发票的印制

未经规定的税务机关确定，不得印制发票。增值税专用发票由国务院税务主管部门确定的企业印制；其他发票，按照国务院税务主管部门的规定，分别由省、自治区、直辖市税务机关确定的企业印制。禁止私自印制、伪造、变造发票。

税务机关以招标方式确定印制发票的企业，并发给发票准印证。

印制发票的企业按照税务机关的统一规定，建立发票印制管理制度和保管措施。监制发票的税务机关根据需要下发印制发票通知书，印制发票的企业必须按照税务机关批准的式样和数量印制发票。发票应当使用中文印制。民族自治地方的发票，可以加印当地一种通用的民族文字。

用票单位可以书面向税务机关要求使用印有本单位名称的发票，税务机关依据规定，确认印有该单位名称发票的种类和数量。纳税人通过增值税发票管理新系统开具印有本单位名称的增值税普通发票（折叠票）。

三、发票的领取

领取发票的单位和个人持税务登记证件、经办人身份证明、发票专用章印模向主管税务机关办理发票领取手续。主管税务机关根据领购单位和个人的经营范围和规模，确认领取发票的种类、数量以及领取方式，发给发票领取簿。单位和个人领取发票时，应当按照税务机关的规定报告发票领、用、存情况及相关开票数据等发票使用情况，税务机关应当按照规定进行查验。

新办纳税人首次申领增值税发票主要包括发票票种核定、增值税专用发票（增值税税控系统）最高开票限额审批、增值税税控系统专用设备初始发行、发票领用等涉税事项。自 2018 年 8 月 1 日起，首次申领增值税发票的新办纳税人办理发票票种核定，增值税专用发票最高开票限额不超过 10 万元，每月最高领用数量不超过 25 份；增值税普通发票最高开票限额不超过 10 万元，每月最高领用数量不超过 50 份。

税务机关根据纳税人税收风险程度、纳税信用级别和实际经营情况，合理满足纳税人发票使用需求；积极推进发票领用分类分级管理，对纳税信用 A 级的纳税人，按需供应发票，可以一次领取不超过 3 个月的发票用量，纳税信用 B 级的纳税人可以一次领取不超过 2 个月的发票用量。

对于实行纳税辅导期管理的增值税一般纳税人，领用增值税专用发票实行按次限量控制，可以根据纳税人的经营情况核定每次专用发票的供应数量，但每次发售专用发票数量不得超过 25 份。纳税信用 D 级的纳税人，增值税专用发票领用按辅导期一般纳税人政策办理，增值税普通发票领用实行交（验）旧供新、严格限量供应。对于实行纳税辅导期管理的增值税一般纳税人，一个月内多次领用专用发票的，应从当月第二次领用专用发票起，按照上一次已领用并开具的专用发票销售额的 3% 预缴增值税，未预缴增值税的，主管税务机关不得向其发放专用发票。预缴增值税时，纳税人应提供已领用并开具的专用发票记账联，主管税务机关根据其提供的专用发票记账联计算应预缴的增值税。

增值税电子普通发票的开票方和受票方需要纸质发票的，可以自行打印增值税电子普通发票的版式文件，其法律效力、基本用途、基本使用规定等与税务机关监制的增值税普通发票相同。

四、发票的开具、取得和保管

（一）发票的开具

1. 发票开具方。销售商品、提供服务以及从事其他经营活动的单位和个人，对外发生经营业务收取款项，收款方应当向付款方开具发票；收购单位和扣缴义务人支付个人款项时，由付款方向收款方开具发票；需要临时使用发票的单位和个人，可以凭购销商品、提供或者接受服务以及从事其他经营活动的有关业务合同、协议等书面证明、经办人身份证明，直接向经营地税务机关申请代开发票；申请代开票人依照税收法律、行政法规规定应当缴纳税款的，税务机关应当先征收税款，再开具发票。

2. 发票开具要求。填开发票的单位和个人必须在发生经营业务确认营业收入时开具发票。未发生经营业务一律不准开具发票。向消费者个人零售小额商品或者提供零星服务的，是否可免予逐笔开具发票，由省税务局确定。

单位和个人在开具发票时，必须做到按照号码顺序填开，填写项目齐全、内容真实、字迹清楚，全部联次一次打印，内容完全一致，并在发票联和抵扣联加盖发票专用章。开具发票应当使用中文，民族自治地方可以同时使用当地通用的一种民族文字。

（1）提供纳税人识别号。根据《国家税务总局关于增值税发票开具有关问题的公告》（国家税务总局公告 2017 年第 16 号），自 2017 年 7 月 1 日起，购买方为企业的，索取增值税普通发票时，应向销售方提供纳税人识别号或统一社会信用代码；销售方为其开具增值税普通发票时，应在“购买方纳税人识别号”栏填写购买方的纳税人识别号或统一社会信用代码。不符合规定的发票，不得作为税收凭证。该公告所称企业，包括公司、非公司制企业法人、企业分支机构、个人独资企业、合伙企业和其他企业。

销售方开具增值税发票时，发票内容应按照实际销售情况如实开具，不得根据购买方要求填开与实际交易不符的内容。销售方开具发票时，通过销售平台系统与增值税发票税控系统后台对接，导入相关信息开票的，系统导入的开票数据内容应与实际交易相符，如不相符应及时修改完善销售平台系统。

（2）通过增值税电子发票管理系统开具发票。目前大部分发票通过增值税电子发票管理系统开具。纳税人应当按照规定安装使用税控装置，不得损毁或者擅自改动；安装税控装置的单位和个人，应当按照规定使用税控装置开具发票，并按期向主管税务机关报送开具发票的数据；使用非税控电子器具开具发票的，应当将非税控电子器具使用的软件程序说明资料报主管税务机关备案，并按照规定保存报送开具发票的数据；使用网络发票管理系统开具发票的单位和个人，应当按照《网络发票管理办法》的要求办理网络发票管理系统的开户登记、网上领取发票手续、在线开具、传输、查验和缴销等事项。

按照《国家税务总局关于小规模纳税人免征增值税政策有关征管问题的公告》（国家税务总局公告 2019 年第 4 号）规定，小规模纳税人月销售额超过 10 万元的，使用增值税发票管理系统开具增值税普通发票、机动车销售统一发票、增值税电子普通发票。

（3）正确选择商品和服务税收分类与编码。使用增值税发票新系统的纳税人，应使用新系统选择相应的商品和服务税收分类与编码开具增值税发票。根据《关于增值税发票管理若干事项的公告》（国家税务总局公告 2017 年第 45 号），自 2018 年 1 月 1 日起推行商品和服务税收分类编码简称，商品和服务税收分类编码对应的简称会自动显示并打印在发票票面“货物或应税劳务、服务名称”或“项目”栏次中。不选或恶意选择编码，按栏目填写不全或开具与实际业务不符的发票处理。

（4）发票备注栏填写要求。

①货物运输服务开具发票时应将起运地、到达地、车种车号以及运输货物信息等内容填写在发票备注栏中，如内容较多可另附清单。

②建筑服务在备注栏注明建筑服务发生地县（市、区）名称及项目名称。

③销售不动产在“货物及应税劳务、服务名称”栏填写不动产名称及房屋产权证书号码（无房屋产权证书的可不填写），单位栏里填写面积单位，备注栏注明不动产详细地址。

④出租不动产在备注栏注明不动产的详细地址。

⑤保险机构在备注栏注明代收车船税税款信息，具体包括：保险单号、税款所属期（详细至月）、代收车船税金额、滞纳金金额、金额合计等。

⑥铁路运输企业在备注栏填写受托代征的印花税款信息。

⑦单（多）用途卡业务在备注栏注明“收到预付卡结算款”。

⑧个人保险代理人汇总代开发票在备注栏注明“个人保险代理人汇总代开”字样。

⑨差额征税备注栏自动打印“差额征税”字样。

⑩异地代开不动产经营租赁服务、建筑服务发票，在发票备注栏中自动打印“YD”。

⑪代征税款和代开增值税发票，备注栏填写销售或出租不动产纳税人的名称、纳税人识别号（或组织机构代码）、不动产的详细地址；按照核定计税价格征税的，金额栏填写不含税计税价格，备注栏注明“核定计税价格，实际成交含税金额×××元”，在备注栏上加盖代廾发票专用章。

⑫异地代开不动产经营租赁服务、建筑服务发票，在发票备注栏中自动打印“YD”。

⑬代开增值税发票，备注栏填写销售或出租不动产纳税人的名称、纳税人识别号（或组织机构代码）、不动产的详细地址；按照核定计税价格征税的，金额栏填写不含税计税价格，备注栏注明“核定计税价格，实际成交含税金额×××元”，在备注栏上加盖代开发票专用章。

⑭互联网物流平台试点企业使用自有专用发票开票系统，按照3%的征收率代开专用发票，并在发票备注栏注明会员的纳税人名称和统一社会信用代码（或税务登记证号码或组织机构代码）。

⑮生产企业代办退税的出口货物，应先按出口货物离岸价和增值税适用税率计算销项税额并按规定申报缴纳增值税，同时向综服企业开具备注栏内注明“代办退税专用”的增值税专用发票（称代办退税专用发票），作为综服企业代办退税的凭证。

（5）按规定使用发票。任何单位和个人应当按照发票管理规定使用发票，不得转借、转让、介绍他人转让发票、发票监制章和发票防伪专用品；不得受让、开具、存放、携带、邮寄、运输私自印制、伪造、变造、非法取得或者废止的发票；不得拆本使用发票、扩大发票使用范围、以其他凭证代替发票使用。

除国务院税务主管部门规定的特殊情形外，发票限于领取单位和个人在本省、自治区、直辖市内开具；省、自治区、直辖市税务机关可以规定跨市、县开具发票的办法；任何单位和个人不得跨规定的使用区域携带、邮寄、运输空白发票；禁止携带、邮寄或者运输空白发票出入境。

（6）全国增值税发票查验平台。开具发票的单位和个人应当建立发票使用登记制度，设置发票登记簿，并定期向主管税务机关报告发票使用情况；税务机关应当提供查询发票真伪的便捷渠道。

国家税务总局全国增值税发票查验平台（网址：https：//inv - veri. chinatax. gov. cn）

支持增值税专用发票、增值税普通发票（卷票）、增值税电子普通发票（通行费）、机动车销售统一发票、“二手车”销售统一发票、货物运输业增值税专用发票在线查验。单位和个人通过网页浏览器首次登录平台，首次查验前安装根证书，当日开具发票最快可于次日进行查验，每份发票每天最多可查验 5 次，可查验最近 1 年内增值税发票管理新系统开具的发票，纳税咨询服务可拨打 12366 专线电话。

（二）发票的取得

所有单位和从事生产、经营活动的个人在购买商品、接受服务以及从事其他经营活动支付款项，应当向收款方取得发票。取得发票时，不得要求变更品名和金额。不符合规定的发票，任何单位和个人有权拒收。

（三）发票的保管

发票的保管是指对未使用的发票以及已经填用发票的存根联和专用发票抵扣联的保存管理。单位和个人应当在办理变更或者注销税务登记的同时，办理发票和发票领购簿的变更、缴销手续。开具发票的单位和个人应当按照税务机关的规定存放和保管发票，不得擅自损毁。已经开具的发票存根联和发票登记簿，应当保存 5 年。

根据《国家税务总局关于公布取消一批税务事项以及废止和修改部分规范性文件的决定》（国家税务总局令第 48 号），删去《中华人民共和国发票管理办法实施细则》第三十一条中的发票丢失“登报声明作废”，发现丢失当日提供《发票挂失/损毁报告表》书面报告税务机关。

五、发票的检查

印制、使用发票的单位和个人，必须接受税务机关依法检查，如实反映情况，提供有关资料，不得拒绝、隐瞒。税务机关有权检查印制、领取、开具、取得、保管和缴销发票的情况；调出发票查验；查阅、复制与发票有关的凭证、资料；向当事各方询问与发票有关的问题和情况；在查处发票案件时，对与案件有关的情况和资料，可以记录、录音、录像、照相和复制。

第二节 增值税专用发票管理

增值税一般纳税人销售货物或者加工、修理修配劳务，销售服务、无形资产、不动产可以开具增值税专用发票，专用发票是购买方支付增值税额并可按照增值税有关规定据以抵扣增值税进项税额的凭证。

一、增值税发票管理系统和防伪税控系统

一般纳税人通过增值税防伪税控系统和增值税发票管理新系统领购、开具、缴销、认证专用发票及其相应的数据电文，在360日内通过增值税发票选择确认平台进行确认，并在规定的纳税申报期内，向主管税务机关申报抵扣进项税额。

（一）最高开票限额管理

最高开票限额由一般纳税人申请，税务机关依法审批。纳税人在初次申请使用增值税专用发票以及变更增值税专用发票限额额度时，向主管税务机关申请办理增值税专用发票（增值税税控系统）最高开票限额审批。

税务机关审批最高开票限额应进行实地核查，但一般纳税人申请增值税专用发票最高开票限额不超过10万元的，主管税务机关不需事前进行实地查验。最高开票限额不超过10万元的，主管税务机关应自受理申请之日起2个工作日内办结，有条件的即时办结。一般纳税人申请最高开票限额时，需填报“增值税专用发票最高开票限额申请单”。

（二）初始发行

初始发行是纳税人在初次使用或重新领购税控设备开具发票之前，税务机关需要对税控设备进行初始化发行，将开票所需的各种信息载入“金税”盘（税控盘）、报税盘。

主管税务机关将一般纳税人的企业名称、纳税人识别号（社会统一信用代码）、开票限额、购票限量、购票人员姓名、密码、开票机数量、国家税务总局规定的其他信息载入空白税控设备和装置。一般纳税人领购专用设备后，凭“最高开票限额申请表”“准予税务行政许可决定书”到主管税务机关办理初始发行。一般纳税人发生信息变化，应向主管税务机关申请变更发行；发生纳税人识别号（社会统一信用代码）信息变化，应向主管税务机关申请注销发行。

纳税人取得由服务单位开具的税控设备销售发票（初次购买）以及相关的技术维护费发票，可以按照发票票面的价税合计全额抵减增值税税款，不足抵减的可结转下期继续抵减。

（三）管理要求

1. 开具。项目齐全，与实际交易相符；字迹清楚，不得压线、错格；发票联和抵扣联加盖发票专用章；按照增值税纳税义务的发生时间开具。对不符合上列要求的专用发票，购买方有权拒收。

2. 清单。一般纳税人销售货物或者加工、修理修配劳务，销售服务、无形资产、不动产等，可汇总开具专用发票。汇总开具专用发票的，同时使用防伪税控系统开具“销售货物或者提供应税劳务（销售服务）清单”，并加盖发票专用章。

3. 作废。一般纳税人在开具专用发票当月，发生销货退回、开票有误等情形，收到退回的发票联、抵扣联符合作废条件的，按作废处理；开具时发现有误的，可即时作废。

作废专用发票须在增值税发票管理新系统中将相应的数据电文按“作废”处理，在纸质专用发票（含未打印的专用发票）各联次上注明“作废”，全联次留存。

符合作废条件，是指同时具有以下情形：

（1）收到退回的发票联、抵扣联时间未超过销售方开票当月。

（2）销售方未抄税并且未记账。

（3）购买方未认证或者认证结果为“纳税人识别号认证不符”“专用发票代码、号码认证不符”。

4. 红字。纳税人开具增值税专用发票后，发生销货退回、开票有误、应税服务中止以及发票抵扣联、发票联均无法认证等情形但不符合作废条件，或者因销货部分退回及发生销售折让，需要开具红字专用发票的，需取得税务机关系统校验通过的《开具红字增值税专用发票信息表》。

购买方取得专用发票已用于申报抵扣的，购买方可在增值税发票管理系统中填开并上传《开具红字增值税专用发票信息表》，在填开《开具红字增值税专用发票信息表》时不填写相对应的蓝字专用发票信息，应暂依《开具红字增值税专用发票信息表》所列增值税税额从当期进项税额中转出，待取得销售方开具的红字专用发票后，与《开具红字增值税专用发票信息表》一并作为记账凭证。

购买方取得专用发票未用于申报抵扣，但发票联或抵扣联无法退回的，购买方填开《开具红字增值税专用发票信息表》时应填写相对应的蓝字专用发票信息。

销售方开具专用发票尚未交付购买方，以及购买方未用于申报抵扣并将发票联及抵扣联退回的，销售方可在增值税发票管理系统中填开并上传《开具红字增值税专用发票信息表》。销售方填开《开具红字增值税专用发票信息表》时应填写相对应的蓝字专用发票信息。

销售方凭税务机关系统校验通过的《开具红字增值税专用发票信息表》开具红字专用发票，在增值税发票管理系统中以销项负数开具。红字专用发票应与《开具红字增值税专用发票信息表》一一对应；纳税人需要开具红字增值税普通发票的，可以在所对应的蓝字发票金额范围内开具多份红字增值税普通发票；红字机动车销售统一发票需与原蓝字机动车销售统一发票一一对应。

税务总局优化增值税发票管理系统，《开具红字增值税专用发票信息表》填报错误的，纳税人可以网上办理撤销业务。

5. 丢失。根据《国家税务总局关于增值税发票综合服务平台等事项的公告》（国家税务总局公告 2020 年第 1 号），纳税人同时丢失已开具增值税专用发票或机动车销售统一发票的发票联和抵扣联，可凭加盖销售方发票专用章的相应发票记账联复印件，作为增值税进项税额的抵扣凭证、退税凭证或记账凭证。纳税人丢失已开具增值税专用发票或机动车销售统一发票的抵扣联，可凭相应发票的发票联复印件，作为增值税进项税额的抵扣凭证或退税凭证；纳税人丢失已开具增值税专用发票或机动车销售统一发票的发票联，可凭相应发票的抵扣联复印件，作为记账凭证。

二、增值税专用发票管理

(一) 实地查验

一般纳税人申请专用发票(包括增值税专用发票和货物运输业增值税专用发票)最高开票限额不超过 10 万元的,主管税务机关不需事前进行实地查验。各省税务机关可在此基础上适当扩大不需事前实地查验的范围,实地查验的范围和方法由各省税务机关确定。

增值税专用发票(增值税税控系统)实行最高开票限额管理。最高开票限额由一般纳税人申请,区、县税务机关依法审批。目前的做法是,主管税务机关受理纳税人申请以后,根据需要进行实地查验。

(二) 实行分类分级规范化管理

为给诚信守法的纳税人提供更多的办税便利,解决目前发票领用工作环节多、办税效率不高的问题,国家将对增值税发票领用实行分类分级规范化管理。

1. 以下纳税人可一次领取不超过 3 个月的增值税发票用量,纳税人需要调整增值税发票用量,手续齐全的,按照纳税人需要即时办理:

(1) 纳税信用等级评定为 A 类的纳税人;

(2) 地市税务局确定的纳税信用好,税收风险等级低的其他类型纳税人。

2. 上述纳税人 2 年内有涉税违法行为、移交司法机关处理记录,或者正在接受税务机关立案稽查的,不适用前述规定。

3. 辅导期一般纳税人专用发票限量限额管理工作,按照《增值税一般纳税人纳税辅导期管理办法》有关规定执行。

4. 各级税务机关不得简单按照纳税人所有制性质、所处行业、所在区域等因素,对纳税人领用发票进行不合理限制。要根据纳税人税收风险程度、纳税信用级别和实际经营情况,合理确定发票领用数量和最高开票限额,及时做好发票发放工作,保障纳税人正常生产经营。纳税人因实际经营情况发生变化提出增加发票领用数量和最高开票限额,经依法依规审核未发现异常的,主管税务机关要及时为纳税人办理"增版""增量"。对纳税人增值税异常扣税凭证要依法依规进行认定和处理,除存在购销严重背离、虚假纳税申报、税务约谈两次无故不到等涉嫌虚开发票的情形外,不得限制纳税人开具发票。对于已经由税务机关按照政策规定和流程解除非正常户的纳税人,主管税务机关应当在 2 个工作日内恢复其税控系统开票功能,保障纳税人正常开具发票。

积极推进发票领用分类分级管理,对于税收风险程度较低的纳税人,按需供应发票;对于税收风险程度中等的纳税人,正常供应发票,加强事中事后监管;对于税收风险程度较高的纳税人,严格控制其发票领用数量和最高开票限额,并加强事中、事后监管。

(三) 不得领购开具专用发票情形

不得领购开具专用发票情形包括:

1. 会计核算不健全,不能向税务机关准确提供增值税销项税额、进项税额、应纳税额数据及其他有关增值税税务资料的。上列其他有关增值税税务资料的内容，由省、自治区、直辖市和计划单列市税务局确定。

2. 有《中华人民共和国税收征收管理法》规定的税收违法行为，拒不接受税务机关处理的。

3. 有下列行为之一，经税务机关责令限期改正而仍未改正的：虚开增值税专用发票；私自印制专用发票；向税务机关以外的单位和个人买取专用发票；借用他人专用发票；未按规定开具专用发票；未按规定保管专用发票和专用设备；未按规定申请办理防伪税控系统变更发行；未按规定接受税务机关检查。

4. 商业企业一般纳税人零售的烟、酒、食品、服装、鞋帽（不包括劳保专用部分）；化妆品等消费品；应税销售行为的购买方为消费者个人的、发生应税销售行为适用免税规定的；不得开具增值税专用发票。

5. 应税销售行为的购买方为消费者个人的。

6. 发生应税销售行为适用免税规定的。

7. 金融商品的转让。

8. 部分简易征收政策规定的项目。单采血浆站销售非临床用人体血液；纳税人销售旧货；纳税人销售自己使用过的固定资产依 3% 征收率减按 2% 征收增值税；纳税人销售自己使用过的固定资产使用简易征收办法依 3% 征收率减按 2% 征收增值税政策的，可以放弃减税，按照简易办法依照 3% 征收率缴纳增值税，并可以开具增值税专用发票。

9. 差额征税扣除支付给其他纳税人规定项目价款的销售额，不得开具增值税专用发票。金融商品转让；经纪代理服务；融资租赁和融资性售后回租业务；航空运输企业；一般纳税人提供客运场站服务；旅游服务；建筑服务；房地产开发服务；销售不动产；劳务派遣；安全保护；纳税人转让 2016 年 4 月 30 日前取得的土地使用权；人力资源外包服务；物业管理服务中收取的自来水水费；境外单位通过教育部考试中心及直属单位在境内开展考试；纳税人提供签证代理服务；代理进口免征进口货物增值税货物；航空运输销售代理企业提供境外航段机票代理服务；航空运输销售代理企业提供境内机票代理服务；电信企业为公益性机构接受捐赠。

（四）代开增值税专用发票

增值税小规模纳税人需要开具专用发票时，可向其主管税务机关申请代开，填写“代开增值税专用发票缴纳税款申报单”，连同税务登记证副本，到主管税务机关按专用发票上注明的税额全额申报缴纳税款，并在代开专用发票备注栏内注明增值税纳税人的名称和纳税人识别号，加盖本单位的发票专用章。

根据《关于增值税发票管理等有关事项的公告》（国家税务总局公告 2019 年第 33 号），自 2020 年 2 月 1 日起，增值税小规模纳税人（不含其他个人）发生增值税应税行为且购买方要求小规模纳税人开具增值税专用发票时，可以自愿使用增值税发票管理系统自行开具增值税专用发票。选择自行开具增值税专用发票的小规模纳税人，税务机关不再为其代开增值税专用发票。

三、增值税专用发票

（一）增值税发票查验及确认

扩大取消增值税发票认证的纳税人范围。将取消增值税发票认证的纳税人范围扩大至全部一般纳税人。一般纳税人取得的增值税发票（包括增值税专用发票、机动车销售统一发票、收费公路通行费增值税电子普通发票），可以自愿使用增值税发票选择确认平台查询、选择用于申报抵扣、出口退税或者代办退税的增值税发票信息。

2020 年 3 月 1 日起取消进项发票 360 天认证抵扣期限，即取消认证确认、稽核比对、申报抵扣的期限。纳税人在进行增值税纳税申报时，应当通过本省（自治区、直辖市和计划单列市）增值税发票综合服务平台对上述扣税凭证信息进行用途确认。

1. 全国增值税发票查验平台。开具发票的单位和个人应当建立发票使用登记制度，设置发票登记簿，并定期向主管税务机关报告发票使用情况；税务机关应当提供查询发票真伪的便捷渠道。

国家税务总局全国增值税发票查验平台（网址：https：//inv - veri. chinatax. gov. cn）支持增值税专用发票、增值税普通发票（卷票）、增值税电子普通发票（通行费）、机动车销售统一发票、二手车销售统一发票、货物运输业增值税专用发票在线查验。单位和个人通过网页浏览器首次登陆平台，首次查验前安装根证书，当日开具发票最快可于次日进行查验，每份发票每天最多可查验 5 次，可查验最近 1 年内增值税发票管理新系统开具的发票，纳税咨询服务可拨打 12366 热线电话。

2. 增值税发票综合服务平台。为适应税收现代化建设需要，创新发票服务方式，提升发票管理质效，税务部门对原增值税发票选择确认平台进行升级，打造形成了增值税发票综合服务平台。通过这一平台，纳税人能够获得以下优质便捷的服务：

一是"一站式"的发票用途确认服务。纳税人可以对其取得的增值税专用发票、机动车销售统一发票、收费公路通行费增值税电子普通发票的使用用途进行"一站式"确认，有效提升增值税扣税凭证的精细化、标准化和信息化管控水平。按照《关于增值税发票管理等有关事项的公告》（国家税务总局公告 2019 年第 33 号）规定，自 2020 年 2 月 1 日起，纳税人取得符合条件的海关进口增值税专用缴款书后，也可通过综合服务平台进行用途确认。

二是"集成化"的发票风险提示服务。纳税人可以对发票的开具、申报、缴税、用途确认等流转状态以及作废、红冲、异常等管理状态进行查询统计。根据查询到的风险提示信息，纳税人可以及时开展风险应对处理，有效规避因税企之间和购销双方信息不对称而产生的涉税风险和财务管理风险。

三是"全票种"的发票信息下载服务。纳税人可以批量下载所取得的发票明细信息，并可据此开展批量查验、统计分析等工作，能够帮助纳税人有效提升发票电子化管理水平。目前，可以批量下载发票信息的发票种类包括增值税专用发票、增值税普通发票、增值税电子普通发票、收费公路通行费增值税电子普通发票、机动车销售统一发票、二手车销售统一发票。如为纳税人提供增值税专用发票等抵扣凭证的网上抵扣勾选、退税勾选、代办退税勾选、成品油消费税申报、勾选库存、进销项发票查询和下载等功能。

纳税人取得增值税专用发票、机动车销售统一发票、收费公路通行费增值税电子普通发票后，如需用于申报抵扣增值税进项税额或申请出口退税、代办退税，应当登录增值税发票综合服务平台确认发票用途。

（1）平台取消 2017 年 1 月 1 日及以后开具的抵扣凭证（增值税专用发票、海关进口增值税专用缴款书、机动车销售统一发票、收费公路通行费增值税电子普通发票）的认证确认、稽核比对、申报抵扣的期限。

（2）平台调整逾期抵扣申请校验规则，2017 年 1 月 1 日（不含）前开具的增值税专用发票、机动车销售统一发票和海关进口增值税专用缴款书方可进行逾期抵扣申请。

（3）平台调整抵扣统计确认签名功能，改为使用纳税人自行设置的“确认密码”对抵扣统计数据进行确认。

（4）平台新增“企业档案信息—抵扣统计确认密码维护”，纳税人可自行设置、修改、重置抵扣统计确认密码。

（5）平台新增“抵扣勾选—延期抵扣勾选”功能，纳税人可以选择符合条件的税款所属期，补充进行该期进项发票的勾选、确认操作。

（6）优化增值税发票综合服务平台的其他相关功能。

（二）异常增值税专用发票

走逃（失联）企业、税收风险分析评估中发现的、发票开具和纳税申报数据监控发现的、稽核比对结果异常的抵扣凭证以及非正常户的失控发票，税务机关可通过增值税发票系统升级版暂停该纳税人开具发票，将异常凭证录入增值税抵扣凭证审核检查系统，根据不同情况实施失控发票管理、委托核查、传递给销售方主管税务机关审核检查等。

（三）建立风险防控机制

税务机关在做好纳税服务，提高办税效率的同时，应充分利用信息化手段，建立高效联动的风险防控机制，科学设立风险防控指标，加强日常评估及后续监控管理，提升后续监控的及时性和针对性，跟踪分析纳税人发票使用及纳税申报情况。对纳税人发票使用异常且无正当理由的，税务机关可重新核定发票限额及领用数量。

（四）虚开增值税专用发票

虚开增值税专用发票或者虚开用于骗取出口退税、抵扣税款的其他发票，是指有为他人虚开、为自己虚开、让他人为自己虚开、介绍他人虚开行为之一的。虚开增值税专用发票罪根据《中华人民共和国刑事诉讼法》第二百零五条、第二百零八条规定执行。

第三节　税务机关代开增值税发票的管理

代开发票是指由税务机关根据收款方（或提供劳务服务方）的申请，依照法规、规章以及其他规范性文件的规定，代为向付款方（或接受劳务服务方）开具发票的行为。代开专用发票是指主管税务机关为所辖范围内的增值税纳税人代开专用发票，其他单位和个人不得代开。

一、代开普通发票一般规定

根据《国家税务总局关于加强和规范税务机关代开普通发票工作的通知》（国税函〔2004〕1024号），代开发票的一般规定如下：

（一）申请代开发票的范围与对象

代开发票的单位和个人应当凭有关证明材料，向主管税务机关申请代开普通发票。

1. 凡已办理税务登记的单位和个人，应当按规定向主管税务机关申请领购并开具与其经营业务范围相应的普通发票。但在销售货物、提供应税劳务服务、转让无形资产、销售不动产以及税法规定的其他商事活动（餐饮、娱乐业除外）中有下列情形之一的，可以向主管税务机关申请代开普通发票：

（1）纳税人虽已领购发票，但临时取得超出领购发票使用范围或者超过领用发票开具限额以外的业务收入，需要开具发票的。

（2）被税务机关依法收缴发票或者停止发售发票的纳税人，取得经营收入需要开具发票的。

（3）外省（自治区、直辖市）纳税人来本辖区临时从事经营活动的，原则上应当按照《税务登记管理办法》和跨区域涉税事项报验管理的规定，向经营地税务机关办理报验登记，领取发票自行开具；确因业务量小、开票频度低的，可以申请经营地税务机关代开。

2. 正在申请办理税务登记的单位和个人，对其自领取营业执照之日起至取得税务登记证件期间发生的业务收入需要开具发票的，主管税务机关可以为其代开发票。

3. 应办理税务登记而未办理的单位和个人，主管税务机关应当依法予以处理，并在补办税务登记手续后，对其自领取营业执照之日起至取得税务登记证件期间发生的业务收入需要开具发票的，为其代开发票。

4. 依法不需要办理税务登记的单位和个人，临时取得收入，需要开具发票的，主管税务机关可以为其代开发票。

（二）代开发票的基本要求

1. 申请代开发票经营额达不到省、自治区、直辖市税务机关确定的按次起征点的，只代开发票，不征税。但根据代开发票记录，属于同一申请代开发票的单位和个人，在一个纳税期内累计开票金额达到按月起征点的，应在达到起征点的当次一并计算征税。

2. 凡带有抵扣功能的普通发票和属于免税范围的普通发票，不得委托税务机关以外的单位代开。属于免税范围的，要在普通发票票面上注明“免税”字样。

二、代开专用发票管理办法

根据《税务机关代开增值税专用发票管理办法（试行）》（国税发〔2004〕153号）

规定，代开专用发票管理办法如下：

（一）专岗防伪税控系统开具

主管税务机关应设立代开专用发票岗位和税款征收岗位，并分别确定专人负责代开专用发票和税款征收工作。代开专用发票统一使用增值税防伪税控代开票系统开具。非防伪税控代开票系统开具的代开专用发票不得作为增值税进项税额抵扣凭证。增值税防伪税控代开票系统由防伪税控企业发行岗位按规定发行。

（二）适用小规模纳税人及确定的其他纳税人

这里所说的增值税纳税人是指已办理税务登记的小规模纳税人（包括个体经营者）以及国家税务总局确定的其他可予代开增值税专用发票的纳税人。增值税纳税人发生增值税应税行为、需要开具专用发票时，可向其主管税务机关申请代开。

增值税纳税人申请代开专用发票时，应填写《代开增值税专用发票缴纳税款申报单》。税务机关可采取税银联网划款、银行卡（POS 机）划款或现金收取三种方式征收税款。

代开发票岗位应按下列要求填写专用发票的有关项目：

销货单位栏填写代开税务机关的统一代码和代开税务机关名称；增值税纳税人应在代开专用发票的备注栏上，加盖本单位的发票专用章。

为增值税纳税人代开的专用发票应统一使用六联专用发票，第五联代开发票岗位留存，以备发票的扫描补录，第六联交税款征收岗位，用于代开发票税额与征收税款的定期核对，其他联次交增值税纳税人。

自 2020 年 2 月 1 日起，增值税小规模纳税人（不含其他个人）发生增值税应税行为且购买方要求小规模纳税人开具增值税专用发票时，可以自愿使用增值税发票管理系统自行开具增值税专用发票。选择自行开具增值税专用发票的小规模纳税人，税务机关不再为其代开增值税专用发票。

三、不动产经营租赁服务征管办法

根据《纳税人提供不动产经营租赁服务增值税征收管理暂行办法》（国家税务总局公告 2016 年第 16 号）规定，纳税人以经营租赁方式出租其取得的不动产，包括以直接购买、接受捐赠、接受投资入股、自建以及抵债等各种形式取得的不动产。

（一）小规模纳税人出租不动产

小规模纳税人中的单位和个体工商户出租不动产，不能自行开具增值税发票的，可向不动产所在地主管税务机关申请代开增值税发票。

（二）其他个人出租不动产

其他个人出租不动产，可向不动产所在地主管税务机关申请代开增值税发票。

（三）向其他个人出租不动产

纳税人向其他个人出租不动产，不得开具或申请代开增值税专用发票。

四、申请代开增值税发票办理流程

根据《关于纳税人申请代开增值税发票办理流程的公告》（国家税务总局公告2016年第59号）的规定，结合纳税服务规范，更为细化、更有明确指向和可操作的纳税人申请代开发票办理流程如下：

（一）代开增值税发票资料（见表11－1）

表11－1　　代开增值税发票资料一览

序号	材料名称	数量	备注
1	代开增值税发票缴纳税款申报单	1份	
以下为条件报送资料			
代开申请人为其他个人的	身份证明原件及复印件	1份	原件查验退回，已实行实名办税的，取消报送复印件
代开申请人为单位的	加载统一社会信用代码的营业执照或登记证件	1份	查验退回，已实行实名办税的，取消报送
	经办人身份证明原件及复印件	1份	原件查验退回，已实行实名办税的，取消报送复印件
纳税人出租或者转让取得的不动产	出租或者转让取得的不动产的书面确认证明	1份	查验退回
接受税务机关委托代征税款的保险、证券经纪人、信用卡和旅游行业纳税人代个人代理人申请汇总代开	列明个人代理人的姓名、身份证号码、联系方式、付款时间、付款金额、代征税款的详细清单	1份	

（二）货物运输业小规模纳税人代开增值税专用发票资料（见表11－2）

表11－2　　货物运输业小规模纳税人代开增值税专用发票资料一览

序号	材料名称	数量	备注
1	货物运输业代开增值税专用发票缴纳税款申报单	1份	
2	加载统一社会信用代码的营业执照或登记证件复印件	1份	已实行实名办税的，取消报送
3	经办人身份证明原件及复印件	1份	原件查验退回，已实行实名办税的，取消报送复印件

（三）代开增值税发票注意事项

1. 保险代理人。接受税务机关委托代征税款的保险业、证券业、信用卡业和旅游业企业，向代理人或经纪人支付佣金费用后，可代代理人或经纪人统一向主管税务机关申请汇总代开增值税普通发票或增值税专用发票。2019 年 1 月 1 日至 2021 年 12 月 31 日，其他个人采取一次性收取租金形式出租不动产取得的租金收入，可在对应的租赁期内平均分摊，分摊后的月租金收入未超过 10 万元的，在代开增值税普通发票时，可以免征增值税。

2. 作废或红字退税。因开具错误、销货退回、销售折让、服务中止等原因，纳税人需作废已代开增值税发票的，可凭已代开发票在代开当月向原代开税务机关提出作废申请；不符合作废条件的，可以通过开具红字发票处理；纳税人需要退回已征收税款的，可以向税务机关申请退税。

3. 免税或退税。申请代开增值税普通发票经营额达不到省、自治区、直辖市税务机关确定的按次起征点的，只代开不征增值税。小规模纳税人月销售额未超过 10 万元（按季 30 万元）的，当期因开具增值税专用发票已经缴纳的税款，在增值税专用发票全部联次追回或者按规定开具红字专用发票后，可以向主管税务机关申请退还。

4. 机动车船舶。中国境内提供公路货物运输和内河货物运输且具备相关运输资格并已纳入税收管理的小规模纳税人，将营运资质和营运机动车、船舶信息向主管税务机关进行备案后，可在税务登记地、货物起运地、货物到达地或运输业务承揽地（含互联网物流平台所在地）中任何一地，就近向税务机关申请代开增值税专用发票。

5. 转让不动产。小规模纳税人转让其取得的不动产，不能自行开具增值税发票的，可向不动产所在地主管税务机关申请代开；纳税人向其他个人转让其取得的不动产，不得开具或申请代开增值税专用发票。其他个人销售其取得的不动产和出租不动产，购买方或承租方不属于其他个人的，纳税人缴纳增值税等税费后可以向不动产所在地主管税务机关申请代开增值税专用发票。

五、自行开具增值税专用发票范围

根据《国家税务总局关于扩大小规模纳税人自行开具增值税专用发票试点范围等事项的公告》，自 2016 年 8 月 1 日起，税务总局开展了小规模纳税人自行开具增值税专用发票试点工作，先后将住宿业、鉴证咨询业、建筑业、工业、信息传输、软件和信息技术服务业等行业纳入试点范围。

自 2019 年 3 月 1 日起，将租赁和商务服务业，科学研究和技术服务业，居民服务、修理和其他服务业等三个行业纳入试点范围。试点纳税人可以选择使用增值税发票管理系统自行开具增值税专用发票，或者向税务机关申请代开。选择自行开具增值税专用发票的小规模纳税人，税务机关不再为其代开。

2019 年 8 月，国家税务总局实施第二批便民办税缴费新举措，全面推行小规模纳税人自行开具增值税专用发票。税务总局进一步扩大小规模纳税人自行开具增值税专用发票范围，小规模纳税人（其他个人除外）发生增值税应税行为、需要开具增值税专用发票的，可以自愿使用增值税发票管理系统自行开具。

自 2020 年 2 月 1 日起，增值税小规模纳税人（其他个人除外）发生增值税应税行为，需要开具增值税专用发票的，可以自愿使用增值税发票管理系统自行开具。选择自行开具增值税专用发票的小规模纳税人，税务机关不再为其代开增值税专用发票。

第四节　其他抵扣凭证的管理

《增值税暂行条例》第八条规定，纳税人购进货物、劳务、服务、无形资产、不动产支付或者负担的进项税额，除了从销售方取得的增值税专用发票上注明的增值税额准予从销项税额中抵扣以外，下列进项税额准予从销项税额中抵扣：（1）从海关取得的海关进口增值税专用缴款书上注明的增值税额。（2）购进农产品，除取得增值税专用发票或者海关进口增值税专用缴款书外，按照农产品收购发票或者销售发票上注明的农产品买价和 9% 的扣除率计算的进项税额，国务院另有规定的除外（见表 11 - 3）。进项税额计算公式：进项税额 = 买价 × 扣除率。（3）自境外单位或者个人购进劳务、服务、无形资产或者境内的不动产，从税务机关或者扣缴义务人取得的代扣代缴税款的完税凭证上注明的增值税额；准予抵扣的项目和扣除率的调整，由国务院决定。

《增值税暂行条例》第九条规定，纳税人购进货物、劳务、服务、无形资产、不动产，取得的增值税扣税凭证不符合法律、行政法规或者国务院税务主管部门有关规定的，其进项税额不得从销项税额中抵扣。

表 11 - 3　　农产品进项税额抵扣表

一、申报抵扣的进项税额	
项　目	栏　次
（一）认证相符的税控增值税专用发票	1 = 2 + 3
其中：本期认证相符且本期申报抵扣	2
前期认证相符且本期申报抵扣	3
（二）其他扣税凭证	4 = 5 + 6 + 7 + 8a + 8b
其中：海关进口增值税专用缴款书	5
农产品收购发票或者销售发票	6
代扣代缴税收缴款凭证	7
加计扣除农产品进项税额	8a
其他	8b
（三）本期用于购建不动产的扣税凭证	9
（四）本期用于抵扣的旅客运输服务扣税凭证	10
（五）外贸企业进项税额抵扣证明	11
当期申报抵扣进项税额合计	12 = 1 + 4 + 11

一、海关进口增值税专用缴款书

增值税一般纳税人取得 2017 年 1 月 1 日及以后开具的增值税专用发票、海关进口增值税专用缴款书、机动车销售统一发票、收费公路通行费增值税电子普通发票，取消认证确认、稽核比对、申报抵扣的期限。纳税人在进行增值税纳税申报时，应当通过本省（自治区、直辖市和计划单列市）增值税发票综合服务平台对上述扣税凭证信息进行用途确认。

增值税一般纳税人取得 2016 年 12 月 31 日及以前开具的增值税专用发票、海关进口增值税专用缴款书、机动车销售统一发票，超过认证确认、稽核比对、申报抵扣期限，但符合规定条件的，仍可按照《国家税务总局关于逾期增值税扣税凭证抵扣问题的公告》（国家税务总局公告 2011 年第 50 号，国家税务总局公告 2017 年第 36 号、2018 年第 31 号修改）、《国家税务总局关于未按期申报抵扣增值税扣税凭证有关问题的公告》（国家税务总局公告 2011 年第 78 号，国家税务总局公告 2018 年第 31 号修改）规定，继续抵扣进项税额。

二、机动车销售统一发票

（一）调整发票票面内容

根据《国家税务总局关于调整机动车销售统一发票票面内容的公告》（国家税务总局公告 2014 年第 27 号）规定，税务总局决定对机动车销售统一发票的票面内容做出调整。

机动车销售统一发票票面调整内容及填用方法如下：

（1）将原“身份证号码/组织机构代码”栏调整为“纳税人识别号”；“纳税人识别号”栏内打印购买方纳税人识别号，如购买方需要抵扣增值税税款，该栏必须填写，其他情况可为空。

（2）将原“购货单位（人）”栏调整为“购买方名称及身份证号码/组织机构代码”栏；“身份证号码/组织机构代码”应换行打印在“购买方名称”的下方。

（3）增加“完税凭证号码”栏；“完税凭证号码”栏内打印代开机动车销售统一发票时对应开具的增值税完税证号码，自开机动车销售统一发票时此栏为空。

（4）纳税人销售免征增值税的机动车，通过机动车销售统一发票税控系统开具时应在机动车销售统一发票“增值税税率或征收率”栏选填“0”，机动车销售统一发票“增值税税率或征收率”栏自动打印显示“＊＊＊”，“增值税税额”栏自动打印显示“＊＊＊＊＊＊”；机动车销售统一发票票面“不含税价”栏和“价税合计”栏填写金额相等。

（5）根据纳税人开票需要，增加“厂牌型号”栏宽度、压缩“车辆类型”栏宽度，并相应调整“购买方名称及身份证号码/组织机构代码”“吨位”栏宽度，机动车销售统一发票联次、规格及票面所有栏次高度不变。

（二）机动车销售发票样式

机动车销售发票，为电脑六联式发票。即第一联发票联（购货单位付款凭证）；第二联抵扣联（购货单位扣税凭证）；第三联报税联（车购税征收单位留存凭证）；第四联注册登记联（车辆登记单位留存凭证）；第五联记账联（销货单位记账凭证）；第六联存根联（销货单位留存凭证）。第一联印色为棕色，第二联印色为绿色，第三联印色为紫色，第四联印色为蓝色，第五联印色为红色，第六联印色为黑色。发票代码、发票号码印色为黑色。机动车销售发票规格为241mm×177mm。当购货单位不是增值税一般纳税人时，第二联抵扣联由销货单位留存。

（三）机动车销售发票丢失

根据《国家税务总局关于增值税发票综合服务平台等事项的公告》（国家税务总局公告2020年第1号）规定，纳税人同时丢失已开具增值税专用发票或机动车销售统一发票的发票联和抵扣联，可凭加盖销售方发票专用章的相应发票记账联复印件，作为增值税进项税额的抵扣凭证、退税凭证或记账凭证。

纳税人丢失已开具增值税专用发票或机动车销售统一发票的抵扣联，可凭相应发票的发票联复印件，作为增值税进项税额的抵扣凭证或退税凭证；纳税人丢失已开具增值税专用发票或机动车销售统一发票的发票联，可凭相应发票的抵扣联复印件，作为记账凭证。

（四）机动车销售发票含义

“机打代码”应与“发票代码”一致，“机打号码”应与“发票号码”一致；“机器编号”指税控器具的编号；“税控码”指由税控器具根据票面相关参数生成打印的密码；“身份证号码”指购车人身份证号码；“组织机构代码”指由质检（技术监督）部门颁发的企业、事业单位和社会团体统一代码，向增值税一般纳税人销售机动车并使用税控系统开具机动车销售发票的“身份证号码/组织机构代码”栏统一填写购买方纳税人识别号；“进口证明书号”指海关货物进口证明书号码；“商检单号”指商检局进口机动车车辆随车检验单号码；“车辆识别代号”指表示机动车身份识别的统一代码（即VIN）；“价税合计”指含税（含增值税）车价；“纳税人识别号、账号、地址、开户银行”指销货单位所属信息；“增值税税率或征收率”指税收法律、法规规定的增值税税率或征收率；“增值税税额”指按照增值税税率或征收率计算出的税额，供按规定符合进项抵扣条件的增值税一般纳税人抵扣税款时使用；“不含税价”指不含增值税的车价，供税务机关计算进项抵扣税额和车辆购置税时使用，保留2位小数；“主管税务机关及代码”指销货单位主管税务机关及代码；“吨位”指货车核定载质量；“限乘人数”指轿车和货车限定的乘坐人数。

（五）机动车销售发票计算公式

增值税税额＝价税合计－不含税价

不含税价＝价税合计÷(1＋增值税税率或征收率)

（六）机动车销售发票适用范围

根据《国家税务总局关于使用新版机动车销售统一发票有关问题的通知》（国税函〔2006〕479号）规定，凡从事机动车零售业务的单位和个人，从2006年8月1日起，在销售机动车（不包括销售旧机动车）收取款项时，必须开具税务机关统一印制的新版“机动车销售统一发票”（以下简称“机动车发票”），并在发票联加盖财务专用章或发票专用章，抵扣联和报税联不得加盖印章。

根据《国家税务总局关于〈机动车销售统一发票〉注册登记联加盖开票单位印章问题的通知》（国税函〔2006〕813 号），从 2006 年 10 月 1 日起，“机动车销售统一发票”注册登记联一律加盖开票单位印章。

（七）与车辆购置税完税证明信息共享

根据《国家税务总局 公安部关于建立车辆购置税完税证明和机动车销售发票信息共享核查机制有关工作的通知》（税总发〔2017〕12 号）规定，加强税务机关和公安机关交通管理部门协作，建立车辆购置税完税证明、机动车销售发票（包括机动车销售统一发票和二手车销售发票，下同）信息共享及核查工作机制，优化便民服务：

1. 建立车辆购置税完税证明信息共享和核查工作机制。各地省级税务机关和公安机关交通管理部门要建立协作工作机制，加强车辆购置税完税证明信息共享和核查。省级税务机关要在 2017 年 2 月底前开设至同级公安机关交通管理部门的数据传输专线，计划单列市税务机关向本省省级税务机关开设数据传输专线。自 2017 年 5 月 1 日起实时（每 5 分钟）将本省（含计划单列市）税务机关签发的车辆购置税的完税证明电子信息传输给公安机关交通管理部门，公安机关交通管理部门要做好信息接收工作。省级税务机关向同级公安机关交通管理部门传输信息的范围暂限于汽车、挂车的车辆购置税完税证明电子信息。

2. 严格审核车辆购置税完税证明。公安机关交通管理部门在办理机动车注册登记业务时，要对照税务机关传输的车辆购置税完税证明电子信息，严格审查车主提供的车辆购置税完税证明。对比对无误的，公安机关交通管理部门按规定程序办理车辆登记手续；对比对信息不符的，启动嫌疑车辆调查程序，向当地税务机关核实，待核实无误后再办理车辆登记手续；对因技术原因导致信息传输故障或者未收到信息暂时无法进行信息比对的，公安机关交通管理部门可先依据车主提供的车辆购置税完税证明办理车辆登记手续，待传输故障排除或者收到相关信息后，再履行比对程序。省级公安机关交通管理部门要每周汇总传输故障、未收到信息和比对不符的车辆信息，并传输至对应的省级税务机关。省级税务机关收到公安机关交通管理部门传输的已办理车辆登记手续但因传输故障、未收到信息而未履行比对程序的车辆信息，应会同公安机关交通管理部门及时核查，排除技术故障，补传相关信息。

3. 加强对嫌疑车辆购置税完税证明的稽查。省级税务机关要将公安机关交通管理部门通报的比对不符的车辆信息清分至纳税人所在地主管税务机关依法处理，并及时传输补办的车辆完税证明信息。各地税务机关要配合公安机关交通管理部门开展针对车辆购置税信息比对不一致情况的调查核实，并在收到核实请求后 10 个工作日内反馈核查结果。对因信息传输故障或者未收到信息而未履行比对程序直接办理车辆登记手续、后经比对仍缺失完税信息的车辆，税务机关要及时与当事人联系核查。经核查，税务机关发现纳税人未按照规定缴纳车辆购置税的，责令其补税；纳税人拒绝缴纳的，或者经核查发现伪造、变造车辆购置税完税证明的，税务机关应按照《中华人民共和国税收征收管理法》依法处罚；构成犯罪的，依法追究刑事责任；公安机关交通管理部门依法撤销机动车登记，收缴机动车牌证。

4. 加强机动车销售发票核查管理。公安部和国家税务总局已建立数据传输专线，国家税务总局每周汇总全国机动车销售发票信息传输至公安部，交通管理信息系统自动比对机动车销售发票信息。对销售发票票面信息同税务机关传输的电子信息比对不符或者未查到销售发票电子信息的，公安部定期清分至车辆登记地公安机关交通管理部门，各地税务机关要配合公安机关交通管理部门核查。具体工作机制由各省公安机关交通管理部门与各省税务机关协商确定。经核查发现伪造、变造机动车销售发票的，税务机关应按照《中华人民共和国税收征收管理法》和《中华人民共和国发票管理办法》依法处罚；构成犯罪的，依法追究刑事责任；公安机关交通管理部门依法撤销机动车登记，收缴机动车牌证。

5. 优化便民服务。为进一步提高便民服务水平，各地税务机关要与当地公安机关交通管理部门加强合作，及时互相通报政策，协调车辆购置税征收权限设置层级和相应的业务范围、办理条件，加快向县级税务机关下放业务权限，确保车辆登记与车辆购置税征收权限设置层级、业务范围一致。各地税务机关要结合实际情况，在当地公安机关车辆登记部门设置车辆购置税征收点，并在机动车登记服务站点增设业务代办网点和自助缴税机，逐步推行通过互联网缴纳车辆购置税，方便群众缴税。

三、农产品收购凭证或者销售发票

购进农产品，按照农产品收购发票或者销售发票上注明的农产品买价和扣除率（9%）计算的进项税额，准予从销项税额中抵扣（见表 11 - 4）。

表 11 - 4　农产品进项税额抵扣表

销售方	抵扣凭证	进项税额	加计扣除（生产销售或委托受托加工 13% 货物）	
			分别核算	未分别核算
农业生产者 农民专业合作社 公司 + 农户	普通发票	金额 ×9%	金额 ×1%	0
农业生产者 个人	普通发票 收购发票	金额 ×9% 买价 ×9%	金额 ×1% 买价 ×1%	0
小规模纳税人 非自产农产品	专用发票	金额 ×9%	金额 ×1%	0 凭票抵扣 购进时已按 9% 抵扣 需进项税额转出
一般纳税人 非自产农产品 进口农产品	专用发票 海关进口增值税专用缴款书	凭票抵扣	金额 ×1%	0
流通环节 鲜活肉蛋产品 蔬菜	专用发票 （放弃免税）	金额 ×9%	金额 ×1%	0 凭票抵扣 购进时已按 9% 抵扣 需进项税额转出

四、代扣代缴税收完税凭证

从境外单位或者个人购进服务、无形资产或者不动产，自税务机关或者扣缴义务人取得的解缴税款的完税凭证上注明的增值税额，可作为进项税额从销项税额中抵扣。纳税人凭完税凭证抵扣进项税额的，应当具备书面合同、付款证明和境外单位的对账单或者发票。资料不全的，其进项税额不得从销项税额中抵扣。具体按照完税凭证扣缴的增值税金额填写到增值税纳税申报表附列资料（附表二）的第七栏“代扣代缴税收缴款凭证”中。

五、外贸企业进项税额抵扣证明

根据《出口货物劳务增值税和消费税管理办法》（国家税务总局公告 2012 年第 24 号），外贸企业发生原计入出口库存账的出口货物转内销或视同内销货物征税的，以及已申报退（免）税的出口货物发生退运并转内销的，外贸企业应于发生内销或视同内销货物的当月向主管税务机关申请开具出口货物转内销证明。但是在进行出口退税申报的时候，相关的进项发票已经扫描认证并计入“待抵扣进项税额”栏次，出口货物转内销或视同内销货物征税的应允许抵扣相应的进项税额，所以外贸企业在取得出口货物转内销证明的下一个增值税纳税申报期内申报纳税时，可以以此作为进项税额的抵扣凭证使用（见表 11－5）。

表 11－5　　出口货物转内销证明

编号：

________________国税局：

现由企业申请，我局确认，____________________公司（税务登记代码：____________）

下列货物因____________________，由出口转为内销，特此证明。

销货增值税发票号	开票日期	商品代码	商品名称	计量单位	内销数量	购货情况				购货增值税发票号
						单价	计税金额	征税税率（%）	税额	
1	2	3	4	5	6	7	8＝6×7	9	10＝8×9	11
合计	—	—	—	—	—	—		—		—
出口企业海关代码：				主管税务机关意见						
经办人： 负责人：　　（公章） 年　月　日				经办人： 年　月　日			科（所）长： 年　月　日		负责人：　　（章） 年　月　日	

六、通行费发票

（一）收费公路通行费增值税电子普通发票

纳税人支付的道路通行费，按照收费公路通行费增值税电子普通发票上注明的增值税额抵扣进项税额。

高速公路通行费可抵扣进项税额 = 高速公路通行费发票上注明的金额 ÷（1 + 3%）× 3%

（二）桥、闸通行费发票

纳税人支付的桥、闸通行费，暂凭取得的通行费发票上注明的收费金额按照下列公式计算可抵扣进项税额：

桥、闸通行费可抵扣进项税额 = 桥、闸通行费发票上注明的金额 ÷（1 + 5%）× 5%

高速公路通行费凭票计算抵扣进项税额时限为 2018 年 1 月 1 日至 6 月 30 日；一级、二级公路通行费凭票计算抵扣进项税额时限为 2018 年 1 月 1 日至 12 月 31 日。

七、本期用于购建不动产的扣税凭证

自 2019 年 4 月 1 日起，纳税人取得不动产或者不动产在建工程的进项税额不再分两年抵扣。此前按照规定尚未抵扣完毕的待抵扣进项税额，可自 2019 年 4 月税款所属期起从销项税额中抵扣。

尚未抵扣完毕的待抵扣进项税额，通过增值税申报表填报。

本期用于构建不动产的扣税凭证，是购买房地产或者建设房屋作为固定资产使用的进项增值税专用发票，以及一年以前上述增值税进项税额的 40% 部分。

八、旅客运输服务票单

纳税人购进国内旅客运输服务，其进项税额允许从销项税额中抵扣。纳税人未取得增值税专用发票的，暂按照以下规定确定进项税额：

（一）电子普通发票

取得增值税电子普通发票的，为发票上注明的税额。

（二）航空运输电子客票行程单

取得注明旅客身份信息的航空运输电子客票行程单的，为按照下列公式计算进项税额：

航空旅客运输进项税额 =（票价 + 燃油附加费）÷（1 + 9%）× 9%

（三）注明旅客身份信息的铁路车票

取得注明旅客身份信息的铁路车票的，为按照下列公式计算的进项税额：

铁路旅客运输进项税额 = 票面金额 ÷（1 + 9%）× 9%

（四）注明旅客身份信息的公路、水路等其他客票

取得注明旅客身份信息的公路、水路等其他客票的，按照下列公式计算进项税额：

公路、水路等其他旅客运输进项税额 = 票面金额 ÷（1 + 3%）× 3%

旅客运输服务取得的除了增值税专用发票外的其他发票，计算抵扣结果填在相应的申报表中。同时统计总额后填写第 10 栏。

第五节 增值税发票系统

国家税务总局 2014 年决定将一般纳税人使用的增值税专用发票系统和在部分小规模纳税人中推行的增值税发票系统进行整合升级，形成“一个系统、两个覆盖”的增值税一体化管理架构。“一个系统”，即增值税发票管理新系统；“两个覆盖”，即覆盖所有增值税纳税人（包括一般纳税人、小规模纳税人和临时散户），覆盖所有发票（包括增值税专用发票和普通发票）。

2015 年 1 月 1 日，新系统率先在新认定的增值税一般纳税人和新办的小规模纳税人中推行；2015 年 4 月 1 日起，分步在全国推行，并于当年完成了存量增值税一般纳税人以及起征点以上小规模纳税人的推行工作；2016 年 4 月底，完成了新增营改增纳税人的推行工作；2016 年 5 月 1 日起，税务机关代开专票、普票全部通过新系统开具。

增值税专用发票、增值税普通发票、机动车销售统一发票、增值税电子普通发票、“二手车”销售统一发票、成品油发票、稀土发票均纳入增值税发票管理新系统，并通过加强增值税、车辆购置税、消费税等的管理支持汽车、原油、稀土等行业健康发展。

一、增值税发票管理新系统的主要特点

增值税发票管理新系统是在防伪税控系统、货运发票系统、稽核系统和税务数字证书系统的基础上，整合升级形成的，主要有以下特点：

（一）信息采集完整化

对增值税发票票面的数字、汉字等信息，包括纳税人名称、货物名称、单价、数量、税额、税率等进行全面采集。

（二）信息传递实时化

将发票信息传递方式由过去纳税人单机开票、定期报送升级为通过互联网线上开票、

实时上传税务机关。

（三）信息存贮集约化

纳税人开具的每张发票，都进行数字证书签名，并全程监控、闭环传递到税务机关，形成电子底账数据库，作为纳税申报、发票真伪查验以及税源管理、数据分析利用的依据。

二、增值税发票管理新系统的主要功能

增值税发票管理新系统有以下功能：

（一）实现了全面覆盖

新系统覆盖所有增值税纳税人及所有增值税发票，且随着营改增的全面推开，新系统将覆盖国民经济三次产业，填补了税控系统中增值税专用发票数据不完整以及缺乏增值税普通发票信息的空白，解决了发票数据不完整、不及时的问题。

（二）推进了网络办税

纳税人发票申领、开具、验旧、缴销、报税、查验、办理开具红字发票手续、系统升级以及纳税申报等大部分办税事项均可通过网络实现，尤其是将网上认证抵扣增值税进项税额的范围由纳税信用为 ABC 级的纳税人扩大至 M 级和 D 级的全部一般纳税人，方便了纳税人。

（三）建立了发票大数据

建立了及时、完整、准确的增值税发票数据库，纳税人开具发票的全票面信息（包括所有汉字和数字内容），实时加密上传税务机关，形成不可修改的发票电子底账库，成为数据分析的重要抓手。同时，开票数据跨省异地推送，实现了纳税人申报数据与开票数据的实时比对，提升了税收管理监控的全面性和及时性。

（四）搭建了真伪查验平台

新系统搭建了全国统一的发票真伪查验平台，向受票方及相关第三方提供发票真伪查验服务，有效解决了虚假发票泛滥问题。

（五）保障了数据安全

新系统对纳税人网上办税实行税务数字证书安全认证和发票数据加密验签，税务机关采集传输的发票数据、申报数据均为加密安全数据，实现了数据防篡改、防盗取，保障了纳税人网上办税数据的安全性。

（六）有效防控税收风险

全面、及时地采集增值税发票数据，为税务机关迅速发现风险，快速实施风险应对提

供了有效手段。比如，通过分析商贸企业购进、销售货物的品名是否背离，若购进黄金、销售钢材，则存在重大的虚开增值税专用发票嫌疑；通过分析生产企业原材料、产成品的逻辑关系是否合理，若购进棉花，在无其他辅料购进的情况下直接生产出服装，则不排除虚构生产企业、骗取出口退税的可能性等。发现风险点，除移送检查部门处理外，税务机关还可通过远程控制，及时停止风险企业发票开具，发挥新系统实时化、网络化的特点与优势，最大限度地保全税款，防止风险进一步扩大。

三、增值税发票管理新系统税收管理

增值税发票系统升级版是对增值税防伪税控系统、货物运输业增值税专用发票税控系统、稽核系统以及税务数字证书系统等进行整合升级完善。实现纳税人经过税务数字证书安全认证、加密开具的发票数据，通过互联网实时上传税务机关，生成增值税发票电子底账，作为纳税申报、发票数据查验以及税源管理、数据分析利用的依据。

（一）专用设备开具发票

增值税发票系统升级版纳税人端税控设备包括“金税”盘和税控盘（以下统称专用设备）。专用设备均可开具增值税专用发票、增值税普通发票、增值税电子发票和机动车销售统一发票。除规定的发票，一般纳税人和小规模纳税人发生增值税业务对外开具发票应当使用专用设备开具。

（二）在线开具上传发票数据

纳税人应在互联网连接状态下在线使用增值税发票系统升级版开具发票。增值税发票系统升级版可自动上传已开具的发票明细数据。

（三）离线时限和金额

纳税人因网络故障等原因无法在线开票的，在税务机关设定的离线开票时限和离线开具发票总金额范围内仍可开票，超限将无法开具发票。纳税人开具发票次月仍未连通网络上传已开具发票明细数据的，也将无法开具发票。纳税人需连通网络上传发票数据后方可开票，若仍无法连通网络的需携带专用设备到税务机关进行征期报税或非征期报税后方可开票。

纳税人已开具未上传的增值税发票为离线发票。离线开票时限是指自第一份离线发票开具时间起开始计算可离线开具的最长时限。离线开票总金额是指可开具离线发票的累计不含税总金额，离线开票总金额按不同票种分别计算。纳税人离线开票时限和离线开票总金额的设定标准及方法由各省、自治区、直辖市和计划单列市税务机关确定。

（四）离线开具发票

按照有关规定不使用网络办税或不具备网络条件的特定纳税人，以离线方式开具发票，不受离线开票时限和离线开具发票总金额限制。特定纳税人的相关信息由主管税务机关在综合征管系统中设定，并同步至增值税发票系统升级版。

（五）网络报税

纳税人原本在纳税申报期内将上月开具发票汇总情况通过增值税发票系统升级版进行网络报税。根据《国家税务总局关于2019年开展“便民办税春风行动”的意见》（税总发〔2019〕19号）规定，除了特定纳税人及特殊情形外，取消增值税发票抄报税，改由纳税人对开票数据进行确认。

网络不发达的时候，纳税人首先要进行抄税，即把信息抄到卡（金税盘/税控盘）里，把卡（金税盘/税控盘）报送到税务局清卡（报税），然后再填写增值税申报表申报增值税。

纳税人在互联网连接状态下在线使用增值税发票管理系统开具发票，增值税发票管理系统已经实现了数据的实时上传，增值税发票管理系统实现了发票全票面信息的实时采集和动态掌握，抄报税基本同时完成，每月初开票系统自动执行抄报税动作。

四、增值税发票管理系统开具发票

“二手车”销售统一发票、成品油发票、稀土发票均纳入增值税发票管理系统，通过加强增值税、车辆购置税、消费税等的管理支持汽车、原油、稀土等行业健康发展。

（一）“二手车”销售统一发票

自2018年4月1日起，“二手车”交易市场、“二手车”经销企业、经纪机构和拍卖企业应当通过增值税发票管理新系统开具“二手车”销售统一发票。

“二手车”销售统一发票“车价合计”栏次仅注明车辆价款。“二手车”交易市场、“二手车”经销企业、经纪机构和拍卖企业在办理过户手续过程中收取的其他费用，应当单独开具增值税发票。

通过增值税发票管理新系统开具的“二手车”销售统一发票与现行“二手车”销售统一发票票样保持一致。

单位和个人可以登录全国增值税发票查验平台，对增值税发票管理新系统开具的“二手车”销售统一发票信息进行查验。

（二）成品油发票

成品油发票是指销售汽油、柴油、航空煤油、石脑油、溶剂油、润滑油、燃料油等成品油所开具的增值税专用发票和增值税普通发票。

1. 所有成品油发票均须通过增值税发票管理新系统中成品油发票开具模块开具。纳税人需要开具成品油发票的，由主管税务机关开通成品油发票开具模块。

开具成品油发票时，应遵守以下规则：

（1）正确选择商品和服务税收分类编码。

（2）发票“单位”栏应选择“吨”或“升”，蓝字发票的“数量”栏为必填项且不为“0”；开具成品油专用发票后，发生销货退回、开票有误以及销售折让等情形的，应按规定开具红字成品油专用发票。

（3）销货退回、开票有误等原因涉及销售数量的，应在“开具红字增值税专用发票信息表”中填写相应数量，销售折让的不填写数量。

（4）成品油经销企业某一商品和服务税收分类编码的油品可开具成品油发票的总量，应不大于所取得的成品油专用发票、海关进口消费税专用缴款书对应的同一商品和服务税收分类编码的油品总量。成品油经销企业开具成品油发票前，应登陆增值税发票选择确认平台确认已取得的成品油专用发票、海关进口消费税专用缴款书信息，并通过成品油发票开具模块下载上述信息。

2. 外购、进口和委托加工收回的汽油、柴油、石脑油、燃料油、润滑油用于连续生产应税成品油的，应凭通过增值税发票选择确认平台确认的成品油专用发票、海关进口消费税专用缴款书，以及税收缴款书（代扣代收专用），按规定计算扣除已纳消费税税款，其他凭证不得作为消费税扣除凭证。

外购石脑油、燃料油用于生产乙烯、芳烃类化工产品的，应凭取得的成品油专用发票所载明的石脑油、燃料油的数量，按规定计算退还消费税，其他发票或凭证不得作为计算退还消费税的凭证。

3. 纳税人申报的某一类成品油销售数量，应大于或等于开具的该同一类成品油发票所载明的数量；申报扣除的成品油数量，应小于或等于取得的扣除凭证载明数量。申报比对相符后，主管税务机关对纳税人的税控设备进行解锁；比对不相符的，待解除异常后，方可解锁。

（三）稀土发票

从事稀土产品（包括稀土矿产品、稀土冶炼分离产品、稀土金属及合金、稀土产品加工费）生产、商贸流通的增值税纳税人销售稀土产品或提供稀土应税劳务、服务的，应当通过升级后的增值税发票管理系统开具稀土专用发票；销售非稀土产品或提供非稀土应税劳务、服务的，不得开具稀土专用发票。

稀土专用发票开具不得使用增值税发票管理系统“销售货物或者提供应税劳务、服务清单”填开功能。稀土专用发票“货物或应税劳务、服务名称”栏应当通过增值税发票管理系统中的稀土产品目录选择，“单位”栏选择“公斤”或“吨”，“数量”栏按照折氧化物计量填写。增值税发票管理系统在发票左上角自动打印“XT”字样。

自 2019 年 6 月 1 日起，停用增值税防伪税控系统汉字防伪项目。

稀土企业销售稀土矿产品、稀土冶炼分离产品、稀土金属及合金，提供稀土加工应税劳务、服务的，应当按照《稀土产品目录》的分类分别开具发票。

稀土企业需要开具稀土专用发票的，由主管税务机关开通增值税发票管理系统中的稀土专用发票开具功能。

本章习题

一、多项选择题

1. 有关代开发票的说法，表述正确的有（　　）。

A. 增值税小规模纳税人可以申请税务机关代开普通发票

B. 增值税小规模纳税人可以申请税务机关代开专用发票

C. 自然人个人可以申请税务机关代开不动产出租专用发票

D. 个体工商户可以申请税务机关代开或自愿自开增值税专用发票

E. 自开专用发票的小规模纳税人可以申请税务机关代开发票

［参考答案］**ABC**

［答案解析］根据《关于增值税发票管理等有关事项的公告》（国家税务总局公告2019年第33号），自2020年2月1日起，增值税小规模纳税人（不含其他个人）发生增值税应税行为且购买方要求小规模纳税人开具增值税专用发票时，可以自愿使用增值税发票管理系统自行开具增值税专用发票。选择自行开具增值税专用发票的小规模纳税人，税务机关不再为其代开增值税专用发票。个体工商户包括一般纳税人个体工商户和小规模纳税人个体工商户。

2. 目前可以批量下载发票信息的发票种类包括（　　）。

A. 增值税电子普通发票　　B. 二手车销售统一发票

C. 机动车销售统一发票　　D. 收费公路通行费电子发票

E. 代扣代缴税款凭证

［参考答案］**ABCD**

［答案解析］目前可以批量下载发票信息的发票种类包括增值税专用发票、增值税普通发票、增值税电子普通发票、收费公路通行费增值税电子普通发票、机动车销售统一发票、二手车销售统一发票。

3. 某企业因债务纠纷2020年3月存有多张发票未认证，以下可以通过增值税发票综合服务平台按规定进行认证确认、稽核比对、申报抵扣的有（　　）。

A. 2017年3月1日取得的增值税专用发票

B. 2018年4月1日取得的机动车销售统一发票

C. 2019年5月1日取得的海关进口增值税专用缴款书

D. 2016年9月1日取得的货物运输发票

E. 2020年2月1日收费公路通行费电子发票

［参考答案］**ABCE**

［答案解析］增值税发票综合服务平台取消2017年1月1日及以后开具的抵扣凭证（增值税专用发票、海关进口增值税专用缴款书、机动车销售统一发票、收费公路通行费增值税电子普通发票）的认证确认、稽核比对、申报抵扣的期限。

4. 自2020年2月1日起，增值税小规模纳税人发生增值税应税行为需要开具增值税专用发票，可以采取的方法有（　　）。

A. 可以申请税务机关为其代开增值税专用发票

B. 可以自愿使用增值税发票管理系统自行开具

C. 税务机关不再为纳税人代开增值税专用发票

D. 自愿自行开具专用发票后税务机关不再为其代开

E. 选择自愿自行开具专用发票和税务机关为其代开

［参考答案］ABD

［答案解析］《国家税务总局关于扩大小规模纳税人自行开具增值税专用发票试点范围等事项的公告》（国家税务总局公告 2019 年第 8 号）规定，扩大小规模纳税人自行开具增值税专用发票试点范围。试点纳税人销售其取得的不动产，需要开具增值税专用发票的，应当按照有关规定向税务机关申请代开（2020 年 2 月 1 日前）。

《国家税务总局关于增值税发票管理等有关事项的公告》（国家税务总局公告 2019 年第 33 号）规定，自 2020 年 2 月 1 日起，增值税小规模纳税人（其他个人除外）发生增值税应税行为，需要开具增值税专用发票的，可以自愿使用增值税发票管理系统自行开具。选择自行开具增值税专用发票的小规模纳税人，税务机关不再为其代开增值税专用发票。

5. 丢失机动车销售发票的消费者需要到机动车销售单位取得的凭证和资料有（　　）。

A. 相应发票记账联复印件

B. 相应发票的发票联复印件

C. 相应发票的抵扣联复印件

D. 重新开具与原销售发票存根联内容一致的发票

E. 加盖销售方发票专用章的相应发票记账联复印件

［参考答案］BCE

［答案解析］根据《国家税务总局关于增值税发票综合服务平台等事项的公告》（国家税务总局公告 2020 年第 1 号）规定，纳税人同时丢失已开具增值税专用发票或机动车销售统一发票的发票联和抵扣联，可凭加盖销售方发票专用章的相应发票记账联复印件，作为增值税进项税额的抵扣凭证、退税凭证或记账凭证。

纳税人丢失已开具增值税专用发票或机动车销售统一发票的抵扣联，可凭相应发票的发票联复印件，作为增值税进项税额的抵扣凭证或退税凭证；纳税人丢失已开具增值税专用发票或机动车销售统一发票的发票联，可凭相应发票的抵扣联复印件，作为记账凭证。

6. 必须通过增值税发票管理系统开具发票的包括（　　）。

A. 二手车销售统一发票　　B. 成品油发票

C. 代开专用发票　　D. 稀土发票

E. 区块链发票

［参考答案］ABCD

［答案解析］增值税专用发票、增值税普通发票、机动车销售统一发票、增值税电子普通发票、代开专用发票、二手车销售统一发票、成品油发票、稀土发票均纳入增值税发票管理新系统。

二、判断题

某企业法人为公司买了 2 台碎纸机和加湿器，发票开具日期为 2016 年 12 月 15 日。因工作疏忽将发票放置在家忘记抵扣，直到 2019 年 12 月 31 日才将发票拿给公司财务。这张发票因超期无法通过增值税发票综合服务平台抵扣税款。（　）

［参考答案］错误

［答案解析］增值税发票综合服务平台调整逾期抵扣申请校验规则，2017 年 1 月 1 日（不含）前开具的增值税专用发票、机动车销售统一发票和海关进口增值税专用缴款书方可进行逾期抵扣申请。

根据国家税务总局公告 2019 年第 45 号规定，增值税一般纳税人取得 2016 年 12 月 31 日及以前开具的增值税专用发票、海关进口增值税专用缴款书和机动车销售统一发票，超过认证确认、稽核比对、申报抵扣期限，但符合规定条件的，仍可通过平台的逾期抵扣功能模块保送资料录入发票信息继续抵扣进项税额。

第十二章　增值税会计处理

鉴于增值税征收管理的复杂性，日常会计核算与税收核算存在差异，为统一核算标准，保证会计信息质量同时方便纳税人遵循，制定统一的核算规则非常重要。2006 年出台的企业会计准则中针对增值税核算仅做了一些概括性、原则性说明，加上正处于营业税改增值税的特殊时期，新情况、新业态不断增加，正确的增值税会计处理是增值税管理的重要内容。

2011 年 11 月 16 日，财政部和国家税务总局联合下发了《营业税改征增值税试点方案》（财税〔2011〕110 号），2012 年 1 月 1 日在上海市试点营业税改征增值税，自此开启我国财税体制改革中营改增的大幕。2016 年 1 月，国务院总理李克强主持召开座谈会。决定营改增作为深化财税体制改革的重头戏，前期试点已取得积极成效，2016 年要全面推开，进一步较大幅度减轻企业税负。国务院提交十二届全国人大四次会议审议的《政府工作报告》中提出，全面实施营业税改征增值税，从 5 月 1 日起，将试点范围扩大到建筑业、房地产业、金融业、生活服务业。2016 年 3 月 23 日，财政部和国家税务总局联合下发了《关于全面推开营业税改征增值税试点的通知》，配套发布了《营业税改征增值税试点实施办法》（财税〔2016〕36 号附件），落实在全国范围内全面推开营业税改征增值税试点。随着营改增试点范围的不断扩大，试点行业的不断拓展，为进一步规范增值税会计处理，促进财税〔2016〕36 号文件的贯彻落实，财政部于 2016 年 12 月 3 日颁布了《增值税会计处理规定》（财会〔2016〕22 号），要求所有企业、事业单位按规定执行。与此同时，2016 年 5 月 1 日至《增值税会计处理规定》施行之间发生的交易由于本规定而影响资产、负债等金额的，应按规定调整。《营业税改征增值税试点有关企业会计处理规定》（财会〔2012〕13 号）及《关于小微企业免征增值税和营业税的会计处理规定》（财会〔2013〕24 号）等原有关增值税会计处理的规定同时废止。

第一节　增值税会计处理的会计科目及专栏设置

根据增值税管理的法律法规，无论单位还是个人，只要发生增值税行为，就成为增值税的纳税人，当存在特殊情形时，会成为代扣代缴义务人。增值税纳税人按照经营规模大小，划分为一般纳税人和小规模纳税人，划分标准依据为《财政部　税务总局关于统一增值税小规模纳税人标准的通知》（财税〔2018〕33 号）。财政部颁布的《增值税会计处理规定》（财会〔2016〕22 号）按照一般纳税人与小规模纳税人的不同对会计科目的设置进行了规定。

一、一般纳税人的会计科目及专栏设置

财会〔2016〕22 号文件对原来增值税一般纳税人相关会计科目的设置有大幅度调整。增值税一般纳税人应当在“应交税费”科目下设置“应交增值税”“未交增值税”“预交增值税”“待抵扣进项税额”“待认证进项税额”“待转销项税额”“增值税留抵税额”“简易计税”“转让金融商品应交增值税”“代扣代交增值税”等明细科目。鉴于增值税一般纳税人有两种计税方法：一般计税方法与简易计税方法，在会计科目设置时将两者予以区分。如表 12－1 所示。

表 12－1　　一般纳税人应交税费明细账户

类型	计税方法	明细账户
纳税义务	一般计税方法	应交增值税
		未交增值税
		预交增值税
		待抵扣进项税额
		待认证进项税额
		待转销项税额
		增值税留抵税额
		转让金融商品应交增值税
	简易计税方法	简易计税
扣缴义务		代扣代交增值税

我们将明细账户具体用途细述如下：

1. 为了详细核算企业应缴纳增值税的计算和解缴、抵扣等情况，增值税一般纳税人应在“应交增值税”明细账户内设置“进项税额”“销项税额抵减”“已交税金”“转出未交增值税”“减免税款”“出口抵减内销产品应纳税额”“销项税额”“出口退税”“进项税额转出”“转出多交增值税”等科目，“应交税费——应交增值税”科目借贷对应关系如表 12－2 所示。

表 12－2　　应交税费——应交增值税的专栏

借　　方	贷　　方
1. 进项税额	1. 销项税额
2. 销项税额抵减	2. 出口退税
3. 已交税金	3. 进项税额转出
4. 转出未交增值税	4. 转出多交增值税
5. 减免税款	
6. 出口抵减内销产品应纳税额	
期末借方余额反映尚未抵扣的进项税额	贷方无余额

（1）“进项税额”专栏，记录一般纳税人购进货物、加工修理修配劳务、服务、无形资产或不动产而支付或负担的、准予从当期销项税额中抵扣的增值税额。

（2）“销项税额抵减”科目，记录一般纳税人按照现行增值税制度规定因扣减销售额而减少的销项税额。

（3）“已交税金”专栏，记录一般纳税人当月已缴纳的应交增值税税额。

（4）“转出未交增值税”和“转出多交增值税”专栏，分别记录一般纳税人月度终了转出当月应交未交或多交的增值税税额。

（5）“减免税款”专栏，记录一般纳税人按现行增值税制度规定准予减免的增值税额。

（6）“出口抵减内销产品应纳税额”专栏，记录实行“免、抵、退”办法的一般纳税人按规定计算的出口货物的进项税抵减内销产品的应纳税额。

（7）“销项税额”专栏，记录一般纳税人销售货物、加工修理修配劳务、服务、无形资产或不动产应收取的增值税税额。

（8）“出口退税”专栏，记录一般纳税人出口货物、加工修理修配劳务、服务、无形资产按规定退回的增值税税额。

（9）“进项税额转出”专栏，记录一般纳税人购进货物、加工修理修配劳务、服务、无形资产或不动产等发生非正常损失以及其他原因而不应从销项税额中抵扣、按规定转出的进项税额。

2. “未交增值税”明细科目，核算一般纳税人月度终了从“应交增值税”或“预交增值税”明细科目转入当月应交未交、多交或预缴的增值税税额，以及当月缴纳以前期间未交的增值税额。值得说明的是，该科目的主要功能是集中体现向税务机关缴纳的税款。另外，预缴增值税税款的是否可以转入还应该区分不同情形，按照相应税收政策规定转入。比如销售自行开发的房地产项目，只有当其纳税义务发生时方可抵减转入。

3. “预交增值税”明细科目，核算一般纳税人转让不动产、提供不动产经营租赁服务、提供建筑服务、采用预收款方式销售自行开发的房地产项目等，以及其他按现行增值税制度规定应预缴的增值税税额。但是依据《财政部　国家税务总局关于建筑服务等营改增时点政策的通知》（财税〔2017〕58 号）规定，从 2017 年 7 月 1 日起，提供建筑服务纳税义务发生时间不再是预收账款时，其纳税义务发生时间同增值税纳税义务发生时间的一般规定。纳税人提供建筑服务取得预收款，应在收到预收款时，以取得的预收款扣除支付的分包款后的余额，按照规定的预征率预缴增值税。按照现行规定应在建筑服务发生地预缴增值税的项目，纳税人收到预收款时在建筑服务发生地预缴增值税。按照现行规定无须在建筑服务发生地预缴增值税的项目，纳税人收到预收款时在机构所在地预缴增值税。

4. “待抵扣进项税额”明细科目，核算一般纳税人已取得增值税扣税凭证并经税务机关认证，按照现行增值税制度规定准予以后期间从销项税额中抵扣的进项税额，包括：一般纳税人自 2016 年 5 月 1 日后取得并按固定资产核算的不动产或者 2016 年 5 月 1 日后取得的不动产在建工程，按现行增值税制度规定准予以后期间从销项税额中抵扣的进项税额，该政策执行至 2019 年 3 月 31 日，根据《关于深化增值税改革有关政策公告》（财政部　税务总局　海关总署公告 2019 年第 39 号）的规定，自 2019 年 4 月 1 日起，不动产取得的进项税额可一次性抵扣；实行纳税辅导期管理的一般纳税人取得的尚未交叉稽核比对的增值税扣税凭证上注明或计算的进项税额。另外，随着《财政部　税务总局关于统一增值税小规模纳税人标准的通知》（财税〔2018〕33 号）出台，小规模纳税人标准发生变化，原增值税一般纳税人可选择在 2018 年 12 月 31 日之前转登记为小规模纳税人。《国家税务总局关于统一小规模纳税人标准等若干增值税问题的公告》（国家税务总局公告 2018 年第 18 号）规定：一般纳税人可选择按照《财政部　税务总局关于统一增值税小规模纳税人标准的通知》（财税〔2018〕33 号）第二条的规定，转登记为小规模纳税人，或选择继续作为一般纳税人。转登记纳税人尚未申报抵扣的进项税额以及转登记日当期的期末留抵税额，计入"应交税费——待抵扣进项税额"核算。转登记纳税人在一般纳税人期间销售或者购进的货物、劳务、服务、无形资产、不动产，自转登记日的下期起发生销售折让、中止或者退回的，调整转登记日当期的销项税额、进项税额和应纳税额。调整后的应纳税额大于转登记日当期申报的应纳税额形成的少缴税款，从"应交税费——待抵扣进项税额"中抵减；抵减后仍有余额的，计入发生销售折让、中止或者退回当期的应纳税额一并申报缴纳。转登记纳税人应准确核算"应交税费——待抵扣进项税额"的变动情况。

5. "待认证进项税额"明细科目，核算一般纳税人由于未经税务机关认证而不得从当期销项税额中抵扣的进项税额。包括：一般纳税人已取得增值税扣税凭证、按照现行增值税制度规定准予从销项税额中抵扣，但尚未经税务机关认证的进项税额；一般纳税人已申请稽核但尚未取得稽核相符结果的海关缴款书进项税额。根据《国家税务总局关于扩大小规模纳税人自行开具增值税专用发票试点范围等事项的公告》（国家税务总局公告 2019 年第 8 号），自 2019 年 3 月 1 日起，扩大取消增值税发票认证的纳税人范围。将取消增值税发票认证的纳税人范围扩大至全部一般纳税人。一般纳税人取得增值税发票（包括增值税专用发票、机动车销售统一发票、收费公路通行费增值税电子普通发票，下同）后，可以自愿使用增值税发票选择确认平台查询、选择用于申报抵扣、出口退税或者代办退税的增值税发票信息。该科目失去了实质意义，实务中将不会再使用。

6. "待转销项税额"明细科目，核算一般纳税人销售货物、加工修理修配劳务、服务、无形资产或不动产，已确认相关收入（或利得）但尚未发生增值税纳税义务而需于以后期间确认为销项税额的增值税税额。该科目属于会计科目中的过渡科目，主要处理会计准则确认收入时点早于增值税纳税义务发生时点的问题。

7. "增值税留抵税额"明细科目，核算兼有销售服务、无形资产或者不动产的原增值税一般纳税人，截止到纳入营改增试点之日前的增值税期末留抵税额按照现行增值税制度规定不得从销售服务、无形资产或不动产的销项税额中抵扣的增值税留抵税额。随着《国家税务总局关于调整增值税一般纳税人留抵税额申报口径的公告》（国家税务总局公告 2016 年第 75 号）的施行，增值税留抵税额的余额可以一次性抵扣，"增值税留抵税额"明细账户不再具有使用价值。

8. "简易计税"明细科目，核算一般纳税人采用简易计税方法发生的增值税计提、扣减、预缴、缴纳等业务。作为一般纳税人采用简易方法项目专用账户，其目的是与一般计税法项目增值税的核算完全分开。需要特别注意的是，简易计税方法项目增值税额也在"简易计税"明细账户核算，不通过"预交增值税"明细账户；采用简易计税方法征税项目因扣减销售额而抵减的增值税税额也在“简易计税”明细账户核算，不通过税费——“应交增值税（销项税额抵减）”专栏核算。

9. “转让金融商品应交增值税”明细科目，核算增值税纳税人转让金融商品发生的增值税税额。金融商品转让卖出价减买入价的负差不得抵减其他应税项目的销售额，只能向以后期间结转用以后期间金融商品转让卖出价减买入价的正差抵减，但是如果负差年末仍未得到抵减，不得结转下一年度抵减。为了防止金融商品转让的负差用其他应税项目的销售额抵减，新规定单独设置“转让金融商品应交增值税”明细账户，专门核算转让金融商品正差形成的增值税应纳税额、负差形成的可抵减增值税税额和金融商品转让项目缴纳增值税以金融商品买入时应按含税买入价记入金融资产类账户借方（假设不考虑相关费用），及年末可抵减增值税税额的冲销情况。

10. “代扣代交增值税”明细科目，核算纳税人购进在境内未设经营机构的境外单位或个人在境内的应税行为代扣代缴的增值税。

11. 生产、生活性服务业纳税人取得资产或接受劳务时，应当按照《增值税会计处理规定》的相关规定对增值税相关业务进行会计处理；实际缴纳增值税时，按应纳税额借记“应交税费——未交增值税”等科目，按实际纳税金额贷记“银行存款”科目，按加计抵减的金额贷记“其他收益”科目。

二、小规模纳税人的会计科目设置

小规模纳税人只需在“应交税费”科目下设置“应交增值税”明细科目，不需要设置上述专栏及除“转让金融商品应交增值税”“代扣代交增值税”外的明细科目。如表 12 – 3 所示。

表 12 – 3　　小规模纳税人应交税费明细账户

类型	计税方法	明细账户
纳税义务	简易计税方法	应交增值税
		转让金融商品应交增值税
扣缴义务		代扣代交增值税

第二节　一般纳税人增值税的会计处理

一、购进业务的增值税会计处理

采购等业务进项税额允许抵扣的账务处理。一般纳税人购进货物、加工修理修配劳务、服务、无形资产或不动产，按应计入相关成本费用或资产的金额，借记“在途物资”

或“原材料”“库存商品”“生产成本”“无形资产”“固定资产”“管理费用”等科目，按当月已认证的可抵扣增值税额，借记“应交税费——应交增值税（进项税额）”科目，按当月未认证的可抵扣增值税额，借记“应交税费——待认证进项税额”科目，按应付或实际支付的金额，贷记“应付账款”“应付票据”“银行存款”等科目。发生退货的，如原增值税专用发票已做认证，应根据税务机关开具的红字增值税专用发票做相反的会计分录；如原增值税专用发票未做认证，应将发票退回并做相反的会计分录。

（一）国内购进业务的会计处理

一般纳税人购进项目能够产生进项税额，形成可以抵扣的进项税额，必须同时满足三个条件：一是抵扣范围，购进项目不能用于税法规定的进项税额不得抵扣的范围；二是扣税凭证，购进项目必须取得合法的扣税凭证；三是抵扣时限，取得的扣税凭证应在规定的抵扣时限内经过认证、申请稽核比对、申报扣除等程序。但自 2019 年 3 月 1 日起，扩大取消增值税发票认证的纳税人范围。取消增值税发票认证的纳税人范围扩大至全部一般纳税人。一般纳税人取得增值税发票（包括增值税专用发票、机动车销售统一发票、收费公路通行费增值税电子普通发票，下同）后，可以自愿使用增值税发票选择确认平台查询，选择用于申报抵扣、出口退税或者代办退税的增值税发票信息（国家税务总局公告 2019 年第 8 号）。

目前，增值税扣税凭证有五种：增值税专用发票、海关进口增值税专用缴款书、农产品收购发票或销售发票、解缴税款的完税凭证和通行费发票。纳税人取得的增值税扣税凭证不符合法律、行政法规或者国家税务总局有关规定的，其进项税额不得从销项税额中抵扣。根据购进项目来源不同，取得扣税凭证具体有下列五种情形：纳税人从境内购进货物、劳务、服务（公路内河通行服务除外）、无形资产和不动产应以增值税专用发票作为扣税凭证。其中，从境内购进农产品除增值税专用发票外还可以农产品收购发票或销售发票作为扣税凭证；从境内购进公路内河通行服务以通行费发票作为扣税凭证；纳税人从境外购进货物应以海关进口增值税专用缴款书作为扣税凭证；纳税人从境外购进服务、无形资产和不动产应以代扣代缴税款的完税凭证作为扣税凭证。纳税人凭完税凭证抵扣进项税额的，应当具备书面合同、付款证明和境外单位的对账单或者发票。资料不全的，其进项税额不得从销项税额中抵扣。

1. 购进货物增值税的会计处理。

（1）单、货同到，是指购进货物时，发票与货物同时到达购买方。企业首先应判定是否取得可以抵扣进项税额的扣税凭证，如果取得了扣税凭证，应按不含税价作为成本记入存货类账户借方，增值税额作为当期或以后期间抵扣的进项税额；如果没有取得合法扣税凭证，应将价税合计价记入存货类账户借方。

（2）货到单未到，指货物等已验收入库但尚未取得增值税扣税凭证。一般纳税人购进的货物等已到达并验收入库，但尚未收到增值税扣税凭证并未付款的，应在月末按货物清单或相关合同协议上的价格暂估入账，不需要将增值税的进项税额暂估入账。下月初，用红字冲销原暂估入账金额，待取得相关增值税扣税凭证并经认证后，按应计入相关成本费用或资产的金额，借记“原材料”“库存商品”“固定资产”“无形资产”等科目，按可抵扣的增值税额，借记“应交税费——应交增值税（进项税额）”科目，按应付金额，贷记“应付账款”等科目。

（3）单到货未到，指收到发票时，按货物不含税价记入“在途物资”或“材料采购”账户，增值税额记入“应交税费——应交增值税（进项税额）”，待货物到达验收合格入库后，将货物成本从“在途物资”或“材料采购”转入“原材料”等账户。

2. 购进劳务或服务增值税的会计处理。随着营改增的全面推进，增值税的征税范围已经覆盖了原来营业税所有行为。纳税人购进劳务或服务，能够取得扣税凭证且属于抵扣范围的，进项税额可以抵扣。购进劳务或服务取得增值税专用发票时，记入“应交税费——应交增值税（进项税额）”账户。

（二）境外购进业务的会计处理

1. 境外购进货物。纳税人从境外购进货物，在报关进口时应当缴纳进口增值税，从海关取得的海关进口增值税专用缴款书上注明的增值税税额准予从销项税额中抵扣。从境外购进货物将不含税价支付给境外供货方，将进口增值税税额支付给海关，支付的进口增值税就是纳税人在购进货物时支付或负担的进项税额，可以从销项税额中抵扣。

企业从境外购进货物，购买货物支付的购买价款和相关税费计入存货成本；在报关进口环节需要缴纳进口增值税，取得的海关进口增值税专用缴款书，可以作为购进货物抵扣进项税额的扣税凭证，缴纳的进口增值税税额记入“应交税费——应交增值税（进项税额）”专栏。

2. 境外购进服务或无形资产。按照现行增值税制度规定，境外单位或个人在境内发生应税行为，在境内未设有经营机构的，以购买方为增值税扣缴义务人。境内一般纳税人购进服务、无形资产或不动产，按应计入相关成本费用或资产的金额，借记“生产成本”“无形资产”“固定资产”“管理费用”等科目，按可抵扣的增值税税额，借记“应交税费——进项税额”科目（小规模纳税人应借记相关成本费用或资产科目），按应付或实际支付的金额，贷记“应付账款”等科目，按应代扣代缴的增值税税额，贷记“应交税费——代扣代交增值税”科目。实际缴纳代扣代缴增值税时，按代扣代缴的增值税税额，借记“应交税费——代扣代交增值税”科目，贷记“银行存款”科目。

（三）辅导期管理的一般纳税人购进业务会计处理

实行辅导期管理的一般纳税人，购进业务取得的扣税凭证实行“先比对后抵扣”管理办法，其取得的增值税专用发票注明的增值税额，暂时未取得税务机关比对相符通知书前，记入“应交税费——待抵扣进项税额”账户，只有在收到税务机关稽核比对相符通知书后，才能在当期抵扣，记入“应交税费——应交增值税（进项税额）”账户；取得的海关进口增值税专用缴款书应申请交叉稽核比对，未收到交叉稽核比对结果前，暂时不得抵扣，海关缴款书注明的增值税额记入“应交税费——待抵扣进项税额”账户，收到税务机关下发的“稽核结果通知书”时，根据比对结果相符的海关缴款书注明的增值税额，记入“应交税费——应交增值税（进项税额）”账户。

（四）购进不动产的会计处理

《关于发布〈不动产进项税额分期抵扣暂行办法〉的公告》（国家税务总局公告2016年第15号）规定，增值税一般纳税人2016年5月1日后取得并在会计制度上按固定资产核算的不动产，以及2016年5月1日后发生的不动产在建工程，其进项税额应按照本办法有关规定分两年从销项税额中抵扣，第一年抵扣比例为60%，第二年抵扣比例为40%。60%的部分于取得扣税凭证的当期从销项税额中抵扣；40%的部分为待抵扣进项税额，于取得扣税凭证的当月起第13个月从销项税额中抵扣。购进不动产，进项税额应分两年抵扣，购进当期抵扣60%，购进的第13个月抵扣40%。购进当期，按照专用发票上注明的增值税额的60%，借记“应交税费——应交增值税（进项税额）”账户，专用发票上注明增值税额的40%，借记“应交税费——待抵扣进项税额”账户。购进的第13个月，将增值税额的40%从“应交税费——待抵扣进项税额”账户转入“应交税费——应交增值税（进项税额）”账户。

根据《关于深化增值税改革有关政策的公告》（财政部　税务总局　海关总署公告2019年第39号）规定，自2019年4月1日起，《营业税改征增值税试点有关事项的规定》（财税〔2016〕36号附件）第一条第（四）项第1点、第二条第（一）项第1点停止执行，纳税人取得不动产或者不动产在建工程的进项税额不再分两年抵扣。此前按照上述规定尚未抵扣完毕的待抵扣进项税额，可自2019年4月税款所属期起从销项税额中抵扣。

（五）购进发生退回业务的会计处理

《增值税暂行条例》规定，纳税人适用一般计税方法计税的，因销售折让、中止或者退回而退还给购买方的增值税税额，应当从当期的销项税额中扣减；因销售折让、中止或者退回而收回的增值税税额，应当从当期的进项税额中扣减。

企业购进货物退回，应将原确认的货物成本冲减“原材料”等存货类账户，将原确认的增值税进项税额冲减“应交税费——应交增值税（进项税额）”等账户，按可收回的含税价值增加“应收账款”或“银行存款”等。值得注意的是，“应交税费——应交增值税（进项税额）”专栏设置在“应交税费——应交增值税”账户借方，冲减进项税额应用红字登记“应交税费——应交增值税（进项税额）”专栏。

（六）购进时进项税额不得抵扣的会计处理

一般纳税人购进货物、加工修理修配劳务、服务、无形资产或不动产，用于简易计税方法计税项目、免征增值税项目、集体福利或个人消费等，其进项税额按照现行增值税制度规定不得从销项税额中抵扣的，取得增值税专用发票时，应借记相关成本费用或资产科目。

（1）购入时即能认定其用于免税项目、简易计税方法项目、集体福利和个人消费的，进项税额不能抵扣，其专用发票上注明的增值税税额，计入购入货物、服务、无形资产、不动产的成本，不计提增值税进项税额。

（2）购入时不能确定其具体用途，可以将进项税额先行抵扣按照增值税专用发票上注明的增值税税额，记入“应交税费应——交增值税（进项税额）”账户；如果这部分购入货物、服务、无形资产以后用于免税项目、简易计税方法项目、集体福利和个人消费的，应将原已计入进项税额的增值税税额转入相关成本费用账户。

（七）购进进项税额抵扣情况发生改变的会计处理

因发生非正常损失或改变用途等，原已计入进项税额、待抵扣进项税额或待认证进项税额，但按现行增值税制度规定不得从销项税额中抵扣的，借记“待处理财产损溢”“应付职工薪酬”“固定资产”“无形资产”等科目，贷记“应交税费——应交增值税（进项税额转出）”“应交税费——待抵扣进项税额”或“应交税费——待认证进项税额”科目；原不得抵扣且未抵扣进项税额的固定资产、无形资产等，因改变用途等用于允许抵扣进项税额的应税项目的，应按允许抵扣的进项税额，借记“应交税费——应交增值税（进项税额）”科目，贷记“固定资产”“无形资产”等科目。固定资产、无形资产等经上述调整后，应按调整后的账面价值在剩余尚可使用寿命内计提折旧或摊销。

二、销售业务的增值税会计处理

（一）销售业务增值税的会计处理

企业销售货物、加工修理修配劳务、服务、无形资产或不动产，应当按应收或已收的金额，借记“应收账款”“应收票据”“银行存款”等科目，按取得的收入金额，贷记“主营业务收入”“其他业务收入”“固定资产清理”“工程结算”等科目，按现行增值税制度规定计算的销项税额（或采用简易计税方法计算的应纳增值税额），贷记“应交税费——应交增值税（销项税额）”或“应交税费——简易计税”科目（小规模纳税人应贷记“应交税费——应交增值税”科目）。发生销售退回的，应根据按规定开具的红字增值税专用发票做相反的会计分录。

按照国家统一的会计制度确认收入或利得的时点早于按照增值税制度确认增值税纳税义务发生时点的，应将相关销项税额记入“应交税费——待转销项税额”科目，待实际发生纳税义务时再转入“应交税费——应交增值税（销项税额）”或“应交税费——简易计税”科目。

按照增值税制度确认增值税纳税义务发生时点早于按照国家统一的会计制度确认收入或利得的时点的，应将应纳增值税额，借记“应收账款”科目，贷记“应交税费——应交增值税（销项税额）”或“应交税费——简易计税”科目，按照国家统一的会计制度确认收入或利得时，应按扣除增值税销项税额后的金额确认收入。

1. 直接收款、托收承付与委托收款方式销售货物或服务。现销方式销售货物（或服务）包括直接收款方式销售货物（或服务）、托收承付方式销售货物（或服务）和委托收款方式销售货物（或服务）。正常情况下，提供货物（或服务）的同时收讫货款或取得收取货款的权利，此时会计上应确认收入，增值税的纳税义务也在此环节发生。现销方式销售货物（或服务），按实现的不含税收入，贷记“主营业务收入”等账户，按应纳的增值税额，贷记“应交税费——应交增值税（销项税额）”账户，按实现含税价款，借记“应收账款”“银行存款”等账户。

2. 分期收款方式销售货物或服务。会计上，在发出商品并且所有权转移当期以该商品的公允价值确认商品销售收入，同时结转商品销售成本，合同价格与商品公允价值之间的差额确认为融资利息。增值税纳税义务发生时间为合同约定的收款日期。因此，在没有先开具发票的情形下，分期收款方式销售商品（或服务）当期，会计上全额确认商品（或服务）销售收入，此时增值税纳税义务并未发生，增值税税额暂时挂放在“应交税费——待转销项税额”账户贷方；等到合同约定的收款日期，无论款项是否收到，均应按合同约定的收款金额计算增值税销项税额，从“应交税费——待转销项税额”账户转入“应交税费——应交税值税（销项税额）”账户。

3. 销售折扣。商业折扣采用净额法核算，销售实现时，直接按商业折扣后的净额确认收入，商业折扣在账面上不作反映；现金折扣采用总额法核算，销售实现时，按未扣除现金折扣前的总额确认收入，现金折扣在实际发生时确认为“财务费用”。

4. 销售折让。销售折让是在销售已经实现后发生的，在销售实现时，企业已经全额确认了收入并结转了成本，在发生销售折让时，应冲减折让当期的销售收入（属于资产负债表日后事项的除外）。

5. 以旧换新。企业以旧换新方式销售货物，应按新货物的同期售价确定销售收入，计算增值税的纳税义务，换回的旧货物相当于购入。

（二）视同销售业务的增值税会计处理

企业将自产、委托加工或购买的货物无偿赠送他人，属于视同销售货物；单位或者个体工商户向其他单位或者个人无偿提供服务（用于公益事业或者以社会公众为对象的除外），属于视同提供服务；单位或者个人向其他单位或者个人无偿转让无形资产或者不动产（用于公益事业或者以社会公众为对象的除外），属于视同销售无形资产或者不动产。上述三种视同销售行为，应按规定计算缴纳增值税。企业发生税法上视同销售的行为，应当按照企业会计准则制度相关规定进行相应的会计处理，并按照现行增值税制度规定计算的销项税额（或采用简易计税方法计算的应纳增值税税额），借记“应付职工薪酬”“利润分配”等科目，贷记“应交税费——应交增值税（销项税额）”或“应交税费——简易计税”科目（小规模纳税人应计入“应交税费——应交增值税”科目）。

三、差额征税的增值税会计处理

企业发生相关成本费用允许扣减销售额的账务处理。按现行增值税制度规定企业发生相关成本费用允许扣减销售额的，发生成本费用时，按应付或实际支付的金额，借记“主营业务成本”“存货”“工程施工”等科目，贷记“应付账款”“应付票据”“银行存款”等科目。待取得合规增值税扣税凭证且纳税义务发生时，按照允许抵扣的税额，借记“应交税费——应交增值税（销项税额抵减）”或“应交税费——简易计税”科目（小规模纳税人应借记“应交税费——应交增值税”科目），贷记“主营业务成本”“存货”“工程施工”等科目。

四、一般计税方法下缴纳增值税的会计处理

（一）预缴增值税的会计处理

增值税纳税人预缴增值税分为两种类型：一种是纳税义务尚未发生，但国家为了保证税款的及时足额入库，规定纳税人在收到预收款时，先按照一定预征率向税务机关预缴增值税，待纳税义务发生时，再准确计算出应纳税额抵减已经预缴的增值税后，补缴应补税额；另一种是纳税义务发生了，为了划分不同地方税源，在项目所在地按一定预征率预缴增值税，当期还需要向机构所在地主管税务机关进行纳税申报，应纳税额减去项目所在地已预缴税额，余额在机构所在地补缴。

第一种类型的预缴增值税包括两项：一是房地产开发企业采用预收款方式销售开发产品，收到预收款时按3%预征率预缴税款；二是建筑企业提供建筑服务取得预收款，在收到预收款时，以取得的预收款扣除支付的分包款后的余额，按照3%或2%的预征率（一般计税方法预征率为2%，简易计税方法预征率为3%）预缴增值税。第二种类型的预缴增值税包括三项：一是跨地级市提供建筑服务；二是跨县（市）出租不动产；三是销售不动产。

企业预缴增值税时，借记“应交税费——预交增值税”科目，贷记“银行存款”科目。月末，企业应将“预交增值税”明细科目余额转入“未交增值税”明细科目，借记“应交税费——未交增值税”科目，贷记“应交税费——预交增值税”科目。房地产开发企业等在预缴增值税后，应直至纳税义务发生时方可从“应交税费——预交增值税”科目结转至“应交税费——未交增值税”科目。

（二）月末转出多交增值税和未交增值税的会计处理

月度终了，企业应当将当月应交未交或多交的增值税自“应交增值税”明细科目转入“未交增值税”明细科目。对于当月应交未交的增值税，借记“应交税费——应交增值税（转出未交增值税）”科目，贷记“应交税费——未交增值税”科目；对于当月多交的增值税，借记“应交税费——未交增值税”科目，贷记“应交税费——应交增值税（转出多交增值税）”科目。

（三）缴纳增值税的账务处理

缴纳当月应交增值税的账务处理。企业缴纳当月应交的增值税，借记“应交税费——应交增值税（已交税金）”科目（小规模纳税人应借记“应交税费——应交增值税”科目），贷记“银行存款”科目。

缴纳以前期间未交增值税的账务处理。企业缴纳以前期间未交的增值税，借记“应交税费——未交增值税”科目，贷记“银行存款”科目。

五、简易计税方法项目的增值税会计处理

一般纳税人采用简易计税方法发生增值税的计提、扣减、预缴、缴纳均通过“应交税

费——简易计税”明细账户核算。

（一）需要预缴的简易计税方法项目

纳税人发生应税行为，确认收入时，应计提该项目应纳增值税额，借记“银行存款”“应收账款”等科目，贷记“主营业务收入”和“应交税费——简易计税”科目。在不动产所在地或建筑服务发生地预缴增值税时，借记“应交税费——简易计税”科目，贷记“银行存款”科目。

（二）不需要预缴的简易计税方法项目

简易计税方法按照销售额和增值税征收率计算应纳增值税税额，在销售实现时，纳税人确认收入的同时计提增值税税额，计提的增值税税额记入“应交税费——简易计税”科目贷方，形成企业的负债；缴纳增值税时，记入“应交税费——简易计税”科目借方，负债减少。

六、增值税税收优惠的会计处理

（一）增值税税控系统专用设备和技术维护费用抵减增值税额的会计处理

按现行增值税制度规定，企业初次购买增值税税控系统专用设备支付的费用以及缴纳的技术维护费允许在增值税应纳税额中全额抵减，按规定抵减的增值税应纳税额，借记“应交税费——应交增值税（减免税款）”科目（小规模纳税人应借记“应交税费——应交增值税”科目），贷记“管理费用”等科目。

（二）免税项目的会计处理

一般纳税人购进货物、服务等用于免税项目，进项税额不得抵扣，按价税合计价计入成本费用；销售免税货物或服务，收取的全部款项为不含税价，按全部款项借记“银行账款”或“应收账款”等科目，同时贷记“主营业务收入”等科目。免税项目相关购销业务会计处理都不涉及增值税的核算。

（三）即征即退项目的会计处理

享受增值税即征即退优惠的纳税人，应先按税法规定全额缴纳增值税，然后再申请定额或一定比率退还，是在增值税正常缴纳之后的退库，并不影响增值税计算应纳税额和增值税专用发票抵扣链条的完整性。销售货物或应税劳务时，可按规定开具增值税专用发票，正常计算销项税额，购买方也可以按规定抵扣。因此，享受增值税即征即退优惠的纳税人购进业务、销售业务和缴纳税款的会计处理与不享受税收优惠的纳税人的会计处理方式完全一致，即：购进业务取得合法扣税凭证时，按不含税价记入成本费用账户可以抵扣的增值税额，记入“应交税费——应交增值税（进项税额）”科目；销售业务发生时，按含税价款记入“银行存款”“应收账款”等科目借方，贷记“主营业务收入”和“应交税费——应交增值税（销项税额）”等科目；月末，企业应将“应交税费——应交增值税”账户计算的本期应纳增值税额转入“应交税费——未交增值税”科目，借记“应交税费——应交增值税（转出未交增值税）”科目，贷记“应交税费——未交增值税”科目。享受增值税即征即退优惠的纳税人与不享受税收优惠的纳税人的会计处理不同的是：享受增值税即征即退优惠的纳税人缴纳完税款后，按规定可以收到退回的增值税额，借记“银行存款”科目。

（四）加计抵减政策的会计处理

根据《关于深化增值税改革有关政策的公告》（财政部　税务总局　海关总署公告 2019 年第 39 号）的规定，自 2019 年 4 月 1 日至 2021 年 12 月 31 日，允许生产、生活性服务业纳税人按照当期可抵扣进项税额加计 10%，抵减应纳税额（以下称加计抵减政策）。随后，财政部会计司发布了《关于深化增值税改革有关政策的公告》适用《增值税会计处理规定》有关问题的解读，生产、生活性服务业纳税人取得资产或接受劳务时，应当按照《增值税会计处理规定》的相关规定对增值税相关业务进行会计处理；实际缴纳增值税时，按应纳税额借记“应交税费——未交增值税”等科目，按实际纳税金额贷记“银行存款”科目，按加计抵减的金额贷记“其他收益”科目。

第三节　小规模纳税人增值税的会计处理

小规模纳税人发生应税行为适用简易计税方法计税，按照销售额和征收率计算应纳税额并不得抵扣进项税额。增值税小规模纳税人没有进项抵扣的概念，所以不需要取得增值税专用发票和进行认证工作。

一、购进业务的增值税会计处理

（一）国内采购业务的会计处理

由于小规模纳税人实行简易办法计算缴纳增值税，其购入货物或接受应税劳务、服务所支付的增值税税额应直接计入有关货物及劳务的成本，按支付的价税合计额，借记“材料采购”“原材料”“制造费用”“管理费用”“销售费用”“其他业务成本”等科目，贷记“银行款”等科目。

（二）境外采购业务的会计处理

纳税人从境外购进货物在报关进口时应当缴纳进口增值税，小规模纳税人不能抵扣进项税额，从海关取得的海关进口增值税专用缴款书上注明的增值税税额不得抵扣。购买方取得进口货物支付的款项包括三个部分，一是支付给境外供货方的价款；二是支付给运输和保险企业的运输保险费用；三是支付给海关的进口增值税税额、关税等。小规模纳税人应当将这三个部分均计入进口货物成本。

（三）购买方作为扣缴义务人的会计处理

我国境内企业从境外单位或个人购进服务或无形资产，增值税实行代扣代缴方式，境内购买方应将不含税价款支付给境外销售方，将增值税税额代缴到主管税务机关。境内购买方应将含税价款计入相关成本费用账户，将支付给境外销售方不含税价款记入“存款”“应付账款”等科目贷方，将代扣的增值税记入“应交税费——代扣代交增值税”科目。

按照现行增值税制度规定，境外单位或个人在境内发生应税行为，在境内未设有经营机构的，以购买方为增值税扣缴义务人。境内小规模纳税人购进劳务、无形资产或不动产，按应计入相关成本费用或资产的金额，借记“生产成本”“无形资产”“固定资产”“管理费用”等科目，按应付或实际支付的金额，贷记“应付账款”等科目，按应代扣代缴的增值税税额，贷记“应交税费——代扣代交增值税”科目。

实际缴纳代扣代缴增值税时，按代扣代缴的增值税税额，借记“应交税费——代扣代交增值税”科目，贷记“银行存款”科目。

购进服务、无形资产或不动产可抵扣进项税额：

借：生产成本/无形资产/固定资产/管理费用等

　　贷：银行存款/应付账款等

　　　　应交税费——代扣代交增值税

实际缴纳代扣代缴增值税时，按代扣代缴的增值税额，借记“应交税费——代扣代交增值税”科目，贷记“银行存款”科目。

借：应交税费——代扣代交增值税

　　贷：银行存款

二、销售业务的增值税会计处理

小规模纳税人发生应税行为适用简易计税方法计税，按照销售额和征收率计算应纳增值税税额并不得抵扣进项税额。应纳税额计算公式：

应纳税额 = 销售额 × 征收率

小规模纳税人销售货物或提供应税劳务，应按实现的含税销售收入，借记“银行存款”“应收账款”等科目，按实现的不含税销售收入，贷记“主营业务收入”“其他业务收入”等科目，按规定收取的增值税税额，贷记“应交税费——应交增值税”科目。发生的销货退回，作相反的会计分录。

三、缴纳增值税的会计处理

（一）小规模纳税人需要预缴的项目

小规模纳税人需要预缴增值税的项目包括转让不动产、提供异地不动产经营租赁服务、异地提供建筑服务。小规模纳税人发生上述三项行为，需要在不动产所在地或项目所在地将应纳增值税额全额预缴。小规模纳税人转让不动产、提供不动产经营租赁服务、提供建筑服务确认收入并计提该项目应纳增值税税额时，借“银行存款”“应收账款”等科目，贷记“主营业务收入”和“应交税费——应交增值税”科目。在不动产所在地或建筑项目所在地预缴增值税时，借记“应交税费——应交增值税”科目，贷记“银行存款”科目。

（二）小规模纳税人不需要预缴的项目

小规模纳税人销售业务实现时，在确认收入的同时，已经将应纳增值税额计入“应交增值税”账户贷方；按规定的纳税期限上缴税款时，借记“应交税费——应交增值税”科目，贷记“银行存款”等科目。详见销售业务的会计处理处举例。

四、增值税税收优惠的会计处理

（一）增值税税控系统专用设备和技术维护费用抵减增值税税额的会计处理

现行增值税制度规定，企业初次购买增值税税控系统专用设备支付的费及缴纳的技术维护费允许在增值税应纳税额中全额抵减的，按规定抵减的应纳税额，借记“应交税费——应交增值税”科目，贷记“管理费用”科目。

借：应交税费——应交增值税

　　贷：营业外收入——减免税款/管理费用——税控技术维护费等

初次购买增值税税控系统专用设备支付的费用抵减应纳增值税税额，记入“营业外收入——减免税款”科目或购买增值税税控系统专用设备记入的对应科目；支付技术维护费抵减应纳增值税税额，直接冲减计入支付技术维护费入账科目。

（二）小微企业免征增值税的会计处理

小微企业在取得销售收入时，应当按照税法的规定计算应交增值税，并确认为应交税费，在达到增值税制度规定的免征增值税条件时，将有关应交增值税转入当期损益。

其中，“增值税制度规定的免征增值税”实务中需要关注以下两点：

1.《关于全面推开营业税改征增值税试点有关税收征收管理事项的公告》（国家税务总局公告 2016 年第 23 号）第六条第二款规定，增值税小规模纳税人应分别核算销售货物，提供加工、修理修配劳务的销售额和销售服务、无形资产的销售额。增值税小规模纳税人销售货物，提供加工、修理修配劳务月销售额不超过 3 万元（按季纳税 9 万元），销售服务、无形资产月销售额不超过 3 万元（按季纳税 9 万元）的，自 2016 年 5 月 1 日起至 2017 年 12 月 31 日可分别享受小微企业暂免征收增值税优惠政策。

2.《关于合理简并纳税人申报缴税次数的公告》（国家税务总局公告 2016 年第 6 号）规定，自 2016 年 4 月 1 日起增值税小规模纳税人缴纳增值税、消费税、文化事业建设费，以及随增值税、消费税附征的城市维护建设税、教育费附加等税费，原则上实行按季申报。

根据上述文件规定，自 2016 年 4 月 1 日起增值税小规模纳税人缴纳增值税，原则上实行按季申报，也就是说增值税制度规定的免征增值税条件，按季纳税季度销售额不超过9万元。

结合财会〔2016〕22号文件规定，小微企业免征增值税的会计处理如下：

1. 每月取得销售收入时，应当按照税法的规定计算应交增值税，并确认为应交税费：

借：应收账款等

　　贷：主营业务收入其他业务收入/固定资产清理/工程结算等

　　　　应交税费——应交增值税

按照机构所在地的城市维护建设税适用税率和教育费附加征收率计算计提城市维护建设税和教育费附加：

借：税金及附加

　　贷：应交税费——应交城市维护建设税

　　　　　　　　——应交教育费附加

　　　　　　　　——应交地方教育附加

2. 季度申报时，达到增值税制度规定的免征增值税条件时，将有关应交增值税转入当期损益，建议转到“营业外收入”明细科目。

借：应交税费——应交增值税

　　贷：营业外收入

［**注意**］将有关应交增值税转入当期损益不包括，当期代开增值税专用发票未将专用发票全部联次追回或者按规定开具红字增值税专用发票，在代开增值税专用发票时向主管税务机关缴纳的增值税。

3. 季度末时，达到增值税制度规定的免征增值税条件时，将季度内计提的城市维护建设税及教育费附加冲回做相反的会计分录。

借：税金及附加（红字）

　　贷：应交税费——应交城市维护建设税（红字）

　　　　　　　　——应交教育费附加（红字）

　　　　　　　　——应交地方教育附加（红字）

［**注意**］冲回的城市维护建设税及教育费附加，不包括当期代开增值税专用发票未将专用发票全部联次追回的或者按规定开具红字的专用发票，在代开增值税专用发票时向主管税务机关缴纳的增值税、计算缴纳的城市维护建设税和教育费附加。

本章习题

1. A企业（一般纳税人）2019年5月购入原材料一批，取得的增值税专用发票，注明的价款为30 000元，增值税额为3 900元，建筑材料已入库，款项已支付。企业当月将该张增值税专用发票认证抵扣。

借：原材料	30 000	
应交税费——应交增值税（进项税额）	3 900	
贷：银行存款		33 900

2. A 企业（一般纳税人）2019 年 5 月购入原材料一批，合同约定的价款为 30 000 元，增值税税额为 3 900 元。5 月 23 日收到材料并验收入库，但直到月底仍未收到销售方开具的增值税专用发票，建筑材料款项尚未支付。6 月 12 日 A 企业向销售方支付货款并取得增值税专用发票，注明金额为 30 000 元，增值税额为 3 900 元。

5 月 23 日收到材料，不作会计处理，5 月 31 日发票账单未到，按协议价暂估入账：

借：原材料　　33 900

　　贷：应付账款——暂估应付账款　　33 900

6 月初，用红字冲回：

借：原材料　　33 900（红字）

　　贷：应付账款——暂估应付账款　　33 900（红字）

6 月 12 日收到发票时：

借：原材料　　30 000

　　应交税费——应交增值税（进项税额）　　3 900

　　贷：银行存款　　33 900

3. A 企业（一般纳税人）2019 年 5 月购入材料一批，5 月 26 日取得的销售方开具的增值税专用发票，注明的价款为 30 000 元，增值税税额为 3 900 元，但建筑材料尚未到达，企业当月未将该张增值税专用发票认证抵扣。6 月 3 日建筑材料运抵企业，验收合格后入库，并将增值税专用发票抵扣，款项尚未支付。

5 月 26 日收到发票时：

借：在途物资　　30 000

　　应交税费——应交增值税（进项税额）　　3 900

　　贷：应付账款　　33 900

6 月 3 日货物验收入库时：

借：原材料　　33 900

　　贷：在途物资　　33 900

4. A 公司（一般纳税人）支付传媒公司广告费 53 000 元，取得增值税专用发票，注明的价款为 50 000 元，增值税额为 3 000 元，款项通过银行转账支付。

借：销售费用　　50 000

　　应交税费——应交增值税（进项税额）　　3 000

　　贷：银行存款　　53 000

5. A 企业（一般纳税人）2018 年 9 月从国外进口设备一台，关税完税价格为 280 000 元，缴纳关税为 20 000 元，缴纳进口增值税为 39 000 元，取得完税凭证，款项用银行存款支付。取得了海关进口专用缴款书。

借：固定资产　　300 000

　　应交税费——应交增值税（进项税额）　　39 000

　　贷：银行存款　　339 000

6. A 银行 1 月对其可视化操作系统进行改造，接受境外 B 公司技术指导，合同总价为 20 万元。当月改造完成，境外 B 公司在中国无代理机构，A 公司办理扣缴增值税手续，取得扣缴通用缴款书，并将扣税后的价款支付给B公司。书面合同、付款证明和B公司的对账单齐全。会计处理如下：

借：应交税费——代扣代交增值税 11 320.75

贷：银行存款 11 320.75

借：在建工程 188 679.25

应交税费——应交增值税（进项税额） 11 320.75

贷：应交税费——代扣代交增值税 11 320.75

银行存款 188 679.25

7. 某公司2019年1月虚开增值税专用发票被国税稽查部门查处，当月收到主管税务机关的"税务事项通知书"，告知从2月1日起对其实行纳税6个月的辅导期管理。2月3日，公司当月第一次领购专用发票25份，17日已全部开具，取得营业额198 000元（含税）；18日该公司再次到主管税务机关申领发票，按规定对前次已领购并开具的专用发票销售额预缴3%的增值税。2月公司运输车辆加油取得增值税专用发票58 000元（含税）；车辆修理费取得增值税专用发票4 800元（含税）。

（1）取得运输服务销售款的核算：

借：银行存款 198 000

贷：主营业务收入——运输服务收入 180 000

应交税费——应交增值税（销项税额） 18 000

（2）增量购买专用发票预缴增值税税款的核算：

198 000 ÷ (1 + 10%) × 3% = 5 400（元）

借：应交税费——应交增值税（已交税金） 5 400

贷：银行存款 5 400

（3）取得加油费和维修费进项税额的核算：

借：销售费用——加油费 50 000

——维修费 30 000

应交税费——待抵扣进项税额 12 800

贷：银行存款 92 800

8. 2018年2月，A公司购进不动产专用建材1 000万元，取得进项税额170万元。会计处理如下：

借：在建工程 10 000 000

应交税费——待抵扣进项税额 680 000

——应交增值税（进项税额） 1 020 000

贷：银行存款 11 700 000

满12个月后，2019年2月，该公司会计处理为：

借：应交税费 ——应交增值税（进项税额） 680 000

贷：应交税费——待抵扣进项税额 680 000

接［例12－8］，假如2019年2月，A公司购进不动产专用建材1 000万元，取得进项税额170万元。会计处理如下：

借：在建工程　　10 000 000
　　应交税费——待抵扣进项税额　　680 000
　　　　　　——应交增值税（进项税额）　　1 020 000
　　贷：银行存款　　11 700 000

2019年4月，该公司会计处理为：

借：应交税费——应交增值税（进项税额）　　680 000
　　贷：应交税费—待抵扣进项税额　　680 000

9. A物流企业为一般纳税人，2019年4月，委托上海B公司一项运输业务，取得B企业开具的货物运输业增值税专用发票，价款20万元，注明的增值税额为1.8万元。从附近农民收购1 500元稻草用作运输货物保护，按规定已开具收购凭证。另外与H公司签订合同，约定让H公司提供运输服务，并于签订协议时全额支付现金6万元，H公司开具了专用发票。由于前往目的地的道路被冲毁，双方同意中止履行合同。5月8日，H公司收到A公司开具的红字专用发票及返还的运费。

会计分录如下：

借：主营业务成本　　200 000
　　应交税费——应交增值税（进项税额）　　18 000
　　贷：应付账款——B公司　　218 000

借：周转材料——低值易耗品　　1 365
　　应交税费——应交增值税（进项税额）　　135
　　贷：库存现金　　1 500

借：在途物资　　55 045.87
　　应交税费——应交增值税（进项税额）　　4 954.13
　　贷：库存现金（或银行存款）　　60 000

中止合同时：

借：在途物资　　55 045.87
　　应交税费——应交增值税（进项税额）　　4 954.13
　　贷：库存现金（或银行存款）　　60 000

10. 某建筑企业为增值税一般纳税人，2019年6月购买材料，取得增值税专用发票注明金额100 000元，进项税额13 000元，该批材料用于适用简易计税方法的老建筑项目，该笔进项税额不得抵扣，应直接计入成本。会计处理如下：

借：原材料　　100 000
　　应交税费——应交增值税（进项税额）　　13 000
　　贷：银行存款　　113 000

该批材料用于适用简易计税方法的老建筑项目时：

借：原材料　　13 000
　　贷：应交税费——应交增值税（进项税额转出）　　13 000

11. 某企业为增值税一般纳税人，2019年6月因管理不善霉烂变质材料一批，该批材料购买时，取得增值税专用发票注明金额100 000元，进项税额13 000元，该笔进项税额已抵扣。假设无相关责任人赔偿，则该批材料的进项税额如何处理？

非正常损失的购进货物，其取得的进项税额不得抵扣，故该笔进项税额应做进项税额转出处理。会计处理如下：

借：待处理财产损益——待处理流动资产损益　　113 000

　贷：原材料或相关科目　　100 000

　　　应交税费——应交增值税（进项税额转出）　　13 000

借：管理费用　　113 000

　贷：待处理财产损益——待处理流动资产损益　　113 000

12. 2019 年 5 月，A 企业（一般纳税人），提供交通运输服务，取得不含税收入 100 万元，提供物流辅助服务，取得不含税收入 100 万元，按照适用税率，分别开具增值税专用发票，款项已收。具体账务处理如下：

（1）取得运输收入时：

借：银行存款　　1 090 000

　贷：主营业务收入——运输　　1 000 000

　　　应交税费——应交增值税（销项税额）　　90 000

（2）取得物流辅助收入时：

借：银行存款　　1 060 000

　贷：其他业务收入——物流　　1 000 000

　　　应交税费——应交增值税（销项税额）　　60 000

结转成本会计分录省略。

13. A 公司（一般纳税人）2019 年 4 月 1 日采用分期收款方式销售设备给 B 公司，合同约定不含税价 500 万元，平均分 5 次在每季季末收取货款。2019 年 4 月 30 日收到第一笔货款 113 万元。已知设备在 2019 年 4 月 1 日现销价为 420 万元。

（1）2018 年 9 月 1 日销售实现时：

借：长期应收账款　　5 650 000

　贷：主营业务收入　　4 200 000

　　　未实现融资收益　　800 000

　　　应交税费——待转销项税额　　650 000

结转成本会计分录省略。

（2）2019 年 4 月 30 日收到第一笔货款时：

借：银行存款　　1 130 000

　贷：长期应收账款　　1 130 000

借：应交税费——待转销项税额　　130 000

　贷：应交税费——应交增值税（销项税额）　　130 000

确认当期实现融资收益会计分录省略。

（3）后 4 次收取货款的会计分录同上。

14. A 公司（一般纳税人）2019 年 5 月以折扣方式销售甲产品，每台产品不含税售价 50 000 元，如果购买方购买数量在 100 台以上，给予 5% 的商业折扣。B 公司购买 A 公司甲产品 200 台，A 公司开具增值税专用发票，注明不含税价款 1 000 万元，折扣款 50 万元，增值税税额合计 123.5 万元，收到款项 1 073.5 万元存入银行。

借：银行存款　　10 735 000
　　贷：主营业务收入　　9 500 000
　　　　应交税费——应交增值税（销项税额）　　1 235 000

15. A 公司（一般纳税人）在 2019 年 4 月 1 日向 B 公司销售一批乙商品，开出的增值税专用发票上注明的销售价款为 10 000 元，增值税税额为 1 300 元。为及早收回货款，A 公司和 B 公司约定的现金折扣条件为：2/10，1/20，n/30。假定计算现金折扣时不考虑增值税税额。会计处理如下：

借：应收账款　　11 300
　　贷：主营业务收入　　10 000
　　　　应交税费——应交增值税（销项税额）　　1 300

如果 B 公司在 4 月 9 日付清货款，则按销售总价 10 000 元的 2% 享受现金折扣 200 元（20 000 ×2%），实际付款 11 100 元（11 300 - 200）：

借：银行存款　　11 100
　　财务费用　　200
　　贷：应收账款　　11 300

如果 B 公司在 4 月 18 日付清货款，则按销售总价 10 000 元的 1% 享受现金折扣 100 元（10 000 ×1%），实际付款 11 200 元（11 300 - 100）：

借：银行存款　　11 200
　　财务费用　　100
　　贷：应收账款　　11 300

如果 B 公司在 4 月 30 日付清货款：

借：银行存款　　11 300
　　贷：应收账款　　11 300

16. 2019 年 5 月，A 公司（一般纳税人）销售给 B 商店的甲产品一批，不含税销售额为 100 万元，该批产品成本为 50 万元，A 公司当月收讫销售款项并给购买方开具增值税专用发票。2019 年 7 月，商店发现所购 A 产品部分有质量问题，遂与 A 企业协商，索取销售折让，最终双方达成一致意见：A 公司退还购买方销售折让 11.3 万元。会计处理如下：

销售实现时：

借：银行存款　　1 130 000
　　贷：主营业务收入　　1 000 000
　　　　应交税费——应交增值税（销项税额）　　130 000

同时：

借：主营业务成本　　500 000
　　贷：库存商品　　500 000

7 月发生销售折让时：

借：主营业务收入　　113 000
　　贷：银行存款　　100 000
　　　　应交税费——应交增值税（销项税额）　　130 000

17. A 公司（一般纳税人）经销的某型号冰箱，每部不含税销售价格 10 000 元。为推广新研发的冰箱，A 公司决定采用以旧换新方式销售该型号冰箱。任何旧冰箱都可以用来以旧换新，旧冰箱的收购价每台 1 000 元。2019 年 5 月，A 公司采用以旧换新方式销售该型号冰箱 100 台。

销项税额 = 100 × 10 000 × 13% = 130 000（元）

借：银行存款　　1 030 000
　　库存商品　　100 000
　　贷：主营业务收入　　1 000 000
　　　　应交税费——应交增值税（销项税额）　　130 000

18. A 制造厂（一般纳税人）小汽车的出厂价为每辆不含税价 100 000 元，成本价为 80 000 元。2019 年 5 月单位将小汽车 8 辆捐赠给某协作单位，并开具了增值税专用发票。

借：营业外支出　　7 233 200
　　贷：库存商品　　640 000
　　　　应交税费——应交增值税（销项税额）　　83 200

19. 2019 年 5 月 3 日，A 美容院安排两名美容师参加某女企业家论坛，现场免费为 3 位女性化妆。2019 年端午节，该美容院安排 3 名美发师参加"夕阳红"日活动，为社区 60 位老人进行免费理发（化妆服务价格为 1 000 元/人·次，理发 20 元/人·次）。

应纳增值税税额 =（3 × 1 000）÷（1 + 6%）× 6% = 169. 81（元）

借：营业外支出　　169. 81
　　贷：应交税费——应交增值税（销项税额）　　169. 81

注：以社会公众对象的服务活动，不属于视同提供应税服务。

20. A 企业 2019 年 4 月 17 日取得融资租赁业务支付的贷款利息（包括外汇借款和人民币借款利息）、关税、进口环节消费税、安装费、保险费开具的各种合法有效凭证，金额 10 万元。

销项税额抵减额 = 100 000 ÷（1 + 13%）× 13% = 11 504. 02（元）

借：主营业务成本　　88 495. 58
　　应交税费——应交增值税（销项税额抵减）　　11 504. 42
　　贷：银行存款　　100 000

关于金融商品转让按规定以盈亏相抵后的余额作为销售额的会计处理内容详见金融业的增值税会计处理部分。

21. A 房地产公司（一般纳税人）2019 年 4 月开工建设某小区（采用一般计税方法），从政府受让该宗土地直接支付土地价款为 1 000 万元。2019 年 9 月开发项目封顶，企业办理了"商品房预售许可证"，并开盘预售商品房。2019 年 9 月，A 公司预售住房 20 套，总建筑面积为 2 400 平方米，共取得含税预收款 400 万元，存入银行。

（1）收到预收款时：

借：银行存款　　4 000 000

　　贷：预收账款　　4 000 000

（2）预缴税款时：

收到预收款应预缴增值税税款 = 预收款 ÷ (1 + 税率) × 3%

= 40 000 000 ÷ (1 + 9%) × 3% = 11 091.74（元）

借：应交税费——预交增值税　　11 091.74

　　贷：银行存款　　11 091.74

22. A 企业（实行辅导期管理的一般纳税人）2019 年 4 月“应交税费——应交增值税”账户资料：借方金额（进项税额 6 850 元），贷方金额（销项税额 4 550 元），已交税金 1 200 元。

本期应交增值税 = 6 850 − 4 550 = 2 300（元）

应交增值税 2 300 元大于已交税金 1 200 元，所以应补交增值税 1 100 元。

借：应交税费——应交增值税（转出未交增值税）　　1 100

　　贷：应交税费——未交增值税　　1 100

23. A 企业（一般纳税人）2019 年 5 月“应交税费——应交增值税”账户资料：借方金额：进项税额 8 550 元；贷方金额：销项税额 2 850 元。

本期实际应交增值税 = 8 550 − 2 850 = 5 700（元）

（1）月末转出未交增值税：

借：应交税费——应交增值税（转出未交增值税）　　5 700

　　贷：应交税费——未交增值税　　5 700

（2）次月申报期缴纳增值税时：

借：应交税费——未交增值税　　5 700

　　贷：银行存款　　5 700

24. A 公司（一般纳税人），2019 年 5 月在外地市承揽了一项清包工业务，A 公司选择简易计税方法并向税务机关备案。当月该项目完工并验收合格，与建设方结算工程款 103 万元，向建设方开具增值税普通发票，注明含税金为 103 万元，款项已经收讫。月末，A 公司按规定向建筑服务发生地税务机关预缴增值税。

（1）收到工程款时：

借：银行存款　　1 030 000

　　贷：主营业务收入　　1 000 000

　　　　应交税费——简易计税　　30 000

（2）向建筑服务发生地税务机关预缴增值税 = 1 030 000 ÷ (1 + 3%) × 3%

= 30 000（元）

借：应交税费——简易计税　　30 000

　　贷：银行存款　　30 000

（3）向主管税务机关申报纳税时，应纳税额为 30 000 元，预缴税额也为 30 000 元，不需要补缴增值税。

25. 2019 年 3 月，A 建筑公司以清包工方式为 B 公司提供建筑服务，选择适用简易计税方法计税。当月取得含税施工费 50 000 元。

借：银行存款　500 00

　　贷：其他业务收入　485 43.69

　　　　应交税费——简易计税　14 56.31

26. 2019 年 5 月，A 公司（一般纳税人）首次购入增值税税控系统专用设备，支付价款 1 920 元，同时支付当年增值税税控系统专用设备技术维护费 400 元。当月两项合计抵减增值税应纳税额 2 320 元。

（1）首次购入增值税税控系统专用设备时：

借：固定资产——税控设备　1 920

　　贷：银行存款　1 920

抵减当月增值税应纳税额：

借：应交税费——应交增值税（减免税款）　1 920

　　贷：递延收益　1 920

（2）以后各月计提折旧时（按 2 年计提折旧）：

借：管理费用　80

　　贷：累计折旧　80

借：递延收益　80

　　贷：管理费用　80

（3）发生防伪税控系统专用设备技术维护费：

借：管理费用　400

　　贷：银行存款　400

抵减当月增值税应纳税时：

借：应交税费——应交增值税（减免税款）　400

　　贷：管理费用　400

27. A 企业 2019 年 2 月 17 日为 C 企业提供专利技术使用权，取得转让收入 50 万元。企业应做的会计分录为：

借：银行存款　500 000

　　贷：其他业务收入　500 000

28. A 企业销售软件，当月销售额 100 万元，销项税额 13 万元，进项税额是 0，当月缴纳增值税 17 万元，税务机关根据复核条件在次月确认退税处理，退回 10 万元。会计处理如下：

借：银行存款　1 130 000

　　贷：主营业务收入　1 000 000

　　　　应交税费——应交增值税（销项税额）　130 000

借：应交税费——应交增值税（转出未交增值税）　130 000

　　贷：应交税费——未交增值税　130 000

借：应交税费——未交增值税　130 000

　　贷：银行存款　130 000

次月收到退税款

借：银行存款　　100 000

　　贷：营业外收入　　100 000

29. A 公司 2019 年 4 月销项税额 120 万元，进项税额 100 万元，符合税收文件规定的加计抵减政策。假设，无其他与增值税相关的纳税事项。其会计处理如下：

月底，转出未交增值税税额为 20 万元（120－100），当期允许加计抵减金额 10 万元（100×10%）。

月底，转出未交增值税时：

借：应交税费——应交增值税（转出未交增值税）　　200 000

　　贷：应交税费——未交增值税　　200 000

实际缴纳增值税时：

借：应交税费——未交增值税　　200 000

　　贷：银行存款　　100 000

　　　　其他收益　　100 000

30. A 公司为增值税小规模纳税人，2019 年 4 月 9 日购买一辆拖车用于公司经营活动，以银行存款支付，取得的“机动车销售统一发票”上注明：不含税价格为 30 万元，增值税税额为 3.9 万元。另支付车辆购置税和其他费用合计 3.1 万元。其账务处理：

借：固定资产　　370 000

　　贷：银行存款　　370 000

31. A 企业（小规模纳税人）2019 年 4 月 20 日从国外进口原材料一批，关税完税价格为 380 000 元，缴纳关税为 20 000，缴纳进口增值税为 52 000 元，取得完税凭证，进口税用银行存款支付，货款尚未支付。账务处理如下：

借：原材料　　452 000

　　贷：银行存款　　72 000

　　　　应付账款　　380 000

32. 境外某公司为 A 企业（小规模纳税人）设备提供远程系统升级服务，合计价款 10.6 万元，合同注明税费均由境外共同承担，所得税的适用税率为 10%，附加税费为 12%，该小规模纳税人应当扣缴的税额计算如下：

应扣缴增值税＝10.6÷（1＋6%）×6%＝0.6（万元）

应代扣企业所得税＝10.6÷（1＋6%）×10%＝1（万元）

借：管理费用——咨询费　　106 000

　　贷：应付账款——境外某公司　　89 280

　　　　应交税费——代扣代交增值税　　6 000

　　　　　　　　——代扣代交企业所得税　　10 000

　　　　　　　　——代扣代交城市维护建设税　　420

　　　　　　　　——代扣代交教育费附加　　180

　　　　　　　　——代扣代交地方教育费附加　　120

实际缴纳代扣代缴增值税时：

借：应交税费——代扣代交增值税　6 000
——代扣代交企业所得税　10 000
——代扣代交城市维护建设税　420
——代扣代交教育费附加　180
——代扣代交地方教育费附加　120
贷：银行存款　16 720

33. A餐饮企业（小规模纳税人），2019年3月提供餐饮服务，其中现金收款3万元，银行收款4万元，其账务处理如下：

借：银行存款　40 000
现金　30 000
贷：主营业务收入　67 961.17
应交税费——应交增值税　2 038.83

缴纳税费时：

借：应交税费——应交增值税　2 038.83
贷：银行存款　2 038.83

34. A企业（小规模纳税人）提供住宿服务，淡季促销：住宿3日，在房价原有的基础上给予20%的商业折扣，每日住宿费含税515元，客户住宿4日，会计处理为：

A企业应纳增值额 = 515 × 80% × 4 ÷ （1 + 3%） × 3% = 48（元）

借：银行存款　1 648
贷：主营业务收入　1 600
应交税费——应交增值税　48

35. A企业（小规模纳税人）出租不在同一县区的写字楼（非住房），2019年4月预收2019年7月至2020年6月房租252万元，按规定向不动产所在地主管税务机关申请代开增值税专用发票，并已在不动产所在地预缴税款12万元，其中不动产所在地城市维护建设税适用税率为5%，其机构所在地城市维护建设税适用税率为7%，不考虑其他情况，纳税人已预缴增值税税款12万元，城市维护建设税0.6万元，教育费附加0.36万元，地方教育附加0.24万元，会计处理为：

应纳税额 = 不含税销售额 × 征收率 = 252 ÷ 1.05 × 5% = 12（万元）

取得预收款并按规定代开增值税专用发票时：

借：银行存款　2 520 000
贷：预收账款　2 520 000
借：应收账款　120 000
贷：应交税费——应交增值税　120 000
借：税金及附加　12 000
贷：应交税费——应交城市维护建设税　6 000
——应交教育费附加　3 600
——应交地方教育附加　2 400

代开增值税专用发票时缴纳税费：

借：应交税费——应交增值税　　120 000
　　　　——应交城市维护建设税　　6 000
　　　　——应交教育费附加　　3 600
　　　　——应交地方教育附加　　2 400
　贷：银行存款　　132 000

（2）2019 年 7 月至 2020 年 6 月每月确认房租收入时：

借：预收账款　　210 000
　贷：其他业务收入　　200 000
　　应收账款　　10 000

36. 2019 年 4 月某一般纳税人用银行存款支付初次购买增值税税控系统专用设备的费用 1 000 元（含税价）、购买打印机 2 260 元（含税价），以及缴纳的技术维护费 300 元，会计处理如下：

（1）支付初次购买增值税税控系统专用设备支付的费用以及缴纳的技术维护费时：

借：管理费用　　1 300
　固定资产　　2 260
　贷：银行存款　　3 560

（2）在增值税应纳税额中全额抵减时：

借：应交税费——应交增值税（减免税款）　　1 300
　贷：管理费用　　1 300

37. A 企业（小规模纳税人）按季度申报缴纳增值税，2019 年 1 月取得提供服务收入含税销售额为 10 300 元，2 月提供服务收入为 20 600 元，3 月提供服务收入为 10 300 元，其中城市维护建设税适用税率为 7%，教育费附加征收率为 3%，地方教育附加征收率为 2%，不考虑其他情况，账务处理如下：

（1）2019 年 1 月账务处理：

借：银行存款　　10 300
　贷：主营业务收入　　10 000
　　应交税费——应交增值税　　300

同时计提城市维护建设税和教育费附加账务处理：

借：税金及附加　　36
　贷：应交税费——应交城市维护建设税　　21
　　　　——应交教育费附加　　9
　　　　——应交地方教育附加　　6

（2）2019 年 2 月账务处理：

借：银行存款　　20 600
　贷：主营业务收入　　20 000
　　应交税费——应交增值税　　600

同时计提城市维护建设税和教育费附加账务处理：

借：税金及附加　　72

贷：应交税费——应交城市维护建设税 42

——应交教育费附加 18

——应交地方教育附加 12

（3）2019年3月会计处理：

借：银行存款 10 300

贷：主营业务收入 10 000

应交税费——应交增值税 300

同时计提城市维护建设税和教育费附加账务处理：

借：税金及附加 36

贷：应交税费——应交城市维护建设税 21

——应交教育费附加 9

——应交地方教育附加 6

（4）季度末达到增值税制度规定的免征增值税条件，账务处理为：

2019年第一季度的销售额＝10 000＋20 000＋10 000＝40 000（元）

不超过9万元（含9万元），所以按规定免征增值税。季末时需将分离出来的增值税税额转入“营业外收入”科目，并缴纳企业所得税。

借：应交税费——应交增值税（减免税款） 1 200

贷：营业外收入 1 200

同时将计提城市维护建设税和教育费附加冲回：

借：税金及附加 144（红字）

贷：应交税费——应交城市维护建设税 84（红字）

——应交教育费附加 36（红字）

——应交地方教育附加 24（红字）

第十三章　消费税政策与实务

第一节　消费税概述

一、消费税的概念

根据《中华人民共和国消费税暂行条例》（以下简称《消费税暂行条例》）的规定，消费税是对特定货物与劳务在生产、委托加工和进口环节就其销售额或销售数量征收的一种间接税，属于流转税的范畴。

追溯中国消费税的渊源，新中国成立后曾开征“特别消费行为税”，作为全国统一的14个税种之一，当时的征税范围仅限于对电影戏剧及娱乐、舞厅、筵席、冷饮、旅馆等消费行为征税，从价计征，由消费者承担，以营业者为代征义务人。1953年修订税制时，将其取消，其中的电影、戏剧及娱乐部分的税目改征文化娱乐税，其余的税目并入营业税征收。1988年开征的筵席税，主要目的在于限制高消费行为，也属于消费税。1982年征收的烧油特别税也具有对消费课税的性质。1989年为缓解彩色电视机、小轿车的供求矛盾，2月1日开征了彩色电视机特别消费税和小轿车特别消费税。这些税种的共同特点是征税范围窄、收入规模小、存在时间短。

我国现行的消费税是1994年税制改革在流转税中新设置的一个税种。消费税实行价内税，只在应税消费品的生产、委托加工和进口环节缴纳，在以后的批发、零售等环节，因为价款中已包含消费税，因此不用再缴纳消费税，税款最终由消费者承担。

消费税的纳税人是我国境内生产、委托加工、零售和进口《消费税暂行条例》规定的应税消费品的单位和个人。

二、消费税的特点

消费税是我国现行税制中的主要税种之一，与其他税种相比，主要具有以下特点：

（一）征税范围具有选择性

消费税只是选择一部分消费品和消费行为征收，而不是对所有的消费品和消费行为都征收消费税。通过选择征收范围，消费税表现出了很强的灵活性和导向作用。国际上多数国家实施的商品劳务税体系中，都把消费税作为有选择征收的税种，根据消费政策、财政政策和市场供求情况，确定消费税的征税税目，并且可以根据经济形势的变化进行调整。目前，我国消费税税目有 15 个。

（二）征税环节具有单一性

消费税只是在消费品生产、流通或消费的某一环节一次征收，而不是在消费品生产流通各环节多次征收，这一点与增值税有很大区别。中国消费税实行单一环节征税，并且主要是在生产和进口环节征收，也就是说，在消费品进入流通环节之前征收。相对于在批发和零售环节征收来讲，纳税人数量更少，便于实施源泉控制，征管效率高，可以有效保证消费税收入。

（三）税率标准具有差异性

消费税可以根据消费品的不同性质、同类消费品中的不同产品结构，以及市场供求状况、价格水平、国家产业政策和消费政策的需要，确定不同的税率。税率档次多、差别幅度大，充分发挥了消费税的调节作用。

（四）计征方式具有灵活性

消费税的计征方式，主要涉及两方面的内容：一是其税款的计算，要考虑是采取价外方式还是价内方式；二是其具体征税形式，要考虑是从价征收还是从量征收。在税款计算方式上，我国消费税实行价内税的形式。税金包含在货物价格之内，消费者在购买货物或接受服务时，在支付货款的同时支付了税金。在具体征税方式上，我国消费税具有很强的灵活性，根据课税对象的不同特点适用不同的形式。既存在依据消费品的数量实行从量定额的形式，也有根据消费品或消费行为的价格实行从价定率的形式，或者采用从量定额与从价定率相结合的复合计税方式。

（五）税负具有转嫁性

消费税属于流转税，无论采取价内税还是价外税，无论在哪个环节征收，消费税中所含的消费税税额都会转嫁到消费者身上。与其他流转税相比，消费税的应税消费品多为高价高税商品，具有更加明显的转嫁性。

三、消费税的作用

（一）筹集财政收入

所有的税收都具有增加财政收入的职能，消费税的税源比较稳定、集中，成为构成国家财政收入的稳定来源，对国家的财政收入具有明显的贡献作用。

（二）调节消费结构

在消费税立法过程中，对人们日常消费的基本生活用品和企业正常的生产消费物品不征收消费税，只对目前属于奢侈品或超前消费的物品以及其他非基本生活品征收消费税，特别是对其中的某些消费品，如烟、酒、高档次的汽车等适用较高的税率，加重调节，增加购买者（消费者）的负担，适当抑制高水平或超前的消费。此外，对一次性筷子、实木地板等消费品征税有利于鼓励人们节省资源，促进资源的合理配置。

（三）调节收入分配

消费税具有选择性，一般国家对哪些商品征收消费税，哪些商品不征收消费税具有灵活的掌控能力。因此，一般把日常中的必需品和低收入人群必须使用的消费品归类为不征税产品，而对高档奢侈品及行为等实施征税政策，可以达到调节居民收入分配的效果，促进收入分配更加公平。

（四）促进产业结构合理化

由于消费税税负具有较大的弹性，因此国家通过把一些具有特殊意义的商品和某些消费行为纳入征收消费税的范畴，推动产品的改进、产业结构的优化。一般情况下，税收是由消费者和生产企业共同承担的，如果生产者承担较多的税负，间接导致商品的生产成本增加，这时企业就会想办法改进方法、降低成本，促进其改变商品产量、优化产品结构，并促使该行业中所有的企业都进行结构调整、产业优化。

第二节　消费税基本规定

一、纳税人与扣缴义务人

在中华人民共和国境内生产、委托加工和进口应税消费品的单位和个人，以及国务院确定的销售应税消费品的其他单位和个人，为消费税的纳税人。

其中，“单位”是指企业、行政单位、事业单位、军事单位、社会团体及其他单位。“个人”是指个体工商户及其他个人。“在中华人民共和国境内”是指生产、委托加工和进口属于应征消费税的消费品的起运地或所在地在境内。无论是单位还是个人，发生消费税的应税行为都会成为消费税的纳税义务人。

委托加工的应税消费品，除受托方为个人外，由受托方在向委托方交货时代收代缴税款。因为委托方通常不具有应税消费品的生产能力，没有办理消费税税种等级，消费税流失风险较大，所以在委托加工应税消费品环节设置扣缴义务人。

进口或代理进口应税消费品的单位和个人，为进口应税消费品消费税的纳税义务人。

二、税目与征收范围

消费税应税消费品的具体征税范围，由财政部、国家税务总局确定。消费税税目、税率的调整，由国务院决定。

（一）税目

根据现行规定，消费税税目共有15个，有的税目还进一步划分为若干子目。

1. 烟。凡是以烟叶为原料加工生产的产品，不论使用何种辅料，均属于本税目的征收范围。本税目下设甲类卷烟、乙类卷烟、雪茄烟、烟丝4个子税目。

卷烟是指将各种烟叶切成烟丝，按照配方要求均匀混合，加入糖、酒、香料等辅料，用白色盘纸、棕色盘纸、涂布纸或烟草薄片经机器或手工卷制的普通卷烟和雪茄型卷烟。

（1）甲类卷烟。甲类卷烟是指每标准条（200支）调拨价格在70元（不含增值税）以上（含70元）的卷烟。

（2）乙类卷烟。乙类卷烟是指每标准条（200支）调拨价格在70元（不含增值税）以下的卷烟。

（3）雪茄烟。雪茄烟是指以晾晒烟和烤烟为原料，用烟叶或卷烟纸、烟草薄片作为烟支内包皮，再用烟叶作为烟支外包皮，经机器或手工卷制而成的烟草制品。按内包皮所用材料的不同可分为全叶卷雪茄烟和半夜卷雪茄烟。雪茄烟的征收范围包括各种规格、型号的雪茄烟。

（4）烟丝。烟丝是指将烟叶切成丝状、粒状、片状、末状或其他形状，再加入辅料，经过发酵、储存，不经卷制即可销售吸用的烟草制品。烟丝的征收范围包括以烟叶为原料加工生产的不经卷制的散装烟，如斗烟、莫合烟、烟末、水烟、黄红烟丝等。

2. 酒。本税日下设粮食白酒、薯类白酒、黄酒、啤酒、其他酒5个了目。

（1）粮食白酒。粮食白酒是指以高粱、玉米、大米、糯米、大麦、小麦、青稞等各种粮食为原料，经过糖化、发酵后，采用蒸馏方法酿制的白酒，含果木或谷物为原料的蒸馏酒。

（2）薯类白酒。薯类白酒是指以白薯（红薯、地瓜）、木薯、马铃薯（土豆）、芋头、山药等各种干鲜薯类为原料，经过糖化、发酵后，采用蒸馏方法酿制的白酒。用甜菜酿制的白酒，比照薯类白酒征税。

（3）黄酒。黄酒是指以糯米、粳米、大米、黄米、玉米、小麦、薯类等为原料，经加温、糖化、发酵、压榨酿制的酒。由于工艺、配料和含糖量的不同，黄酒分为干黄酒、半干黄酒、半甜黄酒、甜黄酒四类。黄酒的征收范围包括各种原料酿制的黄酒和超过12度（含12度）的土黄酒。

（4）啤酒。啤酒是指以大麦或其他粮食为原料，加入啤酒花，经糖化、发酵、过滤酿制的含有二氧化碳的酒。啤酒的征收范围包括各种包装和散装的啤酒。无醇啤酒比照啤酒征税。

（5）其他酒。其他酒是指除粮食白酒、薯类白酒、黄酒、啤酒以外，酒度在1度以上的各种酒。其征收范围包括糠麸白酒、其他原料白酒、土甜酒、复制酒、果木酒、汽酒、药酒等。调味料酒不属于消费税的征税范围。

3. 成品油。本税目下设汽油、柴油、石脑油、溶剂油、航空煤油、润滑油、燃料油 7 个子目。

（1）汽油。汽油是指由天然或人造原油经蒸馏所得的直馏汽油组分、二次加工汽油组分及其他高辛烷值组分按比例调和而成的或用其他原料、工艺生产的辛烷值不小于 66 的各种汽油和以汽油组分为主，辛烷值大于 50 的经调和可用作汽油发动机燃料的各种轻质油。

（2）柴油。柴油是指用原油或其他原料加工生产的倾点或凝点在 -50 号至 30 号的可用作柴油发动机燃料的各种轻质油和以柴油组分为主、经调和和精制可用作柴油发动机燃料的非标油。以柴油、柴油组分调和生产的生物柴油也属于本税目征收范围。

（3）石脑油。石脑油又叫化工轻油，是以石油加工生产的或二次加工汽油经加氢精制而得的用于化工原料的轻质油。石脑油的征收范围包括除汽油、柴油、航空煤油、溶剂油以外的各种轻质油。

（4）溶剂油。溶剂油是以石油加工生产的用于涂料和油漆生产、食用油加工、印刷油墨、皮革、农药、橡胶、化妆品生产、机械清洗、胶黏行业的轻质油。橡胶填充油、溶剂油原料，属于溶剂油征收范围。

（5）航空煤油。航空煤油也叫喷气燃料，是以石油加工生产的用于喷气式发动机和喷气推进系统中作为能源的石油燃料。

航空煤油暂缓征收消费税。

（6）润滑油。润滑油是用于内燃机、机械加工过程的润滑产品。润滑油分为矿物性润滑油、植物性润滑油、动物性润滑油和化工原料合成润滑油。润滑油的征收范围包括矿物型润滑油、矿物性润滑油基础油、植物性润滑油、动物性润滑油和化工原料合成润滑油。变压器油、导热类油等绝缘类产品不属于消费税的征税范围。

（7）燃料油。燃料油也称重油、渣油，是用原油或其他原料加工生产，主要用作电厂发电、锅炉用燃料、加热炉燃料、冶金和其他工业炉燃料。

4. 小汽车。本税目征收范围包括：

（1）乘用车。含驾驶员座位在内最多不超过 9 个座位（含）的，在设计和技术特性上用于载运乘客和货物的各类乘运车。用排气量小于 1.5 升（含）的乘运车底盘（车架）改装、改制的车辆属于乘运车的征收范围。

（2）中轻型商用客车。含驾驶员座位在内的座位数在 10—23 座（含）的，在设计和技术特性上用于载运乘客和货物的各类中轻型商用客车。用排气量大于 1.5 升的乘运车底盘（车架）或用中轻型商用客车底盘（车架）改装、改制的车辆属于中轻型商用客车的征收范围。

含驾驶员人数（限定载客）为区间值的（如 8—10 人、17—26 人）小汽车，按其区间值下限人数确定征收范围。

车身长度大于 7 米（含），并且座位在 10—23 座（含）以下的商用客车，不属于中轻型商用客车征税范围，不征收消费税。

(3) 超豪华小汽车。每辆零售价格130万元(不含增值税)及以上的乘用车和中轻型商用客车。

5. 摩托车。本税目征收范围包括:

(1) 轻便摩托车。最大设计时速不超过50千米/小时、发动机气缸总工作容积不超过50毫升的两轮机动车。

(2) 摩托车。最大设计时速超过50千米/小时、发动机气缸总工作容积超过50毫升、空车质量不超过400千克(带驾驶室的正三轮车及特种车的空车质量不受此限)的两轮和三轮机动车。具体包括以下三种:

①两轮车:装有一个驱动轮与一个从动轮的摩托车。包括普通车、微型车、越野车、普通赛车、微型赛车、越野赛车、特种车。

②边三轮车:在两轮车的一侧装有边车的三轮摩托车。包括普通边三轮车和特种边三轮车。

③正三轮车:装有与前轮对称分布的两个后轮和固定车厢的三轮摩托车。包括普通正三轮车和特种正三轮车。

6. 高档化妆品。本税目的征收范围包括高档美容、修饰类化妆品、高档护肤类化妆品和成套化妆品。

高档美容、修饰类化妆品和高档护肤类化妆品是指生产(进口)环节销售(完税)价格(不含增值税)在10元/毫升(克)或15元/片(张)及以上的美容、修饰类化妆品和护肤类化妆品。

舞台、戏剧、影视演员化妆用的上妆油、卸装油、油彩不属于本税目的征收范围。

7. 贵重首饰及珠宝玉石。本税目的征收范围包括各种金银珠宝首饰和经采掘、打磨、加工的各种珠宝玉石。

(1) 金银珠宝首饰。以金、银、白金、珍珠、宝石、钻石、翡翠、珊瑚、玛瑙等高贵稀有物质及其他金属、人造宝石等制作的各种纯金银首饰及镶嵌首饰(含人造金银、合成金银首饰等)。

(2) 珠宝玉石。钻石、珍珠、松石、青金石、欧泊石、橄榄石、常石、玉、石英、玉髓、石榴石、锆石、尖晶石、黄玉、碧玺、金绿玉、绿柱石、刚玉、琥珀、珊瑚、煤玉、龟甲、合成刚玉、合成宝石、双合石及玻璃纺织品。

8. 鞭炮、焰火。鞭炮又称爆竹,是指用多层纸密裹火药,接以药引线制成的一种爆炸品。焰火指烟火剂,一般系包扎品,内装药剂,点燃后烟火喷射,分平地小焰火和空中大焰火两类。

本税目征收范围包括各种鞭炮、焰火。通常分为13类,即喷花类、旋转类、旋转升空类、火箭类、吐珠类、线香类、小礼花类、烟雾类、造型玩具类、爆竹类、摩擦炮类、组合烟花类、礼花弹类。

体育上用的发令纸、鞭炮药引线不属于本税目的征收范围。

9. 高尔夫球及球具。高尔夫球及球具是指从事高尔夫运动所需的各种专用装备,包括高尔夫球、高尔夫球杆及高尔夫球包(袋)等。

高尔夫球是指重量不超过45.93克、直径不超过42.67毫米的高尔夫球运动比赛、练习用球；高尔夫球杆是指被设计用来打高尔夫球的工具，由杆头、杆身和握把三部分组成；高尔夫球包（袋）是指专用于盛装高尔夫球及球杆的包（袋）。

本税目征收范围包括高尔夫球、高尔夫球杆、高尔夫球包（袋）。高尔夫球杆的杆头、杆身和握把属于本税目的征收范围。

10. 高档手表。高档手表是指销售价格（不含增值税）或进口消费税组成计税价格每只在 10 000 元（含）以上的各类手表。

本税目征收范围包括符合以上标准的各类手表。

11. 游艇。游艇是指长度大于 8 米（含）小于 90 米（含），船体由玻璃钢、钢、铝合金、塑料等多种材料制作，可以在水上移动的水上浮载体。

本税目征收范围包括艇深长度大于 8 米（含）小于 90 米（含），内置发动机，可以在水上移动，一般为私人或团体购置，主要用于水上运动和休闲娱乐等非牟利活动的各类机动艇。

12. 木制一次性筷子。木制一次性筷子又称卫生筷子，是指以木材为原料经过锯段、浸泡、旋切、刨切、烘干、筛选、打磨、倒角、包装等环节加工而成的各类一次性使用的筷子。

本税目征收范围包括各种规格的木制一次性筷子。未经打磨、倒角的木制一次性筷子属于本税目征税范围。

竹制一次性筷子不属于本税目征收范围。

13. 实木地板。实木地板是指以木材为原料，经锯割、干燥、刨光、截断、开榫、涂漆等工序加工而成的块状或条状的地面装饰材料。实木地板按生产工艺不同，可分为独板（块）实木地板、实木指接地板、实木复合地板三类；按表面处理状态不同，可分为未涂饰地板（白胚板、素板）和漆饰地板两类。

本税目征收范围包括各类规格的实木地板、实木指接地板、实木复合地板以及用于装饰、天棚的侧端面为榫、槽的实木装饰板。未经涂饰的素板属于本税目征税范围。

14. 电池。电池是一种将化学能、光能等直接转换为电能的装置，一般由电极、电解质、容器、极端，通常还有隔离层组成的基本功能单元，以及用一个或多个基本功能单元装配成的电池组，包括原电池、蓄电池、燃料电池、太阳能电池和其他电池。

（1）原电池。原电池又称一次性电池，是按不可以充电设计的电池。按照汞含量，原电池分为无汞原电池和含汞原电池。汞含量低于电池重量的 0.0001%（扣式电池按 0.0005%）的原电池为无汞原电池；其他原电池为含汞原电池。

按照电极所含的活性物质分裂，原电池包括锌原电池、锂原电池和其他原电池。

①锌原电池。以锌做负极的原电池，包括锌二氧化锰原电池、碱性锌二氧化锰原电池、锌氧原电池（又称“锌空气原电池”）、锌氧化银原电池（又称“锌银原电池”）、锌氧化汞原电池（又称“汞电池”“氧化汞原电池”）等。

②锂原电池。以锂做负极的原电池，包括锂二氧化锰原电池、锂亚硫酰氯原电池、锂二氧化硫原电池、锂氧原电池（又称“锂空气原电池”）、锂氟化碳原电池等。

③其他原电池。指锌原电池、锂原电池以外的原电池。

（2）蓄电池。蓄电池又称二次电池，是按可充电、重复使用设计的电池；包括酸性蓄电池、碱性或其他非酸性蓄电池、氧化还原液流蓄电池和其他蓄电池。

①酸性蓄电池。一种含酸性电解质的蓄电池，包括铅蓄电池（又称“铅酸蓄电池”）等。铅蓄电池是指以稀硫酸为主电解质、二氧化铅正极和铅负极的蓄电池。

②碱性或其他非酸性蓄电池。一种含碱性或其他非酸性电解质的蓄电池，包括金属锂蓄电池、锂离子蓄电池、金属氢化物镍蓄电池（又称“氢镍蓄电池”或“镍氢蓄电池”）、镉镍蓄电池、铁镍蓄电池、锌氧化银蓄电池（又称“锌银蓄电池”）、碱性锌二氧化锰蓄电池（又称“可充碱性锌二氧化锰电池”）、锌氧蓄电池（又称“锌空气蓄电池”）、锂氧蓄电池（又称“锂空气蓄电池”）等。

③氧化还原液流蓄电池。一种通过正负极电解液中不同价态离子的电化学反应来实现电能和化学能相互转化的储能装置，目前主要包含全钒液流电池。

④其他蓄电池。指酸性蓄电池、碱性或其他非酸性蓄电池、氧化还原液流蓄电池以外的蓄电池。

（3）燃料电池。通过一个电化学过程，将连续供应的反应物和氧化剂的化学能直接转换为电能的电化学发电装置。

（4）太阳能电池。将太阳能转换为电能的装置，包括晶体硅太阳能电池、薄膜太阳能电池、化合物半导体太阳能电池等，但不包括用于太阳能发电储能用的蓄电池。

（5）其他电池。除原电池、蓄电池、燃料电池、太阳能电池以外的电池。

15. 涂料。涂料是指涂于物体表面能形成具有保护、装饰或特殊性能的固态涂膜的一类液体或固体材料的总称。

涂料由主要成膜物质、次要成膜物质等构成。按主要成膜物质涂料可分为油脂类、天然树脂类、酚醛树脂类、沥青类、醇酸树脂类、氨基树脂类、硝基类、过滤乙烯树脂类、烯类树脂类、丙烯酸酯类树脂类、聚酯树脂类、环氧树脂类、聚氨酯树脂类、元素有机类、橡胶类、纤维素类、其他成膜物质等。

三、税率

消费税税目、税率表详见表13-1。

表13-1　消费税税目税率表

序号	税目	子目	计税单位	税率
一	烟	卷烟	甲类卷烟：每标准条（200支）对外调拨价格在70元以上的（含70元）	56%+0.003元/支
			乙类卷烟：每标准条（200支）对外调拨价格在70元以下的	36%+0.003元/支
			批发环节	11%+0.005元/支
		雪茄烟		36%
		烟丝		30%

续表

序号	税目	子目	计税单位	税率
二	酒	粮食白酒		20% +0.5 元/500 克或 0.5 元/500 毫升
		薯类白酒		20% +0.5 元/500 克或 0.5 元/500 毫升
		黄酒		240 元/吨
		啤酒	甲类啤酒：每吨出厂价格（含包装物及包装物押金）在 3 000 元（含）以上的	250/吨
			乙类啤酒：每吨出厂价格（含包装物及包装物押金）在 3 000 元以下的	220/吨
			娱乐业和饮食业自制的	250/吨
		其他酒		10%
三	成品油	汽油		1.52 元/升
		柴油		1.20 元/升
		石脑油		1.52 元/升
		溶剂油		1.52 元/升
		润滑油		1.52 元/升
		燃料油		1.20 元/升
		航空煤油		1.20 元/升
四	小汽车	乘用车	气缸容量在 1.0 升（含）以下的	1%
			气缸容量在 1.0 升以上至 1.5 升（含）的	3%
			气缸容量在 1.5 升以上至 2.0 升（含）的	5%
			气缸容量在 2.0 升以上至 2.5 升（含）的	9%
			气缸容量在 2.5 升以上至 3.0 升（含）的	12%
			气缸容量在 3.0 升以上至 4.0 升（含）的	25%
			气缸容量在 4.0 升以上的	40%
		中轻型商用客车		5%
		超豪华小汽车	零售环节	10%
五	摩托车		气缸容量为 250 毫升（含）的	3%
			气缸容量为 250 毫升以上的	10%
六	高档化妆品			15%

序号	税目	子目	计税单位	税率
七	贵重首饰及珠宝玉石	金银首饰		5%
		非金银首饰		10%
八	鞭炮、焰火			15%
九	高尔夫球及球具			10%
十	高档手表			20%
十一	游艇			10%
十二	木制一次性筷子			5%
十三	实木地板			5%
十四	电池			4%
十五	涂料			4%

四、纳税环节

（一）生产销售

一般情况下，纳税人生产的应税消费品，于纳税人销售时纳税。“销售时”是指有偿转让应税消费品的所有权，即受让方取得货币、货物、劳务或其他经济利益。

工业企业以外的单位和个人的下列行为视为应税消费品的生产行为，按规定征收消费税：

1. 将外购的消费税非应税产品以消费税应税产品对外销售的。
2. 将外购的消费税低税率应税产品以高税率应税产品对外销售的。

（二）自产自用

纳税人自产自用的应税消费品，用于连续生产应税消费品的，不纳税；用于生产非应税消费品的，于移送使用时纳税。

用于连续生产应税消费品，是指纳税人将自产自用的应税消费品作为直接材料生产最终应税消费品，自产自用应税消费品构成最终应税消费品的实体。用于其他方面，是指纳税人将自产自用应税消费品用于生产非应税消费品、在建工程、管理部门、非生产机构、提供劳务、馈赠、赞助、集资、广告、样品、职工福利、奖励等方面。

（三）委托加工

委托加工的应税消费品，由受托方在向委托方交货时代扣代缴税款。委托个人加工的应税消费品，由委托方收回后缴纳消费税。委托加工的应税消费品，是指由委托方提供原料和主要材料，受托方只收取加工费和代垫部分辅助材料加工的应税消费品。

对于由受托方提供原材料生产的应税消费品，或者受托方先将原材料卖给委托方，然后再接受加工的应税消费品，以及由受托方以委托方名义购进原材料生产的应税消费品，不论在财务上是否作销售处理，都不得作为委托加工应税消费品，而应当按照销售自制应税消费品缴纳消费税。

委托方将收回的应税消费品，以不高于受托方的计税价格出售的，为直接出售，不再缴纳消费税；委托方以高于受托方的计税价格出售的，不属于直接出售，需按照规定申报缴纳消费税，在计税时准予扣除受托方已代扣代缴的消费税。

（四）进口

进口的应税消费品，于报关进口时由海关代征消费税。个人携带或者邮寄进境的应税消费品的消费税，连同关税一并计征。

（五）零售金银首饰

根据《财政部　国家税务总局关于调整金银首饰消费税纳税环节有关问题的通知》（财税字〔1994〕95 号）的规定，金银首饰消费税由生产销售环节改为零售环节征收。

1. 零售金银首饰纳税义务人，指在中华人民共和国境内从事金银首饰零售业务的单位和个人。委托加工（除另有规定外）、委托代销金银首饰的，受托方为纳税人。

2. 零售环节征收消费税的金银首饰范围为：

（1）金、银和金基、银基合金首饰以及金、银和金基、银基合金的镶嵌首饰。

（2）铂金首饰。

（3）钻石及钻石饰品。

3. 计税依据：纳税人销售金银首饰的销售额（不含增值税）。

4. 适用税率：从价税率 5%。

5. 核算：对既销售金银首饰，又销售非金银首饰的生产经营单位，应将两类商品划分清楚，分别核算销售额。凡划分不清楚或不能分别核算的，在生产环节销售的，一律从高适用税率征收消费税；在零售环节销售的，一律按金银首饰征收消费税。金银首饰与其他产品组成成套消费品销售的，应按销售额全额征收消费税。经营单位兼营生产、加工、批发、零售业务的，应分别核算销售额，未分别核算销售或者划分不清的，一律视同销售征收消费税。

（六）批发卷烟

自 2009 年 5 月 1 日起，政策规定在卷烟批发环节加征一道消费税。

1. 纳税义务人：在中华人民共和国境内从事卷烟批发业务的单位和个人。纳税人销售给纳税人以外的单位和个人的卷烟于销售时纳税。纳税人之间销售的卷烟不缴纳消费税。

2. 征收范围：纳税人批发销售的所有牌号规格的卷烟。

3. 计税依据：纳税人批发卷烟的销售额（不含增值税）。

4. 适用税率：从价税率 11%，从量税率 0.005 元/支。

5. 核算：纳税人应将卷烟销售额与其他商品销售额分开核算，未分开核算的，一并征收消费税。纳税人兼营卷烟批发和零售业务的，应当分别核算批发和零售环节的销售额、销售数量；未分别核算批发和零售环节销售额、销售数量的，按照全部销售额、销售数量计征批发环节消费税。

（七）零售超豪华小汽车

自2016年12月1日起，对超豪华小汽车在零售环节加征一道消费税。

1. 纳税义务人：将超豪华小汽车销售给消费者的单位和个人。

2. 征收范围：每辆零售价格130万元（不含增值税）及以上的乘用车和中轻型商用客车。

3. 计税依据：纳税人销售超豪华小汽车的销售额（不含增值税）。国内汽车生产企业直接销售给消费者的超豪华小汽车，消费税税率按照生产环节和零售环节税率加总计算。

4. 适用税率：从价税率10%。

第三节 计税依据和应纳税额的计算

一、生产销售应税消费品的计税依据和应纳税额

消费税实行从价定率、从量定额或者从价定率和从量定额复合计税的办法计算公式计算应纳税额。

（一）从价定率的计税依据和应纳税额

实行从价定率办法计算的应纳税额＝销售额×比例税率

纳税人销售的应税消费品，以人民币计算销售额。以外汇结算销售额的，其销售额的人民币折合率可以选择结算的当天或者当月1日的国家外汇牌价（原则上为中间价），纳税人应在事先确定采取何种折合率，确定后一年内不得变更。

1. 销售额的确定。应税消费品的消费额为纳税人销售应税消费品向购买方收取的全部价款和价外费用，不包括应向购货方收取的增值税税款。

价外费用是指价外向购买方收取的手续费、补贴、基金、集资费、返还利润、奖励费、违约金、滞纳金、延期付款利息、赔偿金、代收款项、代垫款项、包装费、包装物押金、储备费、优质费、运输装卸费以及其他各种性质的价外费用。但下列款项不属于价外费用：

（1）同时符合以下条件的代垫运输费用：

①承运部门的运输费用发票开具给购买方的。

②纳税人将该项发票转交给购买方的。

（2）同时符合以下条件为收取的政府性基金或者行政事业性收费：

①由国务院或者财政部批准设立的政府性基金，由国务院或者省级人民政府及其财政、价格主管部门批准设立的行政事业性收费。

②收取时开具省级以上财政部门印制的财政票据。

③所收款项全额上缴财政。

2. 包装物的销售额以及押金。应税消费品连同包装物销售的，无论包装物是否单独计价以及在会计上如何核算，均应并入应税消费品的销售额缴纳消费税。如果包装物不作价随同产品销售，而是收取押金，则此项押金不应并入应税消费品的消费额中征税。但对因逾期未收回的包装物不再退还的或者已收取的时间超过 12 个月的押金，应并入应税消费品的销售额，按照应税消费品的适用税率缴纳消费税。

对既作价随同应税消费品销售，又另外收取押金的包装物的押金，凡纳税人在规定的期限内没有退还的，均应并入应税消费品的销售额，按照应税消费品的适用税率缴纳消费税。

（1）酒类产品包装物押金的规定。从 1995 年 6 月 1 日起，国家对酒类产品生产企业销售酒类产品而收取的包装物押金，无论押金是否返还以及会计上是否核算，均需并入酒类产品销售额中，依酒类产品的适用税率征收消费税。

（2）啤酒、黄酒不适用酒类产品包装物押金政策。对啤酒和黄酒实行从量定额的办法征收消费税，计税依据为应税消费品的数量，而非应税消费品的销售额，征税的多少与应税消费品的数量成正比，与应税消费品的销售金额无直接关系。因此，对酒类包装物押金征税的规定只适用于实行从价定率办法征收消费税的粮食白酒、薯类白酒和其他酒，而不适用于实行从量定额办法征收消费税的啤酒和黄酒产品。

3. 关于组成套装销售的计税依据。自 2006 年 4 月 1 日起，纳税人将自产的应税消费品与外购或自产的非应税消费品组成套装销售的，以套装产品的销售额为计税依据。

4. 价格明显偏低的计税依据。纳税人应税消费品的计税价格明显偏低并无正当理由的，由主管机关核定其计税价格。卷烟、白酒和小汽车的计税价格由税务总机关核定，其他应税消费品的计税价格由各省、自治区、直辖市税务机关核定。进口的应税消费品的计税价格由海关核定。

（1）卷烟最低计税价格的核定。

核定范围：卷烟生产企业在生产环节销售的所有牌号、规格的卷烟。

核定权限：国家税务总局核定并发布。

核定某牌号、规格卷烟计税价格 = 批发环节销售价格 ×（1 - 适用批发毛利率）

（2）白酒最低计税价格的核定。白酒生产企业销售给销售单位的白酒，生产企业消费税计税价格低于销售单位对外销售价格（不含增值税）70% 以下的，税务机关应核定消费税最低计税价格。纳税人将委托加工收回的白酒销售给销售单位，消费税计税价格低于销售单位对外销售价格（不含增值税）70% 以下的，也应核定消费税最低计税价格。

5. 通过自设非独立核算门市部销售自产应税消费品。纳税人通过自设非独立核算门市部销售的自产应税消费品，应当按照门市部对外销售额或者销售数量征收消费税。“非独立核算门市部”的概念是一个大概念，涵盖所有生产企业自设的非独立核算的应税消费品的销售单位。

6. 按最高销售价格计税的情形。纳税人用于换取生产资料和消费资料，投资入股和抵偿债务等方面的应税消费品，应当以纳税人同类应税消费品的最高销售价格作为计税依据计算消费税。

7. 销货退回。自 2015 年 12 月 23 日起，纳税人销售的应税消费品，因质量等原因发生退货的，其已缴纳的消费税税款可予以退还。

纳税人办理退税手续时，应将开具的红字增值税发票、退税证明等资料报主管税务机关备案。主管税务机关核对无误后办理退税。

（二）从量定额的计税依据和应纳税额

实行从量定额办法计算的应纳税额 = 销售数量 × 定额税率

从量定额以每单位应税消费品重量、容积或数量为计税依据，并按每单位应税消费品规定固定税额。按照消费税政策规定，啤酒、黄酒、成品油采取从量定额的办法征收消费税。

1. 销售数量的确定。销售数量是指应税消费品的数量。具体为：

（1）销售应税消费品的，为应税消费品的销售数量。

（2）自产自用应税消费品的，为应税消费品的移送使用数量。

（3）委托加工应税消费品的，为纳税人收回的应税消费品数量。

（4）进口应税消费品的，为海关核定的应税消费品进口应税消费品数量。

2. 从量定额的核算标准：

黄酒　1 吨 = 962 升

啤酒　1 吨 = 988 升

汽油　1 吨 = 1 388 升

柴油　1 吨 = 1 176 升

航空煤油　1 吨 = 1 246 升

石脑油　1 吨 = 1 385 升

溶剂油　1 吨 = 1 282 升

润滑油　1 吨 = 1 126 升

燃料油　1 吨 = 1 015 升

（三）复合计税的计税依据和应纳税额

实行复合计征办法计算的应纳税额 = 销售额 × 比例税率 + 销售数量 × 定额税率

目前采取复合计税办法计征消费税的有白酒和卷烟两种应税消费品，其中卷烟在生产环节和批发环节均采用复合计税方法。

二、自产自用应税消费品的计税依据和应纳税额

自产自用是指纳税人生产应税消费品后，不是直接对外销售，而是用于连续生产应税

消费品或者用于其他方面。

（一）用于连续生产应税消费品

纳税人自产自用的应税消费品，用于连续生产应税消费品的，不纳税。“纳税人自产自用的应税消费品，用于连续生产应税消费品的”，是指作为生产最终应税消费品的直接材料，并构成最终产品实体的应税消费品。

（二）用于其他方面

纳税人自产自用的应税消费品，不是用于连续生产应税消费品，而是用于其他方面的，于移送使用时纳税。“用于其他方面”是指纳税人用于生产非应税消费品和在建工程、管理部门、非生产机构、提供劳务以及用于馈赠、赞助、集资、广告、样品、职工福利、奖励等方面的应税消费品。

纳税人把自产应税消费品用于本企业基本建设、专项工程、生活福利设施等其他方面，从形式上看，并没有取得销售收入，却要视同销售，计征消费税。

（三）组成计税价格

纳税人自产自用的应税消费品，按照纳税人生产的同类消费品的销售价格计算纳税；没有同类消费品销售价格的，按照组成计税价格计算纳税。

同类消费品的消费价格是指纳税人当月销售的同类消费品的销售价格，如果当月同类消费品各期销售价格高低不同，应按销售数量加权平均计算。但销售的应税消费品有下列情况之一的，不得列入加权平均计算：销售价格明显偏低并无正当理由的；无销售价格的。如果当月无销售或者当月未完结，应按照同类消费品上月或最近月份的销售价格计算纳税。

实行从价定率办法计算纳税的组成计税价格的计算公式是：

$$组成计税价格=\frac{成本+利润}{1-比例税率}=\frac{成本\times(1+成本利润率)}{1-比例税率}$$

实行复合计征办法计算纳税的组成计税价格的计算公式是：

$$组成计税价格=\frac{成本+利润+自产自用数量\times定额税率}{1-比例税率}$$

成本是指应税消费品的产品生产成本；利润是指根据应税消费品的全国平均成本利润率计算的利润。应税消费品全国平均成本利润率由国家税务总局确定（见表 13－2）。

三、委托加工应税消费品的计税依据和应纳税额

委托加工应税消费品是指由委托方提供原料和主要材料，受托方只收取加工费和代垫部分辅助材料加工的应税消费品。作为委托加工的应税消费品，必须具备上述两个条件。无论是委托方还是受托方，凡不符合规定条件的，都不能按委托加工应税消费品进行税务处理。

表 13－2 应税消费品全国平均成本利润率表

序号	应税消费品	利润率（%）	序号	应税消费品	利润率（%）
1	甲类卷烟	10	11	摩托车	6
2	乙类卷烟	5	12	乘用车	8
3	雪茄烟	5	13	中轻型商用客车	5
4	烟丝	5	14	高尔夫球及球具	10
5	粮食白酒	10	15	高档手表	20
6	薯类白酒	5	16	游艇	10
7	其他酒	5	17	木制一次性筷子	5
8	化妆品	5	18	实木地板	5
9	鞭炮、焰火	5	19	电池	4
10	贵重首饰及珠宝玉石	6	20	涂料	7

（一）代收代缴税款

受托方是法定的代收代缴义务人，由受托方在向委托方交货时代收代缴消费税。委托加工的应税消费品，受托方在交货时已代收代缴消费税，委托方收回后直接销售的，不再征收消费税。

（二）组成计税价格

委托加工的应税消费品，按照受托方的同类消费品的销售价格计算纳税；没有同类消费品销售价格的，按照组成计税价格计算纳税。

同类消费品的消费价格是指代收代缴义务人当月销售的同类消费品的销售价格，如果当月同类消费品各期销售价格高低不同，应按销售数量加权平均计算。但销售的应税消费品有下列情况之一的，不得列入加权平均计算：销售价格明显偏低并无正当理由的；无销售价格的。如果当月无销售或者当月未完结，应按照同类消费品上月或最近月份的销售价格计算纳税。

实行从价定率办法计算纳税的组成计税价格的计算公式是：

$$组成计税价格=\frac{材料成本+加工费}{1-比例税率}$$

实行复合计征办法计算纳税的组成计税价格的计算公式是：

$$组成计税价格=\frac{材料成本+加工费+委托加工数量\times定额税率}{1-比例税率}$$

材料成本是指委托方所提供的加工材料的实际成本。加工费是指受托方加工应税消费品向委托方所收取的全部费用（包括代垫辅助材料的实际成本）。

四、进口应税消费品的计税依据和应纳税额

进口的应税消费品，按照组成计税价格计算纳税。

实行从价定率办法计算纳税的组成计税价格的计算公式是：

$$组成计税价格 = \frac{关税完税价格 + 关税}{1 - 比例税率}$$

实行复合计征办法计算纳税的组成计税价格的计算公式是：

$$组成计税价格 = \frac{关税完税价格 + 关税 + 进口数量 \times 定额税率}{1 - 比例税率}$$

第四节 消费税税收优惠

一、外购应税消费品已纳消费税的扣除

对外购已税消费品连续生产应税消费品销售时，可按当期生产领用数量计算准予扣除外购应税消费品已纳的消费税税款。可抵扣数量为当期生产领用数量。

当期准予扣除的外购应税消费品已纳税款 = 当期准予扣除的外购应税消费品买价 × 外购应税消费品适用税率

当期准予扣除的外购应税消费品买价 = （期初库存 + 当期购进 - 期末库存）的外购应税消费品买价

（1）扣税范围。在消费税15个税目中，除酒（葡萄酒例外）、小汽车、高档手表、游艇、电池、涂料外，其余9个税目有扣税规定：

①外购已税烟丝生产的卷烟；

②外购已税高档化妆品生产的高档化妆品；

③外购已税珠宝玉石生产的贵重首饰及珠宝玉石；

④外购已税鞭炮焰火生产的鞭炮焰火；

⑤外购已税杆头、杆身和握把为原料生产的高尔夫球杆；

⑥外购已税木制一次性筷子为原料生产的木制一次性筷子；

⑦外购已税实木地板为原料生产的实木地板；

⑧外购已税汽油、柴油、石脑油、燃料油、润滑油用于连续生产应税成品油；

⑨外购已税摩托车用于连续生产应税摩托车（如用外购两轮摩托车改装三轮摩托）。

从葡萄酒生产企业购进、进口葡萄酒连续生产应税葡萄酒的，准予从葡萄酒消费税应纳税额中扣除所耗用应税葡萄酒已纳消费税税款。

单位和个人外购润滑油大包装经简单加工成小包装或外购润滑油不经加工只贴商标的行为，视同应税消费品的生产行为。

（2）扣税环节。对于在零售环节缴纳消费税的金银首饰（含镶嵌首饰）、钻石及钻石饰品已纳消费税不得扣除。

（3）外购应税消费品后销售。对自己不生产应税消费品，而只是购进后再销售应税消

费品的工业企业，其销售的化妆品、鞭炮焰火和珠宝玉石，凡不能构成最终消费品直接进入消费品市场，而需进一步生产加工的，应当征收消费税，同时允许扣除上述外购应税消费品的已纳税款。

二、委托加工应税消费品已纳消费税的扣除

对委托加工收回消费品已纳的消费税，可按当期生产领用数量从当期应纳消费税税额中扣除。

扣税范围、扣税方法与外购已税消费品连续生产应税消费品相同。

三、进口应税消费品的免税

进口货物税收优惠包括以下内容：

1. 经海关批准暂时进境的下列货物，在进境时纳税义务人向海关缴纳相当于应纳税款的保证金或者提供其他担保的，可以暂不缴纳进口环节增值税和消费税，并应当自进境之日起6个月内复运出境；经纳税义务人申请，海关可以根据海关总署的规定延长复运出镜的期限：

（1）在展览会、交易会、会议及类似活动中展示或者使用的货物。

（2）文化、体育交流活动中使用的表演、比赛用品。

（3）进行新闻报道或者摄制电影、电视节目使用的仪器、设备及用品。

（4）开展科研、教学、医疗活动使用的仪器、设备及用品。

（5）在上述所列活动中使用的交通工具及特种车辆。

（6）货样。

（7）供安装、调试、检测设备时使用的仪器、工具。

（8）盛装货物的容器。

（9）其他用于非商业目的的货物。

上述所列暂准进境货物在规定的期限内未复运出镜的，海关应当依法征收进口环节消费税。其他暂准进境货物，应当按照该货物的组成计税价格和其在境内滞留时间与折旧时间的比例计算征收进口环节消费税。

2. 因残损、短少、品质不良或者规格不符等原因，由进口货物的发货人、承运人或者保险公司免费补偿或者更换的相同货物，进口时不征收进口环节消费税。被免费更换的原进口货物不退运出境的，海关应当对原进口货物重新按照规定征收进口环节消费税。

3. 消费税税额在人民币50元以下的一类货物，免征进口环节消费税。

4. 无商业价值的广告品和货样免征进口环节消费税。

5. 外国政府、国际组织无偿赠送的物资免征进口环节消费税。

6. 在海关放行前损失的进口货物免征进口环节消费税；在海关放行前遭受损坏的货物，可以按海关认定的进口货物受损后的实际价值确定进口环节消费税组成计税价格公式中的关税完税价格和关税，并依法计征消费税。

7. 进境运输工具装载的途中必需的燃料、物料和饮食用品免征进口环节消费税。

8. 有关法律、行政法规规定进口货物减征或者免征进口环节海关代征税的，海关按照规定执行。

四、出口应税消费品的免税、退税

1. 出口免税并退税。有出口经营权的外贸企业购进应税消费品直接出口，以及外贸企业受其他外贸企业委托代理出口应税消费品。

外贸企业只有受其他外贸企业委托，代理出口应税消费品才可办理退税，外贸企业受其他企业（主要是非生产性的商贸企业）委托，代理出口应税消费品是不予退（免）税的。

2. 出口免税但不退税。有出口经营权的生产性企业自营出口或生产企业委托外贸企业代理出口自产的应税消费品，依据其实际出口数量免征消费税，不予办理退还消费税。

3. 出口不免税也不退税。除生产企业、外贸企业外的其他企业，具体是指一般商贸企业，这类企业委托外贸企业代理出口应税消费品一律不予退（免）税。

五、享受税收优惠的税目

（一）成品油

1. 航空煤油。航空煤油暂缓征收消费税。

2. 乙醇汽油。对用外购或者委托加工收回的已税汽油生产的乙醇汽油免税。用自产汽油生产的乙醇汽油，按照生产乙醇汽油所耗用的汽油数量申报纳税。

3. 石脑油、燃料油。

（1）生产企业自产石脑油、燃料油用于生产乙烯、芳烃类化工产品的石脑油、燃料油，按实际耗用数量暂免征消费税。

（2）对使用石脑油、燃料油生产乙烯、芳烃类的企业购进并用于生产乙烯、芳烃类化工产品的石脑油、燃料油，按实际耗用数量暂退还所含消费税。

对乙烯、芳烃生产企业在 2011 年 1 月 1 日至 9 月 30 日期间购入的国产石脑油、燃料油不得申请退税。

（3）使用企业生产乙烯、芳烃类化工产品过程中所生产的消费税应税产品，照章缴纳消费税。

（4）用石脑油、燃料油生产乙烯、芳烃类化工产品的产量占本企业用石脑油、燃料油生产产品总量的 50% 以上（含）的企业，可享受规定的退（免）消费税政策。

4. 利用废弃的动物油和植物油生产纯生物柴油。对同时符合下列条件的纯生物柴油免征消费税：

（1）生产原料中废弃的动物油或植物油用量所占比重不低于 70%。

（2）生产的纯生物柴油符合国家《柴油机燃料调合用生物柴油（BD100）》的标准。

废弃的动物油和植物油包括：

（1）餐饮、食品加工单位及家庭生产的不允许食用的动植物油脂。主要包括泔水油、煎炸废弃油、地沟油和抽油烟机凝析油等。

（2）利用动物屠宰分割和皮革加工修削的废弃物处理提炼的油脂，以及肉类加工过程中产生的非食用油脂。

（3）食用油脂精炼加工过程中产生的脂肪酸、甘油酯及少量杂质的混合物。主要包括酸化油、脂肪酸、棕榈酸化油、棕榈油脂肪酸、白土油及脱臭馏出物等。

（4）油料加工或油脂储存过程中产生的不符合食用标准的油脂。

5. 废矿物油再生油品。自 2013 年 11 月 1 日至 2023 年 10 月 31 日，对已回收的废矿物油为原料生产的润滑油基础油、汽油、柴油等工业油料免征消费税。废矿物油是指工业生产领域机械设备及汽车、船舶等交通运输设备使用后失去或降低功效更换下来的废润滑油。

纳税人利用废矿物油生产的润滑油基础油、汽油、柴油等工业油料免征消费税，应同时符合下列条件：

（1）纳税人必须取得省级以上（含省级）环境保护部门颁发的《危险废物（综合）经营许可证》，且该证件上核准生产经营范围应包括“利用”或“综合经营”字样。生产经营范围为“综合经营”的纳税人，还应同时提供颁发“危险废物（综合）经营许可证”的环境保护部门出具的能证明其生产经营范围包括“利用”的材料。

（2）生产原料中废矿物油重量必须占到 90% 以上。产成品中必须包括润滑油基础油，且每吨废矿物油生产的润滑油基础油应不少于 0.65 吨。

（3）利用废矿物油生产的产品与利用其他原料生产的产品应分别核算。

6. 成品油生产企业生产自用油。对成品油生产企业在生产成品油过程中，作为燃料、动力及原料消耗掉的自产成品油，免征消费税。对于其他用途或直接对外销售的成品油照章征收消费税。

7. 油（气）田企业生产自用成品油。对油（气）田企业在开采原油过程中所耗用的内购成品油，暂按实际缴纳成品油消费税的税额，全额返还所含消费税。

享受税收返还政策的成品油必须同时符合以下三个条件：

（1）由油（气）田企业所隶属的集团公司（总厂）内部的成品油生产企业生产。

（2）从集团公司（总厂）内部购买。

（3）油（气）田企业在地质勘探、钻井作业和开采作业过程中，作为燃料、动力（不含运输）耗用。

（二）电池、涂料

对无汞原电池、金属氢化物镍蓄电池（又称“氢镍蓄电池”或“镍氢蓄电池”）、锂原电池、锂离子蓄电池、太阳能电池、燃料电池和全钒液流电池免征消费税。

对施工状态下挥发性有机物含量低于 420 克/升（含）的涂料免征消费税。

（三）科学研究机构和学校进口科学研究和教学用品

科学研究机构和学校，以科学研究和教学为目的，在合理数量范围内进口国内不能生产或者性能不能满足需要的科学研究和教学用品，免征进口关税和进口环节增值税、消费税。

免税进口的科学研究和教学用品，应当直接用于本单位的科学研究和教学，不得擅自转让、移作他用或进行其他处置。经海关核准的单位，其免税进口的科学研究和教学用品可用于其他单位的科学研究和教学活动。

第五节　消费税的征收管理

一、纳税义务发生时间

（一）生产销售应税消费品

纳税人生产的应税消费品，于纳税人销售时纳税，按不同的销售结算方式分别为：

1. 采取赊销和分期收款结算方式的，为书面合同约定的收款日期的当天，当天合同没有约定收款日期或者无书面合同的，为发出应税消费品的当天。

2. 采取预收货款结算方式的，为发出应税消费品的当天。

3. 采取托收承付和委托银行收款方式的，为发出应税消费品并办妥托收手续的当天。

4. 采取其他结算方式的，为收讫销售款或者取得索取销售款凭据的当天。

（二）自产自用应税消费品

纳税人自产自用的应税消费品，用于连续生产应税消费品的，不纳税；用于其他方面的，于移送使用时纳税，纳税义务发生时间为移送使用的当天。

（三）委托加工应税消费品

委托加工的应税消费品，除受托方为个人外，由受托方在向委托方交货时代收代缴税款。纳税人委托加工应税消费品的，纳税义务发生时间为纳税人提货的当天。

委托加工的应税消费品，委托方用于连续生产应税消费品的，所纳税款准予按规定抵扣。

（四）进口应税消费品

纳税人进口应税消费品的，于报关进口时纳税，纳税义务发生时间为报关进口的当天。

（五）出口应税消费品退关后

纳税人直接出口的应税消费品办理免税后，发生退关或者国外退货，复进口时已予以免税的，可暂不办理补税，待其转为国内销售的当月申报缴纳消费税。

二、纳税地点

纳税人销售以及自产自用的应税消费品，除国务院财政、税务主管部门另有规定外，应当向纳税人机构所在地或者居住地的主管税务机关申报纳税。

委托加工的应税消费品，除受托方为个人外，由受托方向机构所在地或者居住地的主管税务机关缴纳消费税税款。委托个人加工的应税消费品，由委托方向其机构所在地或者居住地主管税务机关申报纳税。

进口的应税消费品，由进口人或者其代理人向报关地海关申报纳税。

（一）外出经营、委托代销纳税地点的规定

纳税人到外县（市）销售或者委托外县（市）代销自产应税消费品的，于应税消费品销售后，向机构所在地或者居住地主管税务机关申报纳税。

（二）受托方未代收代缴消费税税款时管辖税务机关的规定

对于受托方未按规定代收代缴税款，并经委托方所在地税务机关发现的，则应由委托方所在地税务机关对委托方补征税款，受托方所在地税务机关不得重复征税。

（三）总分机构的纳税地点及汇总纳税的审批机关

纳税人的总机构与分支机构不在同一县（市）的，应当分别向各自机构所在地的主管税务机关申报纳税；经财政部、国家税务总局或者其授权的财政、税务机关批准，可以由总机构汇总向总机构所在地的主管税务机关申报纳税。

纳税人的总机构与分支机构不在同一县（市），但在同一省（自治区、直辖市）范围内，经省（自治区、直辖市）财政厅（局）、国家税务局审批同意，可以由总机构汇总向总机构所在地的主管税务机关申报缴纳消费税。省（自治区、直辖市）财政厅（局）、国家税务局应将审批同意的结果上报财政部、国家税务总局备案。

三、纳税期限

消费税的纳税期限分别为 1 日、3 日、5 日、10 日、15 日、1 个月或者 1 个季度。纳税人的具体纳税期限，由主管税务机关根据纳税人应纳税额的大小分别核定；不能按照固定期限纳税的，可以按次纳税。

纳税人以 1 个月或 1 个季度为 1 个纳税期的，自期满之日起 15 日内申报纳税；以 1 日、3 日、5 日、10 日或 15 日为 1 个纳税期的，自期满之日起 5 日内预缴税款，于次月 1 日起 15 日内申报纳税并结清上月应纳税款。

纳税人进口应税消费品，应当自海关填发海关进口消费税专用缴款书之日起 15 日内缴纳税款。

本章习题

一、单项选择题

1. 下列商品属于消费税征收范围的是（　　）。

A. 酒精　　B. 溶剂油原料

C. 高尔夫车　　D. 鞭炮药引线

［参考答案］B

［答案解析］略

2. 仅在产制环节征收消费税的是（　　）。

A. 金银首饰　　B. 卷烟

C. 超豪华小汽车　　D. 啤酒

［参考答案］D

［答案解析］金银首饰在零售环节征收消费税，卷烟在批发环节加征一道消费税，超豪华小汽车在零售环节加征一道消费税，啤酒在产制环节征收消费税。

3. 外购已税消费品用于生产应税消费品时，当期准予扣除的已纳消费税的计算依据（　　）。

A. 当期购进数量　　B. 当期生产领用数量

C. 当期出库数量　　D. 当期已出售的应税消费品的耗用数量

［参考答案］B

［答案解析］略

4. 下列出口应税消费品的行为中，适用消费税免税不退税政策的是（　　）。

A. 有出口经营权的酒厂出口自产白酒

B. 有出口经营权的外贸企业购进高档化妆品直接出口

C. 商业批发企业委托外贸企业代理出口卷烟

D. 外贸企业受其他外贸企业委托代理出口实木地板

［参考答案］A

［答案解析］生产企业自营或委托出口应税消费品，适用消费税免税不退税政策。选项 B、D 适用免税并退税政策。选项 C 适用不免税也不退税政策。

5. 纳税人投资入股或抵偿债务的应税消费品，应视同对外销售并以纳税人的同类应税消费品的（　　）作为计税依据。

A. 平均销售价格　　B. 最低销售价格

C. 最高销售价格　　D. 最近销售价格

［参考答案］C

［答案解析］略

6. 纳税人到外县销售应税消费品，应当于应税消费品销售后，在（　　）主管税务机关申报缴纳。

A. 居住地或机构所在地　　B. 销售地

C. 报关地　　D. 消费品生产地

［参考答案］A

［答案解析］非固定业户到外县（市）销售货物或者应税劳务未向销售地主管税务机关申报纳税的，由其机构所在地或者居住地主管税务机关补征税款。

7. 某高尔夫球具厂为增值税一般纳税人，下设一非独立核算的门市部，2019 年 8 月该厂将生产的一批成本价 70 万元的高尔夫球具移送至门市部，门市部将其中的 80% 对外销售，取得含税销售额 77.22 万元。高尔夫球具的消费税税率为 10%，成本利润率为 10%，该项业务应缴纳的消费税税额为（　　）万元。

A. 5.13　　B. 6

C. 6.83　　D. 7.72

［参考答案］C

［答案解析］纳税人通过自设非独立核算门市部销售的自产应税消费品，应当按照门市部对外销售额或者销售数量计算消费税。应纳消费税税额 = 77.22 ÷ (1 + 13%) × 10% = 6.83（万元）

8. 某化工公司为增值税一般纳税人，销售自产高档化妆品一批，开具的普通发票注明价款为 234 000 元，另将货物送货上门向购买方收取运费 4 680 元，当期领用外购已税酒精用于继续生产化妆品，领用酒精的买价为 27 800 元。该公司当期应缴纳消费税（　　）元。

A. 40 550　　B. 59 432

C. 61 200　　D. 31 683

［参考答案］D

［答案解析］该业务应缴纳消费税 = (234 000 + 4 680) ÷ (1 + 13%) × 15% = 31 683（元）

9. 某酒厂为增值税一般纳税人，2020 年 2 月销售粮食白酒 4 吨，取得不含税收入 50 000 元，包装物押金 2 300 元，该企业包装物押金单独记账核算，货物已经发出。该酒厂本月应缴纳消费税（　　）元。

A. 13 280　　B. 14 407

C. 15 328　　D. 27 486

［参考答案］B

［答案解析］纳税人销售粮食白酒应税消费品同时收取的押金，在收取时，就应换算为不含税收入并入销售额中征收消费税。应纳消费税 = (50 000 + 2 300 ÷ 1.13) × 20% + 4 × 2 000 × 0.5 = 14 407（元）

10. 委托加工应税消费品收回后直接出售，应交纳的税金有（　　）。

A. 增值税　　B. 消费税

C. 增值税和消费税　　D. 都不交

［参考答案］A

［答案解析］委托加工应税消费品收回后直接出售，不再缴纳消费税。

11. 消费税是对特定的货物和劳务征收的一种税，它的主要作用有（　　）。

A. 在税收征管上可以相互制约，交叉审计

B. 可以避免对同一个经营额重复征税

C. 调节产品结构，引导消费方向，保证国家财政收入

D. 作为直接税，有利于培养和增强公民的纳税意识

［参考答案］C

［答案解析］A、B 两项为增值税的作用；C 项体现的是消费税的作用；D 项为所得税的特点。消费税为间接税，税负具有转嫁性。

12. 下列消费品中属于消费税征税范围的有（　　）。

A. 汽车轮胎　　B. 酒精

C. 洗发水　　D. 涂料

［参考答案］D

［答案解析］自 2014 年 12 月 1 日起，财税〔2014〕93 号文件规定取消汽车轮胎税目，取消酒精子税目，A 和 B 选项错误。洗发水不属于高档化妆品，不征消费税。涂料为应税消费品，本题答案为 D。

13. 关于消费税的税率，下列表述错误的是（　　）。

A. 消费税税率形式的选择主要是根据课税对象的具体情况来确定的

B. 消费税对卷烟、白酒实行复合税率，是为了更有效地保全消费税的税基

C. 消费税对啤酒实行定额税率，是因为啤酒的计量单位不规范

D. 纳税人兼营不同税率的应税消费品，应当分别核算不同税率应税消费品的应纳税额

［参考答案］C

［答案解析］消费税税率形式的选择，主要是根据课税对象的具体情况来确定的。对一些供求基本平衡，价格差异不大，计算单位规范的消费品，选择计税简便的定额税率，如黄酒、啤酒、成品油等。

14. 2019 年 5 月，某卷烟批发厂批发给一企业 200 箱卷烟，零售给专卖店 150 箱卷烟，个体烟摊 50 箱卷烟。每箱卷烟不含税批发价格为 12 000 元。卷烟厂应缴纳的消费税（　　）元。

A. 152 000　　B. 314 000　　C. 558 000　　D. 818 000

［参考答案］B

［答案解析］甲企业应缴纳的消费税 = 12 000 × (150 + 50) × 11% + (150 + 50) × 250 = 314 000（元）

15. 关于消费税计税价格的确定，下列表述正确的有（　　）。

A. 卷烟和小汽车的计税价格由国家税务总局核定

B. 进口红酒的计税价格由省级国家税务局核定

C. 白酒实际价格高于计税价格的，按计税价格征税

D. 纳税人销售卷烟，售价明显偏低的，可自行组成计税价格作为计税依据

［参考答案］A

［答案解析］选项 B，进口消费品的计税价格由海关核定；选项 C，白酒实际价格高

于计税价格的，按实际价格征税；选项D，纳税人销售卷烟，售价明显偏低又无正当理由的，税务机关有权核定计税依据。

16. 2018年3月，某化工企业以委托加工收回的已税高档化妆品为原料继续加工高档化妆品。委托加工收回的已税高档化妆品已纳消费税分别是：期初库存的已纳消费税30万元，当期收回的已纳消费税10万元，期末库存的已纳消费税20万元。当月销售高档化妆品取得不含税收入280万元。该企业当月应纳消费税（　　）万元（高档化妆品消费税率15%）。

A. 12　　B. 39　　C. 42　　D. 22

［参考答案］D

［答案解析］ 可以扣除的消费税税额 = 期初库存 + 当期收回 − 期末库存

= 30 + 10 − 20 = 20（万元）

应纳消费税 = 280 × 15% − 20 = 22（万元）

17. 某游艇生产企业2019年5月1日以分期收款方式销售一批游艇，价税合计为200万元，合同约定于5月5日、7月5日、9月5日、11月5日各支付25%价款，5月5日按照约定收到25%的价款，但并未给客户开具发票，已知游艇的消费税税率为10%，该企业5月就该项业务应缴纳的消费税为（　　）万元。

A. 4.42　　B. 6.03　　C. 12.04　　D. 14.01

［参考答案］A

［答案解析］ 应纳税额 = 200 ÷（1 + 13%）× 25% × 10% = 4.42（万元）

二、多项选择题

1. 下列属于消费税特征的是（　　）。

A. 征税项目具有选择性　　B. 税收调节具有特殊性

C. 税收负担具有转嫁性　　D. 征税环节具有单一性

［参考答案］ABCD

［答案解析］ 略

2. 根据消费税纳税义务发生时间的规定，以发出应税消费品当天为纳税义务发生时间的有（　　）。

A. 分期收款方式销售应税消费品　　B. 自产自用应税消费品

C. 采取托收承付方式销售应税消费品　　D. 采取预收货款方式销售应税消

［参考答案］BD

［答案解析］ 采取分期收款方式结算方式销售应税消费品，为销售合同规定的收款日期的当天；采取托收承付方式销售应税消费品，以发出应税消费品并办妥托收手续的当天为准。

3. 某首饰店零售的主要产品如下，其中，需要缴纳消费税的有（　　）。

A. 金银首饰　　B. 翡翠吊坠

C. 钻石项链　　D. 珍珠耳环

［参考答案］AC

［答案解析］ 金银首饰、铂金首饰、钻石及钻石饰品在零售环节征收消费税。

4. 下列行为中，既缴纳增值税又缴纳消费税的有（　　）。

A. 酒厂将自产的白酒赠送给协作单位

B. 卷烟厂将自产的烟丝移送用于生产卷烟

C. 日化厂将自产的香水精移送用于生产护肤品

D. 汽车厂将自产的应税小汽车赞助给某艺术节组委会

E. 地板厂将生产的新型实木地板奖励给有突出贡献的职工

［参考答案］ADE

［答案解析］卷烟厂将自产的烟丝移送用于生产卷烟，移送环节不缴纳消费税和增值税；香水精移送生产护肤品，假如是高档护肤品，则属于连续生产应税消费品，移送环节不缴纳消费税和增值税；假如生产低档护肤品，则属于应税消费品自用了，要缴纳消费税，但不缴纳增值税。

5. 我国消费税的税率包括（　　）形式。

A. 全额累进税率　　B. 定额税率

C. 比例税率　　D. 幅度比例税率

［参考答案］BC

［答案解析］略

6. 确定消费税的销售额时，计入销售额的有（　　）。

A. 滞纳金　　B. 增值税

C. 包装物租金　　D. 储备费

［参考答案］ACD

［答案解析］增值税的销售额不包括增值税。

7. 下列单位中属于消费税纳税人的有（　　）。

A. 委托加工白酒的酒厂　　B. 电池生产企业

C. 进口红酒的外贸公司　　D. 受托加工烟丝的加工厂

［参考答案］ABC

［答案解析］D 选项受托方是扣缴义务人，而非纳税义务人。

8. 下列各项中，应当征收消费税的有（　　）。

A. 化妆品厂作为样品赠送给客户的每片售价为 9 元的面膜

B. 用于产品质量检验耗费的高尔夫球杆

C. 白酒厂向超市销售的白酒

D. 木地板公司将自产实木地板作为样品赠送给装饰公司

［参考答案］CD

［答案解析］高档化妆品销售价格为 15 元/毫升（克）或 15 元/片（张）及以上的才属高档化妆品。A 选项的化妆品不属于高档化妆品，不征消费税。B 选项用于产品质量检验耗费的高尔夫球杆属于必要的生产经营过程，不征消费税。

9. 下列消费品的生产经营环节，既征收增值税又征收消费税的有（　　）。

A. 卷烟的零售环节　　B. 鞭炮焰火的批发环节

C. 珍珠饰品的零售环节　　D. 超豪华小汽车的零售环节

E. 高档手表的生产销售环节

[参考答案] **DE**

[答案解析] 选项A，卷烟在零售环节不征收消费税。选项B，鞭炮焰火在批发环节不征收消费税。选项C，珍珠饰品在零售环节不征收消费税。

10. 下列各项关于从量计征消费税计税依据确定方法的表述中，正确的有（ ）。

A. 进口应税消费品的，为海关核定的应税消费品数量

B. 销售应税消费品的，为应税消费品的销售数量

C. 自产自用应税消费品的，为应税消费品的移送使用数量

D. 委托加工应税消费品的，为加工完成的应税消费品数量

[参考答案] **ABC**

[答案解析] 选项D，委托加工应税消费品的，为纳税人收回的应税消费品数量。

11. 下列情形中，可以扣除外购应税消费品已纳消费税的有（ ）。

A. 以已税烟丝生产的卷烟

B. 以已税白酒为原料生产的白酒

C. 以已税杆头为原料生产的高尔夫球杆

D. 以已税珠宝玉石生产的贵重珠宝首饰

E. 以已税实木地板为原料生产的实木地板

[参考答案] **ACDE**

[答案解析] 在消费税15个税目中，酒（葡萄酒例外）、小汽车、高档手表、游艇、电池、涂料在计算缴纳消费税时不允许扣除外购应税消费品已纳消费税。

12. 企业出口的下列应税消费品中，属于消费税出口免税并退税范围的有（ ）。

A. 高尔夫球生产企业委托外贸企业代理出口自产的高尔夫球

B. 有出口经营权的外贸企业购进卷烟直接出口

C. 有出口经营权的生产企业自营出口自产的高档化妆品

D. 有出口经营权的外贸企业受其他外贸企业委托代理出口摩托车

[参考答案] **BD**

[答案解析] 选项A、C属于出口免税不退税的范围。

13. 关于消费税纳税义务发生时间的说法，正确的有（ ）。

A. 某酒厂销售葡萄酒20箱并收取价款4 800元，其纳税义务为收款的当天

B. 某汽车厂自产自用3台小汽车，其纳税义务发生时间为移送使用的当天

C. 某烟花企业采用托收承付方式销售焰火，其纳税义务发生时间为发出焰火并办妥托收手续的当天

D. 某化妆品厂采用赊销方式销售化妆品，合同约定收款日期为6月30日，实际收到货款为7月30日，纳税义务发生时间为6月30日

E. 某手表厂采取预收货款方式销售高档手表，其纳税义务发生时间为销售合同约定的收款日期的当天

[参考答案] **ABCD**

[答案解析] 选项E，纳税人采取预收货款方式结算的，其纳税义务的发生时间为发

出应税消费品的当天。

14. 甲企业从境外进口一批化妆品，下列关于该业务缴纳消费税表述中正确的有（　　）。

A. 甲企业应向报关地海关申报缴纳消费税

B. 甲企业应当自海关发出进口消费税专用缴款书之日起 15 日内缴纳税款

C. 海关代征的消费税应分别缴入中央库和地方库

D. 甲企业使用该进口已税化妆品生产化妆品准许扣除进口环节缴纳的消费税

[参考答案] **ABD**

[答案解析] 选项 C，海关代征的消费税应入中央库。

三、计算题

1. 甲公司为汽车销售公司，2019 年 7 月进口 20 辆乘用车，消费税税率为 12%，每辆车的关税完税价格为 30 万元，关税税率为 80%；进口中轻型商用客车 10 辆，消费税税率为 5%，每辆车的关税完税价格为 25 万元，关税税率为 30%。甲公司为增值税一般纳税人，计算甲公司进口环节应缴纳的消费税。

[参考答案] 进口乘用车应缴纳的消费税 = 20 × 30 ×（1 + 80%）÷（1 − 12%）× 12% = 147.27（万元）

进口轻型商用客车应缴纳的消费税 = 25 × 10 ×（1 + 30%）÷（1 − 5%）× 5% = 17.11（万元）

进口环节应缴纳的消费税 = 147.27 + 17.11 = 164.38（万元）

2. 甲酒厂为增值税一般纳税人，2019 年 12 月发生以下业务：

（1）向代理商销售白酒 26 吨，含税收入单价每吨 4 300 元，另收取品牌使用费 2 万元，包装物押金 5 000 元。计算甲酒厂向代理商销售白酒应缴纳的消费税。

（2）提供 7 万元原材料，委托乙酒厂加工药酒 2 吨，收回时向乙企业支付不含增值税的加工费 2 万元，乙企业已代收代缴消费税。计算乙酒厂已代收代缴的消费税。

（3）委托加工收回的药酒继续加工成瓶装药酒，移送给下设的非独立核算门市部，门市部当月将其对外销售，取得含税销售额 15 万元。计算甲酒厂销售瓶装白酒应缴纳的消费税。

[参考答案]

（1）向代理商销售白酒应纳的消费税为 =（4 300 × 26 + 20 000 + 5 000）÷（1 + 13%）× 20% + 26 × 2 000 × 0.5 = 24 212 + 26 000 = 50 212（元）

（2）乙酒厂已代收代缴的消费税 =（7 + 2）÷（1 − 20%）× 20% = 2.25（万元）

（3）销售瓶装白酒应纳的消费税 = 15 ÷（1 + 13%）× 10% = 1.15（万元）

3. 甲木材公司为增值税一般纳税人，2020 年 3 月发生以下业务：

（1）将一批自产实木地板用于本企业办公楼装修，成本为 10 万元，成本利润率为 5%，计算应缴纳的消费税。

（2）将木板运往乙加工厂加工成未漆地板（素板），乙厂代收代缴了甲厂的消费税 5 万元。20 日，甲厂将委托加工收回的素板用于连续生产漆饰实木地板，当月销售完毕，取得不含税销售额 300 万元。计算甲企业销售漆饰实木地板应缴纳的消费税。

（3）销售自产地板500箱，取得不含税收入100万元；将同型号地板200箱赠送当地学校。计算该业务应缴纳的消费税。

［参考答案］

（1）应纳消费税＝[10×(1＋5%)]÷(1－5%)×5%＝0.55（万元）

（2）应纳消费税＝300×5%－5＝10（万元）

（3）应纳消费税＝(100÷500×200＋100)×5%＝7（万元）

4. 2019年3月，某石油化工厂（增值税一般纳税人）生产销售汽油1 000吨，单价2 500元/吨；销售柴油500吨，单价2 200元/吨。该厂用30吨柴油换20吨大米用于发放职工福利。当月该厂购进原料收到增值税专用发票注明增值税税额为500 000元。计算当月该厂应纳消费税税额。

［参考答案］汽油和柴油均为从量税，应纳税额与价格无关。

应纳消费税＝1 000×1 388×1.52＋(500＋30)×1 176×1.2＝2 857 696（元）

5. 某酒厂为增值税一般纳税人，主要生产粮食白酒和啤酒。2019年1月：

（1）销售粮食白酒50 000斤，取得不含税销售额105 000元；另外，收取粮食白酒品牌使用费4 680元；本月销售粮食白酒收取包装物押金9 200元。

（2）销售啤酒150吨，每吨不含税售价2 400元。销售啤酒收取包装物押金1 160元。

计算该酒厂本月应纳消费税税额（啤酒单位税额220元/吨）。

［参考答案］粮食白酒应纳消费税＝50 000×0.5＋105 000×20%＋4 680÷1.13×20%＋9 200÷1.13×20%＝48 456.64（元）

啤酒应纳消费税＝150×220＝33 000（元）

该酒厂应纳消费税税额＝48 456.64＋33 000＝81 456.64（元）

6. 某卷烟厂为增值税一般纳税人，2019年11月有关生产经营情况如下：

（1）卷烟厂新研制的A卷烟属于甲类卷烟，还未投放市场，当月将10箱A卷烟用于发放样品，每箱卷烟的生产成本为4 000元。

（2）生产白包卷烟10箱用于发放职工福利。每箱的对外售价为1.2万元。

计算该卷烟厂11月份应缴纳的消费税。

［参考答案］卷烟厂将自产的A卷烟用于发放样品，属于自产自用的应税消费品用于其他方面，应征收消费税。由于A卷烟没有同类应税消费品的销售价格，比例消费税部分计税依据为组成计税价格。卷烟厂将自产的白包卷烟用于发放职工福利也属于自产自用的应税消费品用于其他方面，比例消费税部分计税依据为同类应税消费品的平均销售价格。

组成计税价格＝10×[4 000×(1＋10%)＋150]÷(1－56%)＝103 409.10（元）

应纳消费税＝10×150＋103 409.10×56%＋10×150＋12 000×10×56%

＝128 109.10（元）

7. 某金店（增值税一般纳税人）2019年9月发生如下业务：

（1）1—24日，零售纯金首饰取得含税销售额1 200 000元，零售玉石首饰取得含税销售额1 170 000元。

（2）25日，采取以旧换新方式零售A款纯金首饰，实际收取价款560 000元，同款新纯金首饰零售价为780 000元。

（3）27日，接受消费者委托加工B款金项链20条，收取含税加工费5 850元，无同类金项链销售价格。黄金材料成本30 000元，当月加工完成并交付委托人。

（4）30日，将新设计的C款金项链发放给优秀员工作为奖励。该批金项链耗用黄金500克，不含税购进价格270元/克，无同类首饰售价。

已知：贵重首饰及珠宝玉石成本利润率6%，金银首饰消费税税率5%，其他贵重首饰和珠宝玉石消费税税率为10%。

要求：根据上述资料，计算4笔业务应纳的消费税额。

［参考答案］

（1）玉石首饰在零售环节不缴纳消费税。

应纳消费税＝1 200 000÷（1＋13%）×5%＝53 097.35（元）

（2）纳税人采取以旧换新方式销售的金银首饰，应按实际收取的不含增值税的全部价款确定计税依据。

应纳消费税＝560 000÷（1＋13%）×5%＝24 778.76（元）

（3）带料加工的金银首饰，应按委托方销售同类金银首饰的销售价格确定计税依据，没有同类价格的，按照组成计税价格计算纳税。

组成计税价格＝（材料成本＋加工费）÷（1－金银首饰消费税税率）

应纳消费税＝［30 000＋5 850÷（1＋13%）］÷（1－5%）×5%＝1 851.42（元）

（4）零售单位用于职工福利的金银首饰，应按纳税人销售同类金银首饰的销售价格确定计税依据，没有同类价格的，按照组成计税价格计算纳税。

组成计税价格＝购进原价×（1＋利润率）÷（1－金银首饰消费税税率）

应纳消费税＝500×270×（1＋6%）÷（1－5%）×5%＝6 814.29（元）

8. 2019年5月，某企业进口一批红酒，境外成交价格130万元，到目的地口岸的运费20万元，保险费用不确定。计算进口环节缴纳的各项税金（关税税率为10%）。

［参考答案］无法确定保险费的，按照货物成交价加运费的3‰估算。

关税完税价格＝（130＋20）×（1＋0.003）＝150.45（万元）

进口关税＝150.45×10%＝15.05（万元）

进口增值税＝（150.45＋15.05）÷（1－10%）×13%＝23.91（万元）

进口消费税＝（150.45＋15.05）÷（1－10%）×10%＝18.39（万元）